U1018079

应用型本科高校系列教材

经济数学——微积分

(第二版)

主　编　邹　彪
副主编　沈洪兵　夏先锋
参　编　陆小楠　李　娟　严高艳

西安电子科技大学出版社

内 容 简 介

本书是根据应用型本科学生对数学的学习需求而编写的.

本书共十一章，主要包括函数、极限与连续、导数与微分、中值定理与导数的应用、不定积分、定积分及其应用、空间解析几何、多元函数微积分、微分方程初步、曲线积分与曲面积分、无穷级数等内容. 本书配有习题，方便学生课后练习. 在教学过程中，教师可根据教学要求对内容进行适当取舍.

本书注重将数学方法与经济应用相结合，突出实用性，使学生在学习过程中不会觉得数学学习单调乏味，数学知识高深难懂.

本书结构严谨，逻辑性强，讲述清楚，便于教师教学和学生自学，符合应用型本科高校学生的认知特点. 本书可作为应用型本科高校及成人高等教育经济管理类各专业经济数学课程的教材，也可作为在职经济管理人员和数学爱好者的自学参考书.

图书在版编目(CIP)数据

经济数学. 微积分/邹彪主编 . —2 版. —西安：西安电子科技大学出版社，2021.8(2025.7 重印)

ISBN 978 - 7 - 5606 - 6166 - 7

Ⅰ. ①经… Ⅱ. ①邹… Ⅲ. ①经济数学 ②微积分 Ⅳ. ①F224.0 ②O172

中国版本图书馆 CIP 数据核字(2021)第 156723 号

策　　划　毛红兵
责任编辑　王　瑛
出版发行　西安电子科技大学出版社(西安市太白南路 2 号)
电　　话　(029)88202421　88201467　　邮　　编　710071
网　　址　www.xduph.com　　电子邮箱　xdupfxb001@163.com
经　　销　新华书店
印刷单位　咸阳华盛印务有限责任公司
版　　次　2021 年 8 月第 2 版　2025 年 7 月第 4 次印刷
开　　本　787 毫米×1092 毫米　1/16　印张 17
字　　数　395 千字
定　　价　46.00 元

ISBN 978 - 7 - 5606 - 6166 - 7

XDUP 6468002 - 4

序

2015 年 5 月教育部、国家发展改革委、财政部“关于引导部分地方普通本科高校向应用型转变的指导意见”指出：当前，我国已经建成了世界上最大规模的高等教育体系，为现代化建设作出了巨大贡献. 但随着经济发展进入新常态，人才供给与需求关系深刻变化，面对经济结构深刻调整、产业升级加快步伐、社会文化建设不断推进，特别是创新驱动发展战略的实施，高等教育结构性矛盾更加突出，同质化倾向严重，毕业生就业难和就业质量低的问题仍未有效缓解，生产服务一线紧缺的应用型、复合型、创新型人才培养机制尚未完全建立，人才培养结构和质量尚不适应经济结构调整和产业升级的要求.

因此，完善以提高实践能力为引领的人才培养流程，率先应用“卓越计划”的改革成果，建立产教融合、协同育人的人才培养模式，实现专业链与产业链、课程内容与职业标准、教学过程与生产过程对接. 建立与产业发展、技术进步相适应的课程体系，与出版社、出版集团合作研发课程教材，建设一批应用型示范课程和教材，已经成了目前发展转型过程中本科高校教育教学改革的当务之急.

长期以来，本科高校虽然区分为学术研究型、教学型、应用型又或者一本、二本、三本等类别，但是在教学安排、教材内容上都遵循统一模式，并无自己的特点，特别是独立学院“寄生”在母体学校内部，其人才培养模式、课程设置、教材选用，甚至教育教学方式都是母体学校的“翻版”，完全没有自己的独立性，导致独立学院的学生几乎千篇一律地承袭着二本或一本的衣钵. 不难想象，当教师们拿着同样的教案面对着一本或二本或三本不同层次的学生，在这种情况下又怎么能够培养出不同类型的人才呢？高等学校的同质性问题又该如何破解？

本科高校尤其是地方高校和独立学院创办之初的目的是要扩大高等教育办学资源，运用自己新型运行机制，开设社会急需热门专业，培养应用型人才，为扩大高等教育规模，提高高等教育毛入学率添彩增辉，而今，这个目标依然不能动摇. 特别是，适应我国新形势下本科院校转型之需要，更应该办出自己的特色和优势，即，既不同于学术研究型、教学型高校，又有别于高职高专类院校的人才培养定位，应用型本科高校应该走自己的特色之路，在人才培养模式、专业设置、教师队伍建设、课程改革等方面有所作为、有所不为，经过贵州省部分地方学院、独立学院院长联席会多次反复讨论研究，我们决定从教材编写着手，探索建立适应于应用型本科院校的教材体系，因此，才有了这套“应用型本科高校系列教材”.

本套教材具有以下一些特点：

一是协同性. 这套教材由地方学院、独立学院院长们牵头；各学院具有副教授职称以上的教师作为主编；企业的专业人士、专业教师共同参编；出版社、图书发行公司参与教材选题的定位，可以说，本套教材真正体现了协同创新的特点.

二是应用性. 本套教材编写突破了多年来地方学院、独立学院的教材选用几乎一直同一本或母体学校同专业教材的体系结构完全一致的现象，完全按照应用型本科高校培养人才模式的要求进行编写，既废除了庞大复杂的概念阐述和晦涩难懂的理论推演，又深入浅出地进行了情境描述和案例剖析，使实际应用贯穿始终.

三是开放性. 以遵循充分调动学生自主学习的兴趣为契机，把生活中，社会上常见的现象、行为、规律和中国传统的文化习惯串联起来，改变了传统教材追求“高、大、全”、面面俱到，或是一副“板着脸训人”的高高在上的编写方式，而是用最真实、最符合新时代青年学生的话语方式去组织文字，以改革开放的心态面对错综复杂的社会和价值观等问题，促进学生进行开放式思考.

四是时代性. 这个时代已经是互联网 + 的大数据时代，教材编写适宜短小精悍、活泼生动，因此，这些教材充分体现了互联网 + 的精神，或提出问题、或给出结论、或描述过程，主要的目的是让学生通过教材的提示自己去探索社会规律、自然规律、生活经历、历史变迁的活动轨迹，从而，提升他们抵抗风险的能力，增强他们适应社会、驾驭机会、迎接挑战的本领.

我们深知，探索、实践、运作一套系列教材的工作是一项旷日持久的浩大工程，且不说本科学院在推进向应用型转变发展过程中日积月累的诸多欠账一时难还，单看当前教育教学面临的种种困难局面，我们都心有余悸. 探索科学的道路总不是平坦的，充满着艰辛坎坷，我们无所畏惧，我们勇往直前，我们用心灵和智慧去实现跨越，也只有这样行动起来才无愧于这个伟大的时代所赋予的历史使命. 由于时间仓促，这套系列教材会有不尽人意之处，不妥之处在所难免，还期盼同行的专家、学者批评斧正.

“众里寻他千百度，蓦然回首，那人却在，灯火阑珊处.” 初衷如此，结果如此，希望如此，是为序言.

应用型本科高校系列教材委员会

2016 年 8 月

前　言

随着经济的发展，社会对大学毕业生的数学素质要求越来越高，学生参与全国大学生数学竞赛、全国大学生数学建模竞赛以及考研的热情也在逐年增加．为了帮助读者更好地学习、掌握数学基本知识与基本解题技巧，我们对第一版进行了修订．本次修订工作主要包括：更正了第一版中存在的错别字、不适的符号及一些错误，调整了部分习题，增加了空间解析几何、曲线积分与曲面积分、无穷级数三章内容，在第四章、第五章、第六章也增加了部分内容．本次修订工作由邹彪、沈洪兵、夏先锋、陆小楠、李娟、严高艳完成．本次修订工作得到了第一版全体编写教师的热心支持与帮助，在此向他们表示衷心的感谢．

感谢读者对本书的关心与支持．由于编者水平有限，书中难免存在不妥之处，恳请读者提出宝贵意见，以便再版时修订．

编　者

2021 年 5 月

第一版前言

数学是研究现实世界数量关系和空间形式的科学，它具有自身特有的数学思想，是一门古老而又迅速发展的科学，也是人类社会不可或缺的有力工具．现代社会已将社会科学、自然科学与数学并列为三大科学．

“数学是思维的体操”“数学是看不见的文化”“能否用数学观念定量思维，是衡量民族科学文化素质的重要标志”“数学是技术”等这些对数学的不同评价，充分说明数学对提高大学生的科学文化素质具有重要作用．高等教育的数学教材是数学教学的载体，应该具备素质教育的功能，更应该具备提高学生吸取、整理和创造知识能力的特点，特别是要成为为经济社会服务强有力的工具之一．

根据“教育部、国家发展改革委、财政部关于引导部分地方普通本科高校向应用型转变的指导意见”精神，为满足学校转型的教学需要，结合应用型本科学生对数学的需求，我们组织具有多年数学教学经验的老师编写了本书．

本书内容共分八章和五个附录，主要包括函数、极限与连续、导数与微分、中值定理与导数的应用、不定积分、定积分及其应用、多元函数微积分和微分方程初步等内容．本书结构严谨，逻辑性强，讲述清晰，便于老师教学和学生自学，符合应用型本科院校学生的认知特点．本书注重将数学方法与经济应用相结合，突出实用性，使学生在学习过程中不会觉得数学那么单调乏味、高深难懂．

参加本书编写的老师有邹彪、蔡芳、冯金华、李强、况山、张旭清、舒康、肖凯、夏先锋、沈洪兵等．本书在编写过程中得到了贵州八所独立学院的领导、出版社的编辑及其他相关老师的支持与帮助，在此谨致谢意．

由于编者水平有限，书中难免存在不足之处，诚请读者提出宝贵意见，以便我们再版时修改．

编　者

2016 年 7 月

目　　录

第一章　函　　数

函数是现实中量与量的关系在数学中的反映，是数学中最重要的概念之一. 本章将回顾、总结高中函数的基础知识，并对经济学中的常用函数作简单介绍.

第一节　集　　合

一、集合的概念

集合简称集，是数学中的一个基本概念，指具有某种特定性质的事物或对象的总体，通常用大写拉丁字母 A，B，C，…表示. 组成集合的每一个事物或对象称为集合的**元素**，通常用小写拉丁字母 a，b，c，…表示.

一个集合一旦确定，任何一个事物或者是集合中的元素，或者不是，只有这两种情况. 如果 a 是集合 A 中的元素，则称 a 属于 A，记为 $a\in A$；否则称 a 不属于 A，记为 $a\notin A$.

不含有任何元素的集合称为**空集**，记为 $\varnothing$. 由有限个元素构成的集合称为**有限集**. 由无限多个元素构成的集合称为**无限集**.

集合一般有两种表示方法：列举法和描述法. 列举法是将集合中的元素一一列出. 例如，自然数集 $\mathbf{N}$ 可表示为 $\mathbf{N}=\{1, 2, 3, 4, 5, \cdots\}$. 描述法是通过描述集合中元素所具有的性质来表示集合，一般表示为 $M=\{x|x$ 具有的性质$\}$. 例如，整数集合 $\mathbf{Z}=\{x|x\in\mathbf{N}$ 或 $-x\in\mathbf{N}\}$.

为方便起见，通常用 $\mathbf{Q}$ 表示有理数集，$\mathbf{R}$ 表示实数集，$\mathbf{C}$ 表示复数集. 有时在集合的右上角添加“+”“-”等上标来表示集合的特定子集，如 $\mathbf{R}^+$ 表示正实数集，$\mathbf{R}^-$ 表示负实数集等.

一个集合通常可有多种表示方法，只要所有的元素相同，就是同一个集合. 例如，方程 $x^2-2x-3=0$ 的解集可用描述法表示为 $\{x\,|\,x^2-2x-3=0\}$，也可用列举法表示为 $\{3, -1\}$.

二、集合的关系与运算

设有集合 A、B，若对每一个 $x\in A$ 必有 $x\in B$，则称 A 是 B 的**子集**，或称 B 包含 A，记为 $A\subset B$. 若 $A\subset B$ 且 $B\subset A$，则称 A 与 B **相等**，记为 $A=B$.

若 $A\subset B$ 且 $A\neq B$，则称 A 是 B 的真子集.

集合有三种基本运算：交、并、差.

设 A、B 是两个集合，**A 与 B 的交集**是 A 与 B 中共有的元素所组成的集合，记为

$A\cap B$，即 $A\cap B=\{x\,|\,x\in A$ 且 $x\in B\}$.

A 与 B 的并集是 A 与 B 中所有的元素放在一起所组成的集合，记为 $A\cup B$，即

$$A\cup B=\{x\,|\,x\in A \text{ 或 } x\in B\}.$$

A 与 B 的差集是由属于 A 但不属于 B 的元素所组成的集合，记为 $A\backslash B$，即

$$A\backslash B=\{x\,|\,x\in A \text{ 且 } x\notin B\}.$$

集合的运算满足以下运算律：

(1) **交换律**：$A\cap B=B\cap A$，$A\cup B=B\cup A$.

(2) **结合律**：$(A\cup B)\cup C=A\cup(B\cup C)$，$(A\cap B)\cap C=A\cap(B\cap C)$.

(3) **分配律**：$A\cap(B\cup C)=(A\cap B)\cup(A\cap C)$，$A\cup(B\cap C)=(A\cup B)\cap(A\cup C)$.

三、区间与邻域

设有实数 a 和 b，取 $a<b$，数集$\{x\,|\,a<x<b\}$称为**开区间**，记为(a,b)，即$(a,b)=\{x\,|\,a<x<b\}$. 数集$\{x\,|\,a\leqslant x\leqslant b\}$称为**闭区间**，记为$[a,b]$，即$[a,b]=\{x\,|\,a\leqslant x\leqslant b\}$.

类似地，$[a,b)=\{x\,|\,a\leqslant x<b\}$，$(a,b]=\{x\,|\,a<x\leqslant b\}$，称为**半开半闭区间**.

以上区间都称为**有限区间**，区间长度为 $b-a$. 此外，还有**无限区间**，引入记号$+\infty$(读作**正无穷大**)和$-\infty$(读作**负无穷大**). 例如，$[a,+\infty)=\{x\,|\,a\leqslant x\}$，$(-\infty,b]=\{x\,|\,x\leqslant b\}$.

全体实数的集合 $\mathbf{R}$ 可记作$(-\infty,+\infty)$，它是无限区间.

设 $a\in\mathbf{R}$，$\delta>0$. 满足绝对值不等式$|x-a|<\delta$ 的全体实数 x 的集合称为**点 a 的 δ 邻域**，记作 $U(a,\delta)$，或简写为 $U(a)$，即有 $U(a,\delta)=\{x\,|\,|x-a|<\delta\}=(a-\delta,a+\delta)$.

点 a 的去心 δ 邻域可定义为 $\mathring{U}(a,\delta)=\{x\,|\,0<|x-a|<\delta\}$，或简写为 $\mathring{U}(a)$.

$U(a)$和 $\mathring{U}(a)$的区别仅在于 $\mathring{U}(a)$不包含点 a.

知识要点

(1) 集合的概念：**集合**简称集，指具有某种特定性质的事物或对象的总体，通常用大写拉丁字母 A，B，C，…表示. 组成集合的每一个事物或对象称为集合的**元素**，通常用小写拉丁字母 a，b，c，…表示.

(2) 集合的三种基本运算：交、并、差.

A 与 B 的交集记为 $A\cap B$，即 $A\cap B=\{x\,|\,x\in A$ 且 $x\in B\}$.

A 与 B 的并集记为 $A\cup B$，即 $A\cup B=\{x\,|\,x\in A$ 或 $x\in B\}$.

A 与 B 的差集记为 $A\backslash B$，即 $A\backslash B=\{x\,|\,x\in A$ 且 $x\notin B\}$.

(3) 区间和邻域.

(4) 本节重点是集合的概念，集合的运算. 要求会用区间表示集合，理解集合和邻域的概念，掌握集合的运算.

■ 习题 1－1

1. 用区间表示下列数集：

(1) $\{x \mid x^2>3\}$；　　　　(2) $\{x \mid 0<|x-3| \leqslant 2\}$.

2. 用描述法表示下列集合：

(1) 大于 5 的所有实数的集合；

(2) 圆 $x^2+y^2=25$ 内部(不包含圆周)所有点的集合；

(3) 抛物线 $y=x^2$ 与直线 $x-y=0$ 交点的集合.

3. 用列举法表示下列集合：

(1) 方程 $x^2-7x+12=0$ 的根的集合；

(2) 集合 $\{x \in \mathbf{Z} \mid |x-1| \leqslant 3\}$.

4. 写出 $A=\{0, 1, 2\}$ 的所有子集.

5. 如果集合 A 中有 n 个元素，问 A 有多少个子集？有多少个真子集？有多少个非空真子集？

6. 设集合 $A=\{x \mid 2<x<6\}$，$B=\{x>4\}$，求 $A \cup B$，$A \cap B$，$A \backslash B$.

7. 用区间表示下列不等式的所有 x 的集合：

(1) $|x-2| \leqslant 1$；　　　　(2) $|x+1|>2$.

第二节　函数及其基本性质

一、函数的概念

在中学我们已经知道，函数是现实中量与量之间依存关系在数学中的反映. 如果两个量之间存在着确定性的关系，即某个量的值可以确定另一个量的值，我们就可以研究两者之间的函数关系.

定义 1.2.1　设 D 和 M 是两个实数集，如果对于每个数 $x \in D$，按照一定的对应法则 f 总有唯一确定的一个数 $y \in M$ 和它对应，则称 f 是定义在数集 D 上的函数，记作 $f: D \rightarrow M$ 或 $f: x \rightarrow y$ 或 $y=f(x)$，其中 x 称为自变量，y 称为因变量，数集 D 称为函数 f 的定义域，记为 D_f，即 $D_f=D$.

当自变量 $x=x_0 \in D$ 时，$f(x)=f(x_0)$，称 $f(x_0)$ 为函数在 x_0 点处的函数值. 函数值全体组成的数集 $R_f=\{y \mid y=f(x), x \in D\}$ 称为函数 $f(x)$ 的值域，可用 $f(D)$ 表示.

由函数的定义可知，当对应法则和定义域确定时，函数即可完全确定，因此称定义域和对应法则是**函数的两要素**. 对于两个函数来说，只有当它们的定义域和对应法则都相同时，它们才是相同的. 例如，函数 $f(x)=\dfrac{4x^2-1}{2x-1}$ 和函数 $g(x)=2x+1$，当 $x \neq \dfrac{1}{2}$ 时，$f(x)$ 和 $g(x)$ 有相同的函数值；但 $f(x)$ 的定义域是 $\left(-\infty+\dfrac{1}{2}\right) \cup\left(\dfrac{1}{2},+\infty\right)$，而 $g(x)$ 的定义域是 $(-\infty,+\infty)$，故它们是不同的函数. 又如，函数 $f(x)=1$ 与函数 $g(x)=\sin^2 x+\cos^2 x$，虽然它们的表达形式不同，却是相同的函数.

有一种特殊的函数，就是无论自变量如何变化，其函数值始终取同一个常数，这类函数称为**常量函数**：

$$f(x)=C, \quad x \in D.$$

表示函数的主要方法有三种：列表法、图形法、解析法.

列表法又称**数值法**，是将两个变量之间的对应关系通过数值对应的形式一一列出.

图形法是通过图形来描述函数.

解析法又称**公式法**，是用数学公式表达函数关系的一种方法，这是数学中用得最多的一种表示函数的方法，它通过公式将变量联系起来，对应关系明确，在数学推导中非常有用.

有些函数在其定义域的不同部分用不同的公式表达，这类函数通常称为**分段函数**. 例如，

$$y=\operatorname{sgn}x=\begin{cases}1, & x>0\\0, & x=0\\-1, & x<0\end{cases}$$

就是分段函数，这个函数也称为**符号函数**(见图 1.2.1). 又如，**绝对值函数** $y=|x|$ 可用分段函数的形式表示为

$$y=|x|=\begin{cases}x, & x>0\\0, & x=0\\-x, & x<0\end{cases}.$$

也可用解析式 $y=x\operatorname{sgn}x$ 来表示绝对值函数. 取整函数也属于分段函数，设 x 为任意实数，不超过 x 的最大整数称为 x 的整数部分，记作$[x]$. 函数 $y=[x]$就是**取整函数**，它的定义域为 **R**，值域为 **Z**(见图 1.2.2).

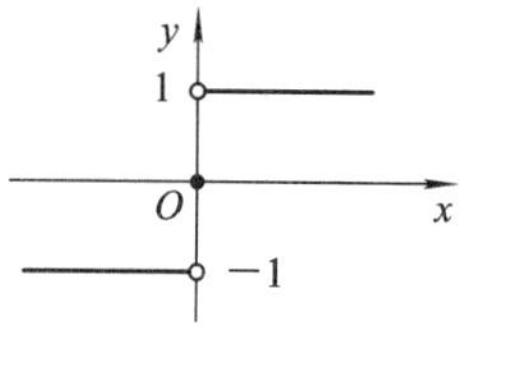

图 1.2.1　符号函数

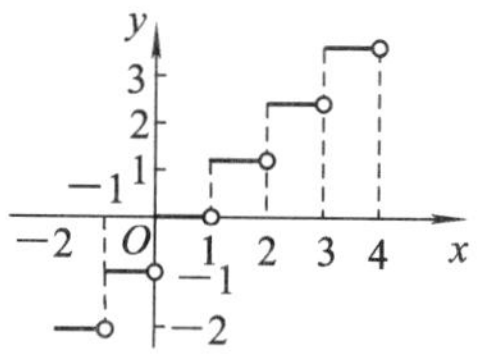

图 1.2.2　取整函数

有些函数难以用以上三种方法表示，只能用语言描述，如定义在 **R** 上的狄利克雷(Dirichlet)函数：

$$y=D(x)=\begin{cases}1, & x\text{ 为有理数}\\0, & x\text{ 为无理数}\end{cases}.$$

还有一个特殊的函数，就是取最值函数. 设函数 $f(x)$和 $g(x)$在 D 上有定义，令 $y=\max\limits_{x\in D}\{f(x), g(x)\}$，$y=\min\limits_{x\in D}\{f(x), g(x)\}$分别为取最大值和取最小值函数.

二、函数的基本性质

函数的有界性、单调性、奇偶性、周期性是我们需要研究的几种性质.

1. 函数的有界性

定义 1.2.2　设 $f(x)$是定义在 D 上的函数，若存在一个正数 M，使得对每一个 $x\in D$ 有 $|f(x)|\leqslant M$，则称 $f(x)$是 D 上的**有界函数**；若对任何一个正数 M(无论 M 多大)，都存在 $x_0\in D$ 使得 $|f(x_0)|>M$，则称 $f(x)$是 D 上的**无界函数**.

函数的有界性与函数自变量的取值范围有关，有的函数可能在定义域的某一部分有

界，但在另一部分无界，例如 $y=\tan x$ 在 $\left[-\frac{\pi}{4}, \frac{\pi}{4}\right]$ 内的取值范围是 $[-1, 1]$，但在 $\left(-\frac{\pi}{2}, \frac{\pi}{2}\right)$ 内是无界的. 因此，在研究函数的有界性时，通常需要指出函数自变量的取值范围.

2. 函数的单调性

定义 1.2.3 设 $f(x)$ 是定义在 D 上的函数，若对任何的 x_1，$x_2 \in D$，当 $x_1 < x_2$ 时，总有：

(1) $f(x_1) \leqslant f(x_2)$，则称 $f(x)$ 是 D 上的增函数，特别地，当 $f(x_1) < f(x_2)$ 时，称 $f(x)$ 是 D 上的**严格增函数**；

(2) $f(x_1) \geqslant f(x_2)$，则称 $f(x)$ 是 D 上的减函数，特别地，当 $f(x_1) > f(x_2)$ 时，称 $f(x)$ 是 D 上的**严格减函数**.

增函数和减函数统称为单调函数，严格增函数和严格减函数统称为**严格单调函数**.

从图像上来看，函数的递增是当自变量自左向右变化时，函数的图像上升；函数的递减是当自变量自左向右变化时，函数的图像下降.

3. 函数的奇偶性

定义 1.2.4 设 D 为对称于原点的数集，$f(x)$ 为定义在 D 上的函数，若对任意的 $x \in D$，有：

(1) $f(-x) = -f(x)$，则称 $f(x)$ 为 D 上的**奇函数**；

(2) $f(-x) = f(x)$，则称 $f(x)$ 为 D 上的**偶函数**.

特殊地，若 $f(x)$ 为常数函数，则它不是奇函数，但是偶函数.

从图像上来看，奇函数的图像关于原点对称，偶函数的图像关于 y 轴对称(见图 1.2.3).

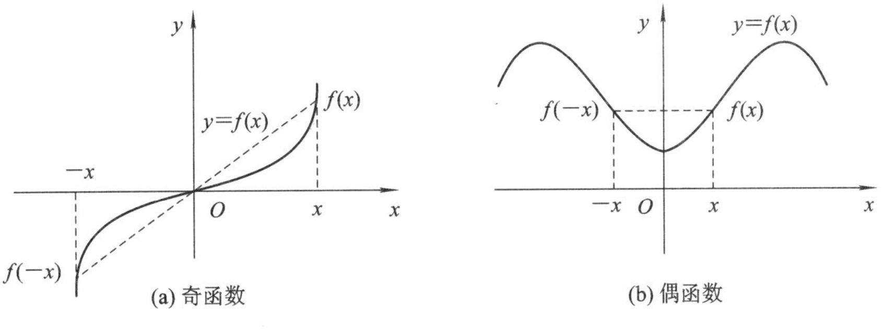

图 1.2.3 奇函数与偶函数的函数图像

4. 函数的周期性

定义 1.2.5 设 $f(x)$ 是定义在 D 上的函数，若存在一个不为零的数 l，使得对每一个 $x \in D$ 有 $x+l \in D$，且 $f(x+l) = f(x)$ 恒成立，则称 $f(x)$ 为**周期函数**，l 称为 $f(x)$ 的**周期**. 显然，若 l 为 $f(x)$ 的周期，则 nl(n 为正整数)也为 $f(x)$ 的周期. 若在周期函数 $f(x)$ 的所有周期中，存在一个最小周期，则称此最小周期为 $f(x)$ 的**基本周期**，简称周期.

周期函数的图像特点是呈现周期性变化，在每一个周期长度的区间上函数的图像相同. 当自变量的取值增加一个周期后，函数值将重复出现(见图 1.2.4).

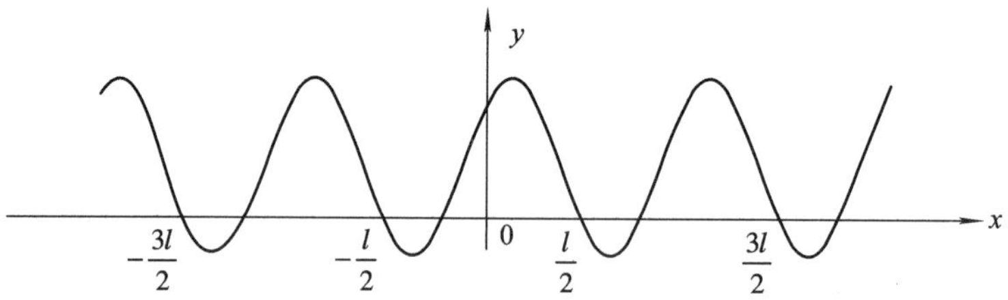

图 1.2.4　周期函数的图像

三角函数是常见的周期函数. 常数函数以任意数为周期，但不存在基本周期.

例 1.2.1　设函数 $y=f(x)$是以 k 为周期的函数，试证函数 $y=f(ax)(a>0)$是以$\frac{k}{a}$为周期的函数.

证　要证 $y=f(ax)(a>0)$是以$\frac{k}{a}$为周期的函数，即证

$$f(ax)=f\left(a\left(x+\frac{k}{a}\right)\right)=f(ax+k).$$

因为 $y=f(x)$是以 k 为周期的函数，所以有 $f(ax)=f(ax+k)$，从而可得函数 $y=f(ax)$是以$\frac{k}{a}$为周期的函数.

知识要点

(1) 函数的定义：设 D 和 M 是两个实数集，如果对于每个数 $x\in D$，按照一定的对应法则 f 总有唯一确定的一个数 $y\in M$ 和它对应，则称 f 是定义在数集 D 上的函数，记作 f：$D\to M$ 或 f：$x\to y$ 或 $y=f(x)$，其中数集 D 称为函数 f 的定义域，记为 D_f，即 $D_f=D$.

(2) 函数的基本性质.

① 若存在一个正数 M，使得对每一个 $x\in D$ 有 $|f(x)|\leqslant M$，则称 $f(x)$是 D 上的有界函数；若对任何一个正数 M(无论 M 多大)，都存在 $x_0\in D$ 使得 $|f(x_0)|>M$，则称 $f(x)$是 D 上的无界函数.

② 设 $f(x)$是定义在 D 上的函数，若对任何的 x_1，$x_2\in D$，当 $x_1<x_2$时，总有：

(i) $f(x_1)\leqslant f(x_2)$，则称 $f(x)$是 D 上的增函数，特别地，当 $f(x_1)<f(x_2)$时，称 $f(x)$是 D 上的**严格增函数**；

(ii) $f(x_1)\geqslant f(x_2)$，则称 $f(x)$是 D 上的减函数，特别地，当 $f(x_1)>f(x_2)$时，称 $f(x)$是 D 上的**严格减函数**.

③ 设 D 为对称于原点的数集，$f(x)$为定义在 D 上的函数，若对任意的 $x\in D$，有：

(i) $f(-x)=-f(x)$，则称 $f(x)$为 D 上的奇函数；

(ii) $f(-x)=f(x)$，则称 $f(x)$为 D 上的偶函数.

④ 设 $f(x)$是定义在 D 上的函数，若存在一个不为零的数 l，使得对每一个 $x\in D$ 有 $x+l\in D$，且 $f(x+l)=f(x)$恒成立，则称 $f(x)$为周期函数，l 称为 $f(x)$的周期.

(3) 本节重点是函数的概念和函数的性质. 要求理解函数的概念，掌握函数的表示方法，理解函数的性质，掌握函数的有界性、单调性、奇偶性、周期性的判定方法，并能够利

用函数的特性对函数做进一步的深入研究.

■ 习题 1-2

1. 下列各题中，函数 $f(x)$ 与 $g(x)$ 是否相同，为什么？

(1) $f(x)=\ln x^2, g(x)=2\ln x$；　　(2) $f(x)=\dfrac{x^2-1}{x+1}, g(x)=x-1$；

(3) $f(x)=x$，$g(x)=\sqrt{x^2}$；　　(4) $f(x)=x$，$g(x)=e^{\ln x}$.

2. 求下列函数的定义域：

(1) $y=\dfrac{1}{1-x^2}+\sqrt{x+2}$；　　(2) $y=\sqrt{3-x}+\dfrac{1}{x}$；

(3) $y=\dfrac{1}{\ln(1-x)}$；　　(4) $y=\sqrt{\sin x}+\sqrt{16-x^2}$.

3. 计算分段函数 $y=\begin{cases}1-x^2, & x\geqslant 1\\ \dfrac{1}{2}e^x, & x<1\end{cases}$ 的函数值 $f(-1)$，$f(0)$，$f(\pi)$.

4. 判断下列函数在其定义域上的奇偶性：

(1) $y=x+\sin x$；　　(2) $y=x^2a^{-x^2}\ (a>0)$；

(3) $y=\tan(\sin x)$；　　(4) $y=\lg\left(x+\sqrt{1+x^2}\right)$.

5. 判断下列函数的单调性：

(1) $y=(x-2)^2+1$；　　(2) $y=\dfrac{1}{2}x+\ln x$.

6. 下列函数哪些是周期函数？对周期函数指出其周期.

(1) $y=\sin^2 x$；　　(2) $y=\cos\dfrac{1}{x}$.

7. 证明函数 $f(x)=x+\ln x$ 在区间 $(0,+\infty)$ 上单调递增.

8. 证明函数 $y=\dfrac{1}{x}$ 在 $(0, 1)$ 上是无界函数.

第三节　反函数与复合函数

一、反函数

函数自变量与因变量之间的关系往往是相对的. 通常我们研究的是 y 随 x 的变化情况，但有时也需要研究 x 随 y 的变化情况. 为此，引入反函数的概念.

定义 1.3.1　设 $f(x)$ 是定义在 D 上的函数，若值域 $f(D)$ 中的每一个值 y 在 D 中都有唯一的一个 x 与之对应，并使得 $f(x)=y$，则按此对应法则就定义了一个在数集 $f(D)$ 上的函数，这个函数称为 $f(x)$ 的**反函数**，记为 $f^{-1}: f(D)\mapsto D$ 或 $f^{-1}: y\mapsto x$ 或 $x=f^{-1}(y)$.

习惯上，通常 x 表示自变量，y 表示因变量，因此，将反函数中两个变量的位置互换，就得到了我们常用的反函数的表示方法 $y=f^{-1}(x)$，$x\in f(D)$.

从函数图像上看，$f(x)$与它的反函数 $f^{-1}(x)$的图像是关于直线 $y=x$ 对称的(见图 1.3.1).

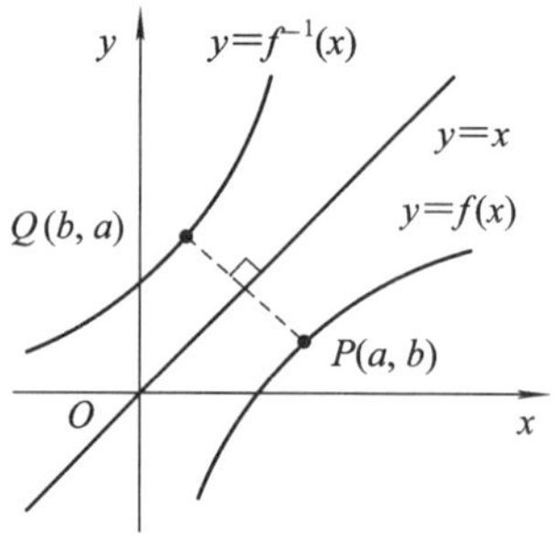

图 1.3.1　反函数与原函数的图像

例 1.3.1　求函数 $y=\sqrt{x+1}$的反函数.

解　函数 $y=\sqrt{x+1}$的定义域为$[-1, +\infty)$，值域为$[0, +\infty)$. 由 $y=\sqrt{x+1}$解出它的反函数为 $x=y^2-1$，其中 $y\in[0, +\infty)$. 按照习惯，反函数可表示为 $y=x^2-1$，$x\in[0, +\infty)$.

例 1.3.2　求函数 $y=x^2$，$x\in(-\infty, 0]$的反函数.

解　函数 $y=x^2$，$x\in(-\infty, 0]$的值域为$[0, +\infty)$. 由 $y=x^2$ 解出 $x=\pm\sqrt{y}$，因 $x\in(-\infty, 0]$，故它的反函数为 $x=-\sqrt{y}$，$y\in[0, +\infty)$. 按照习惯，反函数可表示为 $y=-\sqrt{x}$，$x\in[0, +\infty)$.

注：不是每个函数都有反函数的，只有当函数 y 与 x 是一一对应时才有反函数. 例如例 1.3.2 中，如果没有条件 $x\in(-\infty, 0]$，函数 $y=x^2$ 就没有反函数. 因为对于任何 $y\in[0, +\infty)$都有两个值 $x_1=\sqrt{y}$，$x_2=-\sqrt{y}$和它对应，但当 $x\in(-\infty, 0]$时，x 与 y 却是一一对应的，因此我们也可以得到如下定理：

定理 1.3.1(反函数存在定理)　严格单调函数必有反函数.

二、复合函数

在实际情况中，我们经常遇到一个变量依赖于第二个变量，而第二个变量又依赖于第三个变量的情况. 例如某工厂某月的利润取决于当月的营业额，而当月的营业额又取决于当月的销售量. 这样，我们就可以由营业额这个中间量建立利润与销售量的关系. 这一过程，称为函数的复合.

定义 1.3.2　设有两个函数：

$$y=f(u),\ u\in D;\qquad u=g(x),\ x\in W.$$

若 $\Omega=\{x|g(x)\in D\}\cap W\neq\varnothing$，则对每一个 $x\in\Omega$，通过函数 $g(x)$在 D 内有唯一的 u，而 u 又通过函数有唯一的 y 与之对应，这样就确定了一个定义在 Ω 上的以 x 为自变量、以 y 为因变量的函数，记作

$$y=f[g(x)],\ x\in\Omega \text{ 或 } y=(f\circ g)(x),\ x\in\Omega.$$

这个函数称为由 $y=f(u)$与 $u=g(x)$构成的**复合函数**，其中称 $y=f(u)$为**外函数**，称 $u=g(x)$为**内函数**，称 u 为**中间变量**.

函数 $y=f(u)$ 与 $u=g(x)$ 的复合运算也可简单地记为 $f\circ g$，但需要注意的是，在进行复合运算时，$\Omega=\{x|g(x)\in D\}\cap W\neq\varnothing$ 的条件不可缺.

例 1.3.3 将函数 $y=\sqrt{\ln(\sin x^2)}$ 写成几个基本初等函数复合的形式.

解 函数 $y=\sqrt{\ln(\sin x^2)}$ 可写成下列函数的复合形式：

$$y=\sqrt{u},\quad u=\ln v,\quad v=\sin w,\quad w=x^2.$$

其中，u、v、w 是中间变量.

例 1.3.4 设 $f\left(\dfrac{1}{x}-1\right)=x^2$，求 $f(x)$.

解 函数 $f\left(\dfrac{1}{x}-1\right)=x^2$ 可看作函数 $y=f(t)$，$t=\dfrac{1}{x}-1$ 的复合函数，其中 t 为中间变量. 求 $f(x)$ 即建立对应法则 f 与自变量的函数关系，因此只需用中间变量 t 表示出 x，即 $x=\dfrac{1}{t+1}$. 于是可得 $f(t)=\left(\dfrac{1}{t+1}\right)^2$. 按照习惯，常用 x 表示自变量，因此写成 $f(x)=\left(\dfrac{1}{x+1}\right)^2$.

知识要点

(1) 反函数的定义：设 $f(x)$ 是定义在 D 上的函数，若在值域 $f(D)$ 中的每一个值 y 在 D 中都有唯一的一个 x 与之对应，并使得 $f(x)=y$，则按此对应法则就定义了一个在数集 $f(D)$ 上的函数，这个函数称为 $f(x)$ 的**反函数**. 习惯上反函数的表示方法为 $y=f^{-1}(x)$，$x\in f(D)$.

(2) 复合函数：设有 $y=f(u)$，$u\in D$ 和 $u=g(x)$，$x\in W$ 两个函数. 若 $\Omega=\{x|g(x)\in D\}\cap W\neq\varnothing$，则对每一个 $x\in\Omega$，通过函数 $g(x)$ 在 D 内有唯一的 u，而 u 又通过函数有唯一的 y 与之对应，这样就确定了一个定义在 Ω 上的以 x 为自变量、以 y 为因变量的函数，记作 $y=f[g(x)]$，$x\in\Omega$ 或 $y=(f\circ g)(x)$，$x\in\Omega$. 这个函数称为由 $y=f(u)$ 与 $u=g(x)$ 复合而成的复合函数.

(3) 本节重点是反函数和复合函数. 要求理解反函数和复合函数的概念；会求反函数，理解原函数与反函数的性质和图像关系；会求复合函数，掌握复合函数的复合过程.

■ 习题 1-3

1. 证明：函数 $y=\dfrac{1-x}{1+x}$ 的反函数就是它本身.

2. 求下列函数在指定区间的反函数：

(1) $y=\sqrt{2-x^2}$，$x\in[-\sqrt{2},0]$；

(2) $y=1+\ln(x+1)$，$x\in(-1,+\infty)$.

3. 求下列函数构成的复合函数：

(1) $f(u)=\sqrt{u+1}$，$u=x^4$；

(2) $f(u)=\sqrt{u^2+1}$，$u=\tan x$；

(3) $f(u)=\lg(1-u)$，$u=\sqrt{x-1}$；

(4) $f(u)=\frac{|u|}{u}$, $u=x^2$.

4. 将下列复合函数分解为基本初等函数：

(1) $y=\ln\tan x$；　　(2) $y=5^{\arctan x}$；

(3) $y=(\sin x^2)^2$；　　(4) $y=\mathrm{e}^{\arctan\sqrt{x}}$.

第四节　初 等 函 数

一、基本初等函数

在中学，我们已经学习过下面的六类函数，对它们的图像和性质我们也比较熟悉.

常量函数：$y=c$(c 为常数).

幂函数：$y=x^\alpha$(α 为实数).

指数函数：$y=a^x$($a>0$, $a\neq1$).

对数函数：$y=\log_a x$($a>0$, $a\neq1$).

三角函数：$y=\sin x$，$y=\cos x$，$y=\tan x$，$y=\cot x$.

反三角函数：$y=\arcsin x$(反正弦函数)，$y=\arccos x$(反余弦函数)，$y=\arctan x$(反正切函数)，$y=\mathrm{arccot}\, x$(反余切函数).

以上 4 个反三角函数分别是 $y=\sin x$，$y=\cos x$，$y=\tan x$，$y=\cot x$ 在某些区间上的反函数. 这些函数在它们的定义域上不单调，但在它们的单调区间内可以定义它的反函数，且反函数的定义域就是原函数的值域. 如：

$y=\arcsin x$ 的定义域为$[-1, 1]$，值域是$\left[-\frac{\pi}{2}, \frac{\pi}{2}\right]$，与 $y=\sin x\left(-\frac{\pi}{2}\leqslant x\leqslant\frac{\pi}{2}\right)$互为反函数；

$y=\arccos x$ 的定义域为$[-1, 1]$，值域是$[0, \pi]$，与 $y=\cos x(0\leqslant x\leqslant\pi)$互为反函数；

$y=\arctan x$ 的定义域为$(-\infty, +\infty)$，值域是$\left(-\frac{\pi}{2}, \frac{\pi}{2}\right)$，与 $y=\tan x$ $\left(-\frac{\pi}{2}<x<\frac{\pi}{2}\right)$互为反函数；

$y=\mathrm{arccot}\, x$ 的定义域为$(-\infty, +\infty)$，值域是$(0, \pi)$，与 $y=\cot x(0<x<\pi)$互为反函数.

二、初等函数

由基本初等函数经过有限次加、减、乘、除四则运算和有限次复合运算所得到的能用一个解析式表达的函数称为**初等函数**.

如多项式函数 $y=a_nx^n+a_{n-1}x^{n-1}+\cdots+a_1x+a_0$、分式函数 $y=\frac{\sqrt{x^2+x}}{x^2+2}$等都是初等函数，但前面介绍的符号函数 $y=\mathrm{sgn}\, x$ 和取整函数 $y=[x]$等不是初等函数，即分段函数不是初等函数. 现阶段我们讨论的函数主要是初等函数.

知识要点

本节需要掌握基本初等函数的性质及图形，了解初等函数的概念.

■ 习题 1－4

1. 下列函数中哪些是初等函数？哪些不是初等函数？

(1) $y=e^{-x^2}+\sin 2x$；　　(2) $y=\sqrt{x}+\ln\left(2-\frac{1}{2}\cos x\right)$；

(3) $y=\begin{cases}-1, & x\geqslant 0\\ 3, & x<0\end{cases}$；　　(4) $y=\begin{cases}x+1, & -1\leqslant x\leqslant 0\\ -2x+1, & 0\leqslant x\leqslant 1\end{cases}$.

2. 确定下列函数的定义域：

(1) $y=\sin(\sin x)$；　　(2) $y=\lg(\lg x)$；

(3) $y=\arcsin\left(\lg\frac{x}{10}\right)$；　　(4) $y=\lg\left(\arcsin\frac{x}{10}\right)$.

3. 已知函数 $y=f(x)$的图像，试作下列各函数的图像：

(1) $y=-f(x)$；　　(2) $y=f(-x)$；

(3) $y=-f(-x)$；　　(4) $y=|f(x)|$.

4. 设 $f(x)=\begin{cases}\frac{1}{x}, & x<0\\ \sin x+1, & 0\leqslant x\leqslant 1\\ -2x+1, & 1<x<+\infty\end{cases}$，求 $f(-1)$，$f(0)$，$f(3)$，并画出函数的图像.

第五节　经济学中的常用函数

一、需求函数与供给函数

某一商品的**需求量**是指关于一定价格水平，在一定的时间内，消费者愿意而且有支付能力购买的商品量，它不等同于实际购买量.

某一商品的**供给量**是指在一定的价格条件下，在一定时期内，生产者愿意生产并可供出售的商品量.

商品的需求量和供给量都由多种因素决定，如人们的收入、季节等，但都和商品的价格有着密切关系. 一般来说，价格降低会使需求量上升，供给量下降；反之，价格升高会使需求量下降，供给量上升.

假设在一定时间内，除商品的价格外，收入等其他因素变化量很小，可忽略不计，若设 p 为商品的价格，则需求量 Q_d和供给量 Q_s均是价格 p 的函数，分别记为

需求函数：$Q_d=Q_d(p)$；

供给函数：$Q_s=Q_s(p)$.

一般情况下，Q_d是单调减函数，Q_s是单调增函数. 有时也将 Q_d的反函数 $P=Q_d^{-1}(Q_d)$称为需求函数.

常用的需求函数有以下几种形式：

(1) 线性函数：$Q_d=-ap+b$，其中 a，$b>0$ 为常数.

(2) 指数函数：$Q_d=ae^{-bp}$，其中 a，$b>0$，且均为常数.

(3) 幂函数：$Q_d=bp^{-a}$，其中 a，$b>0$，且均为常数.

例 1.5.1 设某商品的需求函数为 $Q_d=-ap+b$，其中 a，$b>0$ 为常数，求 $p=0$ 时的需求量和 $Q_d=0$ 时的价格.

解 当 $p=0$ 时，$Q_d=b$，表示价格为零时，消费者对某商品的需求量为 b，这也是市场对该商品的饱和需求量. 当 $Q_d=0$ 时，$p=\frac{b}{a}$ 为最大销售价格，表示价格上涨到 $\frac{b}{a}$ 时，无人愿意购买该产品.

常用的供给函数有以下几种形式：

(1) 线性函数：$Q_s=ap+b$，其中 $a>0$，a 为常数.

(2) 指数函数：$Q_s=ae^{bp}$，其中 a，$b>0$，且均为常数. 供给量也受多种因素影响.

(3) 幂函数：$Q_s=bp^{a}$，其中 a，$b>0$，且均为常数.

当市场上的需求量 Q_d 与供给量 Q_s 一致，即 $Q_d=Q_s$，商品的供需达到平衡点时，商品的数量称为均衡数量，记为 Q_e，商品的价格称为均衡价格，记为 p_e. 例如，由线性需求和供给函数构成的市场均衡模型可以写成

$$\begin{cases} Q_d=a-bp, & a>0,\ b>0 \\ Q_s=-c+dp, & c>0,\ d>0. \\ Q_d=Q_s \end{cases}$$

解方程可得均衡价格 p_e 和均衡数量 Q_e：

$$p_e=\frac{a+c}{b+d},\quad Q_e=\frac{ad-bc}{b+d}.$$

例 1.5.2 考虑下列线性需求函数和供给函数：

$$Q_d(p)=a-bp\quad (b>0),$$

$$Q_s(p)=c+dp\quad (d>0).$$

试问 a，c 满足什么条件时，存在正的均衡价格(即 $p_e>0$).

解 由 $Q_d(p)=Q_s(p)$ 得

$$a-bp=c+dp,$$

由此可得出均衡价格为

$$p_e=\frac{a-c}{b+d}.$$

因此，$p_e>0$ 的充分必要条件是 $a>c$.

二、总成本函数、总收益函数、总利润函数

总成本函数是指在一定时期内，生产产品时所消耗的生产费用的总和. 总成本函数常用 C 表示，可以看作是产量 x 的函数，记作

$$C=C(x).$$

总成本包括固定成本和可变成本两部分. 固定成本 F 指在一定时期内不随产量变动而

支出的费用，如厂房、设备的固定费用和管理费用等．可变成本 V 指随产品产量变动而变动的支出费用，如税收、原材料、电力燃料等．

固定成本和可变成本是相对于某一过程而言的．在短期生产中，固定成本是不变的，可变成本是产量 x 的函数，所以 $C(x)=F+V(x)$．在长期生产中，支出都是可变成本，此时 $F=0$．实际应用中，产量 x 为正数，所以总成本函数是产量 x 的单调增加函数，常用以下初等函数来表示：

(1) 线性函数：$C=a+bx$，其中 $b>0$，且为常数．

(2) 二次函数：$C=a+bx+cx^2$，其中 $c>0$，$b<0$，且均为常数．

(3) 指数函数：$C=be^{ax}$，其中 a，$b>0$，且均为常数．

平均成本是指每个单位产品的成本，即 $\bar{C}(x)=\dfrac{C(x)}{x}$．

总收益函数是指生产者出售一定数量 x 的产品所得到的全部收益，常用 R 表示，即

$$R=R(x).$$

其中，x 为销售量．显然，$R\big|_{x=0}=R(0)=0$，即未出售商品时，总收益为 0．

若已知需求函数 $Q_{\mathrm{d}}=Q_{\mathrm{d}}(p)$，则总收益为

$$R=R(Q_{\mathrm{d}})=PQ_{\mathrm{d}}=Q_{\mathrm{d}}^{-1}(p)Q_{\mathrm{d}}.$$

平均收益为 $\bar{R}=\dfrac{R(x)}{x}$，若单位产品的销售价格为 p，则 $R=px$，且 $\bar{R}=p$．

总利润函数是指生产中获得的纯收入，为总收益与总成本之差，常用 L 表示，即

$$L(x)=R(x)-C(x).$$

例 1.5.3 某工厂生产某产品，每日最多生产 100 个单位．日固定成本为 130 元，生产每一个单位产品的可变成本为 6 元，求该厂每日的总成本函数及平均单位成本函数．

解 设产品数为 x，每日的总成本函数为 C，平均单位成本函数为 $\bar{C}$，因为总成本为固定成本与可变成本之和，故依据题意，有

$$C=C(x)=130+6x \quad (0\leqslant x\leqslant 100),$$

$$\bar{C}=\bar{C}(x)=\frac{130}{x}+6 \quad (0<x\leqslant 100).$$

例 1.5.4 设某商店以每件 a 元的价格出售商品，若顾客一次购买 50 件以上，则超出部分每件优惠 10%，试将一次成交的销售收入 R 表示为销售量 x 的函数．

解 由题意知，一次售出 50 件以内的收入为 $R=ax$ 元，而售出 50 件以上时收入为

$$R=50a+(x-50)a(1-10\%),$$

所以一次成交的销售收入 R 是销售量 x 的分段函数．

知识要点

本节要求了解经济学中的常用函数(需求函数、供给函数、总成本函数、总收益函数、总利润函数)，并能根据函数的基本模型建立简单的函数关系式，从而进行求解．

■ 习题 1－5

1．某厂生产某音箱的成本为每台 50 元，预计以每台 x 元的价格出售时，消费者每月

购买 $210-x$ 台，用 x 表示该厂的月利润函数.

2. 当商品的单价为 x 时，消费者对它的需求函数为每月 $D(x)=12\,000-200x$，试用 x 表示商品的月销售收入.

3. 某公司生产小游戏机，每台可卖 110 元，固定成本为 7500 元，可变成本为每台 60 元.

(1) 需卖多少台游戏机，公司才可保本(收回投资).

(2) 若卖出 100 台，公司赢利或亏损了多少?

(3) 要获得 1250 元利润，需要卖出多少台?

4. 某厂生产某商品 1000 件，每件定价 130 元，销售量在 700 件以内时，按定价出售，超过 700 件时，超过部分 9 折出售，试将销售总收益与总销量的函数关系用函数式表示出来.

总习题一

1. 求下列函数的定义域(用区间表示)：

(1) $y=\dfrac{\lg(4-x)}{\sqrt{|x|-1}}$；　　(2) $y=\sqrt{\dfrac{1-x}{1+x}}$；

(3) $y=\sqrt{x-2}+\dfrac{1}{x-3}+\lg(5-x)$；　　(4) $y=\sqrt{x^2-4x+3}$.

2. 证明：若 $f(x)$ 与 $g(x)$ 是数集 D 上的有界函数，则 $f(x)\pm g(x)$ 和 $f(x)g(x)$ 也是数集 D 上的有界函数.

3. 设函数 $f(x)$ 与 $g(x)$ 有相同的定义域，证明：

(1) 若函数 $f(x)$ 与 $g(x)$ 都是偶函数，则 $f(x)\pm g(x)$ 和 $f(x)g(x)$ 也都是偶函数；

(2) 若函数 $f(x)$ 与 $g(x)$ 都是奇函数，则 $f(x)\pm g(x)$ 是奇函数，而 $f(x)g(x)$ 是偶函数；

(3) 若函数 $f(x)$ 与 $g(x)$ 中有一个是偶函数，另一个是奇函数，则 $f(x)g(x)$ 是奇函数.

4. 设 $f(x)$ 为定义在 $(-\infty,+\infty)$ 内的奇函数，$f(1)=a$，且对于任意的 $x\in\mathbf{R}$，有

$$f(x+2)-f(x)=f(2).$$

(1) 试用 a 表示 $f(2)$ 与 $f(5)$；

(2) a 取何值时，$f(x)$ 是以 2 为周期的函数.

5. (1) 设 $f\left(x+\dfrac{1}{x}\right)=x^2+\dfrac{1}{x^2}$，求 $f(x)$；　　(2) 设 $f(\sin x)=\cos 2x+1$，求 $f(\cos x)$.

6. 设 $f(x)$ 为 $[-a,a]$ 上的奇(偶)函数，证明若 $f(x)$ 在 $[0,a]$ 上递增，则在 $[-a,0]$ 上递增(减).

7. 设函数 $y=\dfrac{1-3x}{x-2}$ 与 $y=g(x)$ 的图像关于 $y=x$ 对称，求 $g(x)$.

8. 设 $g(x+1)=\begin{cases}x^2, & 0\leqslant x\leqslant 1\\ 2x, & 1<x\leqslant 2\end{cases}$，求 $g(x)$.

9. 设 $f(x)$ 和 $g(x)$ 如下，求 $f[g(x)]$ 和 $g[f(x)]$.

(1) $f(x)=x^2$，$g(x)=2^x$；　　(2) $f(x)=\lg x+1$，$g(x)=\sqrt{x}+1$.

10. 某商品的单价为 100 元，单位成本为 60 元，商家为了促销，规定购买超过 200 个单位时，对超过部分按单价的九五折出售. 求成本函数、收益函数和利润函数.

第二章　极限与连续

极限是研究变量变化趋势的工具，是微积分中重要的概念，极限的思想与微积分的建立有着密切的联系. 本章主要介绍极限的概念和性质，并在此基础上讨论函数的连续性.

第一节　数列极限

一、数列

由高中知识可知，数列可以是多个数按照一定次序排列而成的序列. 若单值函数 $f(x)$ 以正整数集 $\mathbf{N}^+$ 为定义域，则其函数值 $x_n=f(n)$ 按照下标 n 从小到大的排列得到的序列

$$x_1,\ x_2,\ \cdots,\ x_n,\ \cdots$$

称为**数列**，简记为数列 $\{x_n\}$.

数列中的每个数都称为数的项，其中第 n 项 x_n 称为数列的**通项**.

例如，数列 $1,\frac{1}{2},\frac{1}{3},\cdots,\frac{1}{n},\cdots$ 记作 $\left\{\frac{1}{n}\right\}$，其通项为 $\frac{1}{n}$.

数列是一种特殊的函数，它的定义域是离散的自然数集. 保持数列原有的顺序不变，任意从中抽取无穷多项构成的新数列称为该数列的**子数列**，简称**子列**. 显然一个数列与它的子数列是不同的两个数列.

若存在正数 M，使得在数列 $\{a_n\}$ 中对一切自然数 n 都满足 $|a_n|\leqslant M$，则称数列 $\{a_n\}$ 为**有界数列**，称 M 为该数列的一个界. 若这样的 M 不存在，则称该数列无界.

若存在实数 A，对一切 n 都满足 $a_n\leqslant A$，则称 $\{a_n\}$ **有上界**；若存在实数 B，对一切 n 都满足 $a_n\geqslant B$，则称 $\{a_n\}$ **有下界**. 有界数列既有上界，又有下界.

例如，数列 $\left\{\frac{1}{n}\right\}$，$\{(-1)^n\}$，$\{\sin(n\pi)\}$ 等都是有界数列，数列 $\{n\}$，$\{2^n\}$，$\{n^2\}$ 等都是无界数列.

在数列 $\{a_n\}$ 中，若对任意的自然数 n 始终满足 $a_{n-1}\leqslant a_n$（或 $a_{n-1}\geqslant a_n$），则称数列 $\{a_n\}$ 为**单调增加数列**（或**单调减少数列**）；若把不等式改为 $a_{n-1}<a_n$（或 $a_{n-1}>a_n$），则称该数列为**严格递增数列**（或**严格递减数列**）.

二、数列的极限

古代哲学家庄周引用过这样一句话："一尺之棰，日取其半，万世不竭. "意思就是一根长为一尺的木棰，每天截下一半，永远不可能把木棰截完.

我们把每日截下的长度以尺为单位逐项列出，得

$$第一天\frac{1}{2}，第二天\frac{1}{2^2}，第三天\frac{1}{2^3}，\cdots，第 n 天\frac{1}{2^n}.$$

可以看出，随着 n 的增大，$\frac{1}{2^n}$逐渐接近于 0，但却不等于 0. 再观察数列$\left\{\frac{1}{n}\right\}$，当 n 无限增大时，$\frac{1}{n}$也无限接近于 0.

一般地，若数列$\{a_n\}$中的通项 a_n，当 n 无限增大时能无限地接近于某个常数 a，这种数列称为收敛数列，a 称为数列$\{a_n\}$的极限. 在这里，"无限接近"是一个模糊的概念，但是我们可以通过两者之差的绝对值来衡量. 例如考察数 a 与数 b 的接近程度，显然$|a-b|$的值越大，说明两者在数轴上的距离越远，接近程度越差；反之，$|a-b|$的值越小，说明数 a 与数 b 的接近程度越好.

因此，我们可以得到一个更为精确的关于数列收敛和数列极限的定义.

定义 2.1.1(数列极限的 $\varepsilon-N$ 定义) 设有数列$\{a_n\}$，若存在一个常数 a，使得对任意给定的正数 ε(不管它多么小)，总存在正整数 N，使得当 $n>N$ 时，总有$|a_n-a|<\varepsilon$ 成立，则称**数列$\{a_n\}$收敛于 a，称 a 是当 $n\to\infty$(n 趋于无穷)时数列$\{a_n\}$的极限**，记为$\lim\limits_{n\to\infty}a_n=a$ 或 $a_n\to a(n\to\infty)$. 若数列$\{a_n\}$不收敛于任何数，即不存在这样的常数 a，则称**数列$\{a_n\}$发散**.

如数列$\left\{\frac{1}{n}\right\}$，$\left\{\frac{1}{2^n}\right\}$都收敛于 0，数列$\{(-1)^n\}$是发散的.

由定义容易得到数列$\{a_n\}$收敛于 a 的几何意义：对任意给定的正数 ε，总存在某个正整数 N，使得从第 $N+1$ 项开始，以后所有的项全都落在 a 的 ε 邻域$(a-\varepsilon, a+\varepsilon)$中，而在这个邻域之外，至多只有前面的 N 项(有限项)a_1，a_2，a_3，$\cdots$，a_N.

例如，对于数列$\left\{\frac{1}{n}\right\}$，若对任意给定的正数 ε，只要取 $N=\left[\frac{1}{\varepsilon}\right]$，则 $n>N$ 时，总有$\left|\frac{1}{n}-0\right|<\varepsilon$ 成立，即至多有有限项落在区间$(-\varepsilon, \varepsilon)$外. 对于数列$\{(-1)^n\}$，它的奇数项为$-1$，偶数项为 1，不管 n 取多大，它的项都不能只聚集在某一个实数附近，因此它不收敛于任何实数，故数列发散. 对于数列$\{n^2\}$，随着 n 的无限增大，n^2也无限增大，所以对于任何实数 a，对任意给定的正数 ε，在邻域$(a-\varepsilon, a+\varepsilon)$外都有无穷多项. 故数列$\{n^2\}$不以任何实数为极限，因此该数列发散.

为了书写方便，我们常用记号"$\forall$"表示"任意给定的"或"每一个"，用"$\exists$"表示"存在". 因此(数列极限的 $\varepsilon-N$ 定义)也可简单地表达为

$$\lim_{n\to\infty}a_n=a \Leftrightarrow 对\ \forall\varepsilon>0，总\ \exists\ 正整数\ N，当\ n>N\ 时，有\ |a_n-a|<\varepsilon.$$

下面用极限的定义来验证数列的极限.

例 2.1.1 证明$\lim\limits_{n\to\infty}\frac{1}{2^n}=0$.

证 对 $\forall\varepsilon>0$，为使$\left|\frac{1}{2^n}-0\right|=\frac{1}{2^n}<\varepsilon$，只要 $n>\text{lb}\,\frac{1}{\varepsilon}$(注：$\text{lb}x$ 代表以 2 为底的对数，即 $\text{lb}x=\log_2 x$). 因此，只要取 $N=\left[\text{lb}\,\frac{1}{\varepsilon}\right]$，就有当 $n>N$ 时，$\frac{1}{2^n}<\frac{1}{2^N}<\varepsilon$. 即$\left|\frac{1}{2^n}-0\right|<\varepsilon$，由数列极限的定义可得$\lim\limits_{n\to\infty}\frac{1}{2^n}=0$.

例 2.1.2 证明$\lim\limits_{n\to\infty}\dfrac{3n^2}{n^2-3}=3$.

证 对$\forall\varepsilon>0$，为使$\left|\dfrac{3n^2}{n^2-3}-3\right|=\left|\dfrac{9}{n^2-3}\right|<\varepsilon$，我们研究$\left|\dfrac{9}{n^2-3}\right|$.

注意到当$n\geqslant 3$时，$\left|\dfrac{9}{n^2-3}\right|=\dfrac{9}{n^2-3}\leqslant\dfrac{9}{n}$，因此只要$\dfrac{9}{n}<\varepsilon$，便有$\left|\dfrac{3n^2}{n^2-3}-3\right|<\varepsilon$.

于是对$\forall\varepsilon>0$，取$N=\max\left\{3,\dfrac{9}{\varepsilon}\right\}$，当$n>N$时，便有$\left|\dfrac{3n^2}{n^2-3}-3\right|<\varepsilon$. 由数列极限的定义得$\lim\limits_{n\to\infty}\dfrac{3n^2}{n^2-3}=3$.

注：用$\varepsilon-N$定义证明数列极限存在时，ε的值虽然是任意的，但是一旦给定可把它看作不变的量用来求N. 因为N的值是随着ε给定而确定的. 但需要注意的是，N的取值并不唯一，例如，当$n>N$时，可满足对任意给定的正数ε，总有$|a_n-a|<\varepsilon$成立，那么当$n>N_1$(N_1是比N大的任意自然数)时，也一定满足要求.

三、收敛数列的性质

前面介绍了数列极限的定义，接下来通过数列的极限对收敛数列的性质进行研究.

性质 1(唯一性) 若数列收敛，则它只有一个极限.

证 设a，b均为数列$\{a_n\}$的极限，由定义知，对$\forall\varepsilon>0$，

$$\exists N_1\in N，当 n>N_1 时，有 |a_n-a|<\varepsilon，$$

$$\exists N_2\in N，当 n>N_2 时，有 |a_n-b|<\varepsilon.$$

取$N=\max\{N_1,N_2\}$. 当$n>N$时，有$|a_n-a|<\varepsilon$，$|a_n-b|<\varepsilon$，于是有

$$|a-b|=|(a-a_n)+(a_n-b)|\leqslant|a_n-a|+|a_n-b|<2\varepsilon,$$

这就说明$a=b$，从而收敛数列的极限唯一.

性质 2(有界性) 收敛的数列必定有界.

证 设$\lim\limits_{n\to\infty}a_n=a$，由定义知，取$\varepsilon=1$，则存在$N$，使得当$n>N$时恒有$|a_n-a|<1$，即

$$|a_n|=|a_n-a+a|\leqslant|a_n-a|+|a|<1+|a|,$$

记$M=\max\{|a_1|,\cdots,|a_N|,|a-1|,|a+1|\}$，则对一切自然数$n$，皆有$|a_n|\leqslant M$，故$\{a_n\}$有界.

由收敛数列的有界性可知，若数列$\{a_n\}$无界，则$\{a_n\}$必不收敛. 但也要注意，有界只是数列收敛的必要条件，即数列有界不一定收敛. 如数列$\{(-1)^n\}$有界，但不收敛.

下面给出一个有界数列收敛的充分条件.

定理 2.1.1 若数列$\{x_n\}$单调且有界，则$\{x_n\}$必收敛，即$\lim\limits_{n\to\infty}\{x_n\}$必存在. 也可叙述为递增且有上界(或递减且有下界)的数列必有极限.

定理 2.1.1 的正确性我们可以从几何直观上来理解. 从数轴上看，单调数列的点只能往一个方向移动. 如递增且有上界的数列$\{x_n\}$，随着n的增加，数列中的点依次向右移动却又不会超过界点M，于是只能距离某个点$A(A\leqslant M)$越来越近，且越来越密集. 这就说明这个数列的极限为A.

利用定理 2.1.1 我们可以证明重要极限$\lim\limits_{n\to\infty}\left(1+\dfrac{1}{n}\right)^n$的存在性. 证明方法即证数列

$\left\{\left(1+\dfrac{1}{n}\right)^n\right\}$为单调且有上界的数列，读者可自行证明. 我们常把上述极限记为 e，即

$$\lim_{n\to\infty}\left(1+\frac{1}{n}\right)^n=\mathrm{e}. \tag{2.1.1}$$

其中，e 是一个介于 2～3 之间的无理数，其前 6 位数为 2.718 28.

性质 3(保号性) 如果数列$\{a_n\}$收敛于 a，且 $a>0$ 或 $a<0$，那么存在正整数 N，当 $n>N$ 时，有 $a_n>0$(或 $a_n<0$).

证 由$\lim\limits_{n\to\infty}a_n=a>0$ 可知，取 $\varepsilon_0=\dfrac{a}{2}$，存在正整数 N，当 $n>N$ 时，有

$$|a_n-a|<\varepsilon_0=\frac{a}{2}，即\ a_n>a-\frac{a}{2}>0.$$

性质 4(迫敛性) 设收敛数列$\{a_n\}$、$\{b_n\}$都以 a 为极限，数列$\{c_n\}$满足：存在正数 N_0，当 $n>N_0$时有 $a_n\leqslant c_n\leqslant b_n$，则数列$\{c_n\}$收敛，且$\lim\limits_{n\to\infty}c_n=a$.

证 由已知$\lim\limits_{n\to\infty}a_n=\lim\limits_{n\to\infty}b_n=a$，对 $\forall\,\varepsilon>0$，

$\exists\,N_1>0$，使得当 $n>N_1$时，有 $a-\varepsilon<a_n$，

$\exists\,N_2>0$，使得当 $n>N_2$时，有 $b_n<a+\varepsilon$，

从而取 $N=\max\{N_0,\ N_1,\ N_2\}$，当 $n>N$ 时，有

$$a-\varepsilon<a_n\leqslant c_n\leqslant b_n<a+\varepsilon,$$

即有

$$|c_n-a|<\varepsilon,$$

故得数列$\{c_n\}$收敛，且$\lim\limits_{n\to\infty}c_n=a$.

注：迫敛性不仅给出了判定数列收敛的一种方法，而且也提供了一个求数列极限的工具.

知识要点

(1) 数列极限的 $\varepsilon-N$ 定义：设有数列$\{a_n\}$，若存在一个常数 a，使得对任意给定的正数 ε(不管它多么小)，总存在正整数 N，使得当 $n>N$ 时，总有$|a_n-a|<\varepsilon$ 成立，则称数列$\{a_n\}$收敛于 a，记为$\lim\limits_{n\to\infty}a_n=a$ 或 $a_n\to a(n\to\infty)$. 若数列$\{a_n\}$不收敛于任何数，即不存在这样的常数 a，则称数列$\{a_n\}$发散.

(2) 数列极限的 $\varepsilon-N$ 定义也可简单地表达为

$\lim\limits_{n\to\infty}a_n=a\Leftrightarrow$对 $\forall\,\varepsilon>0$，总 $\exists$ 正整数 N，使得当 $n>N$ 时，有$|a_n-a|<\varepsilon$.

(3) 收敛数列的性质：

① **(唯一性)**若数列收敛，则它只有一个极限.

② **(有界性)**收敛的数列必定有界.

③ **(保号性)**如果数列$\{a_n\}$收敛于 a，且 $a>0$ 或 $a<0$，那么存在正整数 N，当 $n>N$ 时，有 $a_n>0$(或 $a_n<0$).

④ **(迫敛性)**设收敛数列$\{a_n\}$、$\{b_n\}$都以 a 为极限，数列$\{c_n\}$满足：存在正数 N_0，当 $n>N_0$ 时有 $a_n\leqslant c_n\leqslant b_n$，则数列$\{c_n\}$收敛，且$\lim\limits_{n\to\infty}c_n=a$.

(4) 本节重点是数列极限的定义，收敛数列的性质. 要求理解数列极限的定义，会判断数列是否收敛；掌握收敛数列的唯一性、有界性、保号性、迫敛性等性质，并学会解决相关问题.

习题 2-1

1. 观察下列数列的变化趋势，判断哪些数列有极限，如果有，写出它们的极限：

(1) $x_n=(-1)^{n-1}\dfrac{1}{n}$；　　(2) $x_n=(-1)^n-\dfrac{1}{n}$；

(3) $x_n=\sin\dfrac{n\pi}{2}$；　　(4) $x_n=\dfrac{n-1}{n+1}$；

(5) $x_n=\ln\dfrac{1}{n}$.

2. 判断下列数列是否收敛：

(1) $\lim\limits_{n\to\infty}\left(2+\dfrac{1}{n}\right)$；　　(2) $\lim\limits_{n\to\infty}\left(1+\dfrac{(-1)^n}{n^2}\right)$；

(3) $\lim\limits_{n\to\infty}\left(\sqrt[n]{5}+\dfrac{1}{\sqrt[5]{n}}\right)$.

3. 利用数列极限的定义证明：

(1) $\lim\limits_{n\to\infty}(\sqrt{n+1}-\sqrt{n})=0$；　　(2) $\lim\limits_{n\to\infty}\dfrac{3n+1}{2n-1}=\dfrac{3}{2}$；

(3) $\lim\limits_{n\to\infty}\dfrac{\sqrt{n^2+n}}{n}=1$；　　(4) $\lim\limits_{n\to\infty}\dfrac{5n^2+3n+2}{3n^2+5n+1}=\dfrac{5}{3}$.

4. 讨论下列数列的有界性与单调性：

(1) $a_n=\left(-\dfrac{1}{3}\right)^n$；　　(2) $a_n=\dfrac{n+1}{2n}$；

(3) $a_n=1-n$；　　(4) $a_n=1-\left(\dfrac{1}{2}\right)^n$.

5. 对于数列$\{x_n\}$，若 $x_{2k-1}\to a(k\to\infty)$，$x_{2k}\to a(k\to\infty)$，证明：$x_n\to a(n\to\infty)$.

第二节　函数极限

在自变量的某个变化过程中，如果对应的函数值无限接近于某个确定的常数，那么这个确定的数称为自变量在这一变化过程中函数的极限. 数列极限是函数极限的特殊形式. 对于一般函数的极限，我们主要讨论以下两种情况：

(1) 自变量趋于有限值时(记为 $x\to x_0$)，函数值 $f(x)$的总体变化趋势.

(2) 自变量趋于无穷时(记为 $x\to\infty$)，函数值 $f(x)$的总体变化趋势.

一、函数在有限点处的极限

定义 2.2.1(函数极限的 ε-δ 定义)　设函数 $f(x)$在点 x_0的去心邻域$\mathring{U}(x_0, h)$内有定义，A 为一个常数，若对任意的 $\varepsilon>0$，存在 $\delta>0$，当 $0<|x-x_0|<\delta$ 时，总有

$|f(x)-A|<\varepsilon$，则称 **A 为函数 $f(x)$ 在 $x\to x_0$(x 趋于 x_0)的极限**或简称为 **$f(x)$ 在 x_0 处的极限**，记作 $\lim\limits_{x\to x_0}f(x)=A$ 或 $f(x)\to A(x\to x_0)$. 若这样的常数 A 不存在，则称 **$f(x)$ 在 x_0 处的极限不存在.**

下面我们通过几个例子来理解函数极限的定义.

例 2.2.1 证明 $\lim\limits_{x\to x_0}C=C$($C$ 为常数).

证 对 $\forall\varepsilon>0$，取 $\delta>0$，当 $0<|x-x_0|<\delta$ 时，总有 $|f(x)-C|=C-C=0<\varepsilon$，从而

$$\lim_{x\to x_0}C=C. \tag{2.2.1}$$

例 2.2.2 证明 $\lim\limits_{x\to x_0}x=x_0$.

证 对 $\forall\varepsilon>0$，取 $\delta=\varepsilon$，当 $0<|x-x_0|<\delta$ 时，总有 $|f(x)-x_0|=|x-x_0|\leqslant\varepsilon$，从而

$$\lim_{x\to x_0}x=x_0. \tag{2.2.2}$$

例 2.2.3 证明 $\lim\limits_{x\to 2}(2x+1)=5$.

证 由 $|f(x)-A|=|2x+1-5|=2|x-2|$ 知，要使对 $\forall\varepsilon>0$，有

$$|f(x)-A|<\varepsilon,$$

只要令 $|x-2|<\dfrac{\varepsilon}{2}$. 因此对 $\forall\varepsilon>0$，取 $\delta=\dfrac{\varepsilon}{2}$，当 $0<|x-2|<\delta$ 时，总有

$$|f(x)-5|=2|x-2|<\varepsilon,$$

从而 $\lim\limits_{x\to 2}(2x+1)=5$.

例 2.2.4 设 $f(x)=\dfrac{x^2-4}{x-2}$，证明 $\lim\limits_{x\to 2}f(x)=4$.

证 由 $f(x)$ 的表达式可知，在点 $x=2$ 处函数没有定义，但当 $x\neq 2$ 时，有

$$|f(x)-4|=\left|\frac{x^2-4}{x-2}-4\right|=|x+2-4|=|x-2|,$$

要使对 $\forall\varepsilon>0$，总有 $|f(x)-4|<\varepsilon$，只要令 $|x-2|<\varepsilon$. 因此对 $\forall\varepsilon>0$，取 $\delta=\varepsilon$，当 $0<|x-2|<\delta$ 时，总有 $|f(x)-4|=|x-2|<\varepsilon$，从而有

$$\lim_{x\to 2}f(x)=4.$$

例 2.2.5 设 $f(x)=\sqrt{x}$，证明 $\lim\limits_{x\to x_0}f(x)=\sqrt{x_0}$ $(x_0>0)$.

证 当 $x_0>0$ 时，有 $|f(x)-\sqrt{x_0}|=|\sqrt{x}-\sqrt{x_0}|=\left|\dfrac{x-x_0}{\sqrt{x}+\sqrt{x_0}}\right|<\dfrac{|x-x_0|}{\sqrt{x_0}}$，要使对 $\forall\varepsilon>0$，总有 $|f(x)-\sqrt{x_0}|<\varepsilon$，只要令 $\dfrac{|x-x_0|}{\sqrt{x_0}}<\varepsilon$，即令 $|x-x_0|<\varepsilon\sqrt{x_0}$. 因此对 $\forall\varepsilon>0$，取 $\delta=\varepsilon\sqrt{x_0}$，当 $0<|x-x_0|<\delta$ 时，总有 $\left|f(x)-\sqrt{x_0}\right|<\varepsilon$，从而有 $\lim\limits_{x-x_0}f(x)=\sqrt{x_0}$.

通过上面的例子，逐步加深对函数极限定义的理解，我们可以得到：

(1) ε 刻画的是函数与常数的接近程度，通常是任意给定的；δ 刻画的是自变量 x 与有限点 x_0 的接近程度，它相当于在数列极限中的 N，依赖于 ε，但又不由 ε 唯一确定. 一般情况下，ε 越小，δ 的值也越小，而且当 δ 取更小的值时也可满足条件.

(2) 在函数极限的 ε-δ 定义中，$f(x)$ 在点 x_0 处有没有极限和 $f(x)$ 在点 x_0 处有没有定义无关.

在函数极限的定义中，x 既可从 x_0 的左侧趋近于 x_0，也可从 x_0 的右侧趋近于 x_0，但考虑到 $f(x)$ 的定义域或某些实际情况，有时只能或只需考虑 x 从一侧趋近于 x_0 的情况. 为此我们将 **x 从 x_0 的左侧趋近于 x_0 ($x<x_0$) 记为 $x\to x_0^-$，x 从 x_0 的右侧趋近于 x_0 ($x>x_0$) 记为 $x\to x_0^+$**，并给出函数单侧极限的定义.

定义 2.2.2 设 $f(x)$ 在点 x_0 的一个左邻域内有定义，A 为一个常数，若对任意的 $\varepsilon>0$，存在 $\delta>0$，当 $x_0-\delta<x<x_0$ 时，总有 $|f(x)-A|<\varepsilon$，则称 A 为函数 $f(x)$ 在 $x\to x_0^-$ 的**左极限**，记作 $\lim\limits_{x\to x_0^-}f(x)=A$ 或 $f(x)\to A(x\to x_0^-)$.

类似地，我们可以给出右极限的定义：

定义 2.2.3 设 $f(x)$ 在点 x_0 的一个右邻域内有定义，A 为一个常数，若对任意的 $\varepsilon>0$，存在 $\delta>0$，当 $x_0<x<x_0+\delta$ 时，总有 $|f(x)-A|<\varepsilon$，则称 A 为函数 $f(x)$ 在 $x\to x_0^+$ 的**右极限**，记作 $\lim\limits_{x\to x_0^+}f(x)=A$ 或 $f(x)\to A(x\to x_0^+)$.

有时也用 $f(x_0-0)$ 和 $f(x_0+0)$ 分别表示函数在 x_0 处的左极限和右极限. 函数的左、右极限统称为**单侧极限**.

容易证明，函数 $f(x)$ 在 x_0 处的极限存在的充分必要条件是 $f(x)$ 在 x_0 处的左、右极限都存在且相等；若左、右极限都存在但不相等，则 $f(x)$ 在 x_0 处的极限也不存在. 即

$$\lim_{x\to x_0}f(x)=A\Leftrightarrow \lim_{x\to x_0^-}f(x)=A=\lim_{x\to x_0^+}f(x). \tag{2.2.3}$$

$x\to x_0$ 时，$f(x)$ 的极限为 A 的几何解释如下：任意给定正数 ε，作平行于 x 轴的两条直线 $y=A+\varepsilon$ 与 $y=A-\varepsilon$，介于这两条直线之间是一横条区域. 根据定义，对 $\forall\varepsilon\geqslant 0$，$\exists\delta>0$，当 $x\in(x_0-\delta, x_0+\delta)$ 且 $x\neq x_0$ 时，$y=f(x)$ 图像点的纵坐标都满足 $A-\varepsilon<f(x)<A+\varepsilon$，即图像上的点都落在上面所作的横条区域内，如图 2.2.1 所示.

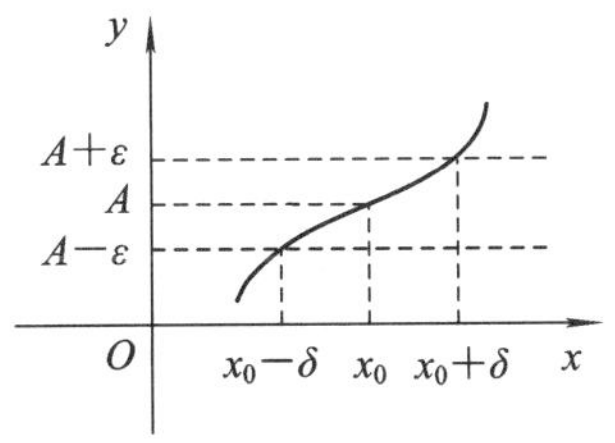

图 2.2.1　$x\to x_0$ 时，$f(x)\to A$ 的几何解释

例 2.2.6 证明符号函数 $\operatorname{sgn}x=\begin{cases}1, & x>0\\ 0, & x=0\\ -1, & x<0\end{cases}$ 在 $x=0$ 处的极限不存在.

证 由于

$$\lim_{x\to 0^-}f(x)=\lim_{x\to 0^-}(-1)=-1,$$

$$\lim_{x\to 0^+}f(x)=\lim_{x\to 0^+}(1)=1,$$

$$\lim_{x\to 0^+}f(x)\neq\lim_{x\to 0^-}f(x),$$

因此 $\lim\limits_{x\to 0}f(x)$ 不存在.

二、自变量趋于无穷大时函数的极限

定义 2.2.4(函数极限的 $\varepsilon-M$ 定义) 设函数 $f(x)$在$|x|$大于某个正数时有定义，A 为一个常数，若对任意的$\varepsilon>0$，存在某个正数M，使得当$|x|>M$时，总有$|f(x)-A|<\varepsilon$，则称 **A 为函数 $f(x)$ 在 $x\to\infty$ 时的极限**或简称为 **$f(x)$ 在∞处的极限**，记作$\lim\limits_{x\to\infty}f(x)=A$ 或 $f(x)\to A(x\to\infty)$.

定义 2.2.5(当函数趋于无穷大时单侧极限的定义) 设函数 $f(x)$在 x 大于某个正数时有定义，A 为一个常数，若对任意的 $\varepsilon>0$，存在某个正数 M，使得当 $x>M$ 时，总有 $|f(x)-A|<\varepsilon$，则称 **A 为函数 $f(x)$在 $x\to+\infty$时的极限**，记作 $\lim\limits_{x\to+\infty}f(x)=A$ 或 $f(x)\to A(x\to+\infty)$；设函数 $f(x)$在 x 小于某个负数时有定义，A 为一个常数，若对任意的 $\varepsilon>0$，存在某个正数 M，使得当 $x<-M$ 时，总有$|f(x)-A|<\varepsilon$，则称 **A 为函数 $f(x)$在$x\to-\infty$时的极限**，记作 $\lim\limits_{x\to-\infty}f(x)=A$（或 $f(x)\to A(x\to-\infty)$）.

同样地，容易得到

$$\lim_{x\to\infty}f(x)=A\Leftrightarrow\lim_{x\to-\infty}f(x)=A=\lim_{x\to+\infty}f(x).\tag{2.2.4}$$

例 2.2.7 证明$\lim\limits_{x\to\infty}\dfrac{1}{x^n}=0$.

证 要证$\lim\limits_{x\to\infty}\dfrac{1}{x^n}=0$，即证：对 $\forall\varepsilon>0$，$\exists$ 某个正数 M，使得当$|x|>M$ 时，总有$\left|\dfrac{1}{x^n}-0\right|<\varepsilon$. 为此，只要不等式$|x|>\dfrac{1}{\sqrt[n]{\varepsilon}}$成立即可. 故取 $M=\dfrac{1}{\sqrt[n]{\varepsilon}}$，则当$|x|>M$时，总有$\left|\dfrac{1}{x^n}-0\right|<\varepsilon$，即$\lim\limits_{x\to\infty}\dfrac{1}{x^n}=0$.

例 2.2.8 证明$\lim\limits_{x\to\infty}\dfrac{\sin x}{x}=0$.

证 由于

$$\left|\frac{\sin x}{x}-0\right|=\left|\frac{\sin x}{x}\right|<\frac{1}{|x|},$$

因此对$\forall\varepsilon>0$，只要取 $M=\dfrac{1}{\varepsilon}$，则当$|x|>M$时，总有$\left|\dfrac{\sin x}{x}-0\right|<\varepsilon$，从而有

$$\lim_{x\to\infty}\frac{\sin x}{x}=0.\tag{2.2.5}$$

三、函数极限的性质

有极限的函数与收敛数列有相似的性质.

定理 2.2.1(函数极限的唯一性) 若函数 $f(x)$的极限存在，则此极限唯一.

定理 2.2.2(函数极限的局部有界性) 若$\lim\limits_{x\to x_0}f(x)$的极限存在，则存在常数 $M>0$ 和 $\delta>0$，使得当 $0<|x-x_0|<\delta$ 时，有$|f(x)|\leqslant M$，即 $f(x)$在邻域$\mathring{U}(x_0,\delta)$内有界.

证 设$\lim\limits_{x\to x_0} f(x)=A$，由函数极限的定义可知，对给定的$\varepsilon=1$，存在$\delta>0$，使得当$0<|x-x_0|<\delta$时，有

$$|f(x)-A|<\varepsilon=1,$$

从而

$$|f(x)|=|f(x)-A+A|\leqslant|f(x)-A|+|A|\leqslant 1+|A|,$$

取$M=1+|A|$，有$|f(x)|\leqslant M$，即$f(x)$在邻域$\mathring{U}(x_0,\delta)$内有界.

定理 2.2.3(函数极限的局部保号性) 若$\lim\limits_{x\to x_0} f(x)=A$，且$A>0$(或$A<0$)，则存在常数$\delta>0$，使得当$0<|x-x_0|<\delta$时，$f(x)>0$(或$f(x)<0$).

证 不妨设$A>0$，因为

$$\lim_{x\to x_0} f(x)=A>0,$$

由函数极限的定义可知，对给定的$\varepsilon=\dfrac{A}{2}$，存在$\delta>0$，使得当$0<|x-x_0|<\delta$时，有

$$|f(x)-A|<\frac{A}{2},$$

从而

$$0<\frac{A}{2}<f(x)<\frac{3A}{2}.$$

类似地，可证$A<0$的情形.

定理 2.2.4(函数极限的迫敛性) 设存在$\delta_0>0$，使得当$0<|x-x_0|<\delta_0$时，有

$$f(x)\leqslant h(x)\leqslant g(x), \tag{2.2.6}$$

且$\lim\limits_{x\to x_0} f(x)=\lim\limits_{x\to x_0} g(x)=A$，则$\lim\limits_{x\to x_0} h(x)=A$.

证 由$\lim\limits_{x\to x_0} f(x)=\lim\limits_{x\to x_0} g(x)=A$知，对$\forall\,\varepsilon>0$，分别存在$\delta_1$和$\delta_2$，使得

当$0<|x-x_0|<\delta_1$时，有

$$|f(x)-A|<\varepsilon,\ \text{即}\ A-\varepsilon<f(x)<A+\varepsilon; \tag{2.2.7}$$

当$0<|x-x_0|<\delta_2$时，有

$$|g(x)-A|<\varepsilon,\ \text{即}\ A-\varepsilon<g(x)<A+\varepsilon. \tag{2.2.8}$$

若令$\delta=\min\{\delta_0,\delta_1,\delta_2\}$，则当$0<|x-x_0|<\delta$时，式(2.2.6)～式(2.2.8)同时成立，从而有

$$A-\varepsilon<f(x)<h(x)<g(x)<A+\varepsilon,$$

即$|h(x)-A|<\varepsilon$，故$\lim\limits_{x\to x_0} h(x)=A$.

知识要点

(1) 函数极限的ε-δ定义：设函数$f(x)$在点x_0的去心邻域$\mathring{U}(x_0,h)$内有定义，A为一个常数，若对任意的$\varepsilon>0$，存在$\delta>0$，当$0<|x-x_0|<\delta$时，总有$|f(x)-A|<\varepsilon$，则称A为函数$f(x)$在$x\to x_0$的极限或简称为$f(x)$在x_0处的极限，记作$\lim\limits_{x\to x_0} f(x)=A$或$f(x)\to A(x\to x_0)$. 若这样的常数$A$不存在，则称$f(x)$在$x_0$处的极限不存在.

(2) 函数 $f(x)$ 在 x_0 处的极限存在的充分必要条件是 $f(x)$ 在 x_0 处的左、右极限都存在且相等，即 $\lim\limits_{x\to x_0} f(x)=A \Leftrightarrow \lim\limits_{x\to x_0^-} f(x)=A=\lim\limits_{x\to x_0^+} f(x)$.

(3) 函数极限的性质：

① (**函数极限的唯一性**)若函数 $f(x)$ 的极限存在，则此极限唯一.

② (**函数极限的局部有界性**)若 $\lim\limits_{x\to x_0} f(x)$ 的极限存在，则存在常数 $M>0$ 和 $\delta>0$，使得当 $0<|x-x_0|<\delta$ 时，有 $|f(x)|\leqslant M$，即 $f(x)$ 在邻域 $\mathring{U}(x_0, \delta)$ 内有界.

③ (**函数极限的局部保号性**)若 $\lim\limits_{x\to x_0} f(x)=A$，且 $A>0$(或 $A<0$)，则存在常数 $\delta>0$，使得当 $0<|x-x_0|<\delta$ 时，$f(x)>0$(或 $f(x)<0$).

④ (**函数极限的迫敛性**)设存在 $\delta_0>0$，使得当 $0<|x-x_0|<\delta_0$ 时，有 $f(x)\leqslant h(x)\leqslant g(x)$，且 $\lim\limits_{x\to x_0} f(x)=\lim\limits_{x\to x_0} g(x)=A$，则 $\lim\limits_{x\to x_0} h(x)=A$.

(4) 本节重点为函数极限的定义和性质，难点是利用定义证明函数极限. 要求理解函数极限的定义，掌握函数极限的性质，能应用函数极限的定义和性质进行证明、判断和求解.

■ 习题 2-2

1. 利用函数极限定义证明：

(1) $\lim\limits_{x\to 0}|x|=0$；　　(2) $\lim\limits_{x\to\infty}\dfrac{\arctan x}{x}=0$；

(3) $\lim\limits_{x\to 0} x\sin\dfrac{1}{x}=0$；　　(4) $\lim\limits_{x\to+\infty}\operatorname{arccot} x=0$；

(5) $\lim\limits_{x\to 2^+}\sqrt{x-2}=0$；　　(6) $\lim\limits_{x\to\infty}\dfrac{1+2x^2}{3x^2}=\dfrac{2}{3}$.

2. 下列极限是否存在？为什么？

(1) $\lim\limits_{x\to 0} e^{\frac{1}{x}}$；　　(2) $\lim\limits_{x\to 0}\dfrac{|x|}{x}$；

(3) $\lim\limits_{x\to 0}\arctan\dfrac{1}{x}$；　　(4) $\lim\limits_{x\to 0} x^2\operatorname{sgn} x$.

3. (1) 当 $x\to 2$ 时，$y=x^2\to 4$，当 δ 等于多少时，使得当 $|x-2|<\delta$ 时，总有 $|y-4|<\dfrac{1}{1000}$?

(2) 当 $x\to\infty$ 时，$y=\dfrac{2x^2-1}{x^2+3}\to 2$，当 M 等于多少时，使得当 $|x|>M$ 时，总有 $|y-2|<\dfrac{1}{100}$?

4. 求函数 $f(x)=\dfrac{x}{x}$，$\varphi(x)=\dfrac{|x|}{x}$ 在 $x\to 0$ 时的左、右极限，并说明它们在 $x\to 0$ 时的极限是否存在.

第三节　无穷小量与无穷大量

一、无穷大量

定义 2.3.1　设 $f(x)$在$\mathring{U}(x_0)$内有定义(或当$|x|$大于某一正数时有定义)，若对任意给定的正数G(不论它多么大)，总存在正数δ(或正数X)，使得当$0<|x-x_0|<\delta$(或$|x|>X$)时有$|f(x)|>G$，则称函数$f(x)$为当$x\to x_0$(或$x\to\infty$)时的无穷大量，记作$\lim\limits_{x\to x_0}f(x)=\infty$(或$\lim\limits_{x\to\infty}f(x)=\infty$).

若将$|f(x)|>G$改为$f(x)>G$(或$f(x)<-G$)，则称函数$f(x)$为当$x\to x_0$时的正无穷大量(或负无穷大量)，记作$\lim\limits_{x\to x_0}f(x)=+\infty$(或$\lim\limits_{x\to x_0}f(x)=-\infty$).

例 2.3.1　证明$\lim\limits_{x\to 0}\dfrac{1}{x^n}=\infty$.

证　要证$\lim\limits_{x\to 0}\dfrac{1}{x^n}=\infty$，即证：对不管多么大的$G>0$，总存在正数$\delta$，使得当$0<|x-0|<\delta$时总有$\left|\dfrac{1}{x^n}\right|>G$. 为此只需$|x|<\sqrt[n]{G}$，因此令$\delta=\sqrt[n]{G}$，则当$0<|x-0|<\delta$时总有$\left|\dfrac{1}{x^n}\right|>G$，由定义可得$\lim\limits_{x\to 0}\dfrac{1}{x^n}=\infty$.

在理解无穷大量的定义时需要注意：

(1) 无穷大量不是指一个很大的数，而是指在某一过程中函数值无限增大的函数.

(2) 若$f(x)$为当$x\to x_0$时的无穷大量，则$f(x)$在$\mathring{U}(x_0)$内一定无界，但一个函数无界却不一定是无穷大量. 例如，$f(x)=x\sin x$在$x\to\infty$时的情况. 因为当$x=2n\pi+\dfrac{\pi}{2}$时，对不管多么大的$G>0$，$f(x)=x\sin x=\left(2n\pi+\dfrac{\pi}{2}\right)\sin\left(2n\pi+\dfrac{\pi}{2}\right)=2n\pi+\dfrac{\pi}{2}$，只要取$n$为大于$\dfrac{G}{2\pi}$的正整数即有$f(x)>G$，但当$x=2n\pi$时，随着$x$的增大，$f(x)$的值却始终为0.

二、无穷小量

定义 2.3.2　设$f(x)$在$\mathring{U}(x_0)$内有定义，若$\lim\limits_{x\to x_0}f(x)=0$，则称$f(x)$为当$x\to x_0$时的无穷小量.

定义 2.3.3　若函数$g(x)$在$\mathring{U}(x_0)$内有界，则称$g(x)$为当$x\to x_0$时的有界量.

显然，常数函数为有界量.

类似地，可定义当$x\to x_0^-$，$x\to x_0^+$，$x\to-\infty$，$x\to+\infty$和$x\to\infty$时的无穷小量和有界量.

例如，因为$\lim\limits_{x\to 0}\sin x=0$，所以$\sin x$是当$x\to 0$时的无穷小量. 如此，$1-\cos x$，$x^2$等都

是当 $x\to 0$ 时的无穷小量，$\frac{1}{x^n}$，$\frac{\sin x}{x}$是当 $x\to\infty$时的无穷小量.

注：无穷小量不是很小的数，而是以 0 为极限的变量. 0 是可以作为无穷小量的唯一的常数.

由无穷小量的定义，我们可以得到无穷小量与函数的极限有着如下密切的关系.

定理 2.3.1 $\lim\limits_{x\to x_0}f(x)=A$ 的充分必要条件为 $f(x)=A+\alpha(x)$，其中，$\alpha(x)$是当 $x\to x_0$ 时的无穷小量，可简记为$\lim\limits_{x\to x_0}f(x)=A\Leftrightarrow f(x)=A+\alpha(x)$且$\lim\limits_{x\to x_0}\alpha(x)=0$.

证 因为$\lim\limits_{x\to x_0}f(x)=A$，由定义知，对任意的 $\varepsilon>0$，存在 $\delta>0$，使得当 $0<|x-x_0|<\delta$ 时，总有

$$|f(x)-A|<\varepsilon.$$

令 $\alpha(x)=f(x)-A$，则当 $x\to x_0$时，对 $\forall\varepsilon>0$，总有 $|\alpha(x)|<\varepsilon$，所以 $\alpha(x)$是当$x\to x_0$ 时的无穷小量.

反之，因为 $\alpha(x)=f(x)-A$ 是当 $x\to x_0$时的无穷小量，即有

$$\lim_{x\to x_0}(f(x)-A)=0,$$

所以对任意的 $\varepsilon>0$，存在 $\delta>0$，使得当 $0<|x-x_0|<\delta$ 时，总有

$$|\alpha(x)|=|f(x)-A|<\varepsilon,$$

故$\lim\limits_{x\to x_0}f(x)=A$.

由无穷小量的定义和定理 2.3.1，读者不难证明无穷小量具有下列性质.

定理 2.3.2 (1) 有限个无穷小量之和、差、积仍是无穷小量；

(2) 有界量与无穷小量之积是无穷小量；

(3) 无穷小量除以极限不为零的量得到的商仍是无穷小量.

利用无穷小量的性质，可以简化某些函数的极限运算.

例 2.3.2 证明 $\lim\limits_{x\to+\infty}\left(\frac{1}{x^3}+e^{-x}\right)=0$.

证 因为$\frac{1}{x^3}$，e^{-x}都是当 $x\to+\infty$时的无穷小量，所以

$$\lim_{x\to+\infty}\left(\frac{1}{x^3}+e^{-x}\right)=0.$$

例 2.3.3 证明$\lim\limits_{x\to 0}x^n\left(2-\cos\frac{1}{x}\right)=0$.

证 由于$\left|2-\cos\frac{1}{x}\right|\leqslant 2+\left|\cos\frac{1}{x}\right|<4$ 是有界量，x^n是当 $x\to 0$ 时的无穷小量，因此

$$\lim_{x\to 0}x^n\left(2-\cos\frac{1}{x}\right)=0.$$

三、无穷大量与无穷小量的关系

定理 2.3.3 在自变量的同一变化过程中，无穷大量的倒数为无穷小量，不为零的无穷小量的倒数为无穷大量.

证 设$\lim\limits_{x \to x_0} f(x)=\infty$，则由定义知，对$\forall \varepsilon>0$，$\exists \delta>0$，使得当$0<|x-x_0|<\delta$时，总有

$$|f(x)|>\frac{1}{\varepsilon},$$

所以当$x \to x_0$时，有

$$\left|\frac{1}{f(x)}\right|<\varepsilon,$$

从而$\dfrac{1}{f(x)}$为当$x \to x_0$时的无穷小量.

反之，设$\lim\limits_{x \to x_0} f(x)=0$，则由定义知，对不管多么大的$G$，取$\varepsilon=\dfrac{1}{G}>0$，$\exists \delta>0$，使得当$0<|x-x_0|<\delta$时，总有

$$|f(x)|<\varepsilon=\frac{1}{G},$$

又因为$f(x) \neq 0$，所以当$x \to x_0$时，有

$$\left|\frac{1}{f(x)}\right|>G,$$

从而

$$\lim_{x \to x_0} \frac{1}{f(x)}=\infty,$$

故$\dfrac{1}{f(x)}$为当$x \to x_0$时的无穷大量.

了解了无穷大量与无穷小量的关系后，关于无穷大量的讨论都可归结为关于无穷小量的讨论，反之亦然.

例 2.3.4 求$\lim\limits_{x \to \infty}(\sqrt{x+1}-\sqrt{x})$.

解 由于∞不是具体的数值，无法直接代入函数进行计算，因此对函数表达式进行变形，有

$$\sqrt{x+1}-\sqrt{x}=\frac{(\sqrt{x+1}-\sqrt{x})(\sqrt{x+1}+\sqrt{x})}{\sqrt{x+1}+\sqrt{x}}=\frac{1}{\sqrt{x+1}+\sqrt{x}},$$

从而

$$\lim_{x \to \infty}(\sqrt{x+1}-\sqrt{x})=\lim_{x \to \infty} \frac{1}{\sqrt{x+1}+\sqrt{x}}=0.$$

知识要点

(1) 无穷大量的定义：设$f(x)$在$\mathring{U}(x_0)$内有定义(或当$|x|$大于某一正数时有定义)，若对任意给定的正数G(不论它多么大)，总存在正数δ(或正数X)，使得当$0<|x-x_0|<\delta$(或$|x|>X$)时有$|f(x)|>G$，则称函数$f(x)$为当$x \to x_0$(或$x \to \infty$)时的无穷大量，记作$\lim\limits_{x \to x_0} f(x)=\infty$(或$\lim\limits_{x \to \infty} f(x)=\infty$).

(2) 无穷小量的定义：设$f(x)$在$\mathring{U}(x_0)$内有定义，若$\lim\limits_{x \to x_0} f(x)=0$，则称$f(x)$为当$x \to x_0$

时的无穷小量.

(3) 无穷小量的性质：

① 有限个无穷小量之和、差、积仍是无穷小量；

② 有界量与无穷小量之积是无穷小量；

③ 无穷小量除以极限不为零的量得到的商仍是无穷小量.

(4) 无穷小量与无穷大量的关系：在自变量的同一变化过程中，无穷大量的倒数为无穷小量，不为零的无穷小量的倒数为无穷大量.

(5) 本节重点为无穷大量和无穷小量的定义. 要求理解无穷小量的性质，会判断无穷小量和无穷大量，能利用无穷大量和无穷小量的性质求函数的极限.

■ 习题 2-3

1. 当 $x\to 0$ 时，下列变量哪些是无穷大量？哪些是无穷小量？

(1) $y=100x^2$；　　(2) $y=\dfrac{1}{100x^2}$；

(3) $y=\ln(1+x)$；　　(4) $y=\cot 2x$.

2. 利用无穷大量的定义证明：

(1) $\lim\limits_{x\to\infty}\dfrac{1+x}{4}=\infty$；　　(2) $\lim\limits_{x\to 2^+}\dfrac{1}{\sqrt{x-2}}=+\infty$.

3. 求下列函数的极限：

(1) $\lim\limits_{x\to 0}x^2\sin\dfrac{1}{x}$；　　(2) $\lim\limits_{x\to\infty}\dfrac{\arctan x}{x}$.

4. 证明：

(1) $\lim\limits_{x\to+\infty}\left(\dfrac{1}{x^2}+2^{-x}\right)=0$；　　(2) $\lim\limits_{x\to 0}x^n\sin\dfrac{1}{x}=0$.

第四节　极限的四则运算

我们讨论当 $x\to x_0$ 时的极限运算法则，其他情况可类似处理.

定理 2.4.1　在自变量 $x\to x_0$ 时，若 $\lim\limits_{x\to x_0}f(x)=A$，$\lim\limits_{x\to x_0}g(x)=B$ 都存在，则

(1) $\lim\limits_{x\to x_0}[f(x)\pm g(x)]$ 也存在，并有 $\lim\limits_{x\to x_0}[f(x)\pm g(x)]=\lim\limits_{x\to x_0}f(x)\pm\lim\limits_{x\to x_0}g(x)=A+B$；

(2) $\lim\limits_{x\to x_0}[f(x)\cdot g(x)]$ 也存在，并有 $\lim\limits_{x\to x_0}[f(x)\cdot g(x)]=\lim\limits_{x\to x_0}f(x)\cdot\lim\limits_{x\to x_0}g(x)=A\cdot B$；

(3) 若 $B\neq 0$，则 $\lim\limits_{x\to x_0}\dfrac{f(x)}{g(x)}$ 也存在，并有 $\lim\limits_{x\to x_0}\dfrac{f(x)}{g(x)}=\dfrac{\lim\limits_{x\to x_0}f(x)}{\lim\limits_{x\to x_0}g(x)}=\dfrac{A}{B}$.

证　这里仅对情况(3)进行证明，读者可用类似的方法自行证明情况(1)、(2).

因为 $\lim\limits_{x\to x_0}f(x)=A$，$\lim\limits_{x\to x_0}g(x)=B$，则由定理 2.3.1 可知

$$\lim_{x\to x_0}f(x)=A\Leftrightarrow f(x)=A+\alpha(x)\text{ 且 }\lim_{x\to x_0}\alpha(x)=0,$$

$$\lim_{x\to x_0} g(x)=B \Leftrightarrow g(x)=B+\beta(x) \text{且} \lim_{x\to x_0}\beta(x)=0,$$

于是

$$\frac{f(x)}{g(x)}-\frac{A}{B}=\frac{A+\alpha(x)}{B+\beta(x)}-\frac{A}{B}=\frac{B(A+\alpha(x))-A(B+\beta(x))}{B(B+\beta(x))}=\frac{B\alpha(x)-A\beta(x)}{B(B+\beta(x))}.$$

又因为 $\alpha(x)$ 和 $\beta(x)$ 是当 $x\to x_0$ 时的无穷小量，且 A、$B(B\neq 0)$ 为常数，所以 $B\alpha(x)-A\beta(x)$ 为无穷小量，$B(B+\beta(x))$ 的极限为 $B^2\neq 0$，于是可得

$$\lim_{x\to x_0}\left(\frac{f(x)}{g(x)}-\frac{A}{B}\right)=\lim_{x\to x_0}\frac{B\alpha(x)-A\beta(x)}{B(B+\beta(x))}=0,$$

即

$$\lim_{x\to x_0}\frac{f(x)}{g(x)}=\frac{\lim\limits_{x\to x_0} f(x)}{\lim\limits_{x\to x_0} g(x)}=\frac{A}{B}.$$

推论 1　若 $\lim\limits_{x\to x_0} f(x)=A$，$k$ 为任意常数，则 $\lim\limits_{x\to x_0} kf(x)=k\lim\limits_{x\to x_0} f(x)=kA$.

推论 2　若 $\lim\limits_{x\to x_0} f(x)=A$，$l$ 为任意正整数，则 $\lim\limits_{x\to x_0}(f(x))^l=(\lim\limits_{x\to x_0} f(x))^l=A^l$.

例 2.4.1　求多项式函数 $P_n(x)=a_nx^n+a_{n-1}x^{n-1}+\cdots+a_2x^2+a_1x^1+a_0x^0$ 在 x_0 处的极限.

解　由极限的运算法则可知

$$\begin{aligned}\lim_{x\to x_0} P_n(x) &= \lim_{x\to x_0}(a_nx^n+a_{n-1}x^{n-1}+\cdots+a_2x^2+a_1x+a_0)\\ &= a_n\lim_{x\to x_0} x^n+a_{n-1}\lim_{x\to x_0} x^{n-1}+\cdots+a_2\lim_{x\to x_0} x^2+a_1\lim_{x\to x_0} x+\lim_{x\to x_0} a_0\\ &= a_nx_0^n+a_{n-1}x_0^{n-1}+\cdots+a_2x_0^2+a_1x_0+a_0\\ &= P_n(x_0).\end{aligned}\tag{2.4.1}$$

由此可见，计算多项式函数 $P_n(x)$ 在某点的极限时，只要将 $x=x_0$ 代入函数表达式计算 $P_n(x_0)$ 即可.

例 2.4.2　设有分式函数 $R(x)=\dfrac{P(x)}{Q(x)}$，其中 $P(x)$、$Q(x)$ 都是多项式函数，若 $Q(x_0)\neq 0$，求 $\lim\limits_{x\to x_0} R(x)$.

解　由于 $Q(x_0)\neq 0$，因此

$$\lim_{x\to x_0} R(x)=\frac{\lim\limits_{x\to x_0} P(x)}{\lim\limits_{x\to x_0} Q(x)}=\frac{P(x_0)}{Q(x_0)}=R(x_0).\tag{2.4.2}$$

注：例 2.4.2 中若 $Q(x_0)=0$，则不能直接利用商的运算法则.

下面举例介绍几种无法直接利用极限运算法则的情况.

例 2.4.3　求 $\lim\limits_{x\to 1}\dfrac{x+1}{x^2-1}$.

解　观察到当 $x\to 1$ 时，分母 x^2-1 的极限为零，无法直接利用极限的运算法则计算，但分子 $x+1$ 的极限不为零，所以 $\lim\limits_{x\to 1}\dfrac{x^2-1}{x+1}=0$，从而由无穷大量与无穷小量的关系定理可得 $\lim\limits_{x\to 1}\dfrac{x+1}{x^2-1}=\infty$.

例 2.4.4 求$\lim\limits_{x\to-1}\dfrac{x^2-1}{x^2-x-2}$.

解 观察到当$x\to-1$时，x^2-1、x^2-x-2的极限均为零，无法直接利用极限的运算法则计算，这种两个无穷小量作商的形式，我们称为"$\dfrac{0}{0}$"型. 对于这种形式的极限，我们通常需要先对函数式进行变形，消去零因式，再进行求解.

$$\lim_{x\to-1}\frac{x^2-1}{x^2-x-2}=\lim_{x\to-1}\frac{(x-1)(x+1)}{(x+1)(x-2)}=\lim_{x\to-1}\frac{x-1}{x-2}=\frac{2}{3}.$$

例 2.4.5 求$\lim\limits_{x\to4}\dfrac{\sqrt{1+2x}-3}{\sqrt{x}-2}$.

解 此题为"$\dfrac{0}{0}$"型. 我们采用将分子、分母有理化的方式对函数进行变形.

$$\begin{aligned}\lim_{x\to4}\frac{\sqrt{1+2x}-3}{\sqrt{x}-2}&=\lim_{x\to4}\frac{(\sqrt{1+2x}-3)(\sqrt{1+2x}+3)}{(\sqrt{x}-2)(\sqrt{1+2x}+3)}\\&=\lim_{x\to4}\frac{2(x-4)}{(\sqrt{x}-2)(\sqrt{1+2x}+3)}\\&=\lim_{x\to4}\frac{2(x-4)(\sqrt{x}+2)}{(\sqrt{x}+2)(\sqrt{x}-2)(\sqrt{1+2x}+3)}\\&=\lim_{x\to4}\frac{2(\sqrt{x}+2)}{\sqrt{1+2x}+3}=\frac{4}{3}.\end{aligned}$$

例 2.4.6 求$\lim\limits_{x\to1}\dfrac{x^n-1}{x^m-1}$($m$、$n$为正整数).

解 此题为"$\dfrac{0}{0}$"型. 我们采用换元法对函数进行变形.

令$t=x-1$(当$x\to1$时，$t\to0$)，则

$$x^n-1=(t+1)^n-1=t^n+C_n^1t^{n-1}+C_n^2t^{n-2}+\cdots+C_n^{n-1}t+C_n^n-1,$$

$$x^m-1=(t+1)^m-1=t^m+C_m^1t^{m-1}+C_m^2t^{m-2}+\cdots+C_m^{m-1}t+C_m^m-1,$$

于是

$$\lim_{x\to1}\frac{x^n-1}{x^m-1}=\lim_{t\to0}\frac{t^n+C_n^1t^{n-1}+C_n^2t^{n-2}+\cdots+C_n^{n-1}t}{t^m+C_m^1t^{m-1}+C_m^2t^{m-2}+\cdots+C_m^{m-1}t},$$

分子、分母同时消去一个t，得

$$\lim_{x\to1}\frac{x^n-1}{x^m-1}=\lim_{t\to0}\frac{t^{n-1}+C_n^1t^{n-2}+C_n^2t^{n-3}+\cdots+C_n^{n-1}}{t^{m-1}+C_m^1t^{m-2}+C_m^2t^{m-3}+\cdots+C_m^{m-1}}=\frac{n}{m}.\tag{2.4.3}$$

例 2.4.7 设$a_0\neq0$，$b_0\neq0$，m、n为正整数，证明

$$\lim_{x\to\infty}\frac{a_0x^n+a_1x^{n-1}+\cdots+a_n}{b_0x^m+b_1x^{m-1}+\cdots+b_m}=\begin{cases}\dfrac{a_0}{b_0}, & m=n\\ 0, & m>n\\ \infty, & m<n\end{cases}.\tag{2.4.4}$$

证 因为∞不是一个具体的数，无法直接代入运算，观察到当$x\to\infty$时，分子、分母的极限均为∞，这种两个无穷大量作商的形式，我们称为"$\dfrac{\infty}{\infty}$"型.

当 $m=n$ 时，因为分子、分母的最高次幂是 $x^n=x^m$，所以分子、分母同时除以 x^n，得

$$\lim_{x\to\infty}\frac{a_0x^n+a_1x^{n-1}+\cdots+a_n}{b_0x^n+b_1x^{n-1}+\cdots+b_n}=\lim_{x\to\infty}\frac{a_0+a_1\frac{1}{x}+\cdots+a_n\frac{1}{x^n}}{b_0+b_1\frac{1}{x}+\cdots+b_n\frac{1}{x^n}}.$$

又 $\lim\limits_{x\to k}\frac{1}{x^k}=0$，$k$ 为正整数，于是

$$\lim_{x\to\infty}\left(a_0+a_1\frac{1}{x}+\cdots+a_n\frac{1}{x^n}\right)=a_0,$$

$$\lim_{x\to\infty}\left(b_0+b_1\frac{1}{x}+\cdots+b_n\frac{1}{x^n}\right)=b_0\neq0,$$

从而

$$\lim_{x\to\infty}\frac{a_0x^n+a_1x^{n-1}+\cdots+a_n}{b_0x^m+b_1x^{m-1}+\cdots+b_m}=\frac{a_0}{b_0}\quad(m=n).$$

当 $m>n$ 时，分子、分母同时除以最高次幂 x^m，得

$$\lim_{x\to\infty}\frac{a_0x^n+a_1x^{n-1}+\cdots+a_n}{b_0x^m+b_1x^{m-1}+\cdots+b_m}=\lim_{x\to\infty}\frac{a_0\frac{1}{x^{m-n}}+a_1\frac{1}{x^{m-n+1}}+\cdots+a_n\frac{1}{x^m}}{b_0+b_1\frac{1}{x}+\cdots+b_n\frac{1}{x^n}},$$

因为分子 $\lim\limits_{x\to\infty}a_0\frac{1}{x^{m-n}}+a_1\frac{1}{x^{m-n+1}}+\cdots+a_n\frac{1}{x^m}=0$，分母 $\lim\limits_{x\to\infty}b_0+b_1\frac{1}{x}+\cdots+b_n\frac{1}{x^n}=b_0$，所以

$$\lim_{x\to\infty}\frac{a_0x^n+a_1x^{n-1}+\cdots+a_n}{b_0x^m+b_1x^{m-1}+\cdots+b_m}=0\quad(m>n).$$

当 $m<n$ 时，所求分式的倒数为 $\frac{b_0x^m+b_1x^{m-1}+\cdots+b_m}{a_0x^n+a_1x^{n-1}+\cdots+a_n}$，由本题前半部分的结论可知：

$$\lim_{x\to\infty}\frac{b_0x^m+b_1x^{m-1}+\cdots+b_m}{a_0x^n+a_1x^{n-1}+\cdots+a_n}=0,$$

再由无穷大量与无穷小量的关系可知该式倒数的极限为∞，即所求分式的极限为∞，从而

$$\lim_{x\to\infty}\frac{a_0x^n+a_1x^{n-1}+\cdots+a_n}{b_0x^m+b_1x^{m-1}+\cdots+b_m}=\infty\quad(m<n).$$

例 2.4.8 求 $\lim\limits_{x\to1}\left(\frac{x}{x-1}-\frac{2}{x^2-1}\right)$.

解 观察到当 $x\to1$ 时，$\frac{x}{x-1}$、$\frac{2}{x^2-1}$ 的极限均为∞，无法利用极限的运算法则计算，这种两个无穷大量作差的形式，我们称为**“∞－∞”型**. 对于这种类型的极限，我们可以把它转化成我们熟悉的形式后再求解.

$$\lim_{x\to1}\left(\frac{x}{x-1}-\frac{2}{x^2-1}\right)=\lim_{x\to1}\frac{x(x+1)-2}{x^2-1}=\lim_{x\to1}\frac{(x-1)(x+2)}{(x-1)(x+1)}=\frac{3}{2}.$$

例 2.4.9 求 $\lim\limits_{x\to\infty}(\sqrt{1+x^2}-x)$.

解 此题为“∞－∞”型. 对函数采用分子有理化的方式进行变形后再求解，得

$$\lim_{x\to\infty}(\sqrt{1+x^2}-x)=\lim_{x\to\infty}\frac{(\sqrt{1+x^2}-x)(\sqrt{1+x^2}+x)}{\sqrt{1+x^2}+x}=\lim_{x\to\infty}\frac{1}{\sqrt{1+x^2}+x}=0.$$

接下来介绍一个关于复合函数求极限的定理.

定理 2.4.2 设 $y=f[\varphi(x)]$由 $y=f(u)$及 $u=\varphi(x)$复合而成. 若$\lim\limits_{x\to x_0}\varphi(x)=u_0$，且 $y=f(u)$在 u_0处有定义，又$\lim\limits_{u\to u_0}f(u)=a$，则$\lim\limits_{x\to x_0}f[\varphi(x)]=\lim\limits_{u\to u_0}f(u)=a$.

注：定理 2.4.2 的意义在于 $\lim\limits_{x\to x_0}f[\varphi(x)]\xlongequal[\text{且}\lim\limits_{x\to x_0}\varphi(x)=u_0]{\text{令}\varphi(x)=u}\lim\limits_{u\to u_0}f(u)$.

例 2.4.10 求$\lim\limits_{x\to 2}\ln(\sqrt{5+x^2}-x)$.

解 $\lim\limits_{x\to 2}(\ln(\sqrt{5+x^2}-x))=\ln(\lim\limits_{x\to 2}(\sqrt{5+x^2}-x))=\ln 1=0.$

由此可知，在定理 2.4.2 的条件下求复合函数的极限时，可以交换函数符号与极限符号，但该定理的条件不可缺.

知识要点

(1) 极限的四则运算法则：在自变量 $x\to x_0$ 时，若$\lim\limits_{x\to x_0}f(x)=A$，$\lim\limits_{x\to x_0}g(x)=B$ 都存在，则

① $\lim\limits_{x\to x_0}[f(x)\pm g(x)]$也存在，并有$\lim\limits_{x\to x_0}[f(x)\pm g(x)]=\lim\limits_{x\to x_0}f(x)\pm\lim\limits_{x\to x_0}g(x)=A+B$;

② $\lim\limits_{x\to x_0}[f(x)\cdot g(x)]$也存在，并有$\lim\limits_{x\to x_0}[f(x)\cdot g(x)]=\lim\limits_{x\to x_0}f(x)\cdot\lim\limits_{x\to x_0}g(x)=A\cdot B$;

③ 若 $B\neq 0$，则$\lim\limits_{x\to x_0}\dfrac{f(x)}{g(x)}$也存在，并有$\lim\limits_{x\to x_0}\dfrac{f(x)}{g(x)}=\dfrac{\lim\limits_{x\to x_0}f(x)}{\lim\limits_{x\to x_0}g(x)}=\dfrac{A}{B}$.

(2) 本节要求掌握函数极限的四则运算法则，掌握多种求函数极限的方法.

■ 习题 2-4

1. 求下列极限：

(1) $\lim\limits_{n\to\infty}\dfrac{3n^2+n}{4n^2+1}$;

(2) $\lim\limits_{n\to\infty}\dfrac{1+\frac{1}{2}+\frac{1}{2^2}+\cdots+\frac{1}{2^n}}{1+\frac{1}{3}+\frac{1}{3^2}+\cdots+\frac{1}{3^n}}$;

(3) $\lim\limits_{n\to\infty}\left(\dfrac{1}{n^2}+\dfrac{3}{n^2}+\dfrac{5}{n^2}+\cdots+\dfrac{2n-1}{n^2}\right)$;

(4) $\lim\limits_{n\to\infty}\left(\dfrac{1}{1\cdot 2}+\dfrac{1}{2\cdot 3}+\cdots+\dfrac{1}{n\cdot(n+1)}\right)$;

(5) $\lim\limits_{n\to\infty}(\sqrt{n+1}-\sqrt{n})\sqrt{n}$.

2. 求下列极限：

(1) $\lim\limits_{x\to 1}\dfrac{x^4-1}{x^5-1}$;

(2) $\lim\limits_{x\to+\infty}\dfrac{1+\sqrt{x}}{1-\sqrt{x}}$;

(3) $\lim\limits_{x\to\infty}\dfrac{x\sin x}{x^2+5}$;

(4) $\lim\limits_{x\to 1}\left(\dfrac{1}{1-x}-\dfrac{3}{1-x^3}\right)$;

(5) $\lim\limits_{x\to 0}\dfrac{3x}{\cos x}$;

(6) $\lim\limits_{x\to 0}x\sin\dfrac{3}{x}$;

(7) $\lim\limits_{x\to 1}\dfrac{\sqrt{3-x}-\sqrt{1+x}}{x^2-1}$;

(8) $\lim\limits_{x\to+\infty}(\sqrt{(x+2)(x-1)}-x)$;

(9) $\lim\limits_{x\to 1}\dfrac{\sqrt[3]{x}-1}{\sqrt{x}-1}$；　　　　(10) $\lim\limits_{x\to 3}\dfrac{x^2+3}{(x-3)^2}$.

3. 设 $f(x)=\begin{cases}\dfrac{\sin x+1}{x+1}, & -\infty<x<0\\ (1-x)^2, & 0\leqslant x<+\infty\end{cases}$，求$\lim\limits_{x\to 0}f(x)$.

4. 求下列极限：

(1) $\lim\limits_{x\to 0}\dfrac{x^2-1}{2x^2-x-1}$；　　　　(2) $\lim\limits_{x\to 1}\dfrac{x^2-1}{2x^2-x-1}$.

5. 设 $f(x)>0$，$\lim\limits_{x\to x_0}f(x)=A$，证明：$\lim\limits_{x\to x_0}\sqrt[3]{f(x)}=\sqrt[3]{A}$.

第五节　极限存在准则和两个重要极限

基于前面讨论的极限性质，本节介绍判断极限存在的两个常用准则和作为这两个准则应用的两个重要极限.

一、夹逼准则和$\lim\limits_{x\to 0}\dfrac{\sin x}{x}=1$

由收敛数列和函数极限的迫敛性，我们不难理解夹逼准则.

极限存在准则Ⅰ(夹逼准则)　设变量 x 在某一变化过程中，对函数 $f(x)$、$h(x)$、$g(x)$，始终有

$$f(x)\leqslant h(x)\leqslant g(x),$$

且 $\lim\limits_{\substack{x\to x_0\\(x\to\infty)}}f(x)=\lim\limits_{\substack{x\to x_0\\(x\to\infty)}}g(x)=A$，则 $\lim\limits_{\substack{x\to x_0\\(x\to\infty)}}h(x)=A$.

注：如果上述极限过程是 $x\to x_0$，则要求函数在 x_0 的某一去心邻域内有定义；如果上述极限过程是 $x\to\infty$，则要求函数当$|x|$在大于某个正数时有定义.

我们也可以从几何直观上来理解夹逼准则. 下面以 $x\to x_0$ 的情况为例(见图 2.5.1)进行阐述。

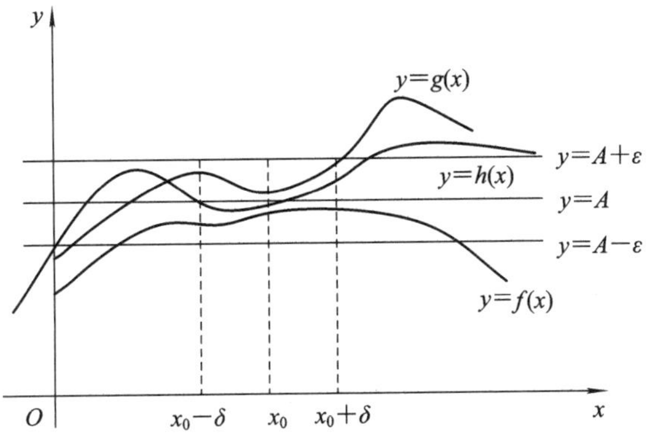

图 2.5.1　夹逼准则示意图

$f(x)$、$h(x)$、$g(x)$在 x_0 的 δ 邻域内均有定义，且在区间$[x_0-\delta,\ x_0+\delta]$内 $f(x)\leqslant h(x)\leqslant g(x)$始终成立，所以 $h(x)$的图像在 $f(x)$与 $g(x)$中间. $f(x)$与 $g(x)$在 $x\to x_0$时以

A 为极限，那么由极限定义可知，对任意的 $\varepsilon>0$，当 $x\in[x_0-\delta, x_0+\delta]$ 时，总有 $|f(x)-A|<\varepsilon$ 和 $|g(x)-A|<\varepsilon$，即有 $A-\varepsilon<f(x)<A+\varepsilon$ 和 $A-\varepsilon<g(x)<A+\varepsilon$. 于是可知，在区间 $[x_0-\delta, x_0+\delta]$ 内，函数 $f(x)$ 与 $g(x)$ 的图像均在直线 $y=A-\varepsilon$ 与 $y=A+\varepsilon$ 之间. 所以在区间 $[x_0-\delta, x_0+\delta]$ 内，$h(x)$ 的图像也在直线 $y=A-\varepsilon$ 与 $y=A+\varepsilon$ 之间. 因此当 $x\in[x_0-\delta, x_0+\delta]$ 时，$|h(x)-A|<\varepsilon$，又由 ε 的任意性，可得 $\lim\limits_{x\to x_0}h(x)=A$.

利用此准则，我们证明重要极限

$$\lim_{x\to 0}\frac{\sin x}{x}=1. \qquad (2.5.1)$$

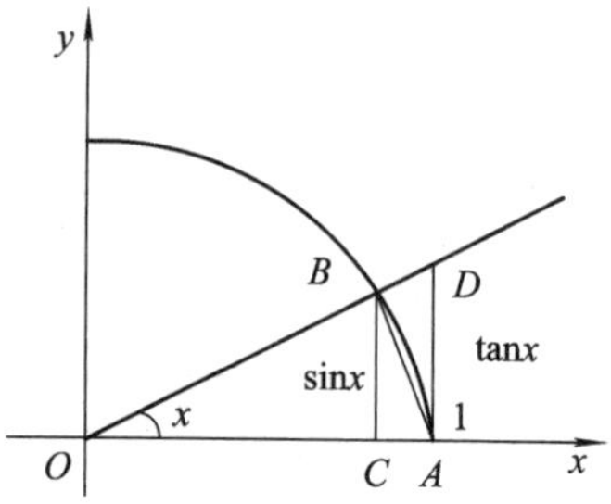

图 2.5.2　$\lim\limits_{x\to 0}\dfrac{\sin x}{x}=1$ 的证明

注意到，$\dfrac{\sin x}{x}$ 在 $x\neq 0$ 时有意义，我们不妨将 x 看作单位圆 O 中一个不为零的弧度角 $\angle AOB$（见图 2.5.2）. 先设 $0<x<\dfrac{\pi}{2}$. 过点 A 作圆的切线交 OB 的延长线于 D，过点 B 作 $BC\perp OA$，垂足为 C，而 $\sin x=BC$，$\tan x=AD$，于是有

$\triangle AOB$ 的面积 $=\dfrac{1}{2}OA\cdot BC=\dfrac{1}{2}\sin x$,

扇形 AOB 的面积 $=\dfrac{1}{2}OA^2\cdot x=\dfrac{1}{2}x$,

$\triangle AOD$ 的面积 $=\dfrac{1}{2}OA\cdot AD=\dfrac{1}{2}\tan x$.

又由图 2.5.2 可知，$\triangle AOB$ 的面积<扇形 AOB 的面积<$\triangle AOD$ 的面积，所以

$$\frac{1}{2}\sin x<\frac{1}{2}x<\frac{1}{2}\tan x,$$

即

$$\sin x<x<\tan x=\frac{\sin x}{\cos x},$$

从而

$$\cos x<\frac{\sin x}{x}<1.$$

当 $-\dfrac{\pi}{2}<x<0$ 时，因为 $\cos x$，$\dfrac{\sin x}{x}$ 均为偶函数，所以不等式仍成立.

又 $\lim\limits_{x\to 0}\cos x=1$，$\lim\limits_{x\to 0}1=1$，由夹逼准则可得 $\lim\limits_{x\to 0}\dfrac{\sin x}{x}=1$.

例 2.5.1　求 $\lim\limits_{x\to 0}\dfrac{\tan x}{x}$.

解

$$\lim_{x\to 0}\frac{\tan x}{x}=\lim_{x\to 0}\frac{\sin x}{x}\cdot\frac{1}{\cos x}=\lim_{x\to 0}\frac{\sin x}{x}\cdot\lim_{x\to 0}\frac{1}{\cos x}=1.$$

例 2.5.2　求 $\lim\limits_{x\to 0}\dfrac{\sin 3x}{\sin 2x}$.

解

$$\lim_{x\to 0}\frac{\sin 3x}{\sin 2x}=\lim_{x\to 0}\frac{3\cdot\dfrac{\sin 3x}{3x}}{2\cdot\dfrac{\sin 2x}{2x}}=\frac{3}{2}\cdot\frac{\lim\limits_{x\to 0}\dfrac{\sin 3x}{3x}}{\lim\limits_{x\to 0}\dfrac{\sin 2x}{2x}}=\frac{3}{2}.$$

例 2.5.3 求$\lim\limits_{x\to\pi}\dfrac{\sin x}{\pi-x}$.

解 令 $t=\pi-x$，则 $x=\pi-t$，$\sin x=\sin(\pi-t)$，于是有

$$\lim_{x\to\pi}\frac{\sin x}{\pi-x}=\lim_{t\to0}\frac{\sin(\pi-t)}{t}=\lim_{t\to0}\frac{\sin t}{t}=1.$$

例 2.5.4 求$\lim\limits_{x\to0}\dfrac{1-\cos x}{x^2}$.

解
$$\lim_{x\to0}\frac{1-\cos x}{x^2}=\lim_{x\to0}\frac{2\sin^2\frac{x}{2}}{x^2}=\lim_{x\to0}\frac{2\sin^2\frac{x}{2}}{4\left(\frac{x}{2}\right)^2}$$
$$=\frac{1}{2}\lim_{x\to0}\left(\frac{\sin\frac{x}{2}}{\frac{x}{2}}\right)^2=\frac{1}{2}\left(\lim_{x\to0}\frac{\sin\frac{x}{2}}{\frac{x}{2}}\right)^2=\frac{1}{2}.$$

二、单调有界收敛准则和$\lim\limits_{x\to\infty}\left(1+\dfrac{1}{x}\right)^x=\mathrm{e}$

极限存在准则Ⅱ(单调有界收敛准则) 单调有界数列必有极限.

设变量 x 在某一变化过程中，函数 $f(x)$单调减少且有下界(或单调增加且有上界)，则在该变化过程中函数的极限存在. 一般可说成，**在某极限过程中，单调有界的函数必有极限.**

作为该准则的应用，我们讨论极限

$$\lim_{x\to\infty}\left(1+\frac{1}{x}\right)^x=\mathrm{e}. \tag{2.5.2}$$

其证明过程可供有兴趣的读者参考.

在第二节，我们利用数列的单调有界定理证明了$\lim\limits_{n\to\infty}\left(1+\dfrac{1}{n}\right)^n=\mathrm{e}$，在此基础上再利用夹逼准则证明$\lim\limits_{x\to\infty}\left(1+\dfrac{1}{x}\right)^x=\mathrm{e}$. 证明过程分为两部分，第一部分为证明$\lim\limits_{x\to+\infty}\left(1+\dfrac{1}{x}\right)^x=\mathrm{e}$，第二部分为证明$\lim\limits_{x\to-\infty}\left(1+\dfrac{1}{x}\right)^x=\mathrm{e}$.

先证明 $x\to+\infty$的情况. 不妨设 $n\leqslant x<n+1$，其中 $n\geqslant1$，则有

$$\frac{1}{n+1}\leqslant\frac{1}{x}<\frac{1}{n},$$

于是有

$$\left(1+\frac{1}{n+1}\right)^n\leqslant\left(1+\frac{1}{x}\right)^x<\left(1+\frac{1}{n}\right)^{n+1},$$

又

$$\lim_{n\to+\infty}\left(1+\frac{1}{n+1}\right)^n=\lim_{n\to+\infty}\frac{\left(1+\frac{1}{n+1}\right)^{n+1}}{1+\frac{1}{n+1}}=\frac{\lim\limits_{n\to+\infty}\left(1+\frac{1}{n+1}\right)^{n+1}}{\lim\limits_{n\to+\infty}\left(1+\frac{1}{n+1}\right)}=\mathrm{e},$$

$$\lim_{n\to+\infty}\left(1+\frac{1}{n}\right)^{n+1}=\lim_{n\to+\infty}\left(1+\frac{1}{n}\right)^n\cdot\left(1+\frac{1}{n}\right)=\lim_{n\to+\infty}\left(1+\frac{1}{n}\right)^n\cdot\lim_{n\to+\infty}\left(1+\frac{1}{n}\right)=\mathrm{e},$$

从而由夹逼准则可知，$\lim\limits_{x\to+\infty}\left(1+\dfrac{1}{x}\right)^{x}=\mathrm{e}$ 得证.

当 $x\to-\infty$ 时，令 $t=-(x+1)$，则 $t=+\infty$，从而

$$\lim_{x\to-\infty}\left(1+\frac{1}{x}\right)^{x}=\lim_{t\to+\infty}\left(1-\frac{1}{t+1}\right)^{-(t+1)}=\lim_{t\to+\infty}\left(\frac{t}{t+1}\right)^{-(t+1)}=\lim_{t\to+\infty}\left(1+\frac{1}{t}\right)^{t+1}=\mathrm{e}.$$

综上，$\lim\limits_{x\to\infty}\left(1+\dfrac{1}{x}\right)^{x}=\mathrm{e}$ 得证.

极限 $\lim\limits_{x\to\infty}\left(1+\dfrac{1}{x}\right)^{x}=\mathrm{e}$ 还有一种常见的表现形式：

$$\lim_{x\to 0}(1+x)^{\frac{1}{x}}=\mathrm{e}. \qquad (2.5.3)$$

事实上，要证明此极限，只需利用代换 $t=\dfrac{1}{x}$，$t\to 0$，推出 $\lim\limits_{t\to 0}(1+t)^{\frac{1}{t}}=\mathrm{e}$，再按我们的习惯改写即可.

例 2.5.5 求 $\lim\limits_{x\to\infty}\left(1-\dfrac{1}{x}\right)^{x}$.

解 令 $t=-x$，则

$$\lim_{x\to\infty}\left(1-\frac{1}{x}\right)^{x}=\lim_{t\to\infty}\left(1+\frac{1}{t}\right)^{-t}=\lim_{t\to\infty}\frac{1}{\left(1+\frac{1}{t}\right)^{t}}=\frac{1}{\mathrm{e}}.$$

例 2.5.6 求 $\lim\limits_{x\to-\infty}\left(1-\dfrac{2}{x}\right)^{x+1}$.

解 令 $t=-\dfrac{x}{2}$，则 $x=-2t$，于是有

$$\begin{aligned}\lim_{x\to-\infty}\left(1-\frac{2}{x}\right)^{x+1}&=\lim_{t\to\infty}\left(1+\frac{1}{t}\right)^{-2t+1}=\lim_{t\to\infty}\left(\left(1+\frac{1}{t}\right)^{t}\right)^{-2}\cdot\left(1+\frac{1}{t}\right)\\&=\lim_{t\to\infty}\left(\left(1+\frac{1}{t}\right)^{t}\right)^{-2}\cdot\lim_{t\to\infty}\left(1+\frac{1}{t}\right)=\mathrm{e}^{-2}.\end{aligned}$$

例 2.5.7 求 $\lim\limits_{x\to 0}\left(\dfrac{\mathrm{e}^{x}-1}{x}\right)$.

解 令 $t=\mathrm{e}^{x}-1$，则 $x=\ln(t+1)$，于是有

$$\begin{aligned}\lim_{x\to 0}\left(\frac{\mathrm{e}^{x}-1}{x}\right)&=\lim_{t\to 0}\left(\frac{t}{\ln(t+1)}\right)=\lim_{t\to 0}\left(\frac{\ln(t+1)}{t}\right)^{-1}\\&=\lim_{t\to 0}\left(\ln(t+1)^{\frac{1}{t}}\right)^{-1}\\&=\left(\ln\lim_{t\to 0}(t+1)^{\frac{1}{t}}\right)^{-1}=1.\end{aligned}$$

例 2.5.8 求 $\lim\limits_{x\to\infty}\left(\dfrac{3+x}{2+x}\right)^{2x}$.

解

$$\begin{aligned}\lim_{x\to\infty}\left(\frac{3+x}{2+x}\right)^{2x}&=\lim_{x\to\infty}\left(1+\frac{1}{2+x}\right)^{2x}\\&=\lim_{x\to\infty}\left(\left(1+\frac{1}{2+x}\right)^{2+x}\right)^{2}\left(1+\frac{1}{2+x}\right)^{-4}=\mathrm{e}^{2}.\end{aligned}$$

知识要点

(1) 夹逼准则：设变量 x 在某一变化过程中，对函数 $f(x)$、$h(x)$、$g(x)$，始终有

$f(x)\leqslant h(x)\leqslant g(x)$，且 $\lim\limits_{\substack{x\to x_0\\(x\to\infty)}} f(x)=\lim\limits_{\substack{x\to x_0\\(x\to\infty)}} g(x)=A$，则 $\lim\limits_{\substack{x\to x_0\\(x\to\infty)}} h(x)=A$.

(2) 单调有界收敛准则：单调有界数列必有极限.

(3) 两个重要极限：$\lim\limits_{x\to 0}\dfrac{\sin x}{x}=1$ 和 $\lim\limits_{x\to\infty}\left(1+\dfrac{1}{x}\right)^{x}=\mathrm{e}$.

(4) 本节重点是夹逼准则、单调有界准则及两个重要极限，难点是运用两个准则判断极限的存在性. 要求能够熟练运用两个准则判断极限的存在性，并能直接运用或通过变形间接运用 $\lim\limits_{x\to 0}\dfrac{\sin x}{x}=1$ 和 $\lim\limits_{x\to\infty}\left(1+\dfrac{1}{x}\right)^{x}=\mathrm{e}$ 这两个重要极限求解其他函数的极限.

习题 2－5

1. 求下列极限：

(1) $\lim\limits_{x\to 0}\dfrac{2\sin x}{x}$；　(2) $\lim\limits_{x\to 0}\dfrac{\sin x^2}{x}$；

(3) $\lim\limits_{x\to\infty}\left(1+\dfrac{1}{x}\right)^{2x}$；　(4) $\lim\limits_{x\to\infty}\left(1+\dfrac{1}{x-1}\right)^{x}$.

2. 求下列极限：

(1) $\lim\limits_{x\to 0}\dfrac{\sin x^3}{\sin^2 x}$；　(2) $\lim\limits_{x\to 0}\dfrac{\sin 4x}{\sqrt{x+1}-1}$；

(3) $\lim\limits_{x\to\infty}\left(\dfrac{3x+2}{3x-1}\right)^{2x-1}$；　(4) $\lim\limits_{x\to 0}\left(\dfrac{1+x}{1-x}\right)^{\frac{1}{x}}$；

(5) $\lim\limits_{x\to\frac{\pi}{2}}(1+\cot x)^{\tan x}$；　(6) $\lim\limits_{x\to 0}\dfrac{\ln(1+\alpha x)}{x}$.

3. 求下列极限：

(1) $\lim\limits_{n\to\infty}\left(1+\dfrac{1}{n}\right)^{n^2}$；　(2) $\lim\limits_{n\to\infty}\left(1-\dfrac{1}{n}\right)^{n^2}$；

(3) $\lim\limits_{x\to\infty}\left(1-\dfrac{2}{x}\right)^{-x}$；　(4) $\lim\limits_{x\to 0}(1+\alpha x)^{\frac{1}{x}}$（$\alpha$ 为给定实数）.

4. 利用极限存在准则证明：

(1) $\lim\limits_{n\to\infty} n\left(\dfrac{1}{n^2+\pi}+\dfrac{1}{n^2+2\pi}+\cdots+\dfrac{1}{n^2+n\pi}\right)=1$；

(2) 数列 $x_1=\sqrt{2}$，$x_2=\sqrt{2+\sqrt{2}}$，$x_3=\sqrt{2+\sqrt{2+\sqrt{2}}}$，…的极限存在，并求 $\lim\limits_{n\to\infty}x_n$；

(3) 数列 $x_1=2$，$x_{n+1}=\dfrac{1}{2}\left(x_n+\dfrac{1}{x_n}\right)$的极限存在.

第六节　无穷小量的比较

两个无穷小量的和、差、积仍是无穷小量，但是两个无穷小量商的极限却会出现不同的情况. 例如，$\lim\limits_{x\to 0}\dfrac{\sin x}{x}=1$，$\lim\limits_{x\to 0}\dfrac{x^3}{x}=0$，$\lim\limits_{x\to 0}\dfrac{x}{x^3}=\infty$，结果既有非零常数，又有零和无穷大

量. 下面我们根据这三种情况，对两个无穷小量的商作进一步研究.

定义 2.6.1 设 $\alpha(x)$ 和 $\beta(x)$ 是自变量在同一变化过程中的无穷小量，$\lim\frac{\alpha(x)}{\beta(x)}$ 是在同一变化过程中的极限.

(1) 若 $\lim\frac{\alpha(x)}{\beta(x)}=l\neq0$，则称 $\alpha(x)$ 与 $\beta(x)$ 是**同阶无穷小量**，特别地，当 $l=1$ 时，称 $\alpha(x)$ 与 $\beta(x)$ 是**等价无穷小量**，记作 $\alpha(x)\sim\beta(x)$；

(2) 若 $\lim\frac{\alpha(x)}{\beta^k(x)}=l\neq0$，$k>0$，则称 $\alpha(x)$ 是关于 $\beta(x)$ 的 **k 阶无穷小量**；

(3) 若 $\lim\frac{\alpha(x)}{\beta(x)}=0$，则称 $\alpha(x)$ 是比 $\beta(x)$ **高阶的无穷小量**，记作 $\alpha(x)=o(\beta(x))$；

(4) 若 $\lim\frac{\alpha(x)}{\beta(x)}=\infty$，则称 $\alpha(x)$ 是比 $\beta(x)$ **低阶的无穷小量**.

事实上，我们所称的同阶、低阶或是高阶描述的是两个无穷小量在同一变化过程中趋于零的快慢程度. 两个同阶无穷小量在同一变化过程中趋于零的速度基本相同；若 $\alpha(x)$ 是比 $\beta(x)$ 高阶的无穷小量，则在此变化中 $\alpha(x)$ 比 $\beta(x)$ 趋于零的速度要快些；若 $\alpha(x)$ 是比 $\beta(x)$ 低阶的无穷小量，则在此变化中 $\alpha(x)$ 比 $\beta(x)$ 趋于零的速度要慢些. 但是需要注意："同一变化过程"的条件不能少.

例 2.6.1 证明：

(1) 当 $x\to0$ 时，$x\sim\ln(1+x)$；

(2) 当 $x\to0$ 时，$x\sim e^x-1$.

证 (1) 因为

$$\lim_{x\to0}\frac{\ln(1+x)}{x}=\lim_{x\to0}\ln(1+x)^{\frac{1}{x}}=\ln e=1,$$

所以

$$x\sim\ln(1+x).$$

(2) 令 $e^x-1=y$，则 $x=\ln(1+y)$. 当 $x\to0$ 时，$y\to0$，于是有

$$\lim_{x\to0}\frac{e^x-1}{x}=\lim_{y\to0}\frac{y}{\ln(1+y)}=\lim_{y\to0}\frac{1}{\ln(1+y)^{\frac{1}{y}}}=1,$$

从而 $x\sim e^x-1$.

定理 2.6.1 设 $\alpha\sim\alpha'$，$\beta\sim\beta'$，且 $\lim\frac{\alpha'}{\beta'}$ 存在，则 $\lim\frac{\alpha}{\beta}=\lim\frac{\alpha'}{\beta'}$.

证 因为 $\frac{\alpha}{\beta}=\frac{\alpha}{\alpha'}\cdot\frac{\alpha'}{\beta'}\cdot\frac{\beta'}{\beta}$，所以

$$\lim\frac{\alpha}{\beta}=\lim\frac{\alpha}{\alpha'}\cdot\frac{\alpha'}{\beta'}\cdot\frac{\beta'}{\beta}=\lim\frac{\alpha}{\alpha'}\cdot\lim\frac{\alpha'}{\beta'}\cdot\lim\frac{\beta'}{\beta}=\lim\frac{\alpha'}{\beta'}. \tag{2.6.1}$$

由定理 2.6.1 可知，我们在求极限时，可以把其中的无穷小量用其等价的无穷小量进行代换，如果代换适当，可以大大简化计算. 因此熟记以下常用的等价无穷小量具有十分重要的意义. 当 $x\to0$ 时，有

$$x\sim\ln(1+x)\sim e^x-1\sim\sin x\sim\arcsin x\sim\tan x\sim\arctan x，1-\cos x\sim\frac{x^2}{2}，(1+x)^a-1\sim ax(a>0).$$

例 2.6.2 求$\lim\limits_{x \to 0}\dfrac{\arcsin x}{\tan 2x}$.

解 由于当 $x \to 0$ 时，$x \sim \arcsin x$，$2x \sim \tan 2x$，因此

$$\lim_{x \to 0}\frac{\arcsin x}{\tan 2x}=\lim_{x \to 0}\frac{x}{2x}=\frac{1}{2}.$$

例 2.6.3 求$\lim\limits_{x \to 0}\dfrac{\tan x-\sin x}{\sin x^3}$.

解 由于 $\tan x-\sin x=\dfrac{\sin x}{\cos x}(1-\cos x)$，而当 $x \to 0$ 时，$x \sim \sin x$，$1-\cos x \sim \dfrac{x^2}{2}$，$x^3 \sim \sin x^3$，因此

$$\lim_{x \to 0}\frac{\tan x-\sin x}{\sin x^3}=\lim_{x \to 0}\frac{1}{x^3}\cdot\frac{x}{\cos x}\cdot\frac{x^2}{2}=\lim_{x \to 0}\frac{1}{2\cos x}=\frac{1}{2}.$$

注：利用无穷小量代换时，乘积可以直接代换参与运算，但若为加、减，要先变为乘积的形式再代换进行运算，如例 2.6.3.

知识要点

(1) 若$\lim\dfrac{\alpha(x)}{\beta(x)}=l \neq 0$，则称 $\alpha(x)$ 与 $\beta(x)$ 是**同阶无穷小量**，特别地，当 $l=1$ 时，称 $\alpha(x)$ 与 $\beta(x)$ 是**等价无穷小量**，记作 $\alpha(x) \sim \beta(x)$.

(2) 若$\lim\dfrac{\alpha(x)}{\beta^k(x)}=l \neq 0$，$k>0$，则称 $\alpha(x)$ 是关于 $\beta(x)$ 的 ***k* 阶无穷小量**.

(3) 若$\lim\dfrac{\alpha(x)}{\beta(x)}=0$，则称 $\alpha(x)$ 是比 $\beta(x)$ **高阶的无穷小量**，记作 $\alpha(x)=o(\beta(x))$.

(4) 若$\lim\dfrac{\alpha(x)}{\beta(x)}=\infty$，则称 $\alpha(x)$ 是比 $\beta(x)$ **低阶的无穷小量**.

(5) 本节要求理解各阶无穷小量的定义，并能在熟记常用的等价无穷小量的基础上灵活运用等价无穷小量的代换计算函数的极限.

■ 习题 2-6

1. 用等价无穷小量替代法计算下列极限：

(1) $\lim\limits_{x \to 0}\dfrac{\sin 5x+x^2}{\tan 7x}$；　　(2) $\lim\limits_{x \to 0}\dfrac{\sqrt{1+x+x^2}-1}{\sin 3x}$；

(3) $\lim\limits_{x \to 0}\dfrac{x^2\sin^3 x}{(\arctan x)^2(1-\cos x)}$；　　(4) $\lim\limits_{x \to 0}\dfrac{(\sqrt{1+\tan x}-1)(\sqrt{1+x}-1)}{2x\sin x}$.

2. 证明：

(1) 当 $x \to \dfrac{\pi}{2}$ 时，$\sin(2\cos x)$ 与 $\sin\left(x-\dfrac{\pi}{2}\right)$ 是同阶无穷小量；

(2) 当 $x \to 0$ 时，$\sqrt{1+x\sin x}-\sqrt{\cos x}$ 与 $\dfrac{3}{4}x^2$ 是同阶无穷小量.

3. 当 $x \to 0$ 时，求下列无穷小量关于 x 的阶：

(1) x^3+x^6；　　(2) $x^2\sqrt[3]{\sin x}$；

(3) $\sqrt{1+x}-\sqrt{1-x}$；　　　　(4) $\tan x-\sin x$.

第七节　函数的连续性

一、函数的连续性

连续函数是微积分研究的重要对象. 直观地说，如果函数的图像是一条连续不断的曲线，且当自变量变化很微小时，函数值的变化也很小，就可以称该函数为连续函数. 但"自变量和函数值变化很微小"这个概念是很模糊的，为了研究连续函数的性质，我们需要学习连续函数的精确定义.

定义 2.7.1　设函数 $f(x)$在点 x_0的某一邻域 $U(x_0)$内有定义，若 $\lim\limits_{x\to x_0}f(x)$存在且等于 $f(x_0)$，即 $\lim\limits_{x\to x_0}f(x)=f(x_0)$，则称**函数 $f(x)$在点 x_0处连续.**

再由函数极限的 $\varepsilon-\delta$ 定义，我们可以得到函数 $f(x)$在点 x_0处连续的 $\varepsilon-\delta$ 定义.

定义 2.7.2　设函数 $f(x)$在点 x_0的某一邻域 $U(x_0,h)$内有定义，若对任意的正数 ε，存在某个正数 $\delta(\leqslant h)$，使得当 $|x-x_0|<\delta$ 时，总有 $|f(x)-f(x_0)|<\varepsilon$，则称**函数 $f(x)$在点 x_0处连续.**

为了引入函数 $f(x)$在点 x_0处连续的另一种等价表述，我们引入增量的概念. 称 $\Delta x=x-x_0$为自变量在 x_0处的增量或改变量，称对应的函数值的差 $\Delta y=f(x)-f(x_0)$为函数在 x_0处的增量或改变量.

因为 $x=x_0+\Delta x$，于是 $\Delta y=f(x_0+\Delta x)-f(x_0)$，而 $x\to x_0$ 等价于 $\Delta x\to 0$，所以 $\lim\limits_{x\to x_0}f(x)=f(x_0)$等价于 $\lim\limits_{\Delta x\to 0}\Delta y=0$. 这样函数连续性的概念就可以简单描述为：当自变量的增量 Δx 趋于 0 时，若函数值的增量 Δy 也趋于 0，则函数连续. 具体定义如下：

定义 2.7.3　设函数 $f(x)$在点 x_0的某一邻域 $U(x_0)$内有定义，若

$$\lim_{\Delta x\to 0}\Delta y=\lim_{\Delta x\to 0}(f(x_0+\Delta x)-f(x_0))=0, \tag{2.7.1}$$

则称**函数 $f(x)$在点 x_0处连续.**

注：这里函数值的增量 Δy 可以是正数，也可以是 0 或负数.

由上述定义，我们可以得到函数 $f(x)$在点 x_0处连续与函数 $f(x)$在点 x_0处有极限的关系.

若函数 $f(x)$在点 x_0处连续，需要满足以下三个条件：

(1) 函数 $f(x)$在点 x_0处有极限，即 $\lim\limits_{x\to x_0}f(x)$存在；

(2) 函数 $f(x)$在点 x_0处有定义；

(3) 函数 $f(x)$在点 x_0处的极限值与函数值相等，即 $\lim\limits_{x\to x_0}f(x)=f(x_0)$.

因此，函数 $f(x)$在点 x_0处有极限是函数 $f(x)$在点 x_0处连续的必要条件. 若函数 $f(x)$在点 x_0处连续，则在点 x_0处必有极限，反之则不成立. 例如，函数 $f(x)=\begin{cases}|x|, & x\neq 0\\ 1, & x=0\end{cases}$，$\lim\limits_{x\to 0}f(x)=0$，但 $f(x)$在点 $x=0$ 处不连续，因为 $\lim\limits_{x\to 0}f(x)\neq f(0)=1$.

相对于函数 $f(x)$ 在点 x_0 处有左、右极限的概念，我们给出左、右连续的概念.

定义 2.7.4 设函数 $f(x)$ 在点 x_0 处有定义且在 x_0 的一左邻域(或右邻域)内有定义，若

$$\lim_{x\to x_0^-} f(x)=f(x_0)\left(\text{或}\lim_{x\to x_0^+} f(x)=f(x_0)\right),$$

则称函数 $f(x)$ 在点 x_0 处左(右)连续.

由函数 $f(x)$ 在点 x_0 处连续的定义，我们容易得到定理 2.7.1.

定理 2.7.1 函数 $f(x)$ 在点 x_0 处连续的充要条件是 $f(x)$ 在点 x_0 处既左连续又右连续.

例 2.7.1 讨论函数 $f(x)=|x|$ 在 $x=0$ 处的连续性.

解 因为

$$\lim_{x\to 0^-} f(x)=\lim_{x\to 0^-}|x|=\lim_{x\to 0^-}(-x)=0=f(0),$$

$$\lim_{x\to 0^+} f(x)=\lim_{x\to 0^+}|x|=\lim_{x\to 0^+}x=0=f(0),$$

即 $f(x)$ 在 $x=0$ 处既左连续又右连续，所以 $f(x)=|x|$ 在 $x=0$ 处连续.

定义 2.7.5 若函数 $f(x)$ 在区间 I 上有定义，且在 I 中的每一点处都连续，则称**函数 $f(x)$ 是区间 I 上的连续函数**. 如果区间包含端点，则在左端点右连续，右端点左连续.

如果函数 $f(x)$ 是区间 I 上的连续函数，则它的图像是一条连续而且不间断的曲线.

结合前面的知识可以证明，**基本初等函数在其定义域内都是连续的**. 初等函数在定义区间连续，其中定义区间就是定义域内的区间.

二、函数的间断点

设函数 $f(x)$ 在点 x_0 的某一去心邻域内有定义，若点 x_0 不是函数 $f(x)$ 的连续点，则称**点 x_0 为 $f(x)$ 的间断点**. 根据函数 $f(x)$ 在点 x_0 处连续需满足的三个条件可知，若点 x_0 为 $f(x)$ 的间断点，则有以下三种情况之一：

(1) $f(x)$ 在点 x_0 处没有定义；

(2) $f(x)$ 在点 x_0 处有定义，但 $\lim\limits_{x\to x_0} f(x)$ 不存在；

(3) $f(x)$ 在点 x_0 处有定义，且 $\lim\limits_{x\to x_0} f(x)$ 存在，但 $\lim\limits_{x\to x_0} f(x)\neq f(x_0)$.

据此，我们可以对函数的间断点做如下分类：

第一类间断点 若函数 $f(x)$ 在点 x_0 处的左、右极限都存在，则称点 x_0 为 $f(x)$ 的**第一类间断点**. 如果 $\lim\limits_{x\to x_0^-} f(x)\neq\lim\limits_{x\to x_0^+} f(x)$(左、右极限不相等)，则称点 x_0 为 $f(x)$ 的**跳跃间断点**；如果 $f(x)$ 在点 x_0 处的极限存在，但 $\lim\limits_{x\to x_0} f(x)=A\neq f(x_0)$，或函数 $f(x)$ 在点 x_0 处无定义，则称点 x_0 为 $f(x)$ 的**可去间断点**. 对于可去间断点，只要改变 $f(x)$ 在点 x_0 处的函数值，即用函数在点 x_0 处的极限值作为在该点的函数值就可使函数 $f(x)$ 在点 x_0 处变为连续.

第二类间断点 除了第一类间断点以外，所有的间断点都是第二类间断点，即使得函数 $f(x)$ 在点 x_0 处的左、右极限至少有一个不存在的点，称为函数 $f(x)$ 的第二类间断点.

例 2.7.2 讨论函数 $f(x)=\begin{cases}2\sqrt{x}, & 0\leqslant x<1\\ 1, & x=1\\ 1+x, & x>1\end{cases}$ 在 $x=1$ 处的连续性.

解 因为

$$f(1-0)=\lim_{x\to 1^-}f(x)=\lim_{x\to 1^-}2\sqrt{x}=2,$$
$$f(1+0)=\lim_{x\to 1^+}f(x)=\lim_{x\to 1^+}(1+x)=2,$$

所以$\lim\limits_{x\to 1}f(x)=2$，但$\lim\limits_{x\to 1}f(x)=2\neq 1=f(1)$，从而 $x=1$ 为 $f(x)$的可去间断点. 若定义 $f(x)=2$(在 $x=1$ 处)，则函数在 $x=1$ 处连续.

例 2.7.3 讨论函数 $f(x)=\begin{cases}-x, & x\leqslant 0\\ 1+x, & x>0\end{cases}$ 在 $x=0$ 处的连续性.

解 因为

$$f(0-0)=\lim_{x\to 0^-}f(x)=\lim_{x\to 0^-}(-x)=0, f(0+0)=\lim_{x\to 0^+}f(x)=\lim_{x\to 0^+}(1+x)=1,$$

所以

$$\lim_{x\to 0^-}f(x)\neq\lim_{x\to 0^+}f(x),$$

从而点 $x=0$ 为 $f(x)$的跳跃间断点.

例 2.7.4 讨论函数 $f(x)=\begin{cases}\dfrac{1}{x}, & x>0\\ x, & x\leqslant 0\end{cases}$ 在 $x=0$ 处的连续性.

解 因为

$$f(0-0)=\lim_{x\to 0^-}f(x)=\lim_{x\to 0^-}x=0, f(0+0)=\lim_{x\to 0^+}f(x)=\lim_{x\to 0^+}\frac{1}{x}=\infty,$$

所以点 $x=0$ 为 $f(x)$的第二类间断点，这时也称其为无穷间断点.

例 2.7.5 讨论函数 $f(x)=\sin\dfrac{1}{x}$在 $x=0$ 处的连续性.

解 因为 $f(x)$在 $x=0$ 处没有定义，且$\lim\limits_{x\to 0}\sin\dfrac{1}{x}$不存在，所以点 $x=0$ 为 $f(x)$的第二类间断点，这时也称其为**振荡间断点**(见图 2.7.1).

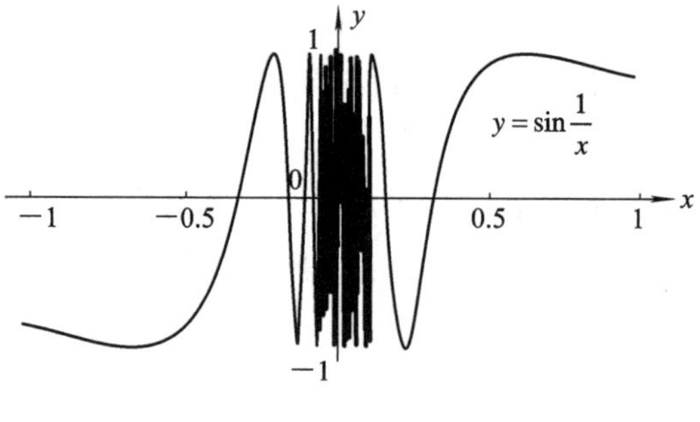

图 2.7.1 $f(x)=\sin\dfrac{1}{x}$在 $x=0$ 处的连续性

三、连续函数的运算与初等函数的连续性

根据连续函数的定义和极限的运算法则，我们容易得到以下定理.

定理 2.7.2 连续函数的和、差、积、商(分母不为 0)仍是连续函数.

若函数 $f(x)$、$g(x)$在点 x_0处连续，则 $f(x)\pm g(x)$、$f(x)\cdot g(x)$、$\dfrac{f(x)}{g(x)}(g(x_0)\neq 0)$在点 x_0处也连续.

如 $\sin x$、$\cos x$ 在$(-\infty, +\infty)$内连续，故 $\tan x=\dfrac{\sin x}{\cos x}$、$\cot x=\dfrac{\cos x}{\sin x}$、$\sec x=\dfrac{1}{\cos x}$、$\csc x=\dfrac{1}{\sin x}$在其定义域内连续.

定理 2.7.3 若函数 $y=f(x)$在某区间上单调且连续，则它的反函数 $x=f^{-1}(y)$在相应的区间上也单调且连续. 或者说严格单调递增(递减)的连续函数必有严格单调递增(递减)的连续反函数.

由定理 2.7.3 可知，反函数 $y=\arcsin x$、$y=\arccos x$、$y=\arctan x$、$y=\operatorname{arccot} x$ 在各自定义域上也是连续的.

定理 2.7.4 设函数 $g(x)$在点 x_0处连续，函数 $f(u)$在点 $u_0=g(x_0)$处连续，则复合函数$f[g(x)]$在点 x_0处连续.

证 由函数在一点处连续的定义，设 $u=g(x)$，则有

$$\lim_{x\to x_0}u=\lim_{x\to x_0}g(x)=g(x_0)=u_0,$$

$$\lim_{u\to u_0}f(u)=f(u_0),$$

从而

$$\lim_{x\to x_0}f[g(x)]=\lim_{u\to u_0}f(u)=f(u_0)=f[g(x_0)], \tag{2.7.2}$$

所以 $f[g(x)]$在点 x_0处连续.

由定理 2.7.4 知，两个连续函数 $y=f(u)$和 $u=g(x)$构成的复合函数 $f[g(x)]$(如有意义)是连续函数. 或表述为：连续函数经过函数的复合运算(如有意义)仍是连续函数.

前面我们已经指出：基本初等函数在其定义域内都是连续的，根据初等函数的定义，再由定理 2.7.2 和定理 2.7.4 可得出**一切初等函数在其定义域内的区间都是连续的.**

根据函数 $f(x)$在点 x_0处连续的定义，如果已知 $f(x)$在点 x_0处连续，那么求 $f(x)$当 $x\to x_0$时的极限，只需求出 $f(x)$在点 x_0处的函数值即可. 因此，上述关于初等函数连续性的结论提供了求极限的一个方法，即：如果 $f(x)$是初等函数，且 x_0是 $f(x)$的定义区间内的点，则

$$\lim_{x\to x_0}f(x)=f(x_0). \tag{2.7.3}$$

例如，点 $x_0=\dfrac{\pi}{2}$是初等函数 $f(x)=\ln\sin x$ 的一个定义区间$(0, \pi)$内的点，则

$$\lim_{x\to\frac{\pi}{2}}\ln\sin x=\ln\sin\frac{\pi}{2}=0.$$

类似定理 2.7.4 的证明，我们还可以证明：如果极限$\lim\limits_{x\to x_0}g(x)=u_0$存在(这里并不要求 $u_0=g(x_0)$)，而函数 $f(u)$在点 u_0处连续，则有

$$\lim_{x\to x_0}f[g(x)]=f(u_0)=f[\lim_{x\to x_0}g(x)], \tag{2.7.4}$$

即函数符号 f 可与极限号交换次序.

例 2.7.6 计算$\lim\limits_{x\to 0}\dfrac{\log_a(1+x)}{x}$.

解 因为

$$\frac{\log_a(1+x)}{x}=\log_a(1+x)^{\frac{1}{x}},\quad \lim_{x\to 0}(1+x)^{\frac{1}{x}}=\mathrm{e},$$

所以由函数 $\log_a u$ 在点 $u=\mathrm{e}$ 处连续，有

$$\lim_{x\to 0}\frac{\log_a(1+x)}{x}=\log_a\left(\lim_{x\to 0}(1+x)^{\frac{1}{x}}\right)=\log_a \mathrm{e}=\frac{1}{\ln a}.$$

特别地，当 $a=\mathrm{e}$ 时，有

$$\lim_{x\to 0}\frac{\ln(1+x)}{x}=1. \tag{2.7.5}$$

知识要点

(1) 设函数 $f(x)$ 在点 x_0 的某一邻域 $U(x_0)$ 内有定义，若

$$\lim_{\Delta x\to 0}\Delta y=\lim_{\Delta x\to 0}(f(x_0+\Delta x)-f(x_0))=0,$$

则称**函数 $f(x)$ 在点 x_0 处连续.**

(2) 函数 $f(x)$ 在点 x_0 处连续，需要满足以下三个条件：

① 函数 $f(x)$ 在点 x_0 处有极限，即 $\lim\limits_{x\to x_0}f(x)$ 存在；

② 函数 $f(x)$ 在点 x_0 处有定义；

③ 函数 $f(x)$ 在点 x_0 处的极限值与函数值相等，即 $\lim\limits_{x\to x_0}f(x)=f(x_0)$.

(3) 间断点的分类：

第一类间断点 若函数 $f(x)$ 在点 x_0 处的左、右极限都存在，则称点 x_0 为 $f(x)$ 的第一类间断点. 如果 $\lim\limits_{x\to x_0^-}f(x)\neq\lim\limits_{x\to x_0^+}f(x)$（左、右极限不相等），则称点 x_0 为 $f(x)$ 的跳跃间断点；如果 $f(x)$ 在点 x_0 处的极限存在，但 $\lim\limits_{x\to x_0}f(x)=A\neq f(x_0)$，或函数 $f(x)$ 在点 x_0 处无定义，则称点 x_0 为 $f(x)$ 的可去间断点.

第二类间断点 除了第一类间断点以外，所有的间断点都是第二类间断点，即使得函数 $f(x)$ 在点 x_0 处的左、右极限至少有一个不存在的点，称为函数 $f(x)$ 的第二类间断点.

(4) 本节重点是函数连续的定义、间断点的定义和分类，初等连续函数的基本性质. 要求理解函数连续的定义，熟悉函数 $f(x)$ 在点 x_0 处连续必须满足的三个条件，学会判断函数的连续性，能对函数的间断点进行分类，掌握初等连续函数的基本性质.

习题 2－7

1. 指出下列函数的间断点并说明其类型. 若是可去间断点，则补充定义函数值后使它连续：

(1) $f(x)=\dfrac{1}{(x^2-2)^2}$；　　(2) $f(x)=\dfrac{\sin 2x}{x}$；

(3) $f(x)=\sin x\cdot\sin\dfrac{1}{x}$；　　(4) $f(x)=\dfrac{1-\cos x}{x}$；

(5) $f(x)=\cos^2\dfrac{1}{2x}$；　　(6) $f(x)=\mathrm{e}^{-\frac{1}{x}}$；

(7) $f(x)=\dfrac{x^2-1}{x^2-3x+2}$；　　(8) $f(x)=\dfrac{\cos\frac{\pi}{2}x}{x^2(x-1)}$；

(9) $f(x)=\dfrac{1}{1+e^{\frac{1}{1-x}}}$；　　(10) $f(x)=\begin{cases}3+x^2, & x<0\\ \dfrac{\sin 3x}{x}, & x>0\end{cases}$.

2. 设下列函数是其定义域上的连续函数，求其中 a 的值：

(1) $f(x)=\begin{cases}\dfrac{x^3-8}{x-2}, & x\neq 2\\ a+3, & x=2\end{cases}$；　　(2) $f(x)=\begin{cases}(1+x)^{\frac{1}{x}}, & x\neq 0\\ a, & x=0\end{cases}$；

(3) $f(x)=\begin{cases}e^x, & x<0\\ a+x, & x\geqslant 0\end{cases}$；　　(4) $f(x)=\begin{cases}\dfrac{\sin ax}{x}, & x\neq 0\\ 4, & x=0\end{cases}$.

3. 证明下列函数在$(-\infty, +\infty)$上连续：

(1) $f(x)=\begin{cases}0, & x<0\\ x, & 0\leqslant x<1\\ -x^2+4x-2, & 1\leqslant x<3\\ 4-x, & x\geqslant 3\end{cases}$；

(2) $f(x)=\begin{cases}\dfrac{\sin x}{x}, & x<0\\ 1, & x=0\\ 2\cdot\dfrac{\sqrt{1+x}-1}{x}, & x>0\end{cases}$.

4. 补充条件使下列函数在$(-\infty, +\infty)$上连续：

(1) $f(x)=\dfrac{x^3-8}{x-2}$；　　(2) $f(x)=\dfrac{1-\cos x}{x^2}$；　　(3) $f(x)=x\cos\dfrac{1}{x}$.

第八节　闭区间上连续函数的性质

一、最大值和最小值定理

定理 2.8.1　若函数 $f(x)$在闭区间$[a, b]$上连续，则在闭区间$[a, b]$上至少存在两点 ξ 与 η，使得当 $x\in[a, b]$时，都有

$$f(\xi)\leqslant f(x)\leqslant f(\eta),$$

其中，$f(\xi)$和 $f(\eta)$分别称为 $f(x)$在$[a, b]$上的最小值和最大值.

这个定理称为闭区间上连续函数的最大值和最小值定理，简称最值定理. 其中“区间是闭的”和“函数是连续的”这两个条件很重要，如果不满足，函数在区间上可能没有(或取不到)最大值和最小值. 另一方面，这两个条件只是有最值的充分而非必要条件.

例如，函数 $f(x)=\dfrac{1}{x}$在区间$(0, 1)$上连续，但无界，既无最大值，也无最小值，因为 $x=1$ 不属于$(0, 1)$.

又如，函数 $g(x)=\begin{cases}\dfrac{1}{x}, & 0<x\leqslant 1\\ 0, & x=0\end{cases}$，$g(0^+)$不存在，$g(x)$在$[0, 1]$上不连续，它无最大值，有最小值 $g(0)=0$.

推论 若函数 $f(x)$在闭区间$[a, b]$上连续，则 $f(x)$在$[a, b]$上必有界.

二、根的存在定理

定理 2.8.2 若函数 $f(x)$在闭区间$[a, b]$上连续，且 $f(a)\cdot f(b)<0$，则在开区间(a, b)内至少存在一点 ξ，使得 $f(\xi)=0$，即方程 $f(x)=0$ 在(a, b)内至少存在一个实根.

这个定理也可以表述为：设函数 $f(x)$在$[a, b]$上连续，且 $f(a)$与 $f(b)$异号，则函数 $f(x)$在(a, b)内至少有一个零点.（零点就是使函数值为零的自变量的值）.

这个定理从几何上看是显然的. 由于 $f(a)\cdot f(b)<0$，点 $A(a, f(a))$和点 $B(b, f(b))$位于 x 轴的两侧，因此连接点 A、B 的曲线 $C: y=f(x)(x\in[a, b])$必与 x 轴相交，设交点为 $x=\xi$，则 $f(\xi)=0$.

例 2.8.1 证明方程 $2x^3+x^2-x-1=0$ 在区间$(0, 1)$内至少有一个实根.

证 设 $P(x)=2x^3+x^2-x-1$，由 $P(x)$在闭区间$[0, 1]$上连续，且 $P(0)=-1<0$，$P(1)=1>0$，再由根的存在性定理可得，在开区间$(0, 1)$内至少存在一点 ξ，使得 $P(\xi)=0$，其中 ξ 就是方程 $2x^3+x^2-x-1=0$ 的一个实根.

三、介值定理

定理 2.8.3 若函数 $f(x)$在闭区间$[a, b]$上连续，且 $f(a)\neq f(b)$，则对于 $f(a)$与 $f(b)$之间的任意实数 μ，在开区间(a, b)内至少存在一点 ξ，使得

$$f(\xi)=\mu.$$

证 设 $f(a)=A$，$f(b)=B$，而 $A\neq B$，则取 A、B 间的任意值 μ，作函数 $g(x)=f(x)-\mu$，利用定理 2.8.2，必有 $\xi\in(a, b)$，使 $g(\xi)=f(\xi)-\mu=0$，即 $f(\xi)=\mu$.

推论 在闭区间连续的函数必取得介于最大值与最小值之间的任何值. 设 $f(x)$在$[a, b]$上连续，且最大值、最小值分别为 M 与 m，若 $m<C<M$，则必有 $\xi\in(a, b)$，使得 $f(\xi)=C$.

知识要点

(1) 最大值和最小值定理：闭区间上的连续函数必有最大值和最小值.

(2) 根的存在定理：若函数 $f(x)$在闭区间$[a, b]$上连续，且 $f(a)\cdot f(b)<0$，则在开区间(a, b)内至少存在一点 ξ，使得 $f(\xi)=0$，即方程 $f(x)=0$ 在(a, b)内至少存在一个实根.

(3) 介值定理：若函数 $f(x)$在闭区间$[a, b]$上连续，且 $f(a)\neq f(b)$，则对于 $f(a)$与 $f(b)$之间的任意实数 μ，在开区间(a, b)内至少存在一点 ξ，使得 $f(\xi)=\mu$.

(4) 本节要求能灵活运用闭区间上连续函数的最大值和最小值定理判断函数的有界性，灵活运用介值定理和根的存在定理进行求解和证明.

■ 习题 2－8

1. 试证方程 $x^5-3x-1=0$ 在指定区间 $[1, 2]$ 内至少有一个实根.

2. 设函数 $f(x)$ 在区间 $[0, 2a]$ 上连续，且 $f(0)=f(2a)$，证明：在 $[0, 2a]$ 上至少存在一点 q，使得 $f(q)=f(q+a)$.

3. 设 $f(x)$ 是区间 $[a, b]$ 上的连续函数，且 $a<x_1<x_2<x_3<b$，证明：至少存在一点 ξ，使得

$$f(\xi)=\frac{1}{3}[f(x_1)+f(x_2)+f(x_3)].$$

总习题二

1. 观察下列数列 $\{x_n\}$ 当 $n\to\infty$ 时的变化趋势，判定它们是否收敛，在收敛时指出它们的极限：

(1) $x_n=\frac{1}{a^n}\ (a>1)$；

(2) $x_n=\ln\frac{1}{n}$；

(3) $\lim\limits_{n\to\infty}\frac{1+2+3+\cdots+(2n-1)}{2+4+6+\cdots+2n}$；

(4) $\lim\limits_{n\to\infty}\frac{1+\frac{1}{2}+\cdots+\frac{1}{2^{n-1}}}{1+\frac{1}{2^2}+\cdots+\frac{1}{2^{2(n-1)}}}$.

2. 由极限的定义证明下列极限：

(1) $\lim\limits_{n\to\infty}\frac{1}{\sqrt[4]{n}}=0$；

(2) $\lim\limits_{n\to\infty}\frac{5-n^2}{3n^2+1}=-\frac{1}{3}$；

(3) $\lim\limits_{x\to-1^+}\sqrt{x+1}=0$；

(4) $\lim\limits_{x\to\infty}10^x=+\infty$.

3. 求下列极限：

(1) $\lim\limits_{h\to0}\frac{(x+h)^3-x^3}{h}$；

(2) $\lim\limits_{x\to1}\frac{x^n-1}{x-1}$；

(3) $\lim\limits_{x\to+\infty}(\arctan x+2^{\frac{1}{x}})$；

(4) $\lim\limits_{x\to1}\left(\frac{x}{x-1}-\frac{1}{x^2-x}\right)$；

(5) $\lim\limits_{x\to0}\frac{x^2}{1-\sqrt{1+x^2}}$；

(6) $\lim\limits_{x\to-8}\frac{\sqrt{1-x}-3}{2+\sqrt[3]{x}}$；

(7) $\lim\limits_{x\to4}\frac{\sqrt{2x+1}-3}{\sqrt{x-2}-\sqrt{2}}$；

(8) $\lim\limits_{x\to\infty}(\sqrt{x^2+x+1}-\sqrt{x^2-x-3})$.

4. 求下列极限：

(1) $\lim\limits_{x\to0}\frac{\sin2x}{\sin3x}$；

(2) $\lim\limits_{x\to0}\frac{x-\sin x}{x+\sin x}$；

(3) $\lim\limits_{x\to0}\frac{2\arctan x}{5x}$；

(4) $\lim\limits_{x\to\infty}\left(x\sin\frac{\pi}{x}\right)$；

(5) $\lim\limits_{x\to\pi}\frac{\sin x}{\pi-x}$；

(6) $\lim\limits_{x\to0^+}\frac{x}{\sqrt{1-\cos x}}$；

(7) $\lim\limits_{x\to 0}\dfrac{\sqrt{1-\cos x^2}}{1-\cos x}$；

(8) $\lim\limits_{x\to 0}\dfrac{\tan x-\sin x}{x}$；

(9) $\lim\limits_{x\to 0}\dfrac{x-x\cos x}{\tan x-\sin x}$；

(10) $\lim\limits_{x\to 1}\dfrac{\sin(x-1)}{x^2+5x-6}$.

5. 设$\lim\limits_{x\to 1}\dfrac{x^2+ax+b}{\sin(x^2-1)}=3$，求 a 和 b.

6. 设 $x_n=\dfrac{1}{\sqrt{n^2+1}}+\dfrac{1}{\sqrt{n^2+2}}+\cdots+\dfrac{1}{\sqrt{n^2+n}}$，用极限存在的夹逼准则求$\lim\limits_{n\to\infty}x_n$.

7. 求下列极限：

(1) $\lim\limits_{x\to\infty}\left(1+\dfrac{3}{x}\right)^{3x}$；

(2) $\lim\limits_{x\to\infty}\left(1-\dfrac{2}{x}\right)^{\frac{x}{3}+1}$；

(3) $\lim\limits_{x\to 0}\sqrt[3x]{1+2x}$；

(4) $\lim\limits_{x\to 0}(1+\tan x)^{1-2\cot x}$；

(5) $\lim\limits_{x\to\infty}\left(\dfrac{2x+3}{2x+1}\right)^{x+1}$；

(6) $\lim\limits_{x\to 0}\left(\dfrac{2x-1}{3x-1}\right)^{\frac{1}{x}}$.

8. 判定下列函数在定义域上是否连续，并说明理由：

(1) $f(x)=\begin{cases}x^2\sin\dfrac{1}{x}, & x\neq 0\\ 0, & x=0\end{cases}$；

(2) $f(x)=\begin{cases}\dfrac{\sin x}{|x|}, & x\neq 0\\ 1, & x=0\end{cases}$.

9. 利用等价无穷小量的性质，求下列极限：

(1) $\lim\limits_{x\to 0}\dfrac{\sqrt{1+x\tan x}-1}{1-\cos x}$；

(2) $\lim\limits_{x\to 0}\dfrac{1}{x}\left(\dfrac{1}{\sin x}-\dfrac{1}{\tan x}\right)$；

(3) $\lim\limits_{x\to 0}\dfrac{\sec x-1}{\frac{1}{2}x^2}$；

(4) $\lim\limits_{x\to 0}\dfrac{\sqrt{1+x^2}-\sqrt{1-x^2}}{x^2}$.

10. 证明下列方程在指定区间内有实根：

(1) $x=2\cos x$ 在$\left(0, \dfrac{\pi}{2}\right)$内；

(2) $x^5-2x^2+x+1=0$ 在$(-1, 1)$内.

第三章　导数与微分

导数和微分是微分学的主要内容，是微积分的重要组成部分. 本章以极限概念为基础，引入导数和微分的定义，建立导数和微分的计算方法. 至于导数的应用，将在第四章讨论.

第一节　导数的概念

一、导数的定义

例 3.1.1　已知一个小铁球在重力的作用下，从 h 米处做自由落体运动. 求小铁球在 t_0 时刻的瞬时速度 v_0.

解　由物理学知识，我们容易知道小铁球下落距离 s 和时间 t 的关系：

$$s=\frac{1}{2}gt^2.$$

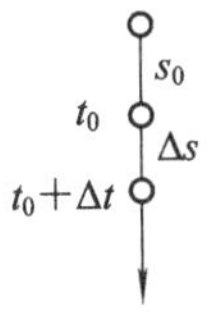

图 3.1.1　自由落体运动

如图 3.1.1 所示，设在 $t_0 \sim t_0+\Delta t$ 一段时间内距离从 s_0 到 $s_0+\Delta s$.
在 Δt 这段时间内，小铁球下落的距离为

$$\begin{aligned}\Delta s &= s(t_0+\Delta t)-s(t_0)=\frac{1}{2}g(t_0+\Delta t)^2-\frac{1}{2}g{t_0}^2\\ &=\frac{1}{2}g\Delta t(2t_0+\Delta t).\end{aligned}$$

因此在 Δt 这段时间内，小铁球的平均速度为

$$\bar{v}=\frac{\Delta s}{\Delta t}=\frac{\frac{1}{2}g\Delta t(2t_0+\Delta t)}{\Delta t}=\frac{1}{2}g(2t_0+\Delta t).$$

因为小铁球做的是自由落体运动，所以平均速度 $\bar{v}$ 一般不会正好是 t_0 的瞬时速度. Δt 越小，$\bar{v}$ 越接近 t_0 的瞬时速度 v_0. 所以当 $\Delta t\to 0$ 时，$\bar{v}$ 就可以精确地表示出时刻 t_0 的瞬时速度.

因此可以用极限来求得小铁球在 t_0 时刻的瞬时速度 v_0，即

$$v_0=\lim_{\Delta t\to 0}\bar{v}=\lim_{\Delta t\to 0}\frac{\Delta s}{\Delta t}=\lim_{\Delta t\to 0}\frac{1}{2}g(2t_0+\Delta t)=gt_0.$$

例 3.1.2　已知连续函数 $f(x)$，求函数 $f(x)$ 在点 P 处的切线方程.

解　如图 3.1.2 所示，当割线 PP' 绕点 P 向下旋转时，割线 PP' 趋于一个确定的位置.

这个确定位置的直线 PT 称为**点 P 处的切线**. 值得关注的是，割线 PP' 的斜率与切线 PT 的斜率 k 有什么关系呢？

容易知道割线 PP' 的斜率是

$$k_{PP'}=\frac{f(x_0+\Delta x)-f(x_0)}{\Delta x},$$

当点 P' 无限趋于点 P 时，$k_{PP'}$ 无限趋近于切线 PT 的斜率.

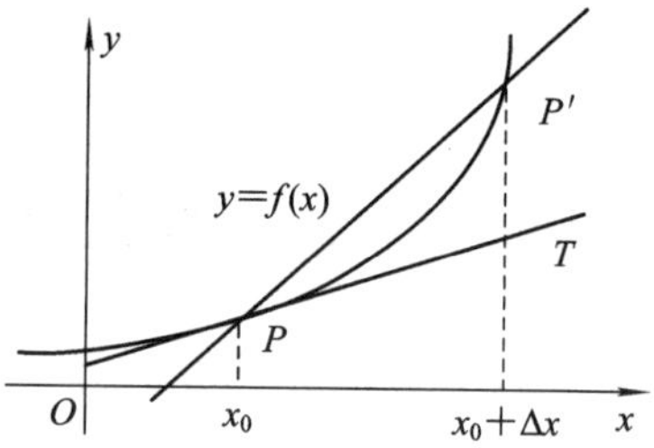

图 3.1.2　例 3.1.2 图示

因此，函数 $f(x)$ 在点 P 处的切线的斜率 k 是

$$k=\lim_{\Delta x\to 0}\frac{f(x_0+\Delta x)-f(x_0)}{\Delta x}.$$

虽然上面两个例子的实际意义完全不同，但它们有着相同的数学结构：

(1) 由自变量的改变量算出函数的改变量；

(2) 写出函数的改变量与自变量的改变量比(函数的平均变化率)；

(3) 求出这个比的极限(函数在一点的变化率).

于是，由这样的总结，我们给出导数的定义.

定义 3.1.1　设函数 $y=f(x)$ 在 x_0 的某一邻域内有定义，当自变量 x 在点 x_0 处有改变量 Δx($x_0+\Delta x$ 仍在该邻域内，且 Δx 可正可负)时，函数有相应的改变量

$$\Delta y=f(x_0+\Delta x)-f(x_0);$$

如果极限

$$\lim_{\Delta x\to 0}\frac{\Delta y}{\Delta x}=\lim_{\Delta x\to 0}\frac{f(x_0+\Delta x)-f(x_0)}{\Delta x}$$

存在，就称函数 $y=f(x)$ 在点 x_0 处**可导**，而极限值称为函数 $y=f(x)$ 在点 x_0 处的**导数**，记作

$$f'(x_0)=\lim_{\Delta x\to 0}\frac{f(x_0+\Delta x)-f(x_0)}{\Delta x}. \tag{3.1.1}$$

有时把 $x_0+\Delta x$ 记为 x，于是 $\Delta x=x-x_0$，当 $\Delta x\to 0$ 时，有 $x\to x_0$，这样上面的极限可改写为

$$f'(x_0)=\lim_{x\to x_0}\frac{f(x)-f(x_0)}{x-x_0}. \tag{3.1.2}$$

函数 $y=f(x)$ 在点 x_0 处的导数也可记作

$$y'\big|_{x=x_0},\quad \left.\frac{\mathrm{d}y}{\mathrm{d}x}\right|_{x=x_0}\quad 或\quad \left.\frac{\mathrm{d}f(x)}{\mathrm{d}x}\right|_{x=x_0}.$$

定义 3.1.2　如果极限

$$\lim_{\Delta x\to 0^+}\frac{\Delta y}{\Delta x}=\lim_{\Delta x\to 0^+}\frac{f(x_0+\Delta x)-f(x_0)}{\Delta x}, \tag{3.1.3}$$

$$\lim_{\Delta x\to 0^-}\frac{\Delta y}{\Delta x}=\lim_{\Delta x\to 0^-}\frac{f(x_0+\Delta x)-f(x_0)}{\Delta x} \tag{3.1.4}$$

存在，则其极限值分别称为函数 $f(x)$ 在点 x_0 处的**右导数**与**左导数**，并分别记为 $f'_+(x_0)$ 与 $f'_-(x_0)$.

左导数与右导数统称**单侧导数**.

函数 $f(x)$ 在点 x_0 处可导的充分必要条件是左导数 $f'_-(x_0)$ 和右导数 $f'_+(x_0)$ 都存在且

相等，即$f'_+(x_0)=f'_-(x_0)$.

如果函数 $f(x)$在开区间(a, b)内的每一点都可导，则称函数 $f(x)$在开区间(a, b)内可导. 如果函数 $f(x)$在开区间(a, b)内的每一点都可导，且 $f(x)$在左端点 $x=a$ 存在右导数 $f'_+(a)$，在右端点 $x=b$ 存在左导数 $f'_-(b)$，则称函数 $f(x)$在闭区间$[a, b]$上可导.

如果函数 $f(x)$在区间 I 中的每一点都可导，这时候对于每一个点 x，都有唯一的数 $f'(x)$和它对应，这样就在区间 I 上定义了一个新的函数，称为函数 $f(x)$的**导函数**，简称**导数**，记作

$$y',\ f'(x),\ \frac{\mathrm{d}y}{\mathrm{d}x},\ \frac{\mathrm{d}f(x)}{\mathrm{d}x},$$

即

$$f'(x)=\lim_{\Delta x\to 0}\frac{f(x+\Delta x)-f(x)}{\Delta x}.$$

函数 $f(x)$在点 x_0处的导数 $f'(x_0)$与导函数 $f'(x)$有如下关系：

$$f'(x_0)=f'(x)\big|_{x=x_0}.$$

二、由定义求导数

根据导数的定义，求一个函数 $f(x)$的导数的三个步骤如下：

(1) 求增量 $\Delta y=f(x+\Delta x)-f(x)$；

(2) 求比值$\dfrac{\Delta y}{\Delta x}=\dfrac{f(x+\Delta x)-f(x)}{\Delta x}$；

(3) 求极限 $y'=\lim\limits_{\Delta x\to 0}\dfrac{\Delta y}{\Delta x}$.

例 3.1.3 求函数 $f(x)=C$(C 为常数)的导数.

解 (1) $\Delta y=f(x+\Delta x)-f(x)=C-C=0$；

(2) $\dfrac{\Delta y}{\Delta x}=\dfrac{f(x+\Delta x)-f(x)}{\Delta x}=\dfrac{0}{\Delta x}=0$；

(3) $y'=\lim\limits_{\Delta x\to 0}\dfrac{\Delta y}{\Delta x}=0$.

所以 $C'=0$，即常数函数的导数为 0.

例 3.1.4 求函数 $f(x)=\sin x$ 的导数.

解 (1)
$$\begin{aligned}\Delta y&=\sin(x+\Delta x)-\sin x\\&=-2\sin x\left(\sin\frac{\Delta x}{2}\right)^2+\cos x\sin\Delta x;\end{aligned}$$

(2) $$\frac{\Delta y}{\Delta x}=\frac{-2\sin x\left(\sin\dfrac{\Delta x}{2}\right)^2+\cos x\sin\Delta x}{\Delta x};$$

(3)
$$\begin{aligned}y'&=\lim_{\Delta x\to 0}\frac{\Delta y}{\Delta x}=\lim_{\Delta x\to 0}\frac{-2\sin x\left(\sin\dfrac{\Delta x}{2}\right)^2}{\Delta x}+\lim_{\Delta x\to 0}\frac{\cos x\sin\Delta x}{\Delta x}\\&=\lim_{\Delta x\to 0}\left(-\sin x\sin\frac{\Delta x}{2}\right)+\lim_{\Delta x\to 0}\cos x=\cos x.\end{aligned}$$

所以$(\sin x)'=\cos x$.

同理可证$(\cos x)'=-\sin x$.

例 3.1.5 求函数 $y=x^n(n\in\mathbf{N}_+)$的导数.

解 (1) $\Delta y=(x+\Delta x)^n-x^n$

$$=x^n+nx^{n-1}\Delta x+\frac{n(n-1)}{1\cdot 2}x^{n-2}(\Delta x)^2+\cdots+(\Delta x)^n-x^n;$$

(2) $\dfrac{\Delta y}{\Delta x}=nx^{n-1}+\dfrac{n(n-1)}{1\cdot 2}x^{n-2}\Delta x+\cdots+(\Delta x)^{n-1}$;

(3) $y'=\lim\limits_{\Delta x\to 0}\dfrac{\Delta y}{\Delta x}=nx^{n-1}$.

所以$(x^n)'=nx^{n-1}$.

例 3.1.6 求幂函数 $y=x^\mu(\mu\in\mathbf{R})$的导数.

解 幂函数的定义域与常数 μ 有关. 设 x 在幂函数的定义域内且 $x\neq 0$, 则

(1) $\Delta y=(x+\Delta x)^\mu-x^\mu$;

(2) $\dfrac{\Delta y}{\Delta x}=\dfrac{(x+\Delta x)^\mu-x^\mu}{\Delta x}=x^\mu\dfrac{\left(1+\dfrac{\Delta x}{x}\right)^\mu-1}{\Delta x}$;

(3) $y'=\lim\limits_{\Delta x\to 0}\dfrac{\Delta y}{\Delta x}=\mu x^{\mu-1}$.

所以$(x^\mu)'=\mu x^{\mu-1}$.

利用此公式, 可以方便地求出幂函数的导数. 例如: $y=x^{\frac{1}{2}}=\sqrt{x}(x\geqslant 0)$的导数为

$$(x^{\frac{1}{2}})'=(\sqrt{x})'=\frac{1}{2}\cdot x^{-\frac{1}{2}}=\frac{1}{2\sqrt{x}};$$

$y=x^{-1}=\dfrac{1}{x}(x\neq 0)$的导数为

$$(x^{-1})'=(-1)\cdot x^{-2}=-\frac{1}{x^2}.$$

例 3.1.7 求指数函数 $y=a^x(a>0$ 且 $a\neq 1)$的导数.

解 (1) $\Delta y=a^{x+\Delta x}-a^x=a^x(a^{\Delta x}-1)$;

(2) $\dfrac{\Delta y}{\Delta x}=a^x\dfrac{a^{\Delta x}-1}{\Delta x}$;

(3) $y'=\lim\limits_{\Delta x\to 0}\dfrac{\Delta y}{\Delta x}=a^x\lim\limits_{\Delta x\to 0}\dfrac{a^{\Delta x}-1}{\Delta x}$.

令 $a^{\Delta x}-1=\beta$, 则 $\Delta x=\log_a(1+\beta)$. 又当 $\Delta x\to 0$ 时, $\beta\to 0$, 于是

$$\lim_{\Delta x\to 0}\frac{a^{\Delta x}-1}{\Delta x}=\lim_{\beta\to 0}\frac{\beta}{\log_a(1+\beta)}=\lim_{\beta\to 0}\frac{1}{\log_a(1+\beta)^{\frac{1}{\beta}}},$$

由对数函数的连续性及重要极限$\lim\limits_{\beta\to 0}(1+\beta)^{\frac{1}{\beta}}=\mathrm{e}$, 有

$$\lim_{\Delta x\to 0}\frac{a^{\Delta x}-1}{\Delta x}=\frac{1}{\log_a \mathrm{e}}=\ln a.$$

所以

$$(a^x)'=a^x\ln a.$$

特别地，若 $a=\mathrm{e}$，则 $(\mathrm{e}^x)'=\mathrm{e}^x\ln\mathrm{e}=\mathrm{e}^x$.

例 3.1.8 求对数函数 $y=\log_a x(a>0$ 且 $a\neq 1)$ 的导数.

解 (1) $\Delta y=\log_a(x+\Delta x)-\log_a x=\log_a\left(1+\frac{\Delta x}{x}\right)$；

(2) $\frac{\Delta y}{\Delta x}=\frac{1}{\Delta x}\log_a\left(1+\frac{\Delta x}{x}\right)=\log_a\left(1+\frac{\Delta x}{x}\right)^{\frac{1}{\Delta x}}$

$$=\log_a\left[\left(1+\frac{\Delta x}{x}\right)^{\frac{x}{\Delta x}}\right]^{\frac{1}{x}}=\frac{1}{x}\log_a\left(1+\frac{\Delta x}{x}\right)^{\frac{x}{\Delta x}}；$$

(3) $y'=\lim\limits_{\Delta x\to 0}\frac{\Delta y}{\Delta x}=\lim\limits_{\Delta x\to 0}\left[\frac{1}{x}\log_a\left(1+\frac{\Delta x}{x}\right)^{\frac{x}{\Delta x}}\right]=\frac{1}{x}\lim\limits_{\Delta x\to 0}\log_a\left(1+\frac{\Delta x}{x}\right)^{\frac{x}{\Delta x}}$.

由对数函数的连续性及重要极限 $\lim\limits_{\alpha\to 0}(1+\alpha)^{\frac{1}{\alpha}}=\mathrm{e}$，有

$$(\log_a x)'=\frac{1}{x}\log_a\mathrm{e}=\frac{1}{x\ln a}.$$

特别地，若 $a=\mathrm{e}$，则 $(\ln x)'=\frac{1}{x}$.

三、导数的几何意义

由例 3.1.2 可知，在函数 $y=f(x)$ 所表示的曲线上取一点 $P(x_0, y_0)$ 及与它相邻的点 $P'(x_0+\Delta x, y_0+\Delta y)$，我们可知割线 PP' 的斜率为

$$k_{PP'}=\frac{\Delta y}{\Delta x}=\frac{f(x_0+\Delta x)-f(x_0)}{\Delta x}.$$

当点 P' 沿曲线 $y=f(x)$ 无限接近点 P 时，割线 PP' 的极限位置 PT 定义为曲线 $y=f(x)$ 在点 P 的切线. 此时割线的斜率也就变为切线 PT 的斜率. 因为当点 P' 无限接近点 P 时，$\Delta x\to 0$，所以切线的斜率为

$$k_P=\lim_{P'\to P}k_{PP'}=\lim_{\Delta x\to 0}\frac{\Delta y}{\Delta x}=\lim_{\Delta x\to 0}\frac{f(x_0+\Delta x)-f(x_0)}{\Delta x}.$$

所以曲线 $y=f(x)$ 在点 $P(x_0, y_0)$ 处的导数 $f'(x_0)$ 恰为曲线 $y=f(x)$ 在点 $P(x_0, y_0)$ 处的切线斜率. 于是我们可得曲线 $y=f(x)$ 在点 $P(x_0, y_0)$ 处的切线方程和法线方程分别为

$$y-y_0=f'(x_0)(x-x_0), \tag{3.1.5}$$

$$y-y_0=-\frac{1}{f'(x_0)}(x-x_0). \tag{3.1.6}$$

例 3.1.9 求曲线 $y=\frac{1}{x}$ 在点 $\left(\frac{1}{2}, 2\right)$ 处的切线方程和法线方程.

解 所求切线的斜率为

$$k_1=y'\big|_{x=\frac{1}{2}}=-\frac{1}{x^2}\bigg|_{x=\frac{1}{2}}=-4,$$

故所求切线方程为

$$y-2=-4\left(x-\frac{1}{2}\right),$$

即

$$4x+y-4=0.$$

所求法线的斜率为

$$k_2=-\frac{1}{k_1}=\frac{1}{4},$$

故所求法线方程为

$$y-2=\frac{1}{4}\left(x-\frac{1}{2}\right),$$

即

$$2x-8y+15=0.$$

四、函数可导性与连续性的关系

函数 $y=f(x)$在点 x_0处连续是指

$$\lim_{\Delta x\to 0}\Delta y=0;$$

而函数在点 x_0处可导是指

$$\lim_{\Delta x\to 0}\frac{\Delta y}{\Delta x}$$

存在.

定理 3.1.1 如果函数 $y=f(x)$在点 x_0处可导，则 $y=f(x)$在点 x_0处连续.

证 因为

$$f'(x_0)=\lim_{\Delta x\to 0}\frac{\Delta y}{\Delta x},$$

所以

$$\frac{\Delta y}{\Delta x}=f'(x_0)+\alpha,$$

即

$$\Delta y=f'(x_0)\Delta x+\alpha\Delta x,$$

其中 $\Delta x\to 0$ 时，$\alpha\to 0$，从而

$$\lim_{\Delta x\to 0}\Delta y=\lim_{\Delta x\to 0}[f'(x_0)\Delta x+\alpha\Delta x]=0,$$

因此 $y=f(x)$在点 x_0处连续.

由此可见，函数在点 x_0 处可导是函数在该点连续的充分条件，但函数在某点连续却不一定在该点可导. 如函数 $y=|x|$在 $x=0$ 处连续，但不可导.

例 3.1.10 讨论函数

$$f(x)=\begin{cases}x\sin\dfrac{1}{x}, & x\neq 0\\ 0, & x=0\end{cases}$$

在 $x=0$ 处的连续性与可导性.

解 因为

$$\lim_{x\to 0}f(x)=\lim_{x\to 0}x\sin\frac{1}{x}=0=f(0),$$

所以 $f(x)$ 在 $x=0$ 处连续.

又因为

$$\lim_{\Delta x\to 0}\frac{\Delta y}{\Delta x}=\lim_{\Delta x\to 0}\frac{f(x_0+\Delta x)-f(x_0)}{\Delta x}$$

$$=\lim_{\Delta x\to 0}\frac{f(0+\Delta x)-f(0)}{\Delta x}=\lim_{\Delta x\to 0}\frac{\Delta x\ \sin\dfrac{1}{\Delta x}}{\Delta x}$$

$$=\lim_{\Delta x\to 0}\sin\frac{1}{\Delta x},$$

此极限不存在，所以 $f(x)$ 在 $x=0$ 处不可导.

知识要点

(1) 导数的定义：设函数 $y=f(x)$ 在 x_0 的某一邻域内有定义，当自变量 x 在点 x_0 处有改变量 Δx（$x_0+\Delta x$ 仍在该邻域内，且 Δx 可正可负）时，函数有相应的改变量 $\Delta y=f(x_0+\Delta x)-f(x_0)$；如果极限 $\lim\limits_{\Delta x\to 0}\dfrac{\Delta y}{\Delta x}=\lim\limits_{\Delta x\to 0}\dfrac{f(x_0+\Delta x)-f(x_0)}{\Delta x}$ 存在，就称函数 $y=f(x)$ 在点 x_0 处可导，而极限值称为函数 $y=f(x)$ 在点 x_0 处的导数，记作 $f'(x_0)=\lim\limits_{\Delta x\to 0}\dfrac{f(x_0+\Delta x)-f(x_0)}{\Delta x}$.

(2) 根据导数的定义，求一个函数 $f(x)$ 的导数的三个步骤如下：

① 求增量 $\Delta y=f(x+\Delta x)-f(x)$；

② 求比值 $\dfrac{\Delta y}{\Delta x}=\dfrac{f(x+\Delta x)-f(x)}{\Delta x}$；

③ 求极限 $y'=\lim\limits_{\Delta x\to 0}\dfrac{\Delta y}{\Delta x}$.

(3) 导数的几何意义：曲线 $y=f(x)$ 在点 $P(x_0, y_0)$ 处的导数 $f'(x_0)$ 恰为曲线 $y=f(x)$ 在点 $P(x_0, y_0)$ 处的切线斜率，且曲线 $y=f(x)$ 在点 $P(x_0, y_0)$ 处的切线方程为 $y-y_0=f'(x_0)(x-x_0)$，法线方程为 $y-y_0=-\dfrac{1}{f'(x_0)}(x-x_0)$.

(4) 函数可导性与连续性的关系：如果函数 $y=f(x)$ 在点 x_0 处可导，则 $y=f(x)$ 在点 x_0 处连续. 反之，不成立.

(5) 本节重点是导数的定义，导数的几何意义，函数可导性与连续性的关系；难点是利用定义求导数，判断函数在已知点处的可导性和连续性. 要求掌握导数的定义以及求导数的三个步骤；理解导数的几何意义，并会计算函数在已知点处的切线方程和法线方程.

■ 习题 3-1

1. 设某工厂生产 x 件产品的成本为

$$C(x)=2000+100x-0.1x^2\ (\text{元}).$$

其中，$C(x)$ 称为成本函数，成本函数 $C(x)$ 的导数 $C'(x)$ 在经济学中称为边际成本. 试求：

(1) 当生产 100 件产品时的边际成本；

(2) 生产第 101 件产品的成本，并与(1)中求得的边际成本比较，说明边际成本的实际意义.

2. 已知 $f(x)=4x^2$，用定义求 $f'(-1)$.

3. 设 $f'(x_0)=a$，求下列极限：

(1) $\lim\limits_{\Delta x\to 0}\dfrac{f(x_0+2\Delta x)-f(x_0)}{\Delta x}$；

(2) $\lim\limits_{h\to 0}\dfrac{f(x_0+h)-f(x_0-h)}{h}$；

(3) $\lim\limits_{\Delta x\to 0}\dfrac{f(x_0-\Delta x)-f(x_0)}{2\Delta x}$；

(4) $\lim\limits_{n\to\infty}n\left[f\left(x_0+\dfrac{1}{n}\right)-f(x_0)\right]$.

4. 求下列函数的导数.

(1) $y=x^3$；

(2) $y=\sqrt[3]{x^2}$；

(3) $y=\dfrac{1}{x}$；

(4) $y=x^3\sqrt[5]{x}$；

(5) $y=\sqrt{x\sqrt{x}}$.

5. 已知曲线 $y=x^2-5$，求：

(1) 在点(2，−1)处的切线方程；

(2) 通过点(3，0)处的切线方程及切点.

6. 讨论函数 $y=|x|$ 在 $x=0$ 处的可导性.

7. 讨论函数 $y=\begin{cases}x^2, & x\geqslant 0\\ x, & x<0\end{cases}$ 在 $x=0$ 处的连续性与可导性.

8. 为了使函数

$$f(x)=\begin{cases}x^2, & x\leqslant 1\\ ax+b, & x>1\end{cases}$$

在 $x=1$ 处连续且可导，a、b 应取什么值？

9. 已知 $f(x)=\begin{cases}-x, & x<0\\ x^2, & x\geqslant 0\end{cases}$，问：$f'_+(0)$、$f'_-(0)$、$f'(0)$是否存在？

第二节　求导法则与基本初等函数求导

由第一节中例题推导可得几个基本初等函数的导数公式：

(1) $C'=0$(C 为常数)；

(2) $(x^{\mu})'=\mu x^{\mu-1}$；

(3) $(\sin x)'=\cos x$；

(4) $(\cos x)'=-\sin x$；

(5) $(a^x)'=a^x\ln a\ (a>0,\ a\neq 1)$；

(6) $(e^x)'=e^x$；

(7) $(\log_a x)'=\dfrac{1}{x\ln a}\ (a>0,\ a\neq 1)$；

(8) $(\ln x)'=\dfrac{1}{x}$.

一、导数的四则运算

定理 3.2.1　如果函数 $u(x)$和 $v(x)$都在点 x 处可导，则它们的和、差、积、商(分母不为零)在点 x 处也可导，并且

(1) $[u(x)\pm v(x)]'=u'(x)\pm v'(x)$；

(2) $[u(x)\cdot v(x)]'=u'(x)v(x)+u(x)v'(x)$；

(3) $\left[\dfrac{u(x)}{v(x)}\right]'=\dfrac{u'(x)v(x)-u(x)v'(x)}{v^2(x)}$.

我们严格按照导数的定义只给出(3)的证明. (1)、(2)证明请读者自行练习.

证 (3) ① $\Delta y=\dfrac{u(x+\Delta x)}{v(x+\Delta x)}-\dfrac{u(x)}{v(x)}=\dfrac{v(x)u(x+\Delta x)-u(x)v(x+\Delta x)}{v(x)v(x+\Delta x)}$

$$=\frac{v(x)u(x+\Delta x)-u(x)v(x)+u(x)v(x)-u(x)v(x+\Delta x)}{v(x)v(x+\Delta x)}$$

$$=\frac{v(x)[u(x+\Delta x)-u(x)]+u(x)[v(x)-v(x+\Delta x)]}{v(x)v(x+\Delta x)}$$

$$=\frac{v(x)\Delta u-u(x)\Delta v}{v(x)v(x+\Delta x)};$$

② $\dfrac{\Delta y}{\Delta x}=\dfrac{v(x)\Delta u-u(x)\Delta v}{v(x)v(x+\Delta x)}\dfrac{1}{\Delta x}=\dfrac{1}{v(x)v(x+\Delta x)}\left[\dfrac{\Delta u}{\Delta x}v(x)-u(x)\dfrac{\Delta v}{\Delta x}\right]$；

③ 因为当 $\Delta x\to 0$ 时，$\lim\limits_{\Delta x\to 0}v(x+\Delta x)=v(x)$，$\lim\limits_{\Delta x\to 0}\dfrac{\Delta u}{\Delta x}=u'(x)$，$\lim\limits_{\Delta x\to 0}\dfrac{\Delta v}{\Delta x}=v'(x)$，所以

$$\left[\frac{u(x)}{v(x)}\right]'=\lim_{\Delta x\to 0}\frac{\Delta y}{\Delta x}=\frac{u'(x)v(x)-u(x)v'(x)}{v^2(x)}.$$

推论 (1) $\left[\sum\limits_{i=1}^{n}u_i(x)\right]'=\sum\limits_{i=1}^{n}u_i'(x)$；

(2) $[Cu(x)]'=Cu'(x)$(C 为常数)；

(3) $\left[\prod\limits_{i=1}^{n}u_i(x)\right]'=u_1'(x)u_2(x)\cdots u_n(x)+\cdots+u_1(x)u_2'(x)\cdots u_n(x)+\cdots+$

$$u_1(x)u_2(x)\cdots u_n'(x)$$

$$=\sum_{i=1}^{n}\prod_{k=1,\ k\neq i}^{n}u_i'(x)u_k(x).$$

例 3.2.1 已知函数 $y=x^3+2\sin x-\ln x$，求 y'.

解 $y'=(x^3+2\sin x-\ln x)'=(x^3)'+2(\sin x)'-(\ln x)'=3x^2+2\cos x-\dfrac{1}{x}$.

例 3.2.2 已知函数 $y=e^x(\sin x+\cos x)$，求 y'及$y'|_{x=0}$.

解

$$y'=(e^x)'(\sin x+\cos x)+e^x(\sin x+\cos x)'$$

$$=e^x(\sin x+\cos x)+e^x(\cos x-\sin x)=2e^x\cos x,$$

$$y'|_{x=0}=2e^0\cos 0=2.$$

例 3.2.3 已知函数 $y=\tan x$，求 y'.

解

$$y'=(\tan x)'=\left(\frac{\sin x}{\cos x}\right)'=\frac{(\sin x)'\cos x-\sin x(\cos x)'}{\cos^2 x}$$

$$=\frac{\cos^2 x+\sin^2 x}{\cos^2 x}=\frac{1}{\cos^2 x}=\sec^2 x.$$

例 3.2.4 已知函数 $y=\sec x$，求 y'.

解 $y'=(\sec x)'=\left(\dfrac{1}{\cos x}\right)'=\dfrac{(1)'\cos x-1\cdot(\cos x)'}{\cos^2 x}=\dfrac{\sin x}{\cos^2 x}=\sec x\tan x$.

二、反函数的导数

定理 3.2.2 如果函数 $x=f(y)$ 在区间 I_y 内单调、可导且 $f'(y)\neq 0$，则它的反函数 $y=f^{-1}(x)$ 在区间 $I_x=\{x\,|\,x=f(y),\ y\in I_y\}$ 内也可导，且

$$[f^{-1}(x)]'=\frac{1}{f'(y)}$$

或

$$\frac{\mathrm{d}y}{\mathrm{d}x}=\frac{1}{\dfrac{\mathrm{d}x}{\mathrm{d}y}}. \tag{3.2.1}$$

证 函数 $x=f(y)$ 在区间 I_y 内单调、可导，则 $x=f(y)$ 的反函数 $y=f^{-1}(x)$ 存在，且 $f^{-1}(x)$ 在区间 I_x 内也单调、连续.

任取 $x\in I_x$，给 x 以增量 $\Delta x(\Delta x\neq 0,\ x+\Delta x\in I_x)$，由 $y=f^{-1}(x)$ 的单调性可知

$$\Delta y=f^{-1}(x+\Delta x)-f^{-1}(x)\neq 0,$$

于是有

$$\frac{\Delta y}{\Delta x}=\frac{1}{\dfrac{\Delta x}{\Delta y}}.$$

因为 $y=f^{-1}(x)$ 连续，所以

$$\lim_{\Delta x\to 0}\Delta y=0,$$

从而

$$[f^{-1}(x)]'=\lim_{\Delta x\to 0}\frac{\Delta y}{\Delta x}=\lim_{\Delta y\to 0}\frac{1}{\dfrac{\Delta x}{\Delta y}}=\frac{1}{f'(y)}.$$

上述结论可简述成:反函数的导数等于原函数导数的倒数.

例 3.2.5 已知函数 $y=\arcsin x$，求 y'.

解 设 $x=\sin y$，$y\in\left[-\frac{\pi}{2},\ \frac{\pi}{2}\right]$，则 $y=\arcsin x$ 是它的反函数. $x=\sin y$ 在 $\left(-\frac{\pi}{2},\ \frac{\pi}{2}\right)$ 内单调、可导，且 $\frac{\mathrm{d}x}{\mathrm{d}y}=\cos y>0$. 因此，由定理 3.2.2 可知，在区间 $I_x=(-1,\ 1)$ 内有

$$\frac{\mathrm{d}y}{\mathrm{d}x}=\frac{1}{\dfrac{\mathrm{d}x}{\mathrm{d}y}}=\frac{1}{\cos y}=\frac{1}{\sqrt{1-\sin^2 y}}=\frac{1}{\sqrt{1-x^2}},$$

即

$$(\arcsin x)'=\frac{1}{\sqrt{1-x^2}}.$$

同理可得

$$(\arccos x)'=-\frac{1}{\sqrt{1-x^2}}.$$

例 3.2.6 已知函数 $y=\arctan x$，求 y'.

解 设 $x=\tan y$，$y\in\left(-\frac{\pi}{2},\frac{\pi}{2}\right)$，则 $y=\arctan x$ 是它的反函数. $x=\tan y$ 在 $\left(-\frac{\pi}{2},\frac{\pi}{2}\right)$内单调、可导，且$\frac{\mathrm{d}x}{\mathrm{d}y}=\sec^2 y\neq0$. 因此，由定理 3.2.2 可知，在区间 $I_x=(-\infty,+\infty)$内有

$$(\arctan x)'=\frac{1}{(\tan y)'}=\frac{1}{\sec^2 y}=\frac{1}{1+\tan^2 y}=\frac{1}{1+x^2},$$

即

$$(\arctan x)'=\frac{1}{1+x^2}.$$

同理可得

$$(\mathrm{arccot}\,x)'=-\frac{1}{1+x^2}.$$

三、复合函数的求导法则

定理 3.2.3 如果函数 $u=\varphi(x)$在点 x 处可导，而 $y=f(u)$在点 u 处可导，则复合函数 $y=f[\varphi(x)]$在点 x 处可导，且其导数为

$$\frac{\mathrm{d}y}{\mathrm{d}x}=f'(u)\cdot\varphi'(x)$$

或

$$\frac{\mathrm{d}y}{\mathrm{d}x}=\frac{\mathrm{d}y}{\mathrm{d}u}\cdot\frac{\mathrm{d}u}{\mathrm{d}x}. \tag{3.2.2}$$

定理 3.2.3 的结论可推广到多个中间变量的情形. 设 $y=f(u)$，$u=\varphi(v)$，$v=h(x)$，则 $y=f\{\varphi([h(x)]\}$的导数公式为

$$\frac{\mathrm{d}y}{\mathrm{d}x}=f'(u)\cdot\varphi'(v)\cdot h'(x)$$

或

$$\frac{\mathrm{d}y}{\mathrm{d}x}=\frac{\mathrm{d}y}{\mathrm{d}u}\cdot\frac{\mathrm{d}u}{\mathrm{d}v}\cdot\frac{\mathrm{d}v}{\mathrm{d}x}.$$

例 3.2.7 已知函数 $y=\cos 2x$，求 y'.

解 设 $y=\cos u$，$u=2x$，则

$$\frac{\mathrm{d}y}{\mathrm{d}x}=\frac{\mathrm{d}y}{\mathrm{d}u}\cdot\frac{\mathrm{d}u}{\mathrm{d}x}=-\sin u\cdot 2=-2\sin 2x.$$

例 3.2.8 已知函数 $y=\ln(\sin x^2)$，求 y'.

解 设 $y=\ln u$，$u=\sin v$，$v=x^2$，则

$$\frac{\mathrm{d}y}{\mathrm{d}x}=\frac{\mathrm{d}y}{\mathrm{d}u}\cdot\frac{\mathrm{d}u}{\mathrm{d}v}\cdot\frac{\mathrm{d}v}{\mathrm{d}x}=\frac{1}{u}\cdot\cos v\cdot 2x=\frac{1}{\sin x^2}\cdot\cos x^2\cdot 2x=2x\cot x^2.$$

在复合函数求导过程中，对复合函数的分解比较熟练以后，不必每次写出复合结构，对复合函数直接由外层到内层求导再相乘即可.

例 3.2.9 已知函数 $y=\sqrt{1+2x^2}$，求 y'.

解 $$y'=(\sqrt{1+2x^2})'=[(1+2x^2)^{\frac{1}{2}}]'=\frac{1}{2}(1+2x^2)^{-\frac{1}{2}}(1+2x^2)'$$
$$=\frac{1}{2}(1+2x^2)^{-\frac{1}{2}}(4x)=\frac{2x}{\sqrt{1+2x^2}}.$$

例 3.2.10 已知函数 $y=\ln\left(\frac{1-x^2}{1+x^2}\right)$，求 y'.

解 $$y'=\left[\ln\left(\frac{1-x^2}{1+x^2}\right)\right]'=[\ln(1-x^2)-\ln(1+x^2)]'=\frac{1}{1-x^2}(1-x^2)'-\frac{1}{1+x^2}(1+x^2)'$$
$$=\frac{-2x}{1-x^2}-\frac{2x}{1+x^2}=\frac{4x}{x^4-1}.$$

例 3.2.11 已知函数 $y=e^{\cos\frac{1}{x}}$，求 y'.

解 $$y'=(e^{\cos\frac{1}{x}})'=e^{\cos\frac{1}{x}}\cdot\left(\cos\frac{1}{x}\right)'$$
$$=e^{\cos\frac{1}{x}}\left(-\sin\frac{1}{x}\right)\cdot\left(\frac{1}{x}\right)'$$
$$=e^{\cos\frac{1}{x}}\cdot\left(-\sin\frac{1}{x}\right)\cdot\left(-\frac{1}{x^2}\right)=\frac{1}{x^2}e^{\cos\frac{1}{x}}\sin\frac{1}{x}.$$

例 3.2.12 已知函数 $y=\arcsin\sqrt{x}$，求 y'.

解 $$(\arcsin\sqrt{x})'=\frac{1}{\sqrt{1-(\sqrt{x})^2}}\cdot(\sqrt{x})'=\frac{1}{\sqrt{1-x}}\cdot\frac{1}{2}x^{-\frac{1}{2}}=\frac{1}{2\sqrt{x-x^2}}.$$

四、导数公式与基本求导法则

前面介绍了基本初等函数的导数公式，因初等函数是由常数和基本初等函数经过有限次四则运算和函数复合运算所构成的，所以利用函数四则运算的求导法则和复合函数求导法则就可以计算所有初等函数的导数. 为了便于查阅，现将这些公式和法则汇总如下：

1. 常数和基本初等函数的导数公式

常数和基本初等函数的导数公式如下：

(1) $C'=0$ (C 为常数)；

(2) $(x^\mu)'=\mu x^{\mu-1}$；

(3) $(\sin x)'=\cos x$；

(4) $(\cos x)'=-\sin x$；

(5) $(a^x)'=a^x\ln a(a>0,\ a\neq 1)$；

(6) $(e^x)'=e^x$；

(7) $(\log_a x)'=\frac{1}{x\ln a}\ (a>0,\ a\neq 1)$；

(8) $(\ln x)'=\frac{1}{x}$；

(9) $(\tan x)'=\sec^2 x$；

(10) $(\cot x)'=-\csc^2 x$；

(11) $(\sec x)'=\sec x\tan x$；

(12) $(\csc x)'=-\csc x\cot x$；

(13) $(\arcsin x)'=\frac{1}{\sqrt{1-x^2}}$；

(14) $(\arccos x)'=-\frac{1}{\sqrt{1-x^2}}$；

(15) $(\arctan x)'=\frac{1}{1+x^2}$；

(16) $(\text{arccot}\, x)'=-\frac{1}{1+x^2}$.

2. 函数的和、差、积、商的求导法则

设 $u=u(x)$ 和 $v=v(x)$ 都可导，则

(1) $(u \pm v)' = u' \pm v'$；　　(2) $(Cu)' = Cu'$（C 为常数）；

(3) $(uv)' = u'v + uv'$；　　(4) $\left(\dfrac{u}{v}\right)' = \dfrac{u'v - uv'}{v^2}$ $(v \neq 0)$.

3. 反函数的求导法则

如果函数 $x = f(y)$ 在区间 I_y 内单调、可导且 $f'(y) \neq 0$，则它的反函数 $y = f^{-1}(x)$ 在区间 $I_x = \{x \mid x = f(y),\ y \in I_y\}$ 内也可导，且

$$[f^{-1}(x)]' = \frac{1}{f'(y)}$$

或

$$\frac{\mathrm{d}y}{\mathrm{d}x} = \frac{1}{\dfrac{\mathrm{d}x}{\mathrm{d}y}}.$$

4. 复合函数的求导法则

如果函数 $u = \varphi(x)$ 在点 x 处可导，而 $y = f(u)$ 在点 u 处可导，则复合函数 $y = f[\varphi(x)]$ 在点 x 处可导，且其导数为

$$\frac{\mathrm{d}y}{\mathrm{d}x} = f'(u) \cdot \varphi'(x)$$

或

$$\frac{\mathrm{d}y}{\mathrm{d}x} = \frac{\mathrm{d}y}{\mathrm{d}u} \cdot \frac{\mathrm{d}u}{\mathrm{d}x}.$$

知识要点

(1) 函数的和、差、积、商的求导法则：设 $u = u(x)$ 和 $v = v(x)$ 都可导，则

① $(u \pm v)' = u' \pm v'$；　　② $(Cu)' = Cu'$（C 为常数）；

③ $(uv)' = u'v + uv'$；　　④ $\left(\dfrac{u}{v}\right)' = \dfrac{u'v - uv'}{v^2}$ $(v \neq 0)$.

(2) 反函数的求导法则：反函数的导数等于该函数导数的倒数.

(3) 复合函数的求导法则：如果函数 $u = \varphi(x)$ 在点 x 处可导，而 $y = f(u)$ 在点 u 处可导，则复合函数 $y = f[\varphi(x)]$ 在点 x 处可导，且其导数为 $\dfrac{\mathrm{d}y}{\mathrm{d}x} = f'(u) \cdot \varphi'(x)$ 或 $\dfrac{\mathrm{d}y}{\mathrm{d}x} = \dfrac{\mathrm{d}y}{\mathrm{d}u} \cdot \dfrac{\mathrm{d}u}{\mathrm{d}x}$.

(4) 本节重点为导数的四则运算，反函数的求导法则，复合函数的求导法则；难点是利用反函数和复合函数的求导法则计算反函数和复合函数的导数. 要求熟练掌握常用的基本初等函数的导数公式，掌握导数的四则运算法则.

■ 习题 3－2

1. 求下列函数的导数：

(1) $y = 5x^3 - 2^x + 3\mathrm{e}^x$；　　(2) $y = x^2 \ln x$；

(3) $y=\frac{\ln x}{x}$；　　(4) $y=2\sqrt{x}-\frac{1}{x}+\sqrt[4]{x}$；

(5) $y=\frac{\cos x}{x^2}$；　　(6) $S=\frac{1+\sin t}{1+\cos t}$；

(7) $y=x\sin x\ln x$；　　(8) $\rho=\sqrt{\varphi}\sin\varphi$.

2. 求下列函数在给定点处的导数：

(1) $\rho=\theta\sin\theta+\frac{1}{2}\cos\theta$，求$\left.\frac{d\rho}{d\theta}\right|_{\theta=\frac{\pi}{4}}$；

(2) $y=\sin x\cos x$，求$y'\big|_{x=\frac{\pi}{6}}$；

(3) $f(x)=\frac{3}{5-x}+\frac{x^2}{5}$，求 $f'(0)$和 $f'(2)$.

3. 求下列函数的导数：

(1) $y=\sin(4-3x)$；　　(2) $y=e^x(x^2-2x+3)$；

(3) $y=\cos x^3$；　　(4) $y=\ln\cos\frac{1}{x}$；

(5) $y=\sqrt{a^2-x^2}$；　　(6) $y=(\arcsin x)^2$；

(7) $y=\ln(1+x^2)$；　　(8) $y=\arcsin(1-2x)$；

(9) $y=\frac{\sin 2x}{x}$；　　(10) $y=\arcsin\sqrt{x}$；

(11) $y=\frac{\ln x}{x}$.

4. 设 $f(x)$可导，求下列函数的导数：

(1) $y=f(x^2)$；　　(2) $y=f(\sin^2 x)+f(\cos^2 x)$.

5. 求下列函数的导数：

(1) $y=\sqrt{1+\ln^2 x}$；　　(2) $y=\arctan\frac{x+1}{x-1}$；

(3) $y=\ln\sqrt{\frac{1+\cos x}{1-\cos x}}$；　　(4) $y=\ln(x+\sqrt{x^2+a^2})$；

(5) $y=\cos^2 x\cos(x^2)$；　　(6) $y=\sqrt[3]{x+\sqrt{x}}$；

(7) $y=x\arccos\frac{x}{2}+\sqrt{4-x^2}$；　　(8) $y=\arccos\frac{t}{1+t^2}$.

6. 设函数 $f(x)$和 $g(x)$均在点 x_0的某一邻域内有定义，$f(x)$在点 x_0处可导，$f(x_0)=0$，$g(x)$在点 x_0处连续，试讨论 $f(x)g(x)$在点 x_0处的可导性.

第三节　高 阶 导 数

我们知道变速直线运动的物体其运动方程可记为 $s=s(t)$，则物体在时刻 t 的瞬时速度 $v(t)$为位置函数 $s(t)$对 t 的导数，即

$$v=s' \quad 或 \quad v=\frac{ds}{dt}.$$

而速度 $v(t)$对时间 t 的变化率又是加速度 a，即速度 $v(t)$对时间 t 的导数是 a，故

$$a=v'=(s')' \quad \text{或} \quad a=\frac{\mathrm{d}v}{\mathrm{d}t}=\frac{\mathrm{d}}{\mathrm{d}t}\left(\frac{\mathrm{d}s}{\mathrm{d}t}\right).$$

这种导数的导数$(s')'$或$\frac{\mathrm{d}}{\mathrm{d}t}\left(\frac{\mathrm{d}s}{\mathrm{d}t}\right)$叫作$s(t)$对$t$的二阶导数，记作

$$s'' \quad \text{或} \quad \frac{\mathrm{d}^2 s}{\mathrm{d}t^2}.$$

一般地，函数$y=f(x)$的导数$y'=f'(x)$仍然是x的函数，若$y'=f'(x)$仍可导，我们把$y'=f'(x)$的导数叫作函数$y=f(x)$的**二阶导数**，记作

$$y'' \quad \text{或} \quad \frac{\mathrm{d}^2 y}{\mathrm{d}x^2}.$$

类似地，二阶导数的导数叫作**三阶导数**，三阶导数的导数叫作**四阶导数**……一般地，$n-1$阶导数的导数叫作 ***n* 阶导数**，分别记作

$$y''',\ y^{(4)},\ \cdots,\ y^{(n)}$$

或

$$\frac{\mathrm{d}^3 y}{\mathrm{d}x^3},\ \frac{\mathrm{d}^4 y}{\mathrm{d}x^4},\ \cdots,\ \frac{\mathrm{d}^n y}{\mathrm{d}x^n}.$$

显然，如果函数$f(x)$在点x处具有n阶导数，那么$f(x)$在点x的某一邻域内必定具有一切低于n阶的导数. 我们把二阶及二阶以上的导数统称为**高阶导数**.

注: 求高阶导数只需对函数逐次求导即可.

例 3.3.1 已知函数$y=\arctan x$，求y''.

解
$$y'=(\arctan x)'=\frac{1}{1+x^2},\ y''=\left(\frac{1}{1+x^2}\right)'=\frac{-2x}{(1+x^2)^2}.$$

例 3.3.2 已知函数$y=\mathrm{e}^{ax}$，求$y^{(n)}$.

解
$$y'=(\mathrm{e}^{ax})'=a\mathrm{e}^{ax},$$
$$y''=(a\mathrm{e}^{ax})'=a^2\mathrm{e}^{ax},$$
$$y'''=(a^2\mathrm{e}^{ax})'=a^3\mathrm{e}^{ax},$$
$$\vdots$$

从而推出

$$y^{(n)}=a^n\mathrm{e}^{ax}.$$

例 3.3.3 求函数$y=\sin x$的n阶导数.

解
$$y'=(\sin x)'=\cos x=\sin\left(x+\frac{\pi}{2}\right),$$
$$y''=\cos\left(x+\frac{\pi}{2}\right)=\sin\left(x+\frac{\pi}{2}+\frac{\pi}{2}\right)=\sin\left(x+2\cdot\frac{\pi}{2}\right),$$
$$y'''=\cos\left(x+2\cdot\frac{\pi}{2}\right)=\sin\left(x+3\cdot\frac{\pi}{2}\right),$$
$$\vdots$$

从而推出

$$y^{(n)}=\sin\left(x+n\cdot\frac{\pi}{2}\right).$$

例 3.3.4 求函数$y=\ln(1+x)$的n阶导数.

解 $$y'=\frac{1}{1+x},$$

$$y''=-\frac{1}{(1+x)^2},$$

$$y'''=\frac{1\cdot 2}{(1+x)^3},$$

$$y^{(4)}=-\frac{1\cdot 2\cdot 3}{(1+x)^4},$$

$$\vdots$$

从而推出

$$y^{(n)}=(-1)^{n-1}\frac{1\cdot 2\cdot 3\cdots(n-1)}{(1+x)^n}=(-1)^{n-1}\frac{(n-1)!}{(1+x)^n}.$$

如果函数 $u=u(x)$ 和 $v=v(x)$ 都在点 x 处具有 n 阶导数，显然 $u(x)+v(x)$ 和 $u(x)v(x)$ 也在点 x 处具有 n 阶导数，且

$$(u\pm v)^{(n)}=u^{(n)}\pm v^{(n)},$$

但是 uv 的导数并不简单，由

$$(uv)'=u'v+uv'$$

得

$$(uv)''=u''v+2u'v'+uv'',$$

$$(uv)'''=u'''v+3u''v'+3u'v''+uv''',$$

用数学归纳法可证

$$(uv)^{(n)}=u^{(n)}v+nu^{(n-1)}v'+\frac{n(n-1)}{2!}u^{(n-2)}v''+\cdots+\frac{n(n-1)\cdots(n-k+1)}{k!}u^{(n-k)}v^{(k)}+\cdots+uv^{(n)},$$

上式称为**牛顿-莱布尼茨(Leibniz)公式**. 这个公式可以这样记忆：按二项式定理展开写成

$$(u+v)^n=u^nv^0+nu^{n-1}v^1+\frac{n(n-1)}{2!}u^{n-2}v^2+\cdots+u^0v^n,$$

即

$$(u+v)^n=\sum_{k=0}^{n}C_n^k u^{n-k}v^k,$$

然后把 k 次幂换成 k 阶导数(零阶导数理解为函数本身)，再把左端的 $u+v$ 换成 uv，这样就得到牛顿-莱布尼茨公式

$$(uv)^{(n)}=\sum_{k=0}^{n}C_n^k u^{(n-k)}v^{(k)}.$$

例 3.3.5 已知函数 $y=x^2\sin x$，求 $y^{(10)}$ 阶导数.

解 令 $u=\sin x$，$v=x^2$，则

$$u^{(k)}=\sin\left(x+k\cdot\frac{\pi}{2}\right),\ k=1,\ 2,\ \cdots,\ 10,$$

$$v'=2x,\quad v''=2,\quad v^{(k)}=0\ (k=3,\ 4,\ \cdots,\ 10).$$

$$
\begin{aligned}
y^{(10)} &= (x^2\sin x)^{(10)} \\
&= (\sin x)^{(10)}\cdot x^2 + 10(\sin x)^{(9)}\cdot 2x + \frac{10\cdot 9}{2!}(\sin x)^{(8)}\cdot 2 \\
&= \sin\left(x+10\cdot\frac{\pi}{2}\right)\cdot x^2 + 10\sin\left(x+9\cdot\frac{\pi}{2}\right)\cdot 2x + \frac{10\cdot 9}{2!}\sin\left(x+8\cdot\frac{\pi}{2}\right)\cdot 2 \\
&= -\sin x\cdot x^2 + 10\cos x\cdot 2x + \frac{10\cdot 9}{2!}\sin x\cdot 2 \\
&= -x^2\sin x + 20x\cos x + 90\sin x.
\end{aligned}
$$

知识要点

(1) 高阶导数：计算高阶导数只需对函数逐次求导即可.

(2) 乘积型函数的高阶导数可利用公式 $(uv)^{(n)}=u^{(n)}v+nu^{(n-1)}v'+\frac{n(n-1)}{2!}u^{(n-2)}v''+\cdots+\frac{n(n-1)\cdots(n-k+1)}{k!}u^{(n-k)}v^{(k)}+\cdots+uv^{(n)}$ 计算.

(3) 本节主要介绍了高阶导数及其表示形式.

■ 习题 3-3

1. 求下列函数的二阶导数：

(1) $y=e^{2x-1}$；　　(2) $y=e^t\sin t$；

(3) $y=xe^{x^2}$；　　(4) $y=\frac{1}{1+x^2}$；

(5) $y=\ln(1-x^2)$；　　(6) $y=(1+x^2)\arctan x$.

2. 设 $f''(x)$ 存在，求下列函数的二阶导数 $\frac{d^2y}{dx^2}$：

(1) $y=f(x^2)$；　　(2) $y=\ln[f(x)]$.

3. 设 $f(x)=(x+10)^6$，求 $f'''(2)$.

4. 验证函数 $y=C_1e^{\lambda x}+C_2e^{\lambda x}$（$\lambda$、$C_1$、$C_2$ 是常数）满足关系式：

$$y''-\lambda^2y=0.$$

5. 验证函数 $y=e^x\sin x$ 满足关系式：

$$y''-2y'+2y=0.$$

6. 求下列函数所指定的阶的导数：

(1) $y=e^x\cos x$，求 $y^{(4)}$；　　(2) $y=x^2e^{2x}$，求 $y^{(20)}$.

第四节　隐函数的导数及由参数方程所确定的函数的导数

一、隐函数的导数

如果两个变量 x 和 y 的函数式由 $y=f(x)$ 确定，例如

$$y=x^2e^x$$

即是用 $y=f(x)$ 形式表示的函数，则该函数称为**显函数**. 如果变量 x 和 y 的函数式由 $F(x, y)=0$ 所确定，例如

$$x-y^3-1=0$$

这种用方程 $F(x, y)=0$ 表示的函数，则该函数称为**隐函数**.

把一个隐函数化成显函数，叫作**隐函数的显化**. 例如，从方程 $x-y^3-1=0$ 中我们可以解出 $y=\sqrt[3]{x-1}$，就把隐函数化成了显函数. 但是隐函数的显化有时是困难的，甚至是不可能的. 例如，

$$x-y^3=e^y.$$

在实际问题中，有时需计算隐函数的导数，我们希望有一种方法，无论隐函数能否显化，都可以直接求出隐函数确定的函数的导数.

隐函数求导法则：用复合函数求导法则，对方程 $F(x, y)=0$ 两边关于 x 求导. 注意 y 是 x 的函数. 下面通过例子来具体说明.

例 3.4.1 求由方程 $x^3-2y^2+xy=0$ 所确定的函数的导数 y'.

解 方程两边同时对 x 求导，注意 y 是 x 的函数，有

$$3x^2-4yy'+y+xy'=0,$$

于是

$$y'=\frac{3x^2+y}{4y-x}.$$

例 3.4.2 求由方程 $e^y+e^x-\sin x=0$ 所确定的函数在 $x=0$ 处的导数值 $y'|_{x=0}$.

解 方程两边同时对 x 求导，有

$$e^y y'+e^x-\cos x=0,$$

于是

$$y'=\frac{\cos x-e^x}{e^y},$$

把 $x=0$ 代入原方程解得 $y=0$，再代入上式，有

$$y'|_{x=0}=\left.\frac{\cos x-e^x}{e^y}\right|_{\substack{x=0\\y=0}}=0.$$

例 3.4.3 求由方程 $y=1+xe^y$ 所确定的函数的二阶导数 $\frac{d^2y}{dx^2}$.

解 方程两边同时对 x 求导，有

$$\frac{dy}{dx}=e^y+xe^y\frac{dy}{dx},$$

于是

$$\frac{dy}{dx}=\frac{e^y}{1-xe^y},$$

上式两边再对 x 求导，有

$$\frac{d^2y}{dx^2}=\frac{e^y\frac{dy}{dx}(1-xe^y)-e^y\left(-e^y-xe^y\frac{dy}{dx}\right)}{(1-xe^y)^2}$$

$$=\frac{e^y\frac{dy}{dx}+e^{2y}}{(1-xe^y)^2}=\frac{e^y\frac{e^y}{1-xe^y}+e^{2y}}{(1-xe^y)^2}$$

$$=\frac{2e^{2y}-xe^{3y}}{(1-xe^y)^3}=\frac{e^{2y}(3-y)}{(2-y)^3}.$$

注：在隐函数求导时，凡是 y 的表达式都可以看成是以 x 为自变量、以 y 为中间变量的复合函数. 在求隐函数的高阶导数时，可先化简，再代入低阶导数公式.

对形如 $u(x)^{v(x)}$ 的幂指函数和连乘函数求导时，经常运用**对数求导法**.

对数求导法：首先对方程两边取对数，再运用隐函数求导法则进行求导.

例 3.4.4 求 $y=x^{\sin x}(x>0)$所确定的导数.

解 方程两边取对数，有

$$\ln y=\sin x\ \ln x,$$

上式两边对 x 求导，注意 y 是 x 的函数，有

$$\frac{1}{y}y'=\cos x\ \ln x+\sin x\cdot\frac{1}{x},$$

于是

$$y'=y\left(\cos x\ \ln x+\sin x\cdot\frac{1}{x}\right)$$

$$=x^{\sin x}\left(\cos x\ \ln x+\frac{1}{x}\sin x\right).$$

对于一般形式的幂指函数

$$y=u^v\quad(u>0),$$

如果 $u=u(x)$和 $v=v(x)$都可导，则可像例 3.4.4 那样利用对数求导法求出幂指函数的导数，也可把幂指函数表示为

$$y=e^{v\ln u},$$

直接求导，得

$$y'=e^{v\ln u}\left(v'\ \ln u+v\frac{u'}{u}\right)=u^v\left(v'\ \ln u+v\frac{u'}{u}\right).$$

例 3.4.5 求函数 $y=\frac{\sqrt[3]{x-1}(x+1)}{(x+4)^2e^x}$的导数.

解 方程两边取对数，有

$$\ln y=\frac{1}{3}\ln(x-1)+\ln(x+1)-2\ln(x+4)-x,$$

上式两边对 x 求导，注意 y 是 x 的函数，有

$$\frac{1}{y}y'=\frac{1}{3}\cdot\frac{1}{x-1}+\frac{1}{x+1}-2\cdot\frac{1}{x+4}-1,$$

于是

$$y'=y\left(\frac{1}{3}\cdot\frac{1}{x-1}+\frac{1}{x+1}-2\cdot\frac{1}{x+4}-1\right),$$

即

$$y'=\frac{\sqrt[3]{x-1}(x+1)}{(x+4)^2\mathrm{e}^x}\left(\frac{1}{3(x-1)}+\frac{1}{x+1}-\frac{2}{x+4}-1\right).$$

二、由参数方程所确定的函数的导数

给定参数方程

$$\begin{cases}x=\varphi(t)\\ y=\psi(t)\end{cases}\quad(\alpha<t<\beta),\tag{3.4.1}$$

如果函数 $x=\varphi(t)$ 具有单调连续反函数 $t=\varphi^{-1}(x)$，且此反函数能与函数 $y=\psi(t)$ 构成复合函数，那么由参数方程(3.4.1)所确定的函数可以看成是由函数 $y=\psi(t)$、$t=\varphi^{-1}(x)$ 复合而成的函数 $y=\psi[\varphi^{-1}(x)]$.

实际中，我们需要计算由参数方程(3.4.1)所确定的函数的导数，但是从参数方程中消去 t 很困难，我们希望有一种方法能直接由参数方程求出它所确定的函数的导数，利用复合函数和反函数的求导法则，有

$$\frac{\mathrm{d}y}{\mathrm{d}x}=\frac{\mathrm{d}y}{\mathrm{d}t}\cdot\frac{\mathrm{d}t}{\mathrm{d}x}=\frac{\mathrm{d}y}{\mathrm{d}t}\cdot\frac{1}{\frac{\mathrm{d}x}{\mathrm{d}t}}=\frac{\psi'(t)}{\varphi'(t)},$$

即

$$\frac{\mathrm{d}y}{\mathrm{d}x}=\frac{\psi'(t)}{\varphi'(t)},\tag{3.4.2}$$

这就是由参数方程(3.4.1)所确定的函数的求导公式. 上式也可写成

$$\frac{\mathrm{d}y}{\mathrm{d}x}=\frac{\frac{\mathrm{d}y}{\mathrm{d}t}}{\frac{\mathrm{d}x}{\mathrm{d}t}}.\tag{3.4.3}$$

如果 $x=\varphi(t)$ 和 $y=\psi(t)$ 具有二阶导数，且 $\psi''(t)\neq0$，则可求出$\frac{\mathrm{d}^2y}{\mathrm{d}x^2}$：

$$\begin{aligned}\frac{\mathrm{d}^2y}{\mathrm{d}x^2}&=\frac{\mathrm{d}}{\mathrm{d}x}\left(\frac{\mathrm{d}y}{\mathrm{d}x}\right)=\frac{\mathrm{d}}{\mathrm{d}t}\left(\frac{\psi'(t)}{\varphi'(t)}\right)\cdot\frac{\mathrm{d}t}{\mathrm{d}x}\\&=\frac{\psi''(t)\varphi'(t)-\psi'(t)\varphi''(t)}{[\varphi'(t)]^2}\cdot\frac{1}{\varphi'(t)},\end{aligned}$$

即

$$\frac{\mathrm{d}^2y}{\mathrm{d}x^2}=\frac{\psi''(t)\varphi'(t)-\psi'(t)\varphi''(t)}{[\varphi'(t)]^3}.\tag{3.4.4}$$

注：求参数方程所确定的高阶导数时，不必代入公式计算，逐次求导，注意化简即可.

例 3.4.6 已知椭圆的参数方程$\begin{cases}x=a\ \cos t\\ y=b\ \sin t\end{cases}$，求椭圆在 $t=\frac{\pi}{4}$的相应点 $M(x_0, y_0)$处的切线方程.

解 当 $t=\frac{\pi}{4}$时，相应点 $M(x_0, y_0)$的坐标为

$$x_0=a\cos\frac{\pi}{4}=\frac{\sqrt{2}}{2}a$$

$$y_0=b\sin\frac{\pi}{4}=\frac{\sqrt{2}}{2}b,$$

椭圆在 M 处的切线的斜率为

$$\left.\frac{\mathrm{d}y}{\mathrm{d}x}\right|_{t=\frac{\pi}{4}}=\left.\frac{\psi'(t)}{\varphi'(t)}\right|_{t=\frac{\pi}{4}}=\left.\frac{(b\sin t)'}{(a\cos t)'}\right|_{t=\frac{\pi}{4}}=\left.\frac{b\cos t}{-a\sin t}\right|_{t=\frac{\pi}{4}}=-\frac{b}{a},$$

所以椭圆在 M 处的切线方程为

$$y-\frac{\sqrt{2}}{2}b=-\frac{b}{a}\left(x-\frac{\sqrt{2}}{2}a\right),$$

即

$$y=-\frac{b}{a}\left(x-\frac{\sqrt{2}}{2}a\right)+\frac{\sqrt{2}}{2}b,$$

化简得

$$bx+ay-\sqrt{2}ab=0.$$

例 3.4.7 计算由参数方程 $\begin{cases}x=\mathrm{e}^t\cos t\\ y=\mathrm{e}^t\sin t\end{cases}$ 所确定的函数的二阶导数 $\frac{\mathrm{d}^2y}{\mathrm{d}x^2}$.

解 $\frac{\mathrm{d}y}{\mathrm{d}x}=\frac{\psi'(t)}{\varphi'(t)}=\frac{(\mathrm{e}^t\sin t)'}{(\mathrm{e}^t\cos t)'}=\frac{\mathrm{e}^t\sin t+\mathrm{e}^t\cos t}{\mathrm{e}^t\cos t-\mathrm{e}^t\sin t}=\frac{\sin t+\cos t}{\cos t-\sin t},$

$$\begin{aligned}\frac{\mathrm{d}^2y}{\mathrm{d}x^2}&=\frac{\mathrm{d}}{\mathrm{d}t}\left(\frac{\psi'(t)}{\varphi'(t)}\right)\cdot\frac{\mathrm{d}t}{\mathrm{d}x}=\left(\frac{\sin t+\cos t}{\cos t-\sin t}\right)'\cdot\frac{1}{(\mathrm{e}^t\cos t)'}\\&=\frac{(\sin t+\cos t)'(\cos t-\sin t)-(\sin t+\cos t)(\cos t-\sin t)'}{(\cos t-\sin t)^2}\cdot\frac{1}{\mathrm{e}^t\cos t-\mathrm{e}^t\sin t}\\&=\frac{(\cos t-\sin t)(\cos t-\sin t)-(\sin t+\cos t)(-\sin t-\cos t)}{(\cos t-\sin t)^2}\cdot\frac{1}{\mathrm{e}^t(\cos t-\sin t)}\\&=\frac{2}{(\cos t-\sin t)^2}\cdot\frac{1}{\mathrm{e}^t(\cos t-\sin t)}\\&=\frac{2}{\mathrm{e}^t(\cos t-\sin t)^3}.\end{aligned}$$

知识要点

(1) 隐函数求导法则：用复合函数求导法则，对方程 $F(x, y)=0$ 两边关于 x 求导，注意 y 是 x 的函数.

(2) 对形如 $u(x)^{v(x)}$ 的幂指函数和连乘函数求导时，经常运用对数求导法.

对数求导法：首先对方程两边取对数，再运用隐函数求导法则进行求导.

(3) 给定参数方程 $\begin{cases}x=\varphi(t)\\ y=\psi(t)\end{cases}$ $(\alpha<t<\beta)$，其一阶导数计算公式为 $\frac{\mathrm{d}y}{\mathrm{d}x}=\frac{\psi'(t)}{\varphi'(t)}$，二阶以上的导数不必代入公式计算，逐次求导，注意化简即可.

(4) 本节重点是隐函数的导数和由参数方程所确定的函数的导数，难点是参数方程所确定的函数的高阶导数的计算. 要求掌握隐函数的导数计算方法，对方程 $F(x, y)=0$ 两边关于 x 求导时，需要特别注意 y 是 x 的函数；理解对数求导法；掌握求参数方程所确定的隐函数的一阶导数计算公式.

■ 习题 3－4

1. 求下列方程所确定的隐函数的导数 $\frac{dy}{dx}$：

(1) $e^y+xy-e=0$； (2) $x^3+y^3-3axy=0$；

(3) $\ln(x^2+y^2)=e^x$； (4) $\arctan\frac{y}{x}+x=y$.

2. 求下列方程所确定的隐函数的二阶导数 $\frac{d^2y}{dx^2}$：

(1) $x^2+y^2=1$； (2) $x-y+\frac{1}{2}\sin y=0$.

3. 用对数求导法求下列函数的导数：

(1) $y=x^x$； (2) $y=\left(\frac{x}{1+x}\right)^x$；

(3) $y=\frac{\sqrt{x+2}(3-x)^4}{(x+1)^5}$.

4. 求下列参数方程所确定的函数的导数 $\frac{dy}{dx}$：

(1) $\begin{cases}x=at^2\\ y=bt^3\end{cases}$； (2) $\begin{cases}x=\theta(1-\sin\theta)\\ y=\theta\cos\theta\end{cases}$.

5. 写出曲线 $\begin{cases}x=\sin t\\ y=\cos 2t\end{cases}$ 在 $t=\frac{\pi}{4}$ 处的切线方程和法线方程.

6. 求下列参数方程所确定的函数的二阶导数 $\frac{d^2y}{dx^2}$：

(1) $\begin{cases}x=\frac{t^2}{2}\\ y=1-t\end{cases}$； (2) $\begin{cases}x=3e^{-t}\\ y=2e^t\end{cases}$.

第五节 函数的微分

一、微分的定义

先考察一个具体问题. 一块正方形金属薄片受温度变化的影响，其边长由 x_0 变化到 $x_0+\Delta x$，如图 3.5.1 所示，问薄片的面积改变了多少？

设正方形的边长为 x，面积 $S=x^2$ 是 x 的函数，取 $x=x_0$，当边长由 x_0 变化到 $x_0+\Delta x$ 时，相应的正方形面积的增量

$$\Delta S=(x_0+\Delta x)^2-x_0^2=2x_0\Delta x+(\Delta x)^2.$$

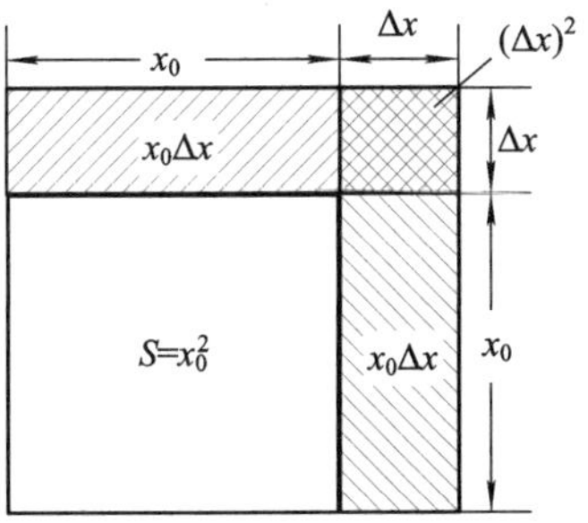

图 3.5.1　正方形面积变化示意图

可以看出上式由两部分组成，第一部分 $2x_0\Delta x$ 是 Δx 的线性函数(即图 3.5.1 中带有斜线的两个矩形面积之和)，第二部分$(\Delta x)^2$是比 Δx 高阶的无穷小量(即图 3.5.1 中右上角小正方形的面积)，即$(\Delta x)^2=o(\Delta x)$，可见当给边长 x_0 一个微小的增量 Δx 时，正方形面积的改变量 ΔS 可近似地用第一部分来代替.

一般地，如果函数 $y=f(x)$满足一定条件，那么函数的增量 Δy 可表示为

$$\Delta y=A\Delta x+o(\Delta x),$$

其中 A 是不依赖于 Δx 的常数，$A\Delta x$ 是 Δx 的线性函数，且 $\Delta y-A\Delta x=o(\Delta x)$是比 Δx 高阶的无穷小量. 下面给出微分的定义.

定义 3.5.1　设函数在某区间内有定义，x_0及 $x_0+\Delta x$ 在这个区间内，如果函数的增量

$$\Delta y=f(x_0+\Delta x)-f(x_0)$$

可表示为

$$\Delta y=A\Delta x+o(\Delta x),$$

其中 A 是不依赖于 Δx 的常数，那么称函数 $y=f(x)$在点 x_0处是**可微的**，$A\Delta x$ 叫作函数 $y=f(x)$在点 x_0相应于自变量增量的**微分**，记作$\mathrm{d}y\big|_{x=x_0}$，即

$$\mathrm{d}y\big|_{x=x_0}=A\Delta x \quad 或 \quad \mathrm{d}f(x)\big|_{x=x_0}=A\Delta x.$$

函数 $f(x)$在点 x_0处可导与可微有如下关系：

定理 3.5.1　函数 $f(x)$在点 x_0处可微的充要条件是函数 $f(x)$在点 x_0处可导，且当 $f(x)$在点 x_0处可微时，其微分一定是

$$\mathrm{d}f(x)\big|_{x=x_0}=f'(x_0)\Delta x. \tag{3.5.1}$$

证　先证必要性. 因为 $f(x)$在点 x_0处可微，所以

$$\Delta y=A\Delta x+o(\Delta x),$$

即

$$\frac{\Delta y}{\Delta x}=A+\frac{o(\Delta x)}{\Delta x},$$

从而

$$\lim_{\Delta x\to 0}\frac{\Delta y}{\Delta x}=A+\lim_{\Delta x\to 0}\frac{o(\Delta x)}{\Delta x}=A,$$

即函数 $f(x)$在点 x_0处可导，且 $f'(x_0)=A$.

再证充分性. 因为 $f(x)$在点 x_0处可导，所以

$$\lim_{\Delta x\to 0}\frac{\Delta y}{\Delta x}=f'(x_0),$$

即

$$\frac{\Delta y}{\Delta x}=f'(x_0)+\alpha,$$

其中$\lim\limits_{\Delta x\to 0}\alpha=0$，从而

$$\Delta y=f'(x_0)\Delta x+\alpha\cdot\Delta x,$$

故函数 $f(x)$在点 x_0处可微，且 $f'(x_0)=A$，即

$$\mathrm{d}f(x)\big|_{x=x_0}=f'(x_0)\Delta x.$$

注：函数 $y=f(x)$在任一点 x 的微分，称为**函数的微分**，记作 $\mathrm{d}y$ 或 $\mathrm{d}f(x)$，即

$$\mathrm{d}y=f'(x)\Delta x.$$

例 3.5.1 求函数 $y=\mathrm{e}^x$在 $x=1$ 处的微分.

解 $\mathrm{d}y\big|_{x=1}=(\mathrm{e}^x)'\Delta x\big|_{x=1}=\mathrm{e}^x\Delta x\big|_{x=1}=\mathrm{e}\,\Delta x.$

例 3.5.2 求函数 $y=x^3$当 $x=2$，$\Delta x=0.02$ 时的微分.

解 $\mathrm{d}y=f'(x)\Delta x=(x^3)'\Delta x=3x^2\Delta x$，$\mathrm{d}y\big|_{\substack{x=2\\ \Delta x=0.02}}=3x^2\Delta x\big|_{\substack{x=2\\ \Delta x=0.02}}=0.24.$

通常把自变量 x 的增量 Δx 称为**自变量的微分**，记作 $\mathrm{d}x$，即 $\mathrm{d}x=\Delta x$. 于是函数 $y=f(x)$的微分又可记作

$$\mathrm{d}y=f'(x)\mathrm{d}x, \tag{3.5.2}$$

从而

$$\frac{\mathrm{d}y}{\mathrm{d}x}=f'(x).$$

这就是说，函数的微分 $\mathrm{d}y$ 与自变量的微分 $\mathrm{d}x$ 之商等于该函数的导数. 因此，导数也叫作**微商**.

二、微分的几何意义

如图 3.5.2 所示，函数 $y=f(x)$的图形是一条曲线，对于曲线上一个确定的点 $M(x_0，y_0)$，当 x_0有微小的增量 Δx 时，得到曲线上的另一个点 $N(x_0+\Delta x，y_0+\Delta y)$，从图 3.5.2 可知，

$$\Delta x=MQ,\quad \Delta y=NQ.$$

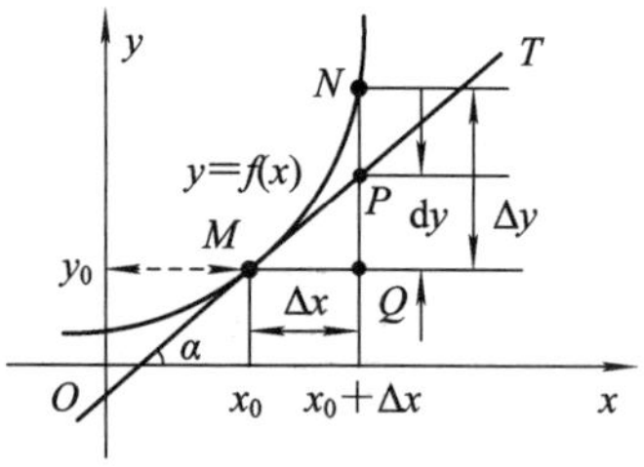

图 3.5.2 微分的几何意义

过点 M 作曲线的切线 MT，其倾斜角记为 α，则

$$QP=MQ\tan\alpha=\Delta x f'(x_0),$$

即

$$\mathrm{d}y=QP.$$

对于可微的函数 $y=f(x)$ 而言，当 Δy 是曲线上点的纵坐标增量时，dy 就是曲线的切线上点的纵坐标的增量．于是 Δy 与 dy 的差距 PN 随着 Δx 趋于零而趋向于零，因此，在 Δx 充分小的区域内，可用点 M 处的切线段来近似代替曲线段，这在数学上称为**非线性函数的局部线性化**．

三、微分的基本公式与运算法则

从微分的表达式

$$dy=f'(x)dx$$

可以看出，要计算函数的微分，只要计算出函数的导数，再乘自变量的微分即可．基本初等函数的微分公式与微分运算法则可由导数和微分的关系得出．

1. 基本初等函数的微分公式

基本初等函数的微分公式如下：

(1) $d(C)=0$（C 为常数）；

(2) $d(x^\mu)=\mu x^{\mu-1}\,dx$；

(3) $d(\sin x)=\cos x\,dx$；

(4) $d(\cos x)=-\sin x\,dx$；

(5) $d(a^x)=a^x\ln a\,dx$（$a>0$，$a\neq 1$）；

(6) $d(e^x)=e^x\,dx$；

(7) $d(\log_a x)=\dfrac{1}{x\ln a}dx$（$a>0$，$a\neq 1$）；

(8) $d(\ln x)=\dfrac{1}{x}\,dx$；

(9) $d(\tan x)=\sec^2 x\,dx$；

(10) $d(\cot x)=-\csc^2 x\,dx$；

(11) $d(\sec x)=\sec x\tan x\,dx$；

(12) $d(\csc x)=-\csc x\cot x\,dx$；

(13) $d(\arcsin x)=\dfrac{1}{\sqrt{1-x^2}}\,dx$；

(14) $d(\arccos x)=-\dfrac{1}{\sqrt{1-x^2}}\,dx$；

(15) $d(\arctan x)=\dfrac{1}{1+x^2}\,dx$；

(16) $d(\operatorname{arccot} x)=-\dfrac{1}{1+x^2}\,dx$．

2. 微分的四则运算法则

设 $u=u(x)$ 和 $v=v(x)$ 都可微，则

(1) $d(u\pm v)=du\pm dv$；

(2) $d(uv)=v\,du+u\,dv$；

(3) $d\left(\dfrac{u}{v}\right)=\dfrac{v\,du-u\,dv}{v^2}$（$v\neq 0$）．

3. 复合函数的微分法则

函数 $y=f(u)$ 及 $u=g(x)$ 都可导，则复合函数 $y=f[g(x)]$ 的微分为

$$dy=y'_x\,dx=f'(u)g'(x)dx.$$

因为 $g'(x)\,dx=du$，所以复合函数 $y=f[g(x)]$ 的微分公式可以写成

$$dy=y'_u\,du \quad 或 \quad dy=f'(u)du,$$

这里 $dy=f'(u)du$ 与 $dy=f'(x)dx$ 在形式上完全一致，因此无论 u 是中间变量还是自变量，微分形式 $dy=f'(u)du$ 都保持不变．这一性质称为**一阶微分形式不变性**．

例 3.5.3 设 $y=e^{\cos x}$，求 dy．

解 $dy=d(e^{\cos x})=e^{\cos x}\,d(\cos x)=-\sin x e^{\cos x}\,dx$．

例 3.5.4 设 $y=\sqrt{1-x^2}\arcsin x$，求 dy．

解 $\mathrm{d}y=\mathrm{d}(\sqrt{1-x^2}\arcsin x)=\sqrt{1-x^2}\,\mathrm{d}(\arcsin x)+\arcsin x\,\mathrm{d}(\sqrt{1-x^2})$

$$=\sqrt{1-x^2}\frac{1}{\sqrt{1-x^2}}\,\mathrm{d}x+\arcsin x\cdot-\frac{1}{2}\frac{2x}{\sqrt{1-x^2}}\,\mathrm{d}x$$

$$=\left(1-\frac{x\arcsin x}{\sqrt{1-x^2}}\right)\mathrm{d}x.$$

例 3.5.5 将适当的函数填入下列括号内，使等式成立.

(1) $\mathrm{d}(\quad)=\cos 3x\,\mathrm{d}x$； (2) $\mathrm{d}(\quad)=\mathrm{e}^{-2x}\,\mathrm{d}x$.

解 (1) 因为 $\mathrm{d}(\sin 3x)=3\cos 3x\,\mathrm{d}x$，所以

$$\cos 3x\,\mathrm{d}x=\frac{1}{3}\mathrm{d}(\sin 3x)=\mathrm{d}\left(\frac{1}{3}\sin 3x\right),$$

故

$$\mathrm{d}\left(\frac{1}{3}\sin 3x+C\right)=\cos 3x\,\mathrm{d}x.$$

(2) 因为 $\mathrm{d}(\mathrm{e}^{-2x})=-2\mathrm{e}^{-2x}\,\mathrm{d}x$，所以

$$\mathrm{e}^{-2x}\,\mathrm{d}x=-\frac{1}{2}\mathrm{d}(\mathrm{e}^{-2x})=\mathrm{d}\left(-\frac{1}{2}\mathrm{e}^{-2x}\right),$$

故

$$\mathrm{d}\left(-\frac{1}{2}\mathrm{e}^{-2x}+C\right)=\mathrm{e}^{-2x}\,\mathrm{d}x.$$

四、微分在近似计算中的应用

在工程问题中，经常会遇到一些复杂的计算公式，我们利用微分可以把一些复杂的计算公式用简单的近似公式来代替.

如果函数 $y=f(x)$ 在点 x_0 处的导数 $f'(x_0)\neq 0$，且当 $|\Delta x|$ 很小时，有

$$\Delta y\approx \mathrm{d}y=f'(x_0)\Delta x,$$

上式也可写为

$$\Delta y=f(x_0+\Delta x)-f(x_0)\approx f'(x_0)\Delta x,$$

或

$$f(x_0+\Delta x)\approx f(x_0)+f'(x_0)\Delta x.$$

上式中令 $x=x_0+\Delta x$，有

$$f(x)\approx f(x_0)+f'(x_0)(x-x_0).$$

例 3.5.6 计算 $\sqrt[3]{998}$ 的值.

解 把这个问题看成求函数 $f(x)=\sqrt[3]{x}$ 在 $x=998$ 处的函数值的近似. 令 $x=998$，$x_0=1000$，则 $\Delta x=x-x_0=-2$，且 $f'(x)=\frac{1}{3}x^{-\frac{2}{3}}$，于是有

$$f(x)\approx f(x_0)+f'(x_0)(x-x_0)=f(1000)+f'(1000)(-2)$$

$$=\sqrt[3]{1000}+\frac{1}{3}\cdot 1000^{-\frac{2}{3}}\cdot(-2)=10+\frac{1}{300}\cdot(-2)\approx 9.993\ 33.$$

例 3.5.7 一个外直径为 10 cm 的球，球壳厚度为 $\frac{1}{16}$ cm，试求球壳体积的近似值.

解 半径为 r 的球体的体积为 $V=f(r)=\frac{4}{3}\pi r^3$，球壳的体积 ΔV 用 dV 作为其近似值：

$$dV=f'(r)dr=4\pi r^2 dr=4\pi\cdot\left(\frac{10}{2}\right)^2\cdot\left(-\frac{1}{16}\right)\approx-19.63,$$

故球体的体积 $|\Delta V|$ 的近似值 $|dV|$ 为 19.63 cm^3.

知识要点

(1) 微分的定义：设函数在某区间内有定义，x_0 及 $x_0+\Delta x$ 在这个区间内，如果函数的增量 $\Delta y=f(x_0+\Delta x)-f(x_0)$ 可表示为 $\Delta y=A\Delta x+o(\Delta x)$，其中 A 是不依赖于 Δx 的常数，那么称函数 $y=f(x)$ 在点 x_0 处是**可微的**，$A\Delta x$ 叫作函数 $y=f(x)$ 在点 x_0 相应于自变量增量的**微分**，记作 $dy|_{x=x_0}$，即 $dy|_{x=x_0}=A\Delta x$ 或 $df(x)|_{x=x_0}=A\Delta x$.

(2) 函数 $f(x)$ 在点 x_0 处可导与可微有如下关系：函数 $f(x)$ 在点 x_0 处可微的充要条件是函数 $f(x)$ 在点 x_0 处可导，且当 $f(x)$ 在点 x_0 处可微时，其微分一定是 $df(x)|_{x=x_0}=f'(x_0)\Delta x$.

(3) 微分的几何意义：对于可微的函数 $y=f(x)$ 而言，当 Δy 是曲线上点的纵坐标增量时，dy 就是曲线的切线上点的纵坐标的增量.

(4) 复合函数的微分法则：函数 $y=f(u)$ 及 $u=g(x)$ 都可导，则复合函数 $y=f[g(x)]$ 的微分为 $dy=y'_x dx=f'(u)g'(x)dx$.

(5) 本节重点是函数的微分及其几何意义. 要求理解微分的定义；会利用公式 $dy=f'(x)dx$ 计算函数 $y=f(x)$ 在 x 处的微分.

■ 习题 3－5

1. 求下列函数的微分：

(1) $y=(1+x-x^2)^3$；

(2) $y=e^{-x}\cos(3-x)$；

(3) $y=x\sin 2x$；

(4) $y=\frac{x}{\sqrt{x^2+1}}$；

(5) $y=x^2e^{2x}$；

(6) $y=\arcsin\sqrt{1-x^2}$；

(7) $y=\arctan\frac{1-x^2}{1+x^2}$；

(8) $s=A\sin(\omega t+\varphi)$；

(9) $y=e^{\sin x^2}$.

2. 将适当的函数填入下列括号内，使等式成立：

(1) d( )$=2\,dx$；

(2) d( )$=3x\,dx$；

(3) d( )$=\sin\omega t\,dt$；

(4) d( )$=e^{-x}\,dx$；

(5) d( )$=\frac{1}{\sqrt{x}}dx$；

(6) d( )$=\frac{1}{1+x}dx$；

(7) d( )$=\frac{1}{1+x^2}dx$.

3. 利用微分求近似值：

(1) $\sqrt[3]{1.02}$；

(2) $\tan 46°$.

4. 一正方体的棱长为 10 m 的球，如果棱长增加 0.1 m，试求此正方体体积增加的精确值和近似值.

第六节　经济学中常见的边际函数

一、边际概念

在经济问题中，常常会使用变化率的概念，而变化率又分为平均变化率和瞬时变化率. 平均变化率就是函数增量与自变量增量之比，函数 $y=f(x)$在以 x_0 和 $x_0+\Delta x$ 为端点的区间上的平均变化率为$\dfrac{\Delta y}{\Delta x}$；而瞬时变化率就是函数对自变量的导数，即如果函数 $y=f(x)$在 x_0 处可导，其在 $x=x_0$ 处的瞬时变化率为

$$\lim_{\Delta x\to 0}\frac{f(x_0+\Delta x)-f(x_0)}{\Delta x}=f'(x_0),$$

经济学中称它为 $f(x)$在 $x=x_0$ 处的边际函数值.

设在点 $x=x_0$ 处，x 从 x_0 改变一个单位时 y 的增量 Δy 的准确值为 $\Delta y\big|_{\substack{x=x_0\\ \Delta x=1}}$，由于实际的经济问题中，$x$ 一般是一个比较大的量，因而 $\Delta x=1$ 就可以看作是一个相对较小的量，由微分学可知，Δy 的近似值为

$$\Delta y\big|_{\substack{x=x_0\\ \Delta x=1}}\approx \mathrm{d}y=f'(x)\Delta x\big|_{\substack{x=x_0\\ \Delta x=1}}=f'(x_0).$$

这说明 $f(x)$在点 x_0 处，当 x 产生一个单位的改变时，y 近似改变 $f'(x_0)$个单位. 在应用问题中解释边际函数值的具体意义时我们略去“近似”二字. 于是，有如下定义：

定义 3.6.1　设经济函数 $y=f(x)$在 x 处可导，则称导数 $f'(x)$为 $f(x)$的**边际函数**. $f'(x)$在 x_0 处的值 $f'(x_0)$为边际函数值.

边际函数值 $f'(x_0)$表示当 $x=x_0$ 时，x 改变一个单位，y 改变 $f'(x_0)$个单位.

例 3.6.1　设函数 $y=2x^2$，试求 y 在 $x=5$ 时的边际函数.

解　因为 $y'=4x$，所以 $y'|_{x=5}=20$. 该值表明：当 $x=5$ 时，x 改变一个单位(增加或减少一个单位)，y 改变 20 个单位(增加或减少 20 个单位).

二、经济学中常见的边际函数

1. 边际成本

总成本函数 $C(Q)$的导数 $C'(Q)$称为**边际成本**，记为 $MC=C'(Q)$，它(近似地)表示：假定已经生产了 Q 件产品，再生产一件产品所增加的成本.

由于生产 Q 件产品的边际成本近似等于多生产一件产品(第 $Q+1$ 件产品)的成本，所以，如果将边际成本与平均成本$\dfrac{C(Q)}{Q}$相比较，若边际成本小于平均成本，则应考虑增加产量以降低单件产品的成本；若边际成本大于平均成本，则应考虑减少产量以降低单件产品的成本.

例 3.6.2　设生产某产品 Q 单位的总成本为 $C(Q)=1100+\dfrac{Q^2}{1200}$，求：

(1) 生产 900 个单位时的总成本和平均成本；

(2) 生产 900 个单位到 1000 个单位时的总成本的平均变化率；

(3) 生产 900 个单位的边际成本，并解释其经济意义.

解 (1) 生产 900 个单位时的总成本为

$$C(Q)\big|_{Q=900}=1100+\frac{900^2}{1200}=1775,$$

平均成本为

$$\bar{C}(Q)\big|_{Q=900}=\frac{1775}{900}\approx 1.97.$$

(2) 生产 900 个单位到 1000 个单位时总成本的平均变化率为

$$\frac{\Delta C(Q)}{\Delta Q}=\frac{C(1000)-C(900)}{1000-900}=\frac{1933-1775}{100}=1.58.$$

(3) 边际成本函数 $C'(Q)=\frac{2Q}{1200}=\frac{Q}{600}$，当 $Q=900$ 时的边际成本为

$$C'(Q)\big|_{Q=900}=1.5.$$

它表示当产量为 900 个单位时，再增产(或减产)一个单位，需增加(或减少)成本 1.5 个单位.

本题中边际成本小于平均成本，故可以增加产量以降低单件产品的成本.

2. 边际收益

总收益函数 $R(Q)$的导数 $R'(Q)$称为**边际收益**，记为 $MR=R'(Q)$. 它(近似地)表示：假定已经销售了 Q 单位产品，再销售一个单位产品所增加的总收益.

设 P 为价格，且 P 也是销售量 Q 的函数，即 $P=P(Q)$，因此 $R(Q)=PQ=Q\cdot P(Q)$，则边际收益为 $R'(Q)=P(Q)+Q\cdot P'(Q)$.

例 3.6.3 设某产品的需求函数为 $P=20-\frac{Q}{5}$，其中 P 为价格，Q 为销售量，求销售量为 15 个单位时的总收益、平均收益与边际收益，并求销售量从 15 个单位增加到 20 个单位时收益的平均变化率.

解 总收益

$$R=QP(Q)=20Q-\frac{Q^2}{5}.$$

销售 15 个单位时，总收益

$$R\big|_{Q=15}=\left(20Q-\frac{Q^2}{5}\right)\bigg|_{Q=15}=255,$$

平均收益

$$\bar{R}\big|_{Q=15}=\frac{R(Q)}{Q}\bigg|_{Q=15}=\frac{255}{15}=17,$$

边际收益

$$R'(Q)\big|_{Q=15}=\left(20-\frac{2}{5}Q\right)\bigg|_{Q=15}=14.$$

当销售量从 15 个单位增加到 20 个单位时收益的平均变化率为

$$\frac{\Delta R}{\Delta Q}=\frac{R(20)-R(15)}{20-15}=\frac{320-255}{5}=13.$$

3. 边际利润

总利润 $L(Q)$的导数 $L'(Q)$称为**边际利润**，记为 $ML=L'(Q)$，它(近似地)表示：若已经生产了 Q 单位产品，再生产一个单位产品所增加的总利润.

一般情况下，总利润函数 $L(Q)$等于总收益函数 $R(Q)$与总成本函数 $C(Q)$之差，即 $L(Q)=R(Q)-C(Q)$，则边际利润为

$$L'(Q)=R'(Q)-C'(Q).$$

显然，边际利润可由边际收入与边际成本决定，且

$$\text{当 } R'(Q)\begin{cases}>C'(Q)\\ =C'(Q)\\ <C'(Q)\end{cases}\text{时}, L'(Q)\begin{cases}>0\\ =0.\\ <0\end{cases}$$

当 $R'(Q)>C'(Q)$时，$L'(Q)>0$，其经济意义是，如产量已达到 Q，再多生产一个单位产品，所增加的收益大于所增加的成本，因而总利润有所增加；而当 $R'(Q)<C'(Q)$时，$L'(Q)<0$，此时，再增加产量，所增加的收益要小于所增加的生产成本，从而总利润将减少.

例 3.6.4 某工厂对其产品的情况进行了大量统计分析后，得出总利润 $L(Q)$(单位：元)与每月产量 Q(单位：t)的关系为 $L=L(Q)=250Q-5Q^2$，试确定每月生产 20 t、25 t、35 t 的边际利润，并作出经济解释.

解 边际利润函数为 $L'(Q)=250-10Q$，则

$$L'(Q)\big|_{Q=20}=L'(20)=50,$$
$$L'(Q)\big|_{Q=25}=L'(25)=0,$$
$$L'(Q)\big|_{Q=35}=L'(35)=-100.$$

上述结果表明：当生产量为每月 20 t 时，再增加 1 t，利润将增加 50 元；当产量为每月 25 t 时，再增加 1 t，利润不变；当产量为每月 35 t 时，再增加 1 t，利润将减少 100 元. 此处亦说明，对厂家来说，并非生产的产品数量越多，利润越高.

知识要点

(1) $f(x)$在点 x_0 处的边际函数值为

$$\lim_{\Delta x\to 0}\frac{f(x_0+\Delta x)-f(x_0)}{\Delta x}=f'(x_0),$$

在实际应用中，称 $f'(x)$为 $f(x)$的边际函数.

(2) 经济学中常见的边际函数有边际成本 $C'(Q)$、边际收益 $R'(Q)$和边际利润 $L'(Q)$.

■ 习题 3-6

1. 求下列函数的边际函数：

(1) x^2e^{-x}； (2) $\frac{e^x}{x}$； (3) $x^a e^{-b(x+c)}$.

2. 设某商品的总收益 R 关于销售量 Q 的函数为

$$R(Q)=104Q-0.4Q^2.$$

求：

(1) 销售量为 Q 时总收入的边际收入；

(2) 销售量 $Q=50$ 个单位时总收入的边际收入.

3. 某化工厂日产能力最高为 1000 t，每日产品的总成本 C(单位：元)是日产量 x(单位：t)的函数，即

$$C=C(x)=1000+7x+50\sqrt{x},\ x\in[0,\ 1000].$$

求：

(1) 当日产量为 100 t 时的边际成本；

(2) 当日产品为 100 t 时的平均单位成本.

4. 某商品的价格 P 关于需求量 Q 的函数为 $P=10-\dfrac{Q}{5}$，求：

(1) 总收益函数、平均收益函数和边际收益函数；

(2) 当 $Q=20$ 个单位时的总收益、平均收益和边际收益.

5. 某厂每周生产 Q 单位(单位：百件)产品的总成本 C(单位：千元)是产量的函数

$$C=C(Q)=100+12Q+Q^2$$

如果每百件产品销售价格为 4 万元，试写出利润函数及边际利润为零时的每周产量.

总 习 题 三

1. 在“充分”“必要”“充要”三者中选择一个正确的填入下列空格内：

(1) $f(x)$在点 x_0 处可导是 $f(x)$在点 x_0 处连续的__________条件，$f(x)$在点 x_0 处连续是 $f(x)$在点 x_0 处可导的__________条件.

(2) $f(x)$在点 x_0 处的左导数及右导数都存在且相等是 $f(x)$在点 x_0 处可导的__________条件.

(3) $f(x)$在点 x_0 处可导是 $f(x)$在点 x_0 处可微的__________条件.

2. 已知下列各极限都存在，且可导，则下列选项不正确的是(　　).

A. $\lim\limits_{x\to 0}\dfrac{f(x)-f(0)}{x}=f'(0)$　　B. $\lim\limits_{h\to 0}\dfrac{f(a+2h)-f(a)}{h}=f'(a)$

C. $\lim\limits_{\Delta x\to 0}\dfrac{f(x_0)-f(x_0-\Delta x)}{\Delta x}=f'(x_0)$　　D. $\lim\limits_{\Delta x\to 0}\dfrac{f(x_0+\Delta x)-f(x_0-\Delta x)}{2\Delta x}=f'(x_0)$

3. 根据导数的定义，求 $f(x)=\dfrac{1}{x}$的导数.

4. 确定 a、b 的值，使得

$$f(x)=\begin{cases}\sin x, & x\leqslant\dfrac{\pi}{4}\\ ax+b, & x>\dfrac{\pi}{4}\end{cases}$$

在 $x=\dfrac{\pi}{4}$处可导.

5. 讨论函数

$$f(x)=\begin{cases} x^2\sin\dfrac{1}{x}, & x\neq 0 \\ 0, & x=0 \end{cases}$$

在 $x=0$ 处的连续性和可导性.

6. 求下列函数的导数：

(1) $y=\arcsin(\sin x)$；　　(2) $y=\arctan\dfrac{1+x}{1-x}$；

(3) $y=\ln\left(e^x+\sqrt{1+e^{2x}}\right)$；　　(4) $y=(\cos x)^{\sin x}$.

7. 求下列函数的微分：

(1) $y=\arcsin\left(\dfrac{x}{3}\right)+\sqrt{9-x^2}+\ln 2$；　　(2) $y=\arctan 2x$.

8. 求下列函数的二阶导数：

(1) $y=x\sin 3x$；　　(2) $y=\dfrac{x}{\sqrt{1-x^2}}$.

9. 求由以下方程所确定的隐函数的导数：

(1) $\cos(xy)=x$；　　(2) $xy=e^{x+y}$.

10. 求由下列参数方程所确定的函数的一阶导数和二阶导数：

(1) $\begin{cases} x=\ln\sqrt{1+t^2} \\ y=\arctan t \end{cases}$；　　(2) $\begin{cases} x=(1+t^2)e^t \\ y=t^2e^{2t} \end{cases}$，在 $t=0$ 处.

11. 求曲线 $\begin{cases} x=2e^t \\ y=e^{-t} \end{cases}$ 在相应点 $t=0$ 的切线方程和法线方程.

12. 利用函数的微分，求 $\cos 105°$.

第四章 中值定理与导数的应用

在这一章，我们将把第三章所学的导数作为工具来研究函数的某些性态，并利用这些知识来解决一些实际问题，为此，先介绍微分学中的几个中值定理，它们是导数应用的理论基础. 原函数与其导数是两个不同的函数，而导数只是反映函数在一点的局部特征. 如果要了解函数在其定义域上的整体性态，就需要在导数及函数间建立起联系，微分中值定理就具有这种作用.

第一节 中值定理

一、罗尔定理

定理 4.1.1(罗尔(Rolle)定理) 如果函数 $f(x)$满足：

(1) 在$[a, b]$上连续；

(2) 在(a, b)内可导；

(3) $f(a)=f(b)$，

则至少存在一点 $\xi\in(a, b)$，使得 $f'(\xi)=0$.

如图 4.1.1 所示，由定理假设知，函数 $y=f(x)(a\leqslant x\leqslant b)$的图像是一条连续的曲线弧，且直线段 AB 平行于 x 轴. 定理的结论表明，在该曲线弧上至少存在一点 C，曲线在该点具有水平的切线.

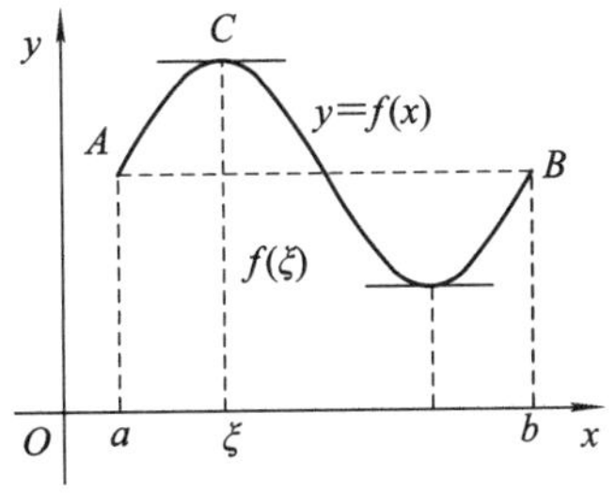

图 4.1.1 罗尔定理示意图

证 因为 $f(x)$在$[a, b]$上连续，根据闭区间上连续函数的性质，$f(x)$在$[a, b]$上必取得最大值 M 和最小值 m.

(1) 如果 $M=m$，则 $f(x)$在$[a, b]$上恒等于常数 M，因此，对一切 $x\in(a, b)$，都有 $f'(x)=0$.

(2) 如果 $M>m$，则由于 $f(a)=f(b)$，因此 M 和 m 中至少有一个不等于 $f(a)$. 不妨

设$M\neq f(a)$(如果设$m\neq f(a)$，证明过程完全类似)，则$f(x)$应在(a, b)内的某一点ξ处达到最大值，即$f(\xi)=M$. 下面证明$f'(\xi)=0$.

因为$\xi\in(a, b)$，由定理假设(2)知$f'(\xi)$存在，所以有

$$f'(\xi)=\lim_{\Delta x\to 0^+}\frac{f(\xi+\Delta x)-f(\xi)}{\Delta x}=\lim_{\Delta x\to 0^-}\frac{f(\xi+\Delta x)-f(\xi)}{\Delta x}$$

又因为$f(x)$在ξ达到最大值，所以不论Δx是正还是负，只要$\xi+\Delta x\in(a, b)$，就总有

$$f(\xi+\Delta x)-f(\xi)\leqslant 0.$$

当$\Delta x>0$时，有

$$\frac{f(\xi+\Delta x)-f(\xi)}{\Delta x}\leqslant 0,$$

从而根据极限的保号性及$f'(\xi)$的存在知

$$f'(\xi)=\lim_{\Delta x\to 0^+}\frac{f(\xi+\Delta x)-f(\xi)}{\Delta x}\leqslant 0.$$

当$\Delta x<0$时，有

$$\frac{f(\xi+\Delta x)-f(\xi)}{\Delta x}\geqslant 0,$$

于是

$$f'(\xi)=\lim_{\Delta x\to 0^-}\frac{f(\xi+\Delta x)-f(\xi)}{\Delta x}\geqslant 0.$$

综上知

$$f'(\xi)=0.$$

例 4.1.1 验证罗尔定理对函数$f(x)=x^2-2x+3$在区间$[-1, 3]$上的正确性.

证 显然函数$f(x)=x^2-2x+3$在区间$[-1, 3]$上满足罗尔定理的三个条件，由

$$f'(x)=2x-2=2(x-1)$$

可知$f'(1)=0$，因此存在$\xi=1\in(-1, 3)$，使得$f'(1)=0$.

注：罗尔定理的三个条件缺少其中任何一个，定理的结论将不一定成立. 但也不能认为这些条件是必要的. 例如，$f(x)=\sin x\left(0\leqslant x\leqslant\frac{3\pi}{2}\right)$在$\left[0, \frac{3\pi}{2}\right]$上连续，在$\left(0, \frac{3\pi}{2}\right)$内可导，但$f(0)\neq f\left(\frac{3\pi}{2}\right)=-1$，而此时仍存在$\xi=\frac{\pi}{2}\in\left(0, \frac{3\pi}{2}\right)$，使得$f'(\xi)=\cos\frac{\pi}{2}=0$(见图 4.1.2).

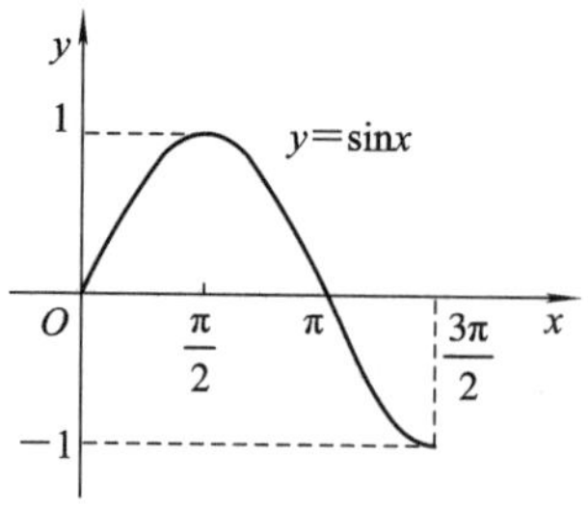

图 4.1.2 $\sin x$的局部图像

例 4.1.2 设$f(x)$在$[0, 1]$上可导，当$0\leqslant x\leqslant 1$时，$0\leqslant f(x)\leqslant 1$，且对于$(0, 1)$内所

有 ξ 有 $f'(\xi)\neq 1$，求证在$[0,1]$上有且仅有一个 x_0，使得 $f(x_0)=x_0$.

证 令 $F(x)=f(x)-x$，则 $F(1)=f(1)-1\leqslant 0$，$F(0)=f(0)\geqslant 0$. 由连续函数介值定理知至少存在一点 $x_0\in[0,1]$，使得 $F(x_0)=0$，即 $f(x_0)=x_0$. 下面证明在$[0,1]$上仅有一点 x_0，使得 $F(x_0)=0$.

假设另有一点 $x_1\in[0,1]$，使得 $F(x_1)=0$. 不妨设 $x_0<x_1$，则由罗尔定理可知在$[x_0,x_1]$上至少有一点 ξ，使得 $F'(\xi)=0$，即 $f'(\xi)=1$，这与原命题假设矛盾. 这就证明了在$[0,1]$上有且仅有一个 x_0，使得 $f(x_0)=x_0$.

二、拉格朗日中值定理

如果去掉罗尔定理中的第三个条件 $f(a)=f(b)$，会得到什么结论呢？由图 4.1.3 可以看出，连续曲线弧上至少有一点 C，该点的切线 l 平行于直线段 AB，但这时直线段 AB 并不平行于 x 轴.

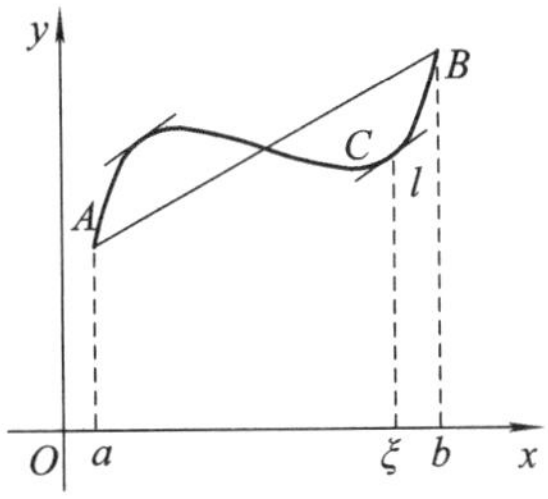

图 4.1.3 拉格朗日中值定理的几何示意图

下面的拉格朗日中值定理反映了这个几何事实.

定理 4.1.2 若函数 $y=f(x)$满足下列条件：

(1) 在闭区间$[a,b]$上连续；

(2) 在开区间(a,b)内可导，

则至少存在一点 $\xi\in(a,b)$，使得

$$f'(\xi)=\frac{f(b)-f(a)}{b-a}. \tag{4.1.1}$$

证 引入辅助函数

$$F(x)=f(x)-\frac{f(b)-f(a)}{b-a}x,$$

由假设条件可知 $F(x)$在$[a,b]$上连续，在(a,b)内可导，且

$$F(a)=f(a)-\frac{f(b)-f(a)}{b-a}a,$$

$$F(b)=f(b)-\frac{f(b)-f(a)}{b-a}b,$$

从而

$$F(b)-F(a)=0,\text{ 即 } F(a)=F(b).$$

于是 $F(x)$满足罗尔定理的条件，故至少存在一点 $\xi\in(a,b)$，使得 $F'(\xi)=0$，即

$$F'(\xi)=f'(\xi)-\frac{f(b)-f(a)}{b-a}=0,$$

因此

$$f'(\xi)=\frac{f(b)-f(a)}{b-a}.$$

由定理的结论我们可以看到，拉格朗日中值定理是罗尔定理的推广，它是由函数的局部性质来研究函数的整体性质的桥梁，其应用十分广泛，读者将会在今后应用中看到. 式(4.1.1)也称为拉格朗日中值公式，它还可以写成

$$f(b)-f(a)=f'(\xi)(b-a),\quad a<\xi<b. \tag{4.1.2}$$

由于 ξ 是 (a, b) 中的一个点，因此可表示为 $\xi=a+\theta(b-a)(0<\theta<1)$ 的形式. 故拉格朗日中值公式还可写成

$$f(b)-f(a)=(b-a)f'[a+\theta(b-a)],\quad 0<\theta<1. \tag{4.1.3}$$

若我们把 a 与 b 分别换成 x 与 $x+\Delta x$，则 $b-a=\Delta x$，于是，拉格朗日中值公式就写成

$$f(x+\Delta x)-f(x)=f'(x+\theta\Delta x)\cdot\Delta x,\quad 0<\theta<1. \tag{4.1.4}$$

我们也称式(4.1.4)为有限增量公式.

注：无论 $a<b$ 或 $a>b$，式(4.1.2)总是成立的，其中 ξ 是介于 a 与 b 之间的某个数. 同样地，无论 $\Delta x>0$ 或者 $\Delta x<0$，式(4.1.4)总是成立的.

例 4.1.3 设 $f(x)$ 在 $[a, b]$ 上连续，在 (a, b) 内可导，且 $f'(x)>0$，$x\in(a, b)$，试证 $f(x)$ 在 $[a, b]$ 上严格单调递增.

证 任取 x_1，$x_2\in(a, b)$，不妨设 $x_1<x_2$，则由式(4.1.2)可得

$$f(x_2)-f(x_1)=f'(\xi)(x_2-x_1),\quad x_1<\xi<x_2.$$

由于 $f'(x)>0$，$x\in(a, b)$，因此 $f'(\xi)>0$，从而

$$f(x_2)>f(x_1),$$

由 x_1 和 x_2 的任意性知道 $f(x)$ 在 $[a, b]$ 上严格单调递增.

类似地，可以证明：若 $f'(x)<0$，则 $f(x)$ 在 $[a, b]$ 上严格单调递减.

由拉格朗日中值定理可得到在微分学中很有用的两个推论.

推论 1 如果 $f(x)$ 在开区间 (a, b) 内可导，且 $f'(x)\equiv 0$，则在 (a, b) 内，$f(x)$ 恒为一个常数.

它的几何意义是斜率处处为零的曲线一定是一条平行于 x 轴的直线.

证 在 (a, b) 内任取两点 x_1 和 x_2，不妨设 $x_1<x_2$，显然 $f(x)$ 在 $[x_1, x_2]$ 上满足拉格朗日中值定理的条件，于是

$$f(x_2)-f(x_1)=f'(\xi)\cdot(x_2-x_1),\quad x_1<\xi<x_2.$$

因为 $f'(x)\equiv 0$，所以 $f'(\xi)=0$，从而 $f(x_2)=f(x_1)$.

这说明区间内任意两点的函数值相等，从而证明了在 (a, b) 内函数 $f(x)$ 是一个常数.

推论 2 若 $f(x)$ 及 $g(x)$ 在 (a, b) 内可导，且对任意 $x\in(a, b)$，有 $f'(x)=g'(x)$，则在 (a, b) 内，$f(x)=g(x)+C$（C 为常数）.

证 因 $[f(x)-g(x)]'=f'(x)-g'(x)=0$，由推论 1，有 $f(x)-g(x)=C$，即 $f(x)=g(x)+C$，$x\in(a, b)$.

*三、柯西中值定理

拉格朗日中值定理还可以进一步推广.

定理 4.1.3(柯西中值定理) 若函数 $f(x)$和 $g(x)$满足以下条件：

(1) 在闭区间$[a, b]$上连续；

(2) 在开区间(a, b)内可导，且 $g'(x)\neq 0$，

那么在(a, b)内至少存在一点 ξ，使得

$$\frac{f(b)-f(a)}{g(b)-g(a)}=\frac{f'(\xi)}{g'(\xi)},\quad a<\xi<b. \tag{4.1.5}$$

证 首先明确 $g(a)\neq g(b)$. 假设 $g(a)=g(b)$，则由罗尔定理知，至少存在一点 $\xi_1\in(a, b)$，使得 $g'(\xi)=0$，这与定理的假设矛盾，故 $g(a)\neq g(b)$.

引入辅助函数

$$F(x)=f(x)-\frac{f(b)-f(a)}{g(b)-g(a)}g(x).$$

不难验证，$F(x)$满足罗尔定理的三个条件，于是在(a, b)内至少存在一点 ξ，使得

$$F'(\xi)=f'(\xi)-\frac{f(b)-f(a)}{g(b)-g(a)}g'(\xi)=0,$$

从而有

$$\frac{f(b)-f(a)}{g(b)-g(a)}=\frac{f'(\xi)}{g'(\xi)}.$$

特别地，若取 $g(x)=x$，则 $g(b)-g(a)=b-a$，$g'(\xi)=1$，式(4.1.5)就成了式(4.1.1)，可见拉格朗日中值定理是柯西中值定理的特殊情形.

例 4.1.4 设 $0<a<b$，函数 $f(x)$在$[a, b]$上连续，在(a, b)内可导，试证:至少存在一点 $\xi\in(a, b)$，使得

$$f'(\xi)-\xi f'(\xi)=\frac{bf(a)-af(b)}{b-a}.$$

证 将待证等式右端改写为

$$\frac{bf(a)-af(b)}{b-a}=\frac{\dfrac{f(b)}{b}-\dfrac{f(a)}{a}}{\dfrac{1}{b}-\dfrac{1}{a}}.$$

由上式右端可见，若令

$$F(x)=\frac{f(x)}{x},\ G(x)=\frac{1}{x},$$

则 $F(x)$与 $G(x)$在$[a, b]$上满足柯西中值定理的条件，因此，至少存在一点 $\xi\in(a, b)$，使得

$$\frac{F'(\xi)}{G'(\xi)}=\frac{F(b)-F(a)}{G(b)-G(a)}=\frac{bf(a)-af(b)}{b-a}$$

将 $F'(\xi)=\dfrac{\xi f'(\xi)-f(\xi)}{\xi^2}$，$G'(\xi)=-\dfrac{1}{\xi^2}$代入上式，得

$$f'(\xi)-\xi f'(\xi)=\frac{bf(a)-af(b)}{b-a}.$$

知识要点

(1) 罗尔(Rolle)定理：如果函数 $f(x)$满足：

① 在$[a, b]$上连续；

② 在(a, b)内可导；

③ $f(a)=f(b)$，

则至少存在一点$\xi\in(a, b)$，使得$f'(\xi)=0$.

(2) 拉格朗日中值定理：若函数$y=f(x)$满足下列条件：

① 在闭区间$[a, b]$上连续；

② 在开区间(a, b)内可导，

则至少存在一点$\xi\in(a, b)$，使得$f'(\xi)=\dfrac{f(b)-f(a)}{b-a}$.

(3) 柯西中值定理：若函数$f(x)$和$g(x)$满足以下条件：

① 在闭区间$[a, b]$上连续；

② 在开区间(a, b)内可导，且$g'(x)\neq 0$，

那么在(a, b)内至少存在一点ξ，使得$\dfrac{f(b)-f(a)}{g(b)-g(a)}=\dfrac{f'(\xi)}{g'(\xi)}$，$a<\xi<b$.

■ 习题 4－1

1. 验证函数$f(x)=\ln \sin x$在$\left[\dfrac{\pi}{6}, \dfrac{5\pi}{6}\right]$上满足罗尔定理的条件，并求出相应的$\xi$，使$f'(\xi)=0$.

2. 下列函数在指定区间上是否满足罗尔定理的三个条件？有没有满足定理结论中的ξ？

(1) $f(x)=e^{x^2}-1$，$[-1, 1]$；

(2) $f(x)=|x-1|$，$[0, 2]$；

(3) $f(x)=\begin{cases}\sin x, & 0<x\leqslant\pi \\ 1, & x=0\end{cases}$，$[0, \pi]$.

3. 不用求出函数$f(x)=(x-1)(x-2)(x-3)$的导数，说明方程$f'(x)=0$有几个实根，并指出它们所在的区间.

4. 验证拉格朗日中值定理对函数$f(x)=x^3+2x$在区间$[0, 1]$上的正确性.

5. 已知函数$f(x)$在$[a, b]$上连续，在(a, b)内可导，且$f(a)=f(b)=0$，试证：在(a, b)内至少存在一点ξ，使得

$$f(\xi)+\xi f'(\xi)=0, \ \xi\in(a, b).$$

第二节　洛必达法则

本节我们将利用微分中值定理来考虑某些重要类型的极限计算方法.

由第二章我们知道在某一极限过程中，$f(x)$和$g(x)$都是无穷小量或都是无穷大量时，$\dfrac{f(x)}{g(x)}$的极限可能存在，也可能不存在，通常称这种极限为**未定式**(或待定型)，并分别简记为$\dfrac{0}{0}$型或$\dfrac{\infty}{\infty}$型.

洛必达法则是处理未定式极限的重要工具，是计算$\frac{0}{0}$型、$\frac{\infty}{\infty}$型极限的简单而有效的法则. 该法则的理论依据是柯西中值定理. 下面重点讨论：当 $x \to x_0$时，$\frac{0}{0}$型未定式的情况.

一、$\frac{0}{0}$型未定式

定理 4.2.1 设 $f(x)$和 $g(x)$满足下列条件：

(1) $\lim\limits_{x \to x_0} f(x)=0$，$\lim\limits_{x \to x_0} g(x)=0$；

(2) $f(x)$和 $g(x)$在 x_0的去心邻域内可导，且 $g'(x) \neq 0$；

(3) $\lim\limits_{x \to x_0} \frac{f'(x)}{g'(x)}$存在(或为$\infty$)，

则

$$\lim_{x \to x_0} \frac{f(x)}{g(x)} = \lim_{x \to x_0} \frac{f'(x)}{g'(x)}. \tag{4.2.1}$$

这种在一定条件下通过分子、分母分别求导，再求极限的方法称为**洛必达法则**.

证 由于函数在点 x_0处的极限与函数在该点处的定义无关，由条件(1)，我们不妨设 $f(x_0)=0$，$g(x_0)=0$. 由条件(1)和(2)知 $f(x)$与 $g(x)$在 x_0的去心邻域内连续. 设 x 在 x_0的去心邻域内，则 $f(x)$与 $g(x)$在$[x_0, x]$或$[x, x_0]$上满足柯西定理的条件，于是

$$\frac{f(x)}{g(x)} = \frac{f(x)-f(x_0)}{g(x)-g(x_0)} = \frac{f'(\xi)}{g'(\xi)},$$

其中，ξ 在 x_0与 x 之间.

当 $x \to x_0$时，显然有 $\xi \to x_0$，由条件(3)得

$$\lim_{x \to x_0} \frac{f(x)}{g(x)} = \lim_{\xi \to x_0} \frac{f'(\xi)}{g'(\xi)} = \lim_{x \to x_0} \frac{f'(x)}{g'(x)}.$$

这个定理的结果可以推广到 $x \to x_0^-$ 或 $x \to x_0^+$ 的情形.

注：(1) 如果$\lim\limits_{x \to x_0} \frac{f'(x)}{g'(x)}$仍为$\frac{0}{0}$型未定式，且 $f'(x)$和 $g'(x)$满足定理条件，则可继续使用洛必达法则.

(2) 洛必达法则仅适用于未定式求极限，运用洛必达法则时，要验证定理的条件是否满足，当$\lim\limits_{x \to x_0} \frac{f'(x)}{g'(x)}$的值不存在或者并不为$\infty$时，不能运用洛必达法则.

例 4.2.1 求$\lim\limits_{x \to 0} \frac{x}{\sin x}$.

解 该极限属于$\frac{0}{0}$型未定式，由洛必达法则有

$$\lim_{x \to 0} \frac{x}{\sin x} = \lim_{x \to 0} \frac{1}{\cos x} = 1.$$

例 4.2.2 求$\lim\limits_{x \to 0} \frac{\sin^2 x - x \sin x \cos x}{x^4}$.

解 它是$\frac{0}{0}$型未定式，如果直接运用洛必达法则，分子的导数比较复杂，但如果利用

极限运算法则进行适当化简，再用洛必达法则就简单多了.

$$\begin{aligned}&\lim_{x\to0}\frac{\sin^2 x-x\sin x\cos x}{x^4}\\=&\lim_{x\to0}\frac{\sin x-x\cos x}{x^3}\cdot\lim_{x\to0}\frac{\sin x}{x}\\=&\lim_{x\to0}\frac{\sin x-x\cos x}{x^3}\\=&\lim_{x\to0}\frac{\cos x-\cos x+x\sin x}{3x^2}\\=&\lim_{x\to0}\frac{\sin x}{3x}=\frac{1}{3}.\end{aligned}$$

洛必达法则对 $x\to\infty$ 的情形也成立，只要把定理中的条件所考虑的点 x_0 的某邻域改成 $|x|$ 充分大.

推论 设 $f(x)$ 与 $g(x)$ 满足：

(1) $\lim\limits_{x\to\infty}f(x)=0$，$\lim\limits_{x\to\infty}g(x)=0$；

(2) 存在 $X>0$，当 $|x|>X$ 时，$f(x)$ 和 $g(x)$ 可导，且 $g'(x)\neq0$；

(3) $\lim\limits_{x\to\infty}\dfrac{f'(x)}{g'(x)}$ 存在(或为 ∞)，

则

$$\lim_{x\to\infty}\frac{f(x)}{g(x)}=\lim_{x\to\infty}\frac{f'(x)}{g'(x)}. \tag{4.2.2}$$

证 令 $x=\dfrac{1}{t}$，则 $x\to\infty$ 时，$t\to0$. 于是

$$\lim_{x\to\infty}\frac{f(x)}{g(x)}=\lim_{t\to0}\frac{f\left(\frac{1}{t}\right)}{g\left(\frac{1}{t}\right)}=\lim_{t\to0}\frac{f'\left(\frac{1}{t}\right)\cdot\left(-\frac{1}{t^2}\right)}{g'\left(\frac{1}{t}\right)\cdot\left(-\frac{1}{t^2}\right)}=\lim_{x\to\infty}\frac{f'(x)}{g'(x)}.$$

上述推论的结果也可推广到 $x\to-\infty$ 或 $x\to+\infty$ 的情形.

例 4.2.3 求 $\lim\limits_{x\to\infty}\dfrac{\ln\left(1+\frac{a}{x}\right)}{\frac{1}{x}}$，$a>0$.

解 它是 $\dfrac{0}{0}$ 型未定式，由洛必达法则有

$$\lim_{x\to\infty}\frac{\ln\left(1+\frac{a}{x}\right)}{\frac{1}{x}}=\lim_{x\to\infty}\frac{\left(1+\frac{a}{x}\right)^{-1}\left(-\frac{a}{x^2}\right)}{-\frac{1}{x^2}}=\lim_{x\to\infty}\frac{a}{1+\frac{a}{x}}=a.$$

当然也可以结合极限中的等价无穷小替换的方法降低计算难度.

例 4.2.4 求 $\lim\limits_{x\to0}\dfrac{x\ln(1+x)}{x^2+\sin^2 x}$.

解 $\lim\limits_{x\to0}\dfrac{x\ln(1+x)}{x^2+\sin^2 x}=\lim\limits_{x\to0}\dfrac{x^2}{x^2+\sin^2 x}=\lim\limits_{x\to0}\dfrac{2x}{2x+2\sin x\cos x}=\lim\limits_{x\to0}\dfrac{2}{2+2\cos 2x}=\dfrac{1}{2}$.

二、$\frac{\infty}{\infty}$型未定式

当 $x \to x_0$（或 $x \to \infty$）时，$f(x)$ 和 $g(x)$ 都是无穷大量，即 $\frac{\infty}{\infty}$ 型未定式，它也有与 $\frac{0}{0}$ 型未定式类似的处理方法，我们将其结果叙述如下，而将证明从略.

定理 4.2.2 设 $f(x)$ 和 $g(x)$ 满足下列条件：

(1) $\lim\limits_{x \to x_0} f(x)=\infty$，$\lim\limits_{x \to x_0} g(x)=\infty$；

(2) $f(x)$ 和 $g(x)$ 在 x_0 的去心邻域内可导，且 $g'(x) \neq 0$；

(3) $\lim\limits_{x \to x_0} \frac{f'(x)}{g'(x)}$ 存在（或 $\lim\limits_{x \to x_0} f(x)=\infty$），

则

$$\lim_{x \to x_0} \frac{f(x)}{g(x)}=\lim_{x \to x_0} \frac{f'(x)}{g'(x)}. \tag{4.2.3}$$

推论 设 $f(x)$ 与 $g(x)$ 满足：

(1) $\lim\limits_{x \to \infty} f(x)=\infty$，$\lim\limits_{x \to \infty} g(x)=\infty$；

(2) 存在 $X>0$，当 $|x|>X$ 时，$f(x)$ 和 $g(x)$ 可导，且 $g'(x) \neq 0$；

(3) $\lim\limits_{x \to \infty} \frac{f'(x)}{g'(x)}$ 存在（或为 ∞），

则

$$\lim_{x \to \infty} \frac{f(x)}{g(x)}=\lim_{x \to \infty} \frac{f'(x)}{g'(x)}. \tag{4.2.4}$$

上述定理及推论中的结果可分别推广到 $x \to x_0^-$、$x \to x_0^+$ 和 $x \to -\infty$、$x \to +\infty$ 的情形.

例 4.2.5 求 $\lim\limits_{x \to 0^+} \frac{\ln \cot x}{\ln x}$.

解 这是 $\frac{\infty}{\infty}$ 型未定式，由洛必达法则有

$$\begin{aligned}
\lim_{x \to 0^+} \frac{\ln \cot x}{\ln x} &= \lim_{x \to 0^+} \frac{\frac{1}{\cot x} \cdot (-\csc^2 x)}{\frac{1}{x}} \\
&= \lim_{x \to 0^+} \frac{-x}{\sin x \cdot \cos x} = -\lim_{x \to 0^+} \frac{1}{\cos x} \cdot \lim_{x \to 0^+} \frac{x}{\sin x} = -1.
\end{aligned}$$

*三、其他未定式

若某极限过程有 $f(x) \to 0$ 且 $g(x) \to \infty$，则称 $\lim[f(x)g(x)]$ 为 $0 \cdot \infty$ 型未定式.

若某极限过程有 $f(x) \to \infty$ 且 $g(x) \to \infty$，则称 $\lim[f(x)-g(x)]$ 为 $\infty-\infty$ 型未定式.

若某极限过程有 $f(x) \to 0^+$ 且 $g(x) \to 0$，则称 $\lim f(x)^{g(x)}$ 为 0^0 型未定式.

若某极限过程有 $f(x) \to 1$ 且 $g(x) \to \infty$，则称 $\lim f(x)^{g(x)}$ 为 1^∞ 型未定式.

若某极限过程有 $f(x) \to +\infty$ 且 $g(x) \to 0$，则称 $\lim f(x)^{g(x)}$ 为 ∞^0 型未定式.

上面这些未定式都可以经过简单的变换转化成 $\frac{0}{0}$ 型或 $\frac{\infty}{\infty}$ 型，因此常常可以用洛必达法

则求出其极限，下面举例说明.

例 4.2.6 求 $\lim\limits_{x\to 1^-}[\ln x\cdot\ln(1-x)]$.

解 这是 $0\cdot\infty$ 型未定式.

$$\lim_{x\to 1^-}[\ln x\cdot\ln(1-x)]=\lim_{x\to 1^-}\frac{\ln(1-x)}{(\ln x)^{-1}}\quad\left(这里是\frac{\infty}{\infty}型\right)$$

$$=\lim_{x\to 1^-}\frac{-\dfrac{1}{1-x}}{-\dfrac{1}{x\ln^2 x}}=\lim_{x\to 1^-}\frac{x\ln^2 x}{1-x}$$

$$=\lim_{x\to 1^-}x\cdot\lim_{x\to 1^-}\frac{\ln^2 x}{1-x}=\lim_{x\to 1^-}\frac{(2\ln x)\cdot\dfrac{1}{x}}{-1}=0.$$

例 4.2.7 求 $\lim\limits_{x\to 1}\left(\dfrac{x}{x-1}-\dfrac{1}{\ln x}\right)$.

解 这是 $\infty-\infty$ 型未定式，通分后可转化成 $\dfrac{0}{0}$ 型.

$$\lim_{x\to 1}\left(\frac{x}{x-1}-\frac{1}{\ln x}\right)=\lim_{x\to 1}\frac{x\ln x-x+1}{(x-1)\ln x}\quad\left(这里是\frac{0}{0}型\right)$$

$$=\lim_{x\to 1}\frac{\ln x}{\dfrac{x-1}{x}+\ln x}=\lim_{x\to 1}\frac{\dfrac{1}{x}}{\dfrac{1}{x^2}+\dfrac{1}{x}}=\frac{1}{2}.$$

例 4.2.8 求 $\lim\limits_{x\to 0^+}x^{\sin x}$.

解 这是 0^0 型未定式，先运用对数恒等式 $x^{\sin x}=e^{\ln x^{\sin x}}=e^{\sin x\cdot\ln x}$，再求极限.

$$\lim_{x\to 0^+}x^{\sin x}=\lim_{x\to 0^+}e^{\sin x\cdot\ln x}=e^{\lim\limits_{x\to 0^+}\sin x\cdot\ln x},$$

因为

$$\lim_{x\to 0^+}\sin x\cdot\ln x=\lim_{x\to 0^+}x\ln x=\lim_{x\to 0^+}\frac{\ln x}{\dfrac{1}{x}}=\lim_{x\to 0^+}\frac{\dfrac{1}{x}}{-\dfrac{1}{x^2}}=0,$$

所以

$$\lim_{x\to 0^+}x^{\sin x}=e^{\lim\limits_{x\to 0^+}\sin x\cdot\ln x}=e^0=1.$$

例 4.2.9 求 $\lim\limits_{x\to 1}(2-x)^{\tan\frac{\pi}{2}x}$.

解 这是 1^∞ 型未定式，先运用对数恒等式 $(2-x)^{\tan\frac{\pi}{2}x}=e^{\ln(2-x)^{\tan\frac{\pi}{2}x}}=e^{\tan\frac{\pi}{2}x\cdot\ln(2-x)}$，再求极限.

$$\lim_{x\to 1}(2-x)^{\tan\frac{\pi}{2}x}=e^{\lim\limits_{x\to 1}\tan\frac{\pi}{2}x\cdot\ln(2-x)},$$

因为

$$\lim_{x\to 1}\tan\frac{\pi}{2}x\cdot\ln(2-x)=\lim_{x\to 1}\frac{\ln(2-x)}{\cot\dfrac{\pi}{2}x}=\lim_{x\to 1}\frac{-\dfrac{1}{2-x}}{-\csc^2\dfrac{\pi}{2}x\cdot\left(\dfrac{\pi}{2}\right)}=\lim_{x\to 1}\frac{\dfrac{2}{\pi}\sin^2\dfrac{\pi}{2}x}{2-x}=\frac{\pi}{2},$$

所以

$$\lim_{x\to 1}(2-x)^{\tan\frac{\pi}{2}x}=e^{\lim\limits_{x\to 1}\tan\frac{\pi}{2}x\cdot\ln(2-x)}=e^{\frac{\pi}{2}}.$$

注：此例也可结合第二章中介绍的方法求得，即

$$\lim_{x\to 1}(2-x)^{\tan\frac{\pi}{2}x}=\lim_{x\to 1}[1+(1-x)]^{\frac{1}{1-x}\cdot(1-x)\tan\frac{\pi}{2}x}=e^{\lim\limits_{x\to 1}(1-x)\tan\frac{\pi}{2}x}$$

$$=e^{\lim\limits_{x\to 1}\frac{1-x}{\cot\frac{\pi}{2}x}}=e^{\frac{2}{\pi}\lim\limits_{x\to 1}\sin^2\frac{\pi}{2}x}=e^{\frac{2}{\pi}}.$$

例 4.2.10 求 $\lim\limits_{x\to 0^+}\left(1+\dfrac{1}{x}\right)^x$.

解 这是 ∞^0 型未定式.

$$\lim_{x\to 0^+}\left(1+\frac{1}{x}\right)^x=\lim_{x\to 0^+}e^{x\ln\left(1+\frac{1}{x}\right)}=e^{\lim\limits_{x\to 0^+}x\ln\left(1+\frac{1}{x}\right)},$$

因为 $\lim\limits_{x\to 0^+}x\cdot\ln\left(1+\dfrac{1}{x}\right)=\lim\limits_{x\to 0^+}\dfrac{\ln\left(1+\frac{1}{x}\right)}{\frac{1}{x}}=\lim\limits_{x\to 0^+}\dfrac{\frac{1}{1+\frac{1}{x}}\cdot\left(-\frac{1}{x^2}\right)}{-\frac{1}{x^2}}=\lim\limits_{x\to 0^+}\dfrac{x}{1+x}=0$，所以

$$\lim_{x\to 0^+}\left(1+\frac{1}{x}\right)^x=e^0=1.$$

洛必达法则是求未定式的一种有效方法，但不是万能的. 我们要学会善于根据具体问题采取不同的方法求解，最好能与其他求极限的方法结合使用，例如能化简时应尽可能先化简；可以应用等价无穷小代换成重要极限时，应尽可能应用，这样可以使运算简捷.

例 4.2.11 求 $\lim\limits_{x\to 0}\dfrac{x-\tan x}{x^2\cdot\sin x}$.

解 若直接用洛必达法则，则分母的导函数较烦琐. 我们可先进行等价无穷小的代换. 由于 $\sin x\sim x(x\to 0)$，因此

$$\lim_{x\to 0}\frac{x-\tan x}{x^2\cdot\sin x}=\lim_{x\to 0}\frac{x-\tan x}{x^3}=\lim_{x\to 0}\frac{1-\sec^2 x}{3x^2}=\lim_{x\to 0}\frac{-\tan^2 x}{3x^2}=-\lim_{x\to 0}\frac{x^2}{3x^2}=-\frac{1}{3}.$$

知识要点

(1) 在使用洛必达法则求极限时，要满足洛必达法则中定理的三个条件，同时只要符合相关条件，就能多次使用洛必达法则. 洛必达法则与等价代换的结合是求极限的较好方法，洛必达法则解决的是 $\dfrac{0}{0}$ 型或 $\dfrac{\infty}{\infty}$ 型未定式，其他形式的未定式如 $\lim\limits_{x\to 1}\left(\dfrac{x}{x-1}-\dfrac{1}{\ln x}\right)$，可通过通分形式转化后再使用洛必达法则求解.

(2) 本节定理给出的是求未定式的一种方法，当满足定理的条件时，所求极限当然存在(或为 ∞)，但当不满足定理的条件时，所求极限不一定不存在，也就是说，当 $\lim\dfrac{f'(x)}{g'(x)}$ 不存在时，$\lim\dfrac{f(x)}{g(x)}$ 仍有可能存在；洛必达法则并不一定是计算未定式的最简单方法，与其他求极限方法有效结合起来，能够提高解题效率；在连续使用洛必达法则时，对每一次求得的结果进行验证，判断其是否符合洛必达法则的结构类型，如果不符合，就需要采用

其他方法求解.

■ 习题 4－2

1. 利用洛必达法则求下列极限：

(1) $\lim\limits_{x\to\pi}\dfrac{\sin 3x}{\tan 5x}$；

(2) $\lim\limits_{x\to 0}\dfrac{e^x-x-1}{x(e^x-1)}$；

(3) $\lim\limits_{x\to a}\dfrac{x^m-a^m}{x^n-a^n}$；

(4) $\lim\limits_{x\to a}\dfrac{\cos x-\cos a}{x-a}$；

(5) $\lim\limits_{x\to 0^+}\dfrac{\ln x}{\cot x}$；

(6) $\lim\limits_{x\to 0^+}\sin x\ \ln x$；

(7) $\lim\limits_{x\to+\infty}\dfrac{\ln\left(1+\dfrac{1}{x}\right)}{\operatorname{arccot} x}$；

(8) $\lim\limits_{x\to 0}\left(\dfrac{e^x}{x}-\dfrac{1}{e^x-1}\right)$；

(9) $\lim\limits_{x\to 0}(1+\sin x)^{\frac{1}{x}}$；

(10) $\lim\limits_{x\to+\infty}\left(\dfrac{2}{\pi}\arctan x\right)^x$；

(11) $\lim\limits_{x\to 0}\left(\dfrac{3-e^x}{2+x}\right)^{\csc x}$；

(12) $\lim\limits_{x\to 0}x^2e^{\frac{1}{x^2}}$.

2. 设$\lim\limits_{x\to 1}\dfrac{x^2+mx+n}{x-1}=5$，求常数 m 和 n 的值.

3. 验证极限$\lim\limits_{x\to\infty}\dfrac{x+\sin x}{x}$存在，但不能由洛必达法则得出.

4. 设 $f(x)$二阶可导，求$\lim\limits_{h\to 0}\dfrac{f(x+h)-2f(x)+f(x-h)}{h^2}$.

5. 设 $f(x)$具有二阶连续导数，且 $f(0)=0$，试证：

$$g(x)=\begin{cases}\dfrac{f(x)}{x}, & x\neq 0\\ f'(0), & x=0\end{cases}$$

可导，且导函数连续.

第三节　导数的应用

一、函数的单调性

我们知道，如果函数在定义域的某个区间内随着自变量的增加而增加(减少)，则称函数在这一区间上是单调增加(减少)的. 函数的单调性在几何上表现为图形的升或降. 单调增加函数的图形在平面直角坐标系中是一条从左至右(自变量增加的方向)逐渐上升(函数值增加的方向)的曲线，曲线上各点处的切线(如果存在的话)与横轴正向所夹角度为锐角，即曲线切线的斜率为正，也即导数为正. 类似地，单调减少函数的图形是平面直角坐标系中一条从左至右逐渐下降的曲线，其上任一点的导数(如果存在的话)为负. 由此可见，函数的单调性与导数的符号有着密切的关系. 事实上，有如下定理.

定理 4.3.1　设 $f(x)$在$[a, b]$上连续，且在(a, b)内可导，则

(1) 若对任意 $x\in(a,b)$，有 $f'(x)>0$，则 $f(x)$在$[a,b]$上严格单调增加；

(2) 若对任意 $x\in(a,b)$，有 $f'(x)<0$，则 $f(x)$在$[a,b]$上严格单调减少.

证 对任意 $x_1, x_2\in[a,b]$，不妨设 $x_1<x_2$，由拉格朗日中值定理有

$$f(x_2)-f(x_1)=f'(\xi)(x_2-x_1),\quad \xi\in(x_1,x_2).$$

由于 $f'(x)>0$，则 $f'(\xi)>0$，故 $f(x_2)>f(x_1)$，(1)得证. 类似地可证(2).

从上述证明过程可以看到，定理中的闭区间若换成其他区间(如开的、闭的或无穷区间等)，结论仍成立.

例 4.3.1 $y=\sin x$ 在$\left(-\dfrac{\pi}{2},\dfrac{\pi}{2}\right)$内单调增加.

这是因为对任意的 $x\in\left(-\dfrac{\pi}{2},\dfrac{\pi}{2}\right)$，有$(\sin x)'=\cos x>0$

定理 4.3.1 的条件可以适当放宽，即若在(a,b)内的有限个点处有 $f'(x)=0$，其余点都满足定理条件，则定理的结论仍然成立. 例如 $y=x^3$ 在 $x=0$ 处有 $f'(0)=0$，但它在$(-\infty,+\infty)$上单调增加，见图 4.3.1.

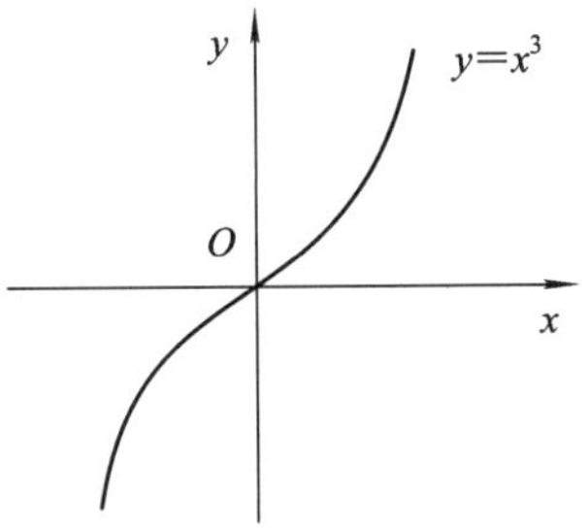

图 4.3.1 $f'(x_0)=0$ 时不影响函数单调性

例 4.3.2 求函数 $y=2x^2-\ln x$ 的单调区间.

解 函数的定义域为$(0,+\infty)$，函数在整个定义域内可导，且 $y'=4x-\dfrac{1}{x}$. 令 $y'=0$，解得 $x=\dfrac{1}{2}$.

当 $0<x<\dfrac{1}{2}$ 时，$y'<0$，当 $x>\dfrac{1}{2}$ 时，$y'>0$，故函数在$\left(0,\dfrac{1}{2}\right)$内单调减少，在$\left(\dfrac{1}{2},+\infty\right)$内单调增加.

例 4.3.3 讨论函数 $y=\sqrt[3]{x^2}$的单调性.

解 函数的定义域为$(-\infty,+\infty)$，当 $x\neq 0$ 时，$y'=\dfrac{2}{3\sqrt[3]{x}}$；当 $x=0$ 时，函数的导数不存在. 而当 $x>0$ 时，$y'>0$；当 $x<0$ 时，$y'<0$，故函数在$(-\infty,0)$内单调减少，在$(0,+\infty)$内单调增加，见图 4.3.2.

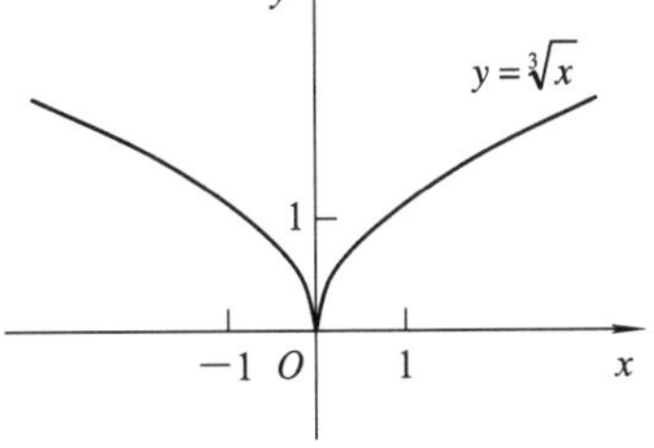

图 4.3.2 函数 $y=\sqrt[3]{x^2}$的单调性

例 4.3.4 确定函数 $f(x)=\dfrac{3}{5}x^{\frac{5}{3}}-\dfrac{3}{2}x^{\frac{2}{3}}+5$ 的单调

区间.

解
$$f'(x)=x^{\frac{2}{3}}-x^{-\frac{1}{3}}=\frac{x-1}{\sqrt[3]{x}},$$
可见，在 $x_1=0$ 处，导数不存在；在 $x_2=1$ 处，导数为零. 以 x_1 和 x_2 为分点，将函数的定义域$(-\infty, +\infty)$分为三个区间，其讨论结果如表 4.3.1 所示.

表 4.3.1　函数在定义域内的单调性

x	$(-\infty, 0)$	$(0, 1)$	$(1, +\infty)$
$f'(x)$	+	−	+
$f(x)$	单调增加	单调减少	单调增加

由表 4.3.1 可知，$f(x)$的单调增加区间为$(-\infty, 0)$和$(1, +\infty)$，单调减少区间为$(0, 1)$.

例 4.3.5　在经济学中，消费品的需求量 y 与消费者的收入 $x(x>0)$的关系常常简化为函数 $y=f(x)$，称之为恩格尔(Engle)函数. 它有多种形式，例如
$$f(x)=Ax^b,\ A>0,\ b\ 为常数.$$
将恩格尔函数求导，得
$$f'(x)=Abx^{b-1}.$$
因为 $A>0$，所以当 $b>0$ 时，有 $f'(x)=Abx^{b-1}>0$，$f(x)$为单调增加函数；当 $b<0$ 时，$f'(x)=Abx^{b-1}<0$，$f(x)$为单调减少函数. 恩格尔函数单调性的经济学解释为：收入越高，购买力越强，正常情况下，对商品的需求量也越多，即恩格尔函数为增函数；相反，若收入增加，对该商品的需求量反而减少，只能说明该商品是劣等品. 即因生活水平提高而放弃质量较低的商品转向购买高质量的商品. 因此，恩格尔函数 $f(x)=Ax^b$ 中当 $b>0$ 时，该商品为正常品；当 $b<0$ 时，该商品为劣等品.

利用函数的单调性可以证明一些不等式. 例如，要证 $f(x)>0$ 在(a, b)上成立，只要证明在$[a, b]$上 $f(x)$严格单调增加(减少)，且 $f(a)\geqslant 0(f(b)\geqslant 0)$即可.

例 4.3.6　证明：当 $x>0$ 时，$1+\frac{1}{2}x>\sqrt{1+x}$.

证　令 $f(x)=1+\frac{x}{2}-\sqrt{1+x}$，则
$$f'(x)=\frac{1}{2}-\frac{1}{2\sqrt{1+x}}.$$
由于当 $x>0$ 时，$f'(x)>0$，因此 $f(x)$ 在$[0, +\infty)$上严格单调增加，即当 $x>0$ 时，$f(x)>f(0)$，而 $f(0)=0$，所以当 $x>0$ 时有 $f(x)>0$，即
$$1+\frac{1}{2}x>\sqrt{1+x}.$$

例 4.3.7　证明：当 $0<x<\frac{\pi}{2}$时，$\sin x+\tan x>2x$.

证　令 $f(x)=\sin x+\tan x-2x$，则
$$f'(x)=\cos x+\sec^2 x-2,$$

$$f''(x) = -\sin x + 2\sec^2 x\tan x = \sin x(2\sec^3 x - 1).$$

当 $0 < x < \frac{\pi}{2}$ 时，$f''(x) > 0$，即在 $\left(0, \frac{\pi}{2}\right)$ 内 $f'(x)$ 严格单调增加. 由此有 $f'(x) > f'(0) = 0$，从而 $f(x)$ 在 $\left(0, \frac{\pi}{2}\right)$ 内严格单调增加，即有 $f(x) > f(0)$，也即

$$\sin x + \tan x > 2x, \quad x \in \left(0, \frac{\pi}{2}\right).$$

二、函数的凹凸性、曲线的拐点

考虑两个函数 $f(x) = x^2$ 和 $g(x) = \sqrt{x}$，它们在 $(0, +\infty)$ 上都是单调的(见图 4.3.3)，但它们增长方式不同，从几何上来说，两条曲线弯曲方向不同，$f(x) = x^2$ 的图形是凹的，而 $g(x) = \sqrt{x}$ 的图形是凸的，我们把函数图形这样的性质称为函数的**凹凸性**. 对于**凹弧**来说，其上任意两点间的连线始终位于弧的上面(见图 4.3.4(a))，而**凸弧**的情形正好相反(见图 4.3.4(b)).

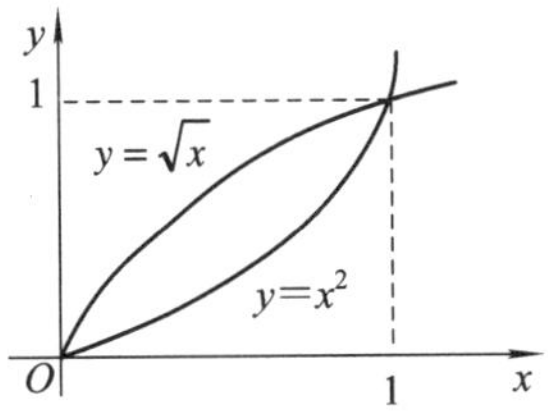

图 4.3.3　函数凹凸性示意图

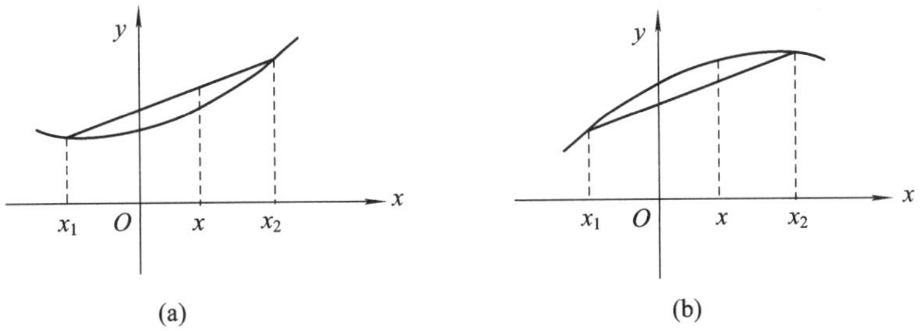

图 4.3.4　函数凹凸性概念

直接利用定义来判断函数的凹凸性是比较困难的. 下面我们仍以图 4.3.3 所示两函数为考察对象，不难发现：在函数 $g(x) = \sqrt{x}$ 的图形上任一点处($x = 0$ 除外)的切线总在曲线的上方，且切线的斜率随 x 增大而减小，即 $f''(x) < 0$；而在函数 $f(x) = x^2$ 图形上任一点处的切线总在曲线的下方，且切线斜率是不断增加的，即 $f''(x) > 0$(见图 4.3.4). 因此我们可以利用二阶导数的符号来研究曲线的凹凸性，具体定理如下.

定理 4.3.2　设 $f(x)$ 在 $[a, b]$ 上连续，且在 (a, b) 内具有二阶导数，那么

(1) 对任意 $x \in (a, b)$，若 $f''(x) > 0$，则 $y = f(x)$ 在 $[a, b]$ 上是**严格凹的**；

(2) 对任意 $x \in (a, b)$，若 $f''(x) < 0$，则 $y = f(x)$ 在 $[a, b]$ 上是**严格凸的**.

定理的证明从略. 定理中的闭区间可以换成其他类型的区间. 此外，若在 (a, b) 内除

有限个点上有 $f''(x)=0$ 外，其余点处均满足定理的条件，则定理的结论仍然成立. 例如，$y=x^4$ 在 $x=0$ 处有 $f''(x)=0$，但它在 $(-\infty, +\infty)$ 上是严格凹的.

例 4.3.8 说明 $y=e^x$ 是严格凹的，$y=\ln x$ 是严格凸的.

事实上，当 $x\in(-\infty, +\infty)$ 时，由 $y=e^x$ 得 $y''=e^x>0$；当 $x\in(0, +\infty)$ 时，由 $y=\ln x$ 得 $y''=-\dfrac{1}{x^2}<0$，故结论成立.

例 4.3.9 讨论函数 $y=x^3$ 的凹凸性.

解 由 $y''=6x$ 知，当 $x\in(0, +\infty)$ 时 $y''>0$，当 $x\in(-\infty, 0)$ 时 $y''<0$，因此 $y=x^3$ 在 $(0, +\infty)$ 上是凹的，在 $(-\infty, 0)$ 上是凸的.

定义 4.3.1 设 $f(x)$ 在 $U(x_0)$ 连续，若曲线 $y=f(x)$ 在点 $(x_0, f(x_0))$ 的左、右两侧凹凸性相反，则称点 $(x_0, f(x_0))$ 为该曲线的**拐点**.

由于函数的凹凸性可由其二阶导数的符号来判断，故对于二阶可导函数 $y=f(x)$ 来说，先求出方程 $f''(x)=0$ 的根，再判别 $f''(x)$ 在这些点左、右两侧的符号是否改变，便可求出拐点.

例 4.3.10 讨论 $y=3x^4-4x^3+1$ 的凹凸性，并求拐点.

解 $y'=12x^3-12x^2$，$y''=36x^2-24x=36x\left(x-\dfrac{2}{3}\right)$. 令 $y''=0$ 得 $x_1=0$，$x_2=\dfrac{2}{3}$，这两个点将定义域 $(-\infty, +\infty)$ 分为三个区间.

表 4.3.2 可考察各区间上二阶导数的符号，确定出函数的凸性和曲线的拐点（“$\cup$”表示凹，“$\cap$”表示凸）.

表 4.3.2　由二阶导数符号求函数的凹凸性和曲线的拐点

x	$(-\infty, 0)$	0	$\left(0, \dfrac{2}{3}\right)$	$\dfrac{2}{3}$	$\left(\dfrac{2}{3}, +\infty\right)$
y''	$+$	0	$-$	0	$+$
y	$\cup$	有拐点	$\cap$	有拐点	$\cup$

可见，曲线在 $(-\infty, 0)$ 及 $\left(\dfrac{2}{3}, +\infty\right)$ 上是凹的，在 $\left(0, \dfrac{2}{3}\right)$ 上是凸的，拐点为 $(0, 1)$ 及 $\left(\dfrac{2}{3}, \dfrac{11}{27}\right)$.

例 4.3.11 讨论 $y=\sqrt[3]{x}$ 的凹凸性，并求拐点.

解 当 $x\neq 0$ 时，$y'=\dfrac{1}{3\sqrt[3]{x^2}}$，$y''=\dfrac{1}{9x\sqrt[3]{x^2}}$.

方程 $y''=0$ 无实根. 在 $x=0$ 处，y'' 不存在，当 $x<0$ 时，$y''>0$，故曲线在 $(-\infty, 0)$ 内为凹的；当 $x>0$ 时，$y''<0$，故曲线在 $(0, +\infty)$ 内为凸的. 又函数 $y=\sqrt[3]{x}$ 在 $x=0$ 处连续，故 $(0, 0)$ 是曲线的拐点.

由例 4.3.10、例 4.3.11 可以看出，若 $(x_0, f(x_0))$ 是曲线 $y=f(x)$ 的拐点，则 $f''(x_0)=0$ 或 $f''(x_0)$ 不存在，但要注意的是 $f''(x_0)=0$ 的根或 $f''(x)$ 不存在的点处不一定

都是曲线的拐点. 例如 $f(x)=x^4$，由 $f''(x)=12x^2=0$ 得 $x=0$，但在 $x=0$ 的两侧二阶导数的符号不变，即函数的凸性不变，故(0, 0)不是拐点. 又如函数 $f(x)=\sqrt[3]{x^2}$，它在 $x=0$ 处不可导，但(0, 0)也不是该曲线的拐点(详细讨论请读者完成).

知识要点

(1) 单调性：设 $f(x)$ 在 $[a, b]$ 上连续，且在 (a, b) 内可导，则

① 若对任意 $x\in(a, b)$，有 $f'(x)>0$，则 $f(x)$ 在 $[a, b]$ 上严格单调增加；

② 若对任意 $x\in(a, b)$，有 $f'(x)<0$，则 $f(x)$ 在 $[a, b]$ 上严格单调减少.

(2) 凹凸性：设 $f(x)$ 在 $[a, b]$ 上连续，且在 (a, b) 内具有二阶导数，那么

① 对任意 $x\in(a, b)$，若 $f''(x)>0$，则 $y=f(x)$ 在 $[a, b]$ 上是严格凹的；

② 对任意 $x\in(a, b)$，若 $f''(x)<0$，则 $y=f(x)$ 在 $[a, b]$ 上是严格凸的.

(3) 设 $f(x)$ 在 $U(x_0)$ 连续，若曲线 $y=f(x)$ 在点 $(x_0, f(x_0))$ 的左、右两侧凹凸性相反，则称点 $(x_0, f(x_0))$ 为该曲线的拐点.

■ 习题 4-3

1. 求下列函数的单调区间：

(1) $f(x)=2x^3-6x^2-18x-7$；　　(2) $f(x)=x-\ln x$；

(3) $f(x)=1-(x-2)^{\frac{2}{3}}$；　　(4) $f(x)=|x|(x-4)$.

2. 试证方程 $\sin x=x$ 只有一个根.

3. 已知 $f(x)$ 在 $[0, +\infty)$ 上连续，若 $f(0)=0$，$f'(x)$ 在 $[0, +\infty)$ 内存在且单调增加，证明 $\dfrac{f(x)}{x}$ 在 $(0, +\infty)$ 内也单调增加.

4. 证明下列不等式：

(1) $1+\dfrac{1}{2}x>\sqrt{1+x}$，$x>0$；　　(2) $x-\dfrac{x^2}{2}<\ln(1+x)<x$，$x>0$.

5. 讨论下列函数的凹凸性，并求曲线的拐点：

(1) $y=x^2-x^3$；　　(2) $y=\ln(1+x^2)$；

(3) $y=xe^x$；　　(4) $y=(x+1)^4+e^x$.

6. 当 a、b 为何值时，点(1, 3)为曲线 $y=ax^3+bx^2$ 的拐点.

第四节　函数的最大值和最小值

一、函数的极值

函数的极值是一个局部性概念，其确切定义如下：

定义 4.4.1　设 $f(x)$ 在 x_0 的某邻域内有定义. 若对任意 x 属于 x_0 的去心邻域，有 $f(x)<f(x_0)$ $(f(x)>f(x_0))$，则称 $f(x)$ 在点 x_0 处取得**极大值(极小值)** $f(x_0)$，x_0 称为函数的**极大值点(极小值点)**.

极大值和极小值统称为**极值**，极大值点和极小值点统称为**极值点**. 由定义可知，极值是在一点的邻域内比较函数值的大小而产生的. 因此对于一个定义在(a, b)内的函数，极值往往可能有很多个，且某一点取得的极大值可能会比另一点取得的极小值还要小. 所以函数极值是一个局部性概念.

例如，$f(x)=\frac{1}{3}x^3-x$，$x\in[-3, 3]$在$x=-1$及$x=1$分别取到极小值和极大值，但最小值与最大值分别在$x=-3$及$x=3$取到.

定理 4.4.1(费马(Fermat)定理) 设函数$f(x)$在某区间I内有定义，若$f(x)$在该区间内的点x_0处取得极值，且$f'(x_0)$存在，则必有$f'(x_0)=0$.

证 不妨设$f(x_0)$为极大值，则由定义知，存在x_0的去心邻域(含于I)使对任意x属于x_0的去心邻域有$f(x)<f(x_0)$，从而当$x<x_0$时，有$\frac{f(x)-f(x_0)}{x-x_0}>0$，故

$$f'_-(x_0)=\lim_{x\to x_0^-}\frac{f(x)-f(x_0)}{x-x_0}\geqslant 0;$$

又当$x>x_0$时，有

$$\frac{f(x)-f(x_0)}{x-x_0}<0,$$

故

$$f'_+(x)=\lim_{x\to x_0^+}\frac{f(x)-f(x_0)}{x-x_0}\leqslant 0.$$

因为$f'(x_0)$存在，所以$f'_+(x_0)=f'_-(x_0)=f'(x_0)$，从而$f'(x_0)=0$.

通常称$f'(x_0)=0$的根为函数$f(x)$的**驻点**. 定理 4.4.1 告诉我们：可导函数的极值点一定是驻点. 但其逆命题不成立. 例如，$x=0$是$f(x)=x^3$的驻点但不是$f(x)$的极值点. 事实上$f(x)=x^3$在$(-\infty, +\infty)$上是单调函数. 另外，连续函数在导数不存在的点处也可能取得极值. 例如，$y=|x|$在$x=0$处取得极小值，但在$x=0$处不可导. 因此，对于连续函数来说，驻点和导数不存在的点均有可能成为极值点. 那么，如何判别它们是否为极值点呢？我们有以下的判别准则.

定理 4.4.2(极值第一充分条件) 设函数$f(x)$在点x_0处连续，在x_0的去心邻域$(\mathring{U}(x_0, \delta)=(x_0-\delta, x_0+\delta))$内可导.

(1) 若对任意$x\in(x_0-\delta, x_0)$，$f'(x)>0$，对任意$x\in(x_0, x_0+\delta)$，$f'(x)<0$，则$f(x)$在x_0处取得极大值.

(2) 若对任意$x\in(x_0-\delta, x_0)$，$f'(x)<0$，对任意$x\in(x_0, x_0+\delta)$，$f'(x)>0$，则$f(x)$在x_0处取得极小值.

证 只证(1). 当$x\in(x_0-\delta, x_0)$时，因为$f'(x)>0$，所以$f(x)$严格单调增加，从而$f(x)<f(x_0)$，$x\in(x_0-\delta, x_0)$.

当$x\in(x_0, x_0+\delta)$时，因为$f'(x)<0$，所以$f(x)$严格单调减少，从而

$$f(x)<f(x_0), \quad x\in(x_0, x_0+\delta).$$

综上可知，$f(x)$在x_0处取得极大值.

定理 4.4.2 实际上是利用点x_0左、右两侧邻近的$f(x)$的不同单调性来确定$f(x)$在x_0

处取得极值的. 因此，若 $f'(x)$在 x_0的去心邻域内不变号，则 $f(x)$在 x_0处没有极值.

例 4.4.1 求函数 $f(x)=\frac{1}{\sqrt{2\pi}}e^{-\frac{x^2}{2}}$的极值.

解 $f'(x)=-\frac{x}{\sqrt{2\pi}}e^{-\frac{x^2}{2}}$.

由 $f'(x)=0$ 解得 $x=0$. 由于 $x<0$ 时，$f'(x)>0$，而 $x>0$ 时，$f'(x)<0$，因此 $x=0$ 是$f(x)$的极大值点，极大值 $f(0)=\frac{1}{\sqrt{2\pi}}$.

极值第一判别法和函数单调性判别法有紧密联系，此判别法在几何上也是很直观的，如图 4.4.1(a)、(b)所示.

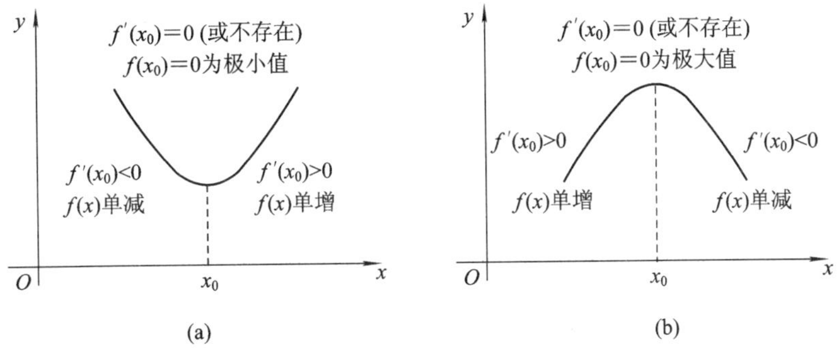

图 4.4.1　定理 4.4.2 示意图

有时候，对于驻点是否为极值点的判别利用如下定理更简便.

定理 4.4.3(极值第二充分条件) 设函数 $f(x)$在点 x_0 处具有二阶导数且 $f'(x_0)=0$，$f''(x)\neq 0$，则

(1) 当 $f''(x_0)<0$ 时，$f(x)$在 x_0处取得极大值；

(2) 当 $f''(x_0)>0$ 时，$f(x)$在 x_0处取得极小值.

例 4.4.2 求 $f(x)=x^3-3x^2-9x+5$ 的极值.

解 $f'(x)=3x^2-6x-9$，$f''(x)=6x-6$.

令 $f'(x)=0$，得 $x_1=-1$，$x_2=3$. 而 $f''(-1)=-12<0$，$f''(3)=12>0$，所以 $f(x)$的极大值为 $f(-1)=10$，$f(x)$的极小值为 $f(3)=-22$.

如果在驻点 x_0处 $f''(x_0)=0$，那么利用定理 4.4.3 不能判别 $f(x)$在 x_0处是否取得极值. 例如 $f(x)=x^3$，不仅 $f'(0)=0$，而且 $f''(0)=0$，此时我们可运用定理 4.4.2 来判别.

二、函数的最大值与最小值

若 $f(x)$在$[a, b]$上连续，且在(a, b)内只有有限个驻点或导数不存在的点，设其为 $x_1, x_2, \cdots, x_n$，则由闭区间上连续函数的最值定理知，$f(x)$在$[a, b]$上必取得最大值和最小值. 若最大(小)值在区间内部取得，则最大(小)值一定也是极值. 最大(小)值也可能在区间端点 $x=a$ 或 $x=b$ 处取得. 而极值点只能是驻点或导数不存在的点. 所以，$f(x)$在$[a, b]$上的最大值为

$$\max_{x\in[a,b]} f(x)=\max\{f(a), f(x_1), \cdots, f(x_n), f(b)\},$$

最小值为

$$\min_{x\in[a,b]} f(x)=\min\{f(a), f(x_1), \cdots, f(x_n), f(b)\}.$$

例 4.4.3 求 $f(x)=x^4-8x^2+2$ 在$[-1, 3]$上的最大值和最小值.

解 $f'(x)=4x^3-16x=4x(x-2)(x+2)$.

令 $f'(x)=0$，得驻点 $x_1=0$，$x_2=2$，$x_3=-2$(舍去). 经计算得 $f(-1)=-5$，$f(0)=2$，$f(2)=-14$，$f(3)=11$. 故 $f(x)$在$[-1, 3]$上的最大值等于 $f(3)=11$，$f(x)$在$[-1, 3]$上的最小值等于 $f(2)=-14$.

例 4.4.4 设 $f(x)=xe^x$，求它在定义域上的最大值和最小值.

解 $f(x)$在定义域$(-\infty, +\infty)$上连续可导，且

$$f'(x)=(x+1)e^x.$$

令 $f'(x)=0$，得驻点 $x=-1$.

当 $x\in(-\infty, -1)$时，$f'(x)<0$，当 $x\in(-1, +\infty)$时，$f'(x)>0$，故 $x=-1$ 为极小值点. 又 $\lim\limits_{x\to-\infty} f(x)=0$，$\lim\limits_{x\to+\infty} f(x)=+\infty$，从而 $f(-1)=-e^{-1}$为 $f(x)$的最小值，$f(x)$无最大值.

在实际问题中，若函数 $f(x)$在一个区间内连续可导且只有唯一驻点 x_0，而由问题的实质可以判断 $f(x)$在其区间内一定有最大(小)值，则该点的函数值 $f(x_0)$即是函数在该区间内的最大(小)值.

例 4.4.5 巴巴拉小姐得到纽约市隧道管理局一份工作，她的第一项任务是决定每辆汽车以多大速度通过隧道，可使车流量最大. 经观测，她找到了一个很好的描述平均车速 v(km/h)与车流量 $f(v)$(辆/s)关系的数学模型：

$$f(v)=\frac{35v}{1.6v+\frac{v^2}{22}+31.1}.$$

试问：平均车速多大时，车流量最大？最大车流量是多少？

解 令

$$f'(v)=\frac{35\times31.1-\frac{35}{22}v^2}{\left(1.6v+\frac{v^2}{22}+31.1\right)^2}=0,$$

得唯一驻点 $v\approx26.16$(km/h). 由于这是一个实际问题，所以函数的最大值必存在. 因此可知，当车速 $v\approx26.16$ km/h 时，车流量最大，且最大车流量为

$$f(26.16)\approx8\ (辆/s).$$

知识要点

下面两个结论在解应用问题时特别有用：

(1) 若 $f(x)$在$[a, b]$上连续，在(a, b)内只有唯一的一个极值点 x_0，则当 $f(x_0)$为极大值时它就是 $f(x)$在$[a, b]$上的最大值；当 $f(x_0)$为极小值时，它就是 $f(x)$在$[a, b]$上的最小值.

(2) 若 $f(x)$在$[a, b]$上严格单调增加，则 $f(a)$为最小值，$f(b)$为最大值；若 $f(x)$在$[a, b]$上严格单调减少，则 $f(a)$为最大值，$f(b)$为最小值.

■ 习题 4-4

1. 求下列函数的极值：

(1) $f(x)=2x^3-3x^2-12x+21$；

(2) $f(x)=\frac{1}{2}x^2 e^{-x}$；

(3) $f(x)=\frac{x}{1+x^2}$；

(4) $f(x)=|x+1|$.

2. 求下列函数的最值：

(1) $y=2x^3-3x^2-80$，$-1\leqslant x\leqslant 4$.

(2) $y=x^4-8x^2$，$-1\leqslant x\leqslant 3$.

(3) $y=x+\sqrt{1-x}$，$-5\leqslant x\leqslant 1$.

3. 某产品的成本函数为 $C(Q)=15Q-6Q^2+Q^3$.

(1) 生产数量为多少时，可使平均成本最小？

(2) 求出边际成本，并验证边际成本等于平均成本时平均成本最小.

4. 已知某厂生产 Q 件产品的成本为

$$C(Q)=25\ 000+2000Q+\frac{1}{40}Q^2\text{（元）}.$$

问：

(1) 要使平均成本最小，应生产多少件产品？

(2) 若产品以每件 5000 元售出，要使利润最大，应生产多少件产品？

第五节　导数在经济分析中的应用

在许多实际问题中，经常提出诸如用料最省、成本最低、效益最大等问题，这就是所谓的最优化问题，这类问题在数学上常归结为求一个函数（称为目标函数）的最大值或最小值的问题.

一、最大利润与最小成本问题

设某种产品的总成本函数为 $C(Q)$，总收益函数为 $R(Q)$（Q 为产量），则总利润 $L(Q)$ 可表示为

$$L(Q)=R(Q)-C(Q)$$

我们知道，假如 $L(Q)$在$(0, +\infty)$内二阶可导，则要使利润最大，必须使产量 Q 满足 $L'(Q)=0$ 的条件，即

$$R'(Q) = C'(Q). \tag{4.5.1}$$

式(4.5.1)表明产出的边际收益等于边际成本，再根据极值存在的第二充分条件，要使利润最大，还要求 $L''(Q)=R''(Q)-C''(Q)<0$，即

$$R''(Q) < C''(Q). \tag{4.5.2}$$

式(4.5.1)和式(4.5.2)在经济学中分别称为“最大利润原则”和“亏损最小原则”.

按照经济学的解释，总成本由固定成本和可变成本两部分构成，且可变成本随产量的增加而增加，因此总成本一般来说没有最小值(除非不生产). 在经济学上有意义的是单位成本(即平均成本)最小的问题，假设某种产品的总成本为 $C(Q)$，则生产的平均成本为

$$\overline{C}(Q)=\frac{C(Q)}{Q},$$

如果平均成本函数 $\overline{C}(Q)$ 可导，则要使 $\overline{C}(Q)$ 最小，就必须使产量 Q 满足 $[\overline{C}(Q)]'=0$ 的条件，即

$$C'(Q)=\overline{C}(Q). \tag{4.5.3}$$

式(4.5.3)表明产出的边际成本等于平均成本，这正是微观经济学中的一个重要结论.

例 4.5.1 设每日生产某产品的总成本函数为

$$C(Q)=1000+60Q-0.3Q^2+0.001Q^3,$$

产品单价为 60 元，问每日产量为多少时可获最大利润?

解 总利润 $L(Q)=R(Q)-C(Q)=-1000+0.3Q^2-0.001Q^3$，$Q>0$，从而

$$L'(Q)=0.6Q-0.003Q^2, \quad L''(Q)=0.6-0.006Q.$$

令 $L'(Q)=0$，得唯一驻点 $Q_0=200$，又 $L''(Q_0)=L''(200)=-0.6<0$，所以当日产量为 $Q_0=200$ 单位时可获最大利润，最大利润为

$$L(200)=-1000+0.3\times200^2-0.001\times200^3=3000\ (\text{元}).$$

例 4.5.2 设某产品的总成本函数为 $C(Q)=54+18Q+6Q^2$，试求平均成本最小时的产量水平.

解 因为 $C'(Q)=18+12Q$，

$$\overline{C}(Q)=\frac{54}{Q}+18+6Q,$$

令 $C'(Q)=\overline{C}(Q)$，得 $Q=3$($Q=-3$ 舍去)，所以当产量 $Q=3$ 时可使平均成本最小.

二、库存问题

库存是商品生产与销售过程中不可缺少的一个环节，为了保证正常的生产与销售，必须有适当的库存量，库存量过大，会造成库存费用高、流动资金积压等额外的经济损失，库存量过小，又会造成订货费用增多或生产准备费用增高，甚至造成停工待料等更大损失. 因此控制库存量，使库存总费用降至最低水平是管理中的一个重要问题，下面以一个简单模型为例来讨论这一问题.

假定计划期内货物的总需求为 R，考虑分 n 次均匀进货且不允许缺货的进货模型. 设计划期为 T 天，待求的进货次数为 n，那么每次进货的批量为 $q=\frac{R}{n}$，进货周期为 $t=\frac{T}{n}$，再设每件物品储存一天的费用为 c_1，每次进货的费用为 c_2，则在计划期(T 天)内总费用 E 由两部分组成，如图 4.5.1 所示.

进货费 E_1：$E_1=c_2n=\frac{c_2R}{q}$.

储存费 E_2：$E_2=\frac{q}{2}c_1T$.

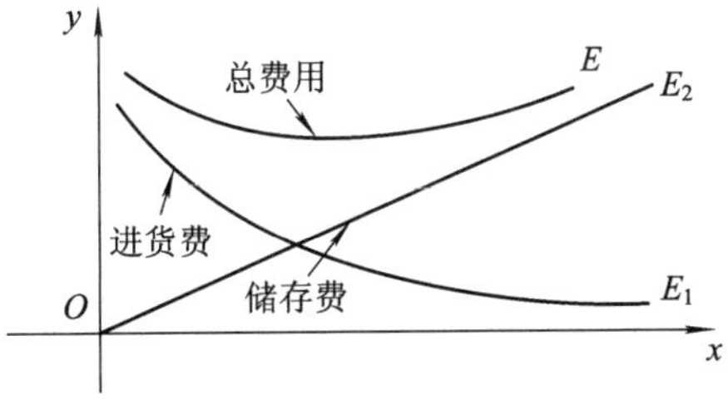

图 4.5.1　总费用、进货费、储存费关系示意图

于是总费用 E 可表示为批量 q 的函数:

$$E=E_1+E_2=\frac{c_2R}{q}+\frac{q}{2}c_1T.$$

最优批量 q^* 应使一元函数 $E=f(q)$ 达到极小值，因而 q^* 满足:

$$\frac{\mathrm{d}E}{\mathrm{d}q}=-\frac{c_2R}{q^2}+\frac{1}{2}c_1T=0,$$

由此可求得最优批量 q^* 为

$$q^*=\sqrt{\frac{2c_2R}{c_1T}},$$

从而求出最优进货次数为

$$n^*=\frac{R}{q^*}=\sqrt{\frac{2c_2TR}{c_1R}},$$

最优进货周期为

$$t^*=\frac{T}{n^*}=\sqrt{\frac{2c_2T}{c_1R}},$$

最小总费用为

$$E^*=c_2R\sqrt{\frac{c_1T}{2c_2R}}+\frac{1}{2}c_1T\sqrt{\frac{2c_2TR}{c_1R}}=\sqrt{2c_1c_2TR}.$$

例 4.5.3　某厂每月需要某种产品 100 件，每批产品进货费用 5 元，每件产品每月保管费用(储存费)为 0.4 元. 求最优订购批量 q^*、最优进货次数 n^*、最优进货周期 t^*、最小总费用 E^*.

解　由题意知，$R=100$，$T=1$，$c_1=0.4$，$c_2=5$，因此可得最优订购批量为

$$q^*=\sqrt{\frac{2c_2R}{c_1T}}=\sqrt{\frac{2\times5\times100}{0.4\times1}}=50\ (件);$$

最优进货次数为

$$n^*=\frac{R}{q^*}=\frac{100}{50}=2;$$

最优进货周期为

$$t^*=\frac{T}{n^*}=\frac{1}{2}\ (月);$$

最小总费用为

$$E^*=\sqrt{2c_1c_2TR}=20\ (元/月).$$

三、复利问题

现在讨论连续复利问题. 我们知道有一笔钱 A 存入银行，年利率为 r，按连续复利计息，则 t 年末本利和为 Ae^{rt}. 现在反过来看，若 t 年末本利和为 A，则期初本金为 Ae^{-rt}. 下面以一个例子说明极值在连续复利问题中的应用.

例 4.5.4 设林场的树木价值 V 是时间 t 的增函数 $V(t)=2^{\sqrt{t}}$，又设在树木生长期间保养费用为零，试求最佳伐木出售的时间.

解 林场的树木越长越大，价值越来越高，若保养费用为零，则应是越晚砍伐获利越大，因此本例的最值不存在.

但是，如果考虑到资金的时间因素，晚砍伐所得收益与早砍伐所得收益不能简单相比，而应折成现值. 设年利率为 r，则在时刻 t 伐木所得收益 $V(t)=2^{\sqrt{t}}$ 的现值，按连续复利计算应为

$$A(t)=V(t)e^{-rt}=2^{\sqrt{t}}e^{-rt},$$

$$A'(t)=2^{\sqrt{t}}\ln 2\cdot\frac{e^{-rt}}{2\sqrt{t}}-r\cdot 2^{\sqrt{t}}e^{-rt}=2^{\sqrt{t}}e^{-rt}\left(\frac{\ln 2}{2\sqrt{t}}-r\right)=A(t)\left(\frac{\ln 2}{2\sqrt{t}}-r\right).$$

令 $A'(t)=0$，得驻点 $t=\left(\frac{\ln 2}{2r}\right)^2$. 又

$$A''(t)=\left[A(t)\left(\frac{\ln 2}{2\sqrt{t}}-r\right)\right]'=A'(t)\left(\frac{\ln 2}{2\sqrt{t}}-r\right)+A(t)\left(\frac{\ln 2}{2\sqrt{t}}-r\right)',$$

在驻点处 $A'(t)=0$，从而 $A''(t)=A(t)\left(\frac{-\ln 2}{4\sqrt{t^3}}\right)<0$，故当 $t=\left(\frac{\ln 2}{2r}\right)^2$ 时，将树木砍伐出售最为有利.

四、其他优化问题

例 4.5.5 注入人体血液的麻醉药浓度随注入时间的长短而变. 据临床观测，某麻醉药在某人血液中的浓度 C 与时间 t 的函数关系为

$$C(t)=0.294\,83t+0.042\,53t^2-0.000\,35t^3,$$

其中，C 的单位是毫克/升，t 的单位是秒. 现问：大夫为给这位患者做手术，这种麻醉药从注入人体开始，过多长时间其血液含该麻醉药的浓度最大？

解 本题是要求出函数 $C(t)$ 当 $t>0$ 时的最大值. 为此，令

$$C'(t)=0.294\,83+0.085\,06t-0.001\,05t^2=0,$$

得

$$t_0=84.34\ (\text{负值已舍去}).$$

又因为

$$C''(t_0)=0.085\,06-0.177\,11<0,$$

所以当该麻醉药注入患者体内 84.34 秒时，其血液里麻醉剂的浓度最大.

例 4.5.6 宽为 2 m 的支渠道垂直地流向宽为 3 m 的主渠道. 若在其中漂运原木，问能通过的原木的最大长度是多少？

解 将问题理想化，原木的直径不计.

建立坐标系如图 4.5.2 所示，AB 是通过点 $C(3,\ 2)$ 且与渠道两侧壁分别交于 A 和 B 的线段.

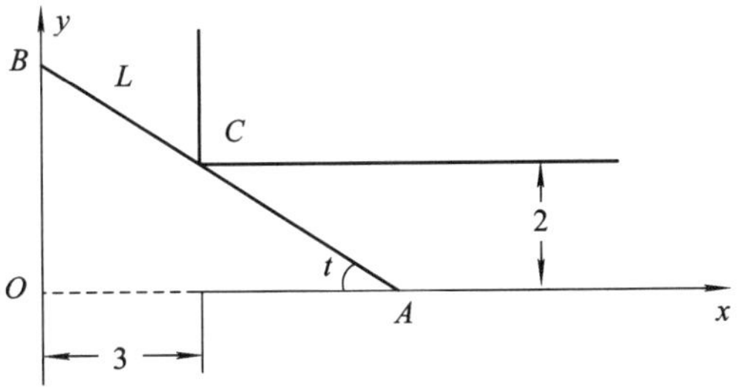

图 4.5.2　漂运原木的坐标示意图

设 $\angle OAC=t$，$t\in\left(0,\ \frac{\pi}{2}\right)$，则当原木长度不超过线段 AB 的长度 L 的最小值时，原木就能通过，于是建立目标函数

$$L(t)=AC+CB=\frac{2}{\sin t}+\frac{3}{\cos t},\quad t\in\left(0,\ \frac{\pi}{2}\right).$$

由于

$$L'(t)=-\frac{2\cos t}{\sin^2 t}-\frac{3(-\sin t)}{\cos^2 t}=\frac{3\ \sin t}{\cos^2 t}-\frac{2\ \cos t}{\sin^2 t}$$

$$=\frac{3\ \sin t}{\cos^2 t}\cdot\left(1-\frac{2}{3}\cot^3 t\right),$$

因此当 $t\in\left(0,\ \frac{\pi}{2}\right)$ 时，$\frac{\sin t}{\cos t}>0$. 于是从 $L'(t)=0$ 解得

$$t_0=\arctan\sqrt[3]{\frac{2}{3}}\approx 48°52'.$$

这个问题的最小值(L 的最小值)一定存在. 而在 $\left(0,\ \frac{\pi}{2}\right)$ 内只有一个驻点 t_0，故它就是 L 的最小值点，于是

$$\min_{t\in\left(0,\ \frac{\pi}{2}\right)} L(t)=L(t_0)\approx 7.02,$$

即能通过的原木的最大长度是 7.02 m.

知识要点

在经济问题中，我们经常会遇到这样的问题，比如怎样才能使产品最多、用料最省、成本最低、效益最高等，这样的问题在数学中有时可归结为求某一函数的最大值或最小值问题.

习题 4－5

1. 假设某种商品的需求量 Q 是单价 P 的函数 $Q=12\ 000-80P$，商品的总成本 C 是需求量 Q 的函数 $C=25\ 000+50Q$，每单位商品需纳税 2 元. 试求销售利润最大的商品价格和最大利润.

2. 设价格函数为 $P=15e^{\frac{-x}{3}}$(x 为产量)，求最大收益时的产量、价格和收益.

3. 某工厂生产某种商品，其年销售量为 100 万件，分为 N 批生产，每批生产需要增加生产准备费 1000 元，而每件商品的一年库存费为 0.05 元，如果年销售率是均匀的，且上批售完后立即生产出下批(此时商品的库存量的平均值为商品批量的一半). 问 N 为何值时，才能使生产准备费与库存费两项之和最小?

4. 设某企业在生产一种商品 x 件时的总收益为 $R(x)=100x-x^2$，总成本函数为 $C(x)=200+50x+x^2$，问政府对每件商品征收货物税为多少时，在企业获得最大利润的情况下，总税额最大?

5. 设生产某商品的总成本为 $C(x)=10\ 000+50x+x^2$(x 为产量)，问产量为多少时，每件产品的平均成本最低?

第六节　泰勒公式

在数学中，无论就函数性质而言，还是进行近似计算，多项式函数总是比其他函数简单，因此，我们在求解实际问题的过程中，常常在一定范围内用一个多项式函数来近似地表示一个复杂函数. 这一节我们将建立一个复杂函数与一个多项式函数之间的关系.

一、泰勒(Taylor)中值定理

定理 4.6.1(泰勒(Taylor)中值定理 1)　如果函数 $f(x)$在含 x_0 处具有直到 n 阶的导数，则对于该邻域内的任一 x，有

$$f(x)=f(x_0)+f'(x_0)(x-x_0)+\frac{f''(x_0)}{2!}(x-x_0)^2+\cdots+\frac{f^{(n)}(x_0)}{n!}(x-x_0)^n+R_n(x), \tag{4.6.1}$$

其中，$R_n(x)=o[(x-x_0)^n]$称为佩亚诺余项. 式(4.6.1)称为函数 $f(x)$在 x_0 处(或按$(x-x_0)$的幂展开)的带有佩亚诺余项的 n 阶泰勒公式.

推论　在泰勒公式(4.6.1)中，取 $x_0=0$，则带有佩亚诺余项的 n 阶麦克劳林(Maclaurin)公式为

$$f(x)=f(0)+f'(0)x+\frac{f''(0)}{2!}x^2+\cdots+\frac{f^{(n)}(0)}{n!}x^n+o(x^n).$$

定理 4.6.2(泰勒(Taylor)中值定理 2)　如果函数 $f(x)$在含 x_0 的某个开区间(a,b)内具有$(n+1)$阶导数，则对于任一 $x\in(a,b)$，有

$$f(x)=f(x_0)+f'(x_0)(x-x_0)+\frac{f''(x_0)}{2!}(x-x_0)^2+\cdots+\frac{f^{(n)}(x_0)}{n!}(x-x_0)^n+R_n(x) \tag{4.6.2}$$

其中，$R_n(x)=\frac{f^{(n+1)}(\xi)}{(n+1)!}(x-x_0)^{n+1}$($\xi$ 在 x_0 与 x 之间)称为拉格朗日型余项. 式(4.6.2)称为函数 $f(x)$在 x_0 处(或按$(x-x_0)$的幂展开)的带有拉格朗日型余项的 n 阶泰勒公式.

推论　在泰勒公式(4.6.2)中，取 $x_0=0$，则 ξ 在 0 与 x 之间，令 $\xi=\theta x(0<\theta<1)$，从而带有拉格朗日型余项的 n 阶麦克劳林(Maclaurin)公式为

$$f(x)=f(0)+f'(0)x+\frac{f''(0)}{2!}x^2+\cdots+\frac{f^{(n)}(0)}{n!}x^n+\frac{f^{(n+1)}(\theta x)}{(n+1)!}x^{n+1}\quad(0<\theta<1).$$

例 4.6.1 写出 $f(x)=\sin x$ 的 $2n$ 阶麦克劳林公式.

解 因为 $f'(x)=\cos x$，$f''(x)=-\sin x$，$f'''(x)=-\cos x$，…，$f^{(n)}(x)=\sin\left(x+\frac{n\pi}{2}\right)$，所以 $f'(0)=1$，$f''(0)=0$，$f'''(0)=-1$，…，从而

$$\sin x=x-\frac{x^3}{3!}+\frac{x^5}{5!}-\cdots+(-1)^{n-1}\frac{x^{2n-1}}{(2n-1)!}+R_{2n}(x),$$

其中，$R_{2n}(x)=\dfrac{\sin\left(\theta x+\frac{2n+1}{2}\pi\right)}{(2n+1)!}x^{2n+1}(0<\theta<1)$.

二、常用初等函数的麦克劳林公式 $(0<\theta<1)$

常用初等函数的麦克劳林公式如下：

(1) $\dfrac{1}{1-x}=1+x+x^2+x^3+\cdots+x^n+\dfrac{1}{(1-\theta x)^{n+2}}x^{n+1}$，$x\in(-1,1)$；

(2) $e^x=1+x+\dfrac{x^2}{2!}+\dfrac{x^3}{3!}+\cdots+\dfrac{x^n}{n!}+\dfrac{e^{\theta x}}{(n+1)!}$，$x\in(-\infty,+\infty)$；

(3) $\sin x=x-\dfrac{x^3}{3!}+\dfrac{x^5}{5!}-\cdots+(-1)^{n-1}\dfrac{x^{2n-1}}{(2n-1)!}+(-1)^n\dfrac{\cos\theta x}{(2n+1)!}x^{2n+1}$，$x\in(-\infty,+\infty)$；

(4) $\cos x=1-\dfrac{x^2}{2!}+\dfrac{x^4}{4!}-\cdots+(-1)^n\dfrac{x^{2n}}{(2n)!}+(-1)^{n+1}\dfrac{\cos\theta x}{(2n+2)!}x^{2n+2}$，$x\in(-\infty,+\infty)$；

(5) $\ln(1+x)=x-\dfrac{x^2}{2}+\dfrac{x^3}{3}-\cdots+(-1)^{n-1}\dfrac{x^n}{n}+\dfrac{(-1)^n}{(n+1)(1+\theta x)^{n+1}}x^{n+1}$，$x\in(-1,+\infty)$；

(6) $(1+x)^m=1+mx+\dfrac{m(m-1)}{2!}x^2+\cdots+\dfrac{m(m-1)\cdots(m-n+1)}{n!}x^n+R_n(x)$，其中

$$R_n(x)=\frac{m(m-1)\cdots(m-n+1)(m-n)}{(n+1)!}(1+\theta x)^{n+1}，\ |x|<1.$$

注：以上公式中的余项也可以写成佩亚诺型，且利用带有佩亚诺余项的泰勒公式可以求出某些函数的极限.

例 4.6.2 求 $\lim\limits_{x\to 0}\dfrac{e^x\sin x-x(1+x)}{x^3}$.

解

$$\begin{aligned}&\lim_{x\to 0}\frac{e^x\sin x-x(1+x)}{x^3}\\&=\lim_{x\to 0}\frac{\left(1+x+\frac{x^2}{2!}+o(x^2)\right)\cdot\left(x-\frac{x^3}{3!}+o(x^3)\right)-x(1+x)}{x^3}\\&=\lim_{x\to 0}\frac{\frac{1}{3}x^3+o(x^3)}{x^3}=\frac{1}{3}.\end{aligned}$$

例 4.6.3 设 $f(x)$ 在 $[a,b]$ 上二阶可导，且 $f'(a)=f'(b)=0$，证明：$\exists\xi\in(a,b)$，使得

$$|f''(\xi)|\geqslant 4\frac{|f(b)-f(a)|}{(b-a)^2}.$$

证 由泰勒公式得

$$f(x)=f(a)+f'(a)(x-a)+\frac{f''(\xi_1)}{2!}(x-a)^2,$$

$$f(x)=f(b)+f'(b)(x-b)+\frac{f''(\xi_2)}{2!}(x-b)^2,$$

其中 ξ_1 介于 x 与 a 之间，ξ_2 介于 x 与 b 之间，在上两式中令 $x=\frac{a+b}{2}$，得

$$f\left(\frac{a+b}{2}\right)=f(a)+\frac{f''(\xi_1)}{8}(b-a)^2,$$

$$f\left(\frac{a+b}{2}\right)=f(b)+\frac{f''(\xi_2)}{8}(b-a)^2,$$

两式相减，有

$$f(b)-f(a)=\frac{(b-a)^2}{8}(f''(\xi_1)-f''(\xi_2)),$$

所以

$$\begin{aligned}|f(b)-f(a)|&\leqslant\frac{(b-a)^2}{8}(|f''(\xi_1)|+|f''(\xi_2)|)\\&\leqslant\frac{(b-a)^2}{4}\max(|f''(\xi_1)|,|f''(\xi_2)|)\\&=\frac{(b-a)^2}{4}|f''(\xi)|,\end{aligned}$$

从而 $\exists\xi\in(a,b)$，使得

$$|f''(\xi)|\geqslant 4\frac{|f(b)-f(a)|}{(b-a)^2}.$$

知识要点

(1) **泰勒(Taylor)中值定理1**：如果函数 $f(x)$ 在含 x_0 处具有直到 n 阶的导数，则对于该邻域内的任一 x，有

$$f(x)=f(x_0)+f'(x_0)(x-x_0)+\frac{f''(x_0)}{2!}(x-x_0)^2+\cdots+\frac{f^{(n)}(x_0)}{n!}(x-x_0)^n+R_n(x),$$

其中，$R_n(x)=o[(x-x_0)^n]$ 称为佩亚诺余项. 上式称为函数 $f(x)$ 在 x_0 处(或按 $(x-x_0)$ 的幂展开)的带有佩亚诺余项的 n 阶泰勒公式.

(2) **推论**：在泰勒公式(4.6.1)中，取 $x_0=0$，则带有佩亚诺余项的 n 阶麦克劳林(Maclaurin)公式为

$$f(x)=f(0)+f'(0)x+\frac{f''(0)}{2!}x^2+\cdots+\frac{f^{(n)}(0)}{n!}x^n+o(x^n).$$

(3) **泰勒(Taylor)中值定理2**：如果函数 $f(x)$ 在含 x_0 的某个开区间 (a,b) 内具有 $(n+1)$ 阶导数，则对于任一 $x\in(a,b)$，有

$$f(x)=f(x_0)+f'(x_0)(x-x_0)+\frac{f''(x_0)}{2!}(x-x_0)^2+\cdots+\frac{f^{(n)}(x_0)}{n!}(x-x_0)^n+R_n(x),$$

其中，$R_n(x)=\frac{f^{(n+1)}(\xi)}{(n+1)!}(x-x_0)^{n+1}$（$\xi$ 在 x_0 与 x 之间）称为拉格朗日型余项. 上式称为函

数 $f(x)$ 在 x_0 处(或按 $(x-x_0)$ 的幂展开)的拉格朗日型余项的 n 阶泰勒公式.

■ 习题 4-6

1. 写出函数 $f(x)=\arcsin x$ 在 $x=0$ 处的 3 阶泰勒公式.

2. 当 $x_0=-1$ 时，求函数 $f(x)=\dfrac{1}{x}$ 的 n 阶泰勒公式.

3. 按 $(x-4)$ 的乘幂展开多项式 $f(x)=x^4-5x^3+x^2-3x+4$.

4. 利用泰勒公式求下列极限：

(1) $\lim\limits_{x\to 0}\dfrac{\cos x-e^{-\frac{x^2}{2}}}{x^4}$；

(2) $\lim\limits_{x\to 0}\dfrac{e^x-1-x-\dfrac{x}{2}}{\sin x-\cos x}$；

(3) $\lim\limits_{x\to+\infty}x^{\frac{3}{2}}(\sqrt{x+1}+\sqrt{x-1}-2\sqrt{x})$；

(4) $\lim\limits_{x\to+\infty}(\sqrt[6]{x^6+x^5}-\sqrt[6]{x^6-x^5})$.

5. 设 $\lim\limits_{x\to 0}\dfrac{f(x)}{x}=1$ 且 $f''(x)>0$，证明 $f(x)\geqslant x$.

总习题四

1. 填空题：

(1) $\lim\limits_{x\to 0}x\sin\dfrac{1}{x}+\lim\limits_{x\to+\infty}\dfrac{\ln\left(1+\dfrac{1}{x}\right)}{\arctan x}=$________.

(2) 函数 $y=x-\ln(x+1)$ 在区间________内单调减少，在区间________内单调增加.

2. 求下列极限：

(1) $\lim\limits_{x\to 0}\dfrac{\sqrt{1+\tan x}-\sqrt{1+\sin x}}{x\ln(1+x)-x^2}$；

(2) $\lim\limits_{x\to\infty}\dfrac{\left(-\sin\dfrac{1}{x}+\dfrac{1}{x}\cos\dfrac{1}{x}\right)\cos\dfrac{1}{x}}{\left(e^{\frac{1}{x}+a}-e^a\right)^2\sin\dfrac{1}{x}}$.

3. 求证当 $x>0$ 时，$x-\dfrac{1}{2}x^2<\ln(1+x)$.

4. 设函数 $f(x)$ 在 $[a, b]$ 上可导，且 $b-a\geqslant 4$，证明：存在点 $x_0\in(a, b)$，使得 $f'(x_0)<1+f^2(x_0)$.

5. 设函数 $f(x)$ 和 $g(x)$ 在 $[a, b]$ 上连续，在 (a, b) 内具有二阶导数且存在相等的最大值，且 $f(a)=g(a)$，$f(b)=g(b)$，证明：存在 $\xi\in(a, b)$，使得 $f''(\xi)=g''(\xi)$.

6. 设 $k\leqslant 0$，证明方程 $kx+\dfrac{1}{x^2}=1$ 有且仅有一个正的实根.

7. 某厂全年消耗(需求)某种钢材 5170 吨，每次订购费用为 5700 元，每吨钢材单价为 2400 元，每吨钢材一年的库存维护费用为钢材单价的 13.2%，求：

(1) 最优订购批量；

(2) 最优进货次数；

(3) 最优进货周期；

(4) 最小总费用.

8. 用一块半径为 R 的圆形铁皮，剪去一圆心角为 α 的扇形后，做成一个漏斗形容器，问 α 为何值时，容器的容积最大？

9. 工厂生产出的酒可即刻卖出，售价为 k 元；也可窖藏一个时期后再以较高的价格卖出. 设售价 V 为时间 t 的函数 $V(t)=ke^{\sqrt{t}}$，$k>0$ 为常数. 若储存成本为零，年利率为 r，则应何时将酒售出才能获得最大利润(按连续复利计算).

第五章　不 定 积 分

在微分学中，我们已经介绍了求已知函数的导数问题，本章将讨论其逆问题，即求一个可导函数，使其导数等于已知函数. 这种求已知函数的原函数的过程称为不定积分.

第一节　不定积分的概念与性质

一、原函数与不定积分的概念

定义 5.1.1　若定义在区间 I 上的函数 $f(x)$ 及可导函数 $F(x)$，对任意 $x\in I$ 都有

$$F'(x)=f(x) \quad 或 \quad \mathrm{d}F(x)=f(x)\mathrm{d}x,$$

则称 $F(x)$ 为 $f(x)$ 在区间 I 上的一个**原函数**.

例如，$(\sin x)'=\cos x$，故 $\sin x$ 是 $\cos x$ 的一个原函数.

又如，$(x^2)'=2x$，故 x^2 是 $2x$ 的一个原函数.

同样，$(x^2+2)'=2x$，$(x^2-1)'=2x$，故 x^2+2 与 x^2-1 都是 $2x$ 的原函数.

由上述三个例子可知：一个函数的原函数若存在，则其**原函数并不是唯一的**.

在前面的学习中我们已经知道：对于函数 $F(x)$ 和 $G(x)$，若对任意 x 恒有 $F'(x)=G'(x)$，则 $F(x)$ 与 $G(x)$ 之间仅相差一个常数 C，即 $F(x)=G(x)+C$，由此可得出以下两个结论：

(1) 如果函数 $f(x)$ 有一个原函数 $F(x)$，那么 $f(x)$ 就有无限多个原函数.

事实上，若 $F'(x)=f(x)$，则对任意常数 C，恒有

$$[F(x)+C]'=f(x).$$

上式说明，若 $F(x)$ 是 $f(x)$ 的一个原函数，则对任意常数 C，$F(x)+C$ 都是 $f(x)$ 的原函数.

(2) 如果 $F(x)$ 是 $f(x)$ 的一个原函数，那么 $f(x)$ 的其他原函数 $G(x)$ 与 $F(x)$ 的关系是

$$G(x)=F(x)+C,$$

其中，C 为常数.

事实上，若 $F'(x)=f(x)$，$G'(x)=f(x)$，则

$$[F(x)-G(x)]'=F'(x)-G'(x)=f(x)-f(x)=0,$$

即 $F(x)-G(x)=C$（C 为某一常数）.

也就是说，若 $F(x)$ 是 $f(x)$ 的一个原函数，则函数 $f(x)$ 的全体原函数为 $F(x)+C$（C 为任意常数）.

另外，函数可导需要具备一定的条件，同样，一个函数的原函数是否存在也是需要一定条件的. 我们将在下一章讨论原函数的存在性，这里先介绍一个结论：

原函数存在定理　如果函数 $f(x)$ 在区间 I 上连续，则在区间 I 上存在可导函数 $F(x)$，使得对任意 $x\in I$，都有

$$F'(x)=f(x).$$

简单地说，区间 I 上的连续函数一定有原函数.

由此，我们引入下述定义.

定义 5.1.2　在区间 I 上，函数 $f(x)$ 的全体原函数称为 $f(x)$ 在区间 I 上的**不定积分**，记作

$$\int f(x)\mathrm{d}x.$$

其中，$\int$ 称为积分符号，$f(x)$ 称为被积函数，$f(x)\mathrm{d}x$ 称为被积表达式，x 称为积分变量.

由定义及前面的结论可知，若 $F(x)$ 是 $f(x)$ 在区间 I 上的任意一个原函数，则 $f(x)$ 的不定积分可表示为

$$\int f(x)\mathrm{d}x = F(x)+C,$$

此式也表示 $f(x)$ 在区间 I 上的任意一个原函数.

例 5.1.1　求 $\int 4x^3\mathrm{d}x$.

解　由 $(x^4)'=4x^3$，知 x^4 是 $4x^3$ 的一个原函数，所以

$$\int 4x^3\mathrm{d}x = x^4+C.$$

例 5.1.2　求 $\int \mathrm{e}^x\mathrm{d}x$.

解　由 $(\mathrm{e}^x)'=\mathrm{e}^x$，知 e^x 是 e^x 的一个原函数，所以

$$\int \mathrm{e}^x\,\mathrm{d}x = \mathrm{e}^x+C.$$

例 5.1.3　求 $\int \frac{1}{1+x^2}\mathrm{d}x$.

解　由 $(\arctan x)'=\frac{1}{1+x^2}$，知 $\arctan x$ 是 $\frac{1}{1+x^2}$ 的一个原函数，所以

$$\int \frac{1}{1+x^2}\mathrm{d}x = \arctan x+C.$$

注：由定义及上述几个例子可知，不定积分表示被积函数的所有原函数，对于任意确定的一个常数 C，将对应一个原函数，其图像为一条曲线，称为**积分曲线**. 由于 C 可任意取值，因此不定积分对应的是一簇曲线，称为**积分曲线族**.

例 5.1.4　已知某产品的边际成本为 $50-2x$，求该产品的总成本函数 $C(x)$.

解　因为 $(50x-x^2)'=50-2x$，所以，总成本函数为

$$C(x)=\int(50-2x)\mathrm{d}x = 50x-x^2+C,$$

其中，C 为任意常数，可由固定成本确定.

二、基本积分表

由不定积分的定义可知，不定积分与导数或微分之间的运算为互逆运算，它所表示的

是被积函数的所有原函数，而任意两个原函数之间仅仅相差一个常数，因此，不定积分可简单地表示为被积函数的一个原函数加上任意常数 C.

下面根据导数的基本运算公式，给出相应求不定积分的基本公式. 把这些基本的积分公式列成一个表，这个表通常称为基本积分表.

(1) $\int k\,\mathrm{d}x = kx + C$（$k$ 为常数）；

(2) $\int x^{\mu}\,\mathrm{d}x = \dfrac{1}{\mu+1}x^{\mu+1} + C$（$\mu \neq -1$）；

(3) $\int \dfrac{\mathrm{d}x}{x} = \ln|x| + C$；

(4) $\int \dfrac{\mathrm{d}x}{1+x^2} = \arctan x + C$；

(5) $\int \dfrac{\mathrm{d}x}{\sqrt{1-x^2}} = \arcsin x + C$；

(6) $\int \mathrm{e}^x\,\mathrm{d}x = \mathrm{e}^x + C$；

(7) $\int a^x\,\mathrm{d}x = \dfrac{1}{\ln a}a^x + C$（$a > 0$）；

(8) $\int \cos x\,\mathrm{d}x = \sin x + C$；

(9) $\int \sin x\,\mathrm{d}x = -\cos x + C$；

(10) $\int \sec^2 x\,\mathrm{d}x = \tan x + C$；

(11) $\int \csc^2 x\,\mathrm{d}x = -\cot x + C$；

(12) $\int \sec x\tan x\,\mathrm{d}x = \sec x + C$；

(13) $\int \csc x\cot x\,\mathrm{d}x = -\csc x + C$.

以上 13 个基本积分公式是求不定积分的基础，必须熟记. 下面举几个应用积分公式的简单例子.

例 5.1.5 求 $\int \dfrac{\mathrm{d}x}{x^2}$.

解 根据基本积分表中的公式(2)得

$$\int \frac{\mathrm{d}x}{x^2} = \int x^{-2}\mathrm{d}x = \frac{1}{-2+1}x^{-2+1} + C = -\frac{1}{x} + C.$$

例 5.1.6 求 $\int x^3\sqrt{x}\,\mathrm{d}x$.

解 根据基本积分表中的公式(2)得

$$\int x^3\sqrt{x}\,\mathrm{d}x = \int x^{\frac{7}{2}}\,\mathrm{d}x = \frac{1}{\frac{7}{2}+1}x^{\frac{7}{2}+1} + C = \frac{2}{9}x^{\frac{9}{2}} + C.$$

例 5.1.7 求$\int 2^x \, dx$.

解 根据基本积分表中的公式(7)得

$$\int 2^x \, dx = \frac{1}{\ln 2} 2^x + C.$$

例 5.1.8 求$\int 2^x e^x \, dx$.

解 $2^x e^x = (2e)^x$，根据基本积分表中的公式(7)得

$$\int 2^x e^x \, dx = \int (2e)^x \, dx = \frac{1}{\ln 2e} (2e)^x + C = \frac{2^x e^x}{1 + \ln 2} + C.$$

以上几个例子表明，在利用公式求解不定积分时，有的题目并没有给出公式的直接形式，而我们可以通过简化、整理得到相应公式的形式，利用公式求出不定积分.

三、不定积分的性质

由定义 5.1.1 和定义 5.1.2 可知，若 $F(x)$为 $f(x)$在区间 I 上的一个原函数，即

$$F'(x) = f(x) \quad 或 \quad dF(x) = f(x) dx,$$

则 $f(x)$在区间 I 上的不定积分为

$$\int f(x) \, dx = F(x) + C.$$

从以上关系中易知$\int f(x) \, dx$ 表示 $f(x)$的所有原函数，故不定积分的运算性质可简单描述为以下几种情况：

性质 1 $\frac{d}{dx}\left[\int f(x) dx\right] = f(x)$ 或 $d\left[\int f(x) dx\right] = f(x) dx$.

又因为 $F(x)$是 $f(x)$的一个原函数，所以有以下性质.

性质 2 $\int F'(x) dx = F(x) + C$ 或$\int dF(x) = F(x) + C$.

性质 3 函数代数和的不定积分等于各个函数不定积分的代数和，即

$$\int [f(x) \pm g(x)] dx = \int f(x) dx \pm \int g(x) \, dx.$$

性质 4 求不定积分时，被积函数不为 0 的常数因子可以提到积分号外，即

$$\int k f(x) dx = k \int f(x) dx \quad (k \neq 0，k 为常数).$$

例 5.1.9 求$\int x^2 (\sqrt{x} - 1) dx$.

解 $\int x^2 (\sqrt{x} - 1) dx = \int (x^{\frac{5}{2}} - x^2) \, dx = \int x^{\frac{5}{2}} \, dx - \int x^2 \, dx = \frac{2}{7} x^{\frac{7}{2}} - \frac{1}{3} x^3 + C.$

注：积分运算的结果是否正确，可以通过对结果求导来加以验证，如果它的导数等于被积函数，那么其结果是正确的，否则积分结果是错误的. 显然，以上积分结果求导后刚好等于被积函数，因此结果是正确的. 像这种利用积分公式和不定积分的运算性质求解不定积分的方法叫作**直接积分法**.

例 5.1.10 求$\int \frac{(1-\sqrt{x^3})^2}{x^2}\,dx$.

解 $$\int \frac{(1-\sqrt{x^3})^2}{x^2}\,dx = \int \frac{1-2\sqrt{x^3}+x^3}{x^2}\,dx = \int\left(\frac{1}{x^2}-2x^{-\frac{1}{2}}+x\right)dx$$
$$= \int x^{-2}\,dx - 2\int x^{-\frac{1}{2}}\,dx + \int x\,dx$$
$$= -\frac{1}{x} - 4\sqrt{x} + \frac{1}{2}x^2 + C.$$

例 5.1.11 求$\int (e^x - 5\sin x)\,dx$.

解 $$\int (e^x - 5\sin x)\,dx = \int e^x\,dx - 5\int \sin x\,dx = e^x + 5\cos x + C.$$

例 5.1.12 求$\int \frac{x^4}{1+x^2}\,dx$.

解 $$\int \frac{x^4}{1+x^2}\,dx = \int \frac{x^4-1+1}{1+x^2}\,dx = \int \frac{(x^2-1)(x^2+1)+1}{1+x^2}dx$$
$$= \int \left(x^2-1+\frac{1}{1+x^2}\right)dx$$
$$= \int x^2\,dx - \int dx + \int \frac{1}{1+x^2}\,dx$$
$$= \frac{1}{3}x^3 - x + \arctan x + C.$$

例 5.1.13 求$\int \tan^2 x\,dx$.

解 $$\int \tan^2 x\,dx = \int (\sec^2 x - 1)\,dx = \int \sec^2\,dx - \int dx = \tan x - x + C.$$

例 5.1.14 求$\int \cos^2\frac{x}{2}dx$.

解 $$\int \cos^2\frac{x}{2}dx = \int \frac{1}{2}(1+\cos x)dx = \frac{1}{2}\int dx + \frac{1}{2}\int \cos x\,dx$$
$$= \frac{1}{2}x + \frac{1}{2}\sin x + C.$$

例 5.1.15 求$\int \frac{\cos 2x}{\cos^2 x \cdot \sin^2 x}\,dx$.

解 $$\int \frac{\cos 2x}{\cos^2 x\cdot\sin^2 x}\,dx = \int \frac{\cos^2 x - \sin^2 x}{\cos^2 x\cdot \sin^2 x}\,dx = \int\left(\frac{1}{\sin^2 x}-\frac{1}{\cos^2 x}\right)dx$$
$$= \int (\csc^2 x - \sec^2 x)\,dx$$
$$= \int \csc^2 x\,dx - \int \sec^2 x\,dx$$
$$= -\cot x - \tan x + C.$$

知识要点

(1) 原函数：若定义在区间 I 上的函数 $f(x)$ 及可导函数 $F(x)$，对任意 $x\in I$ 都有

$F'(x)=f(x)$或 $dF(x)=f(x)dx$，则称 $F(x)$为 $f(x)$在区间 I 上的一个原函数. 函数 $f(x)$ 的原函数若存在，则其原函数并不是唯一的，且任意两个原函数之间仅仅相差一个常数 C. 因此，若函数 $f(x)$存在一个原函数 $F(x)$，则其全部原函数为 $F(x)+C$.

(2) 不定积分：在区间 I 上，函数 $f(x)$的全体原函数称为 $f(x)$在区间 I 上的不定积分，记作 $\int f(x)dx = F(x)+C$(为任意常数)，其中 $F(x)$是 $f(x)$在区间 I 上的任意一个原函数. 对每一个给定的 C，都有 $f(x)$一个原函数，在几何上对应一条积分曲线. 所有积分曲线构成一个积分曲线族.

(3) 不定积分的四个基本性质以及利用基本积分表求解简单的不定积分.

(4) 本节重点是原函数与不定积分的概念、不定积分的基本性质以及利用基本积分表中的公式求解不定积分，难点是对不定积分概念的把握以及如何将被积函数变形以便能够应用基本积分表中的公式求解不定积分.

■ 习题 5-1

1. 求下列不定积分：

(1) $\int \frac{1}{x^3}\,dx$；　(2) $\int \frac{1}{x\sqrt{x^3}}\,dx$；

(3) $\int (x^2+2x+5)\,dx$；　(4) $\int \sqrt{x}(x-2)\,dx$；

(5) $\int \left(2^x+\frac{1}{\sqrt{x}}\right)dx$；　(6) $\int \frac{x^2}{1+x^2}\,dx$；

(7) $\int \frac{1}{x^2(1+x^2)}\,dx$；　(8) $\int \frac{1}{2\sqrt{x}}\,dx$；

(9) $\int \frac{1}{2\cos^2 x}\,dx$；　(10) $\int \frac{3\cdot 2^x+2\cdot 3^x}{2^x}\,dx$；

(11) $\int \frac{e^{2x}-1}{e^x+1}\,dx$；　(12) $\int \sin^2\frac{x}{2}\,dx$；

(13) $\int \frac{\cos 2x}{\cos x-\sin x}\,dx$；　(14) $\int \cot^2 x\,dx$.

2. 一曲线通过点$(e^2,3)$，且在任一点处切线的斜率等于该点横坐标的倒数，求该曲线的方程.

3. 已知生产某产品的总成本 C 是产量 x 的函数，记为 $C(x)$，边际成本为 $2x+20$，固定成本为 50，求总成本函数 $C(x)$.

第二节　换元积分法

能用基本积分表与积分运算性质计算的不定积分是非常有限的，因此，有必要进一步研究不定积分的求法. 本节我们将把复合函数的微分法反过来用于不定积分，利用中间变量的代换得到复合函数的积分法，称为换元积分法，简称换元法. 换元法通常分为第一类换元法(凑微分法)和第二类换元法. 下面先讨论第一类换元法.

一、第一类换元法(凑微分法)

如果不定积分 $\int g(x)\mathrm{d}x$ 用基本积分表中的公式与积分运算性质不易求得，但被积函数可分解为

$$g(x)=f[\varphi(x)]\cdot\varphi'(x),$$

若函数 $f(u)$ 的某个原函数 $F(u)$ 容易求得，则可作变量代换，令 $u=\varphi(x)$，得到 $\varphi'(x)\mathrm{d}x=\mathrm{d}u$，即

$$\begin{aligned}\int g(x)\ \mathrm{d}x &= \int f[\varphi(x)]\cdot\varphi'(x)\mathrm{d}x = \int f[\varphi(x)]\ \mathrm{d}\varphi(x)\\ &= \int f(u)\mathrm{d}u = F(u)+C = F[\varphi(x)]+C.\end{aligned}$$

由此，不定积分 $\int g(x)\mathrm{d}x$ 的计算问题就解决了，这就是第一类换元法(凑微分法). 从而有下述定理：

定理 5.2.1(第一类换元法) 设 $f(u)$ 具有原函数 $F(u)$，$u=\varphi(x)$ 可导，则有换元公式

$$\int f[\varphi(x)]\cdot\varphi'(x)\mathrm{d}x=\left[\int f(u)\mathrm{d}u\right]_{u=\varphi(x)}.$$

利用此法求解不定积分的关键在于：

(1) 被积函数 $g(x)$ 可改写为 $f[\varphi(x)]\cdot\varphi'(x)$ 的形式；

(2) $f(u)$ 具有原函数 $F(u)$.

例 5.2.1 求 $\int\frac{1}{2x+1}\mathrm{d}x$.

解
$$\begin{aligned}\int\frac{1}{2x+1}\mathrm{d}x &= \int\frac{1}{2}\cdot\frac{1}{2x+1}\cdot(2x+1)'\mathrm{d}x = \frac{1}{2}\int\frac{1}{2x+1}\mathrm{d}(2x+1)\\ &= \frac{1}{2}\int\frac{1}{u}\mathrm{d}u\quad(\text{这里 } u=2x+1)\\ &= \frac{1}{2}\ln|u|+C\\ &= \frac{1}{2}\ln|2x+1|+C.\end{aligned}$$

例 5.2.2 求 $\int x\mathrm{e}^{x^2}\mathrm{d}x$.

解
$$\begin{aligned}\int x\mathrm{e}^{x^2}\mathrm{d}x &= \int\frac{1}{2}\mathrm{e}^{x^2}(x^2)'\mathrm{d}x = \frac{1}{2}\int\mathrm{e}^{x^2}\mathrm{d}(x^2)\\ &= \frac{1}{2}\int\mathrm{e}^{u}\mathrm{d}u\quad(\text{这里 } u=x^2)\\ &= \frac{1}{2}\mathrm{e}^{u}+C\\ &= \frac{1}{2}\mathrm{e}^{x^2}+C.\end{aligned}$$

例 5.2.3 求 $\int\frac{1}{\sqrt{x}}\cos\sqrt{x}\,\mathrm{d}x$.

解
$$\int \frac{1}{\sqrt{x}}\cos\sqrt{x}\,\mathrm{d}x = 2\int \frac{1}{2\sqrt{x}}\cos\sqrt{x}\,\mathrm{d}x = 2\int \cos\sqrt{x}\,\mathrm{d}\sqrt{x}$$
$$= 2\int \cos u\,\mathrm{d}u \quad (这里\ u=\sqrt{x})$$
$$= 2\sin u + C$$
$$= 2\sin\sqrt{x} + C.$$

注：对变量代换比较熟练后，可省去书写中间变量 $u=\varphi(x)$ 的代换和回代过程，只需把 $\varphi(x)$ 看作 u 处理即可．一般地，我们可根据微分基本公式得到下列常用凑微分公式．

(1) $\int f(ax+b)\mathrm{d}x = \frac{1}{a}\int f(ax+b)\mathrm{d}(ax+b)\ (a\neq 0)$；

(2) $\int f(x^{\mu})x^{\mu-1}\,\mathrm{d}x = \frac{1}{\mu}\int f(x^{\mu})\mathrm{d}(x^{\mu})\ (\mu\neq 0)$；

(3) $\int f(\ln x)\cdot\frac{1}{x}\mathrm{d}x = \int f(\ln x)\ \mathrm{d}(\ln x)$；

(4) $\int f(\mathrm{e}^x)\cdot\mathrm{e}^x\,\mathrm{d}x = \int f(\mathrm{e}^x)\ \mathrm{d}(\mathrm{e}^x)$；

(5) $\int f(a^x)\cdot a^x\,\mathrm{d}x = \frac{1}{\ln a}\int f(a^x)\ \mathrm{d}(a^x)$；

(6) $\int f(\sin x)\cdot\cos x\,\mathrm{d}x = \int f(\sin x)\ \mathrm{d}(\sin x)$；

(7) $\int f(\cos x)\cdot\sin x\,\mathrm{d}x = -\int f(\cos x)\ \mathrm{d}(\cos x)$；

(8) $\int f(\tan x)\cdot\sec^2 x\,\mathrm{d}x = \int f(\tan x)\ \mathrm{d}(\tan x)$；

(9) $\int f(\cot x)\cdot\csc^2 x\,\mathrm{d}x = -\int f(\cot x)\ \mathrm{d}(\cot x)$；

(10) $\int f(\arctan x)\cdot\frac{1}{1+x^2}\mathrm{d}x = \int f(\arctan x)\ \mathrm{d}(\arctan x)$；

(11) $\int f(\arcsin x)\cdot\frac{1}{\sqrt{1-x^2}}\mathrm{d}x = \int f(\arcsin x)\ \mathrm{d}(\arcsin x)$.

例 5.2.4 求 $\int \tan x\,\mathrm{d}x$.

解 $\int \tan x\,\mathrm{d}x = \int \frac{\sin x}{\cos x}\,\mathrm{d}x = -\int \frac{1}{\cos x}\,\mathrm{d}(\cos x) = -\ln|\cos x| + C.$

注：类似可得，$\int \cot x\,\mathrm{d}x = \ln|\sin x| + C$，此二式均可作为公式直接使用．

例 5.2.5 求 $\int \frac{1}{x^2-4x+13}\mathrm{d}x$.

解
$$\int \frac{1}{x^2-4x+13}\mathrm{d}x = \int \frac{1}{(x-2)^2+9}\,\mathrm{d}x = \frac{1}{9}\int \frac{1}{\left(\frac{x-2}{3}\right)^2+1}\,\mathrm{d}x$$
$$= \frac{1}{3}\int \frac{1}{\left(\frac{x-2}{3}\right)^2+1}\,\mathrm{d}\left(\frac{x-2}{3}\right) = \frac{1}{3}\arctan\left(\frac{x-2}{3}\right) + C.$$

例 5.2.6 求 $\int \frac{\mathrm{d}x}{x^2-a^2}$.

解 因为 $\frac{1}{x^2-a^2}=\frac{1}{2a}\left(\frac{1}{x-a}-\frac{1}{x+a}\right)$，所以

$$\begin{aligned}\int \frac{1}{x^2-a^2}\,\mathrm{d}x &= \frac{1}{2a}\int\left(\frac{1}{x-a}-\frac{1}{x+a}\right)\mathrm{d}x = \frac{1}{2a}\left(\int\frac{1}{x-a}\mathrm{d}x-\int\frac{1}{x+a}\mathrm{d}x\right)\\ &= \frac{1}{2a}\left[\int\frac{1}{x-a}\mathrm{d}(x-a)-\int\frac{1}{x+a}\mathrm{d}(x+a)\right]\\ &= \frac{1}{2a}(\ln|x-a|-\ln|x+a|)+C\\ &= \frac{1}{2a}\ln\left|\frac{x-a}{x+a}\right|+C.\end{aligned}$$

例 5.2.7 求 $\int\frac{(\arctan x)^2}{1+x^2}\,\mathrm{d}x$.

解 $\int\frac{(\arctan x)^2}{1+x^2}\,\mathrm{d}x=\int(\arctan x)^2\mathrm{d}(\arctan x)=\frac{1}{3}(\arctan x)^3+C.$

例 5.2.8 求 $\int\frac{1}{x(1+2\ln x)}\,\mathrm{d}x$.

解

$$\begin{aligned}\int\frac{1}{x(1+2\ln x)}\,\mathrm{d}x &= \int\frac{1}{1+2\ln x}\,\mathrm{d}(\ln x)=\frac{1}{2}\int\frac{1}{1+2\ln x}\,\mathrm{d}(2\ln x)\\ &= \frac{1}{2}\int\frac{1}{1+2\ln x}\,\mathrm{d}(1+2\ln x)=\frac{1}{2}\ln|1+2\ln x|+C.\end{aligned}$$

例 5.2.9 求 $\int\sec x\,\mathrm{d}x$.

解

$$\begin{aligned}\int\sec x\,\mathrm{d}x &= \int\frac{1}{\cos x}\,\mathrm{d}x=\int\frac{\cos x}{\cos^2 x}\,\mathrm{d}x=\int\frac{1}{1-\sin^2 x}\,\mathrm{d}(\sin x)\\ &= \int\frac{1}{(1-\sin x)(1+\sin x)}\,\mathrm{d}(\sin x)\\ &= \frac{1}{2}\int\left(\frac{1}{1-\sin x}+\frac{1}{1+\sin x}\right)\mathrm{d}(\sin x)\\ &= \frac{1}{2}\left[\int\frac{1}{1-\sin x}\,\mathrm{d}(\sin x)+\int\frac{1}{1+\sin x}\,\mathrm{d}(\sin x)\right]\\ &= \frac{1}{2}\left[-\int\frac{1}{1-\sin x}\,\mathrm{d}(1-\sin x)+\int\frac{1}{1+\sin x}\,\mathrm{d}(1+\sin x)\right]\\ &= \frac{1}{2}(\ln|1+\sin x|-\ln|1-\sin x|)+C\\ &= \frac{1}{2}\ln\left|\frac{1+\sin x}{1-\sin x}\right|+C\\ &= \frac{1}{2}\ln\left|\frac{(1+\sin x)^2}{1-\sin^2 x}\right|+C\\ &= \frac{1}{2}\ln\left|\frac{1+\sin x}{\cos x}\right|^2+C\\ &= \ln|\sec x+\tan x|+C.\end{aligned}$$

同理可得

$$\int \csc x\, dx = \ln|\csc x - \cot x| + C.$$

例 5.2.10 求 $\int \frac{1+\cos x}{x+\sin x} dx$.

解 $$\int \frac{1+\cos x}{x+\sin x} dx = \int \frac{1}{x+\sin x}\, d(x+\sin x) = \ln|x+\sin x| + C.$$

例 5.2.11 求 $\int \sin^2 x\, dx$.

解 $$\int \sin^2 x\, dx = \frac{1}{2}\int (1-\cos 2x)\, dx = \frac{1}{2}\int dx - \frac{1}{4}\int \cos 2x\, d(2x)$$

$$= \frac{1}{2}x - \frac{1}{4}\sin 2x + C.$$

例 5.2.12 求 $\int \cos^3 x\, dx$.

解 $$\int \cos^3 x\, dx = \int \cos^2 x \cdot \cos x\, dx = \int (1-\sin^2 x)\, d(\sin x)$$

$$= \sin x - \frac{1}{3}\sin^3 x + C.$$

以上所举的例子，使我们看到凑微分法在求不定积分中的作用，同时也认识到利用这种方法并没有一般途径可循. 因此，要想熟练掌握此方法，必须在熟悉一些经典例子的前提下多做练习加以强化. 对于很多利用凑微分法难以求解的不定积分，我们还需进一步学习另外一种求解方法，即第二类换元法.

二、第二类换元法

如果利用直接积分法或凑微分法，不定积分 $\int f(x)\, dx$ 也不易求得，则可作适当的变量代换，即

$$x=\varphi(t),$$

此时 $dx=\varphi'(t)dt$，化积分为下列形式：

$$\int f(x)dx = \int f[\varphi(t)]\,\varphi'(t)dt.$$

若函数 $f[\varphi(t)]\varphi'(t)$ 具有原函数 $F(t)$，则

$$\int f(x)dx = \int f[\varphi(t)]\varphi'(t)\, dt = F(t) + C = F[\varphi^{-1}(x)] + C,$$

其中，$t=\varphi^{-1}(x)$ 为函数 $x=\varphi(t)$ 的反函数，这就要求函数 $x=\varphi(t)$ 的反函数必须存在. 于是便有以下定理.

定理 5.2.2 设 $x=\varphi(t)$ 为单调的可导函数，并且 $\varphi'(t)\neq 0$，又设 $f[\varphi(x)]\varphi'(t)$ 具有原函数 $F(t)$，则

$$\int f(x)dx = \int f[\varphi(t)]\varphi'(t)\, dt = F(t) + C = F[\varphi^{-1}(x)] + C.$$

此式可直接利用复合函数及反函数求导法则予以验证.

利用定理 5.2.2 求解不定积分的变量代换的类型很多，如果选择适当，会使积分运算非常容易. 下面我们主要通过例子介绍三种类型：三角函数代换、倒代换和简单无理函数代换.

1. 三角函数代换

三角函数代换的目的是通过三角代换化去被积函数中的根式，其一般规律如下：

(1) 当被积函数含有 $\sqrt{a^2-x^2}$ 时，可令 $x=a\sin t$，$t\in(-\pi/2, \pi/2)$；

(2) 当被积函数含有 $\sqrt{a^2+x^2}$ 时，可令 $x=a\tan t$，$t\in(-\pi/2, \pi/2)$；

(3) 当被积函数含有 $\sqrt{x^2-a^2}$ 时，可令 $x=\pm a\sec t$，$t\in(0, \pi/2)$.

例 5.2.13 求 $\int\sqrt{a^2-x^2}\,\mathrm{d}x\ (a>0)$.

解 令 $x=a\sin t$，$t\in(-\pi/2, \pi/2)$，显然 $\mathrm{d}x=a\cos t\,\mathrm{d}t$，则

$$\begin{aligned}\int\sqrt{a^2-x^2}\,\mathrm{d}x &= \int\sqrt{a^2(1-\sin^2 t)}\cdot a\cos t\,\mathrm{d}t \\ &= \int a^2\cos^2 t\,\mathrm{d}t = \frac{a^2}{2}\int(1+\cos 2t)\,\mathrm{d}t \\ &= \frac{a^2}{2}\left(t+\frac{1}{2}\sin 2t\right)+C \\ &= \frac{a^2}{2}t+\frac{a^2}{2}\sin t\cos t+C \\ &= \frac{a^2}{2}\arcsin\frac{x}{a}+\frac{1}{2}x\sqrt{a^2-x^2}+C.\end{aligned}$$

注：在利用三角函数代换求解不定积分的过程中，为将变量 t 还原回原来的积分变量 x，我们往往通过构建直角三角形以便快速得出结果. 如本题中由 $x=a\sin t$，容易构建如图 5.2.1 所示的直角三角形，易得 $\sin t=\frac{x}{a}$，$\cos t=\frac{\sqrt{a^2-x^2}}{a}$.

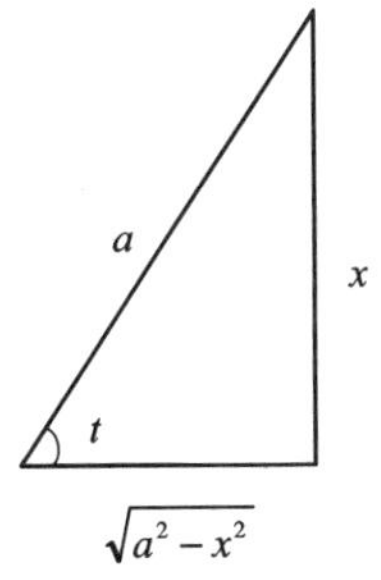

图 5.2.1 例 5.2.13 的三角关系示意图

例 5.2.14 求 $\int\frac{1}{\sqrt{a^2+x^2}}\,\mathrm{d}x\ (a>0)$.

解 令 $x=a\tan t$，$t\in\left(-\frac{\pi}{2}, \frac{\pi}{2}\right)$，显然 $\mathrm{d}x=a\sec^2 t\,\mathrm{d}t$，则

$$\int \frac{1}{\sqrt{a^2+x^2}}\mathrm{d}x = \int \frac{1}{\sqrt{a^2(1+\tan^2 t)}} \cdot a\sec^2 t\,\mathrm{d}t$$

$$= \int \frac{a\sec^2 t}{\sqrt{a^2\sec^2 t}}\mathrm{d}t = \int \sec t\,\mathrm{d}t$$

$$= \ln|\sec t + \tan t| + C_1$$

$$= \ln\left|\frac{\sqrt{a^2+x^2}}{a} + \frac{x}{a}\right| + C_1$$

$$= \ln(\sqrt{a^2+x^2}+x) - \ln a + C_1$$

$$= \ln(\sqrt{a^2+x^2}+x) + C.$$

注：本题三角关系如图 5.2.2 所示.

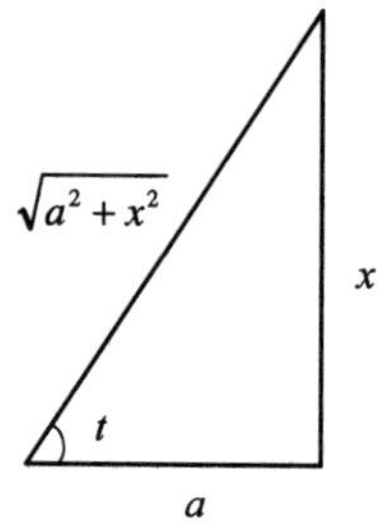

图 5.2.2　例 5.2.14 的三角关系示意图

例 5.2.15　求 $\int \frac{1}{\sqrt{x^2-a^2}}\mathrm{d}x\ (a>0)$.

解　当 $x>0$ 时，令 $x=a\sec t$，$t\in\left(0,\frac{\pi}{2}\right)$，显然 $\mathrm{d}x=a\sec t\tan t\,\mathrm{d}t$，则

$$\int \frac{1}{\sqrt{x^2-a^2}}\mathrm{d}x = \int \frac{1}{\sqrt{a^2(\sec^2 t-1)}} \cdot a\sec t\tan t\,\mathrm{d}t$$

$$= \int \frac{a\sec t\tan t}{\sqrt{a^2\tan^2 t}}\mathrm{d}t = \int \sec t\,\mathrm{d}t$$

$$= \ln|\sec t + \tan t| + C_1$$

$$= \ln\left|\frac{x}{a} + \frac{\sqrt{x^2-a^2}}{a}\right| + C_1$$

$$= \ln|x+\sqrt{x^2-a^2}| - \ln a + C_1$$

$$= \ln|x+\sqrt{x^2-a^2}| + C.$$

当 $x<0$ 时，令 $x=-u$，则 $u>0$，利用上述结果亦可得

$$\int \frac{1}{\sqrt{x^2-a^2}}\mathrm{d}x = \ln|x+\sqrt{x^2-a^2}| + C.$$

因此

$$\int \frac{1}{\sqrt{x^2-a^2}}\mathrm{d}x = \ln|x+\sqrt{x^2-a^2}| + C.$$

2. 倒代换

当有理分式函数中分母(多项式)的次数较高时，常采用倒代换，令 $x=\frac{1}{t}$ 或 $t=\frac{1}{x}$.

例 5.2.16 求 $\int \frac{\mathrm{d}x}{x(x^5-2)}$.

解 令 $x=\frac{1}{t}$，显然 $\mathrm{d}x=-\frac{1}{t^2}\mathrm{d}t$，从而

$$\begin{aligned}\int \frac{\mathrm{d}x}{x(x^5-2)} &= \int \frac{t}{\frac{1}{t^5}-2}\cdot\left(-\frac{1}{t^2}\right)\mathrm{d}t = -\int \frac{t^4}{1-2t^5}\,\mathrm{d}t \\ &= -\frac{1}{5}\int \frac{1}{1-2t^5}\,\mathrm{d}t^5 = \frac{1}{10}\int \frac{1}{1-2t^5}\mathrm{d}(1-2t^5) \\ &= \frac{1}{10}\ln|1-2t^5|+C \\ &= \frac{1}{10}\ln|x^5-2|-\frac{1}{2}\ln|x|+C.\end{aligned}$$

3. 简单无理函数代换

当被积函数含有 $\sqrt[n]{ax+b}$ 或 $\sqrt[n]{\frac{ax+b}{cx+d}}$ $\left(\frac{a}{c}\neq\frac{b}{d}\right)$ 形式的 n 次根式时，可直接令其为 t，再解出 x 为 t 的有理函数，从而化去被积函数中的 n 次根式.

例 5.2.17 求 $\int \frac{\sqrt{x-1}}{x}\,\mathrm{d}x$.

解 令 $t=\sqrt{x-1}$，则 $x=t^2+1$，$\mathrm{d}x=2t\,\mathrm{d}t$，从而

$$\begin{aligned}\int \frac{\sqrt{x-1}}{x}\,\mathrm{d}x &= \int \frac{t}{t^2+1}\cdot 2t\,\mathrm{d}t = 2\int \frac{t^2}{t^2+1}\mathrm{d}t \\ &= 2\int\left(1-\frac{1}{1+t^2}\right)\mathrm{d}t \\ &= 2t-2\arctan t+C \\ &= 2\sqrt{x-1}-2\arctan\sqrt{x-1}+C.\end{aligned}$$

例 5.2.18 求 $\int \frac{1}{\sqrt{x}(1+\sqrt[3]{x})}\,\mathrm{d}x$.

解 令 $x=t^6$，则 $\mathrm{d}x=6t^5\mathrm{d}t$，从而

$$\begin{aligned}\int \frac{1}{\sqrt{x}(1+\sqrt[3]{x})}\,\mathrm{d}x &= \int \frac{1}{t^3(1+t^2)}\cdot 6t^5\mathrm{d}t = 6\int \frac{t^2}{1+t^2}\,\mathrm{d}t \\ &= 6\int\left(1-\frac{1}{1+t^2}\right)\mathrm{d}t \\ &= 6(t-\arctan t)+C \\ &= 6(\sqrt[6]{x}-\arctan\sqrt[6]{x})+C.\end{aligned}$$

本节的例题中，如例 5.2.4、例 5.2.6、例 5.2.9、例 5.2.14 以后会经常遇到，所以它们通常也被当作公式使用. 常用的积分公式，除了基本积分表中的公式外，以下几个也可直接作为公式使用(其中常数 $a>0$)：

(1) $\int \tan x \, dx = -\ln|\cos x| + C$；

(2) $\int \cot x \, dx = \ln|\sin x| + C$；

(3) $\int \sec x \, dx = \ln|\sec x + \tan x| + C$；

(4) $\int \csc x \, dx = \ln|\csc x - \cot x| + C$；

(5) $\int \frac{dx}{\sqrt{a^2 - x^2}} = \arcsin\frac{x}{a} + C$；

(6) $\int \frac{dx}{a^2 + x^2} = \frac{1}{a}\arctan\frac{x}{a} + C$；

(7) $\int \frac{dx}{x^2 - a^2} = \frac{1}{2a}\ln\left|\frac{x-a}{x+a}\right| + C$；

(8) $\int \frac{dx}{\sqrt{x^2 + a^2}} = \ln(x + \sqrt{x^2 + a^2}) + C$；

(9) $\int \frac{dx}{\sqrt{x^2 - a^2}} = \ln|x + \sqrt{x^2 - a^2}| + C$；

(10) $\int \sqrt{a^2 - x^2}\, dx = \frac{a^2}{2}\arcsin\frac{x}{a} + \frac{x}{2}\sqrt{a^2 - x^2} + C$.

知识要点

(1) 第一类换元法(凑微分法)：设 $f(u)$具有原函数 $F(u)$，$u=\varphi(x)$可导，则有换元公式 $\int f[\varphi(x)]\cdot\varphi'(x)dx = \left[\int f(u)du\right]_{u=\varphi(x)}$. 凑微分法的关键在于将被积函数 $g(x)$改写为 $f[\varphi(x)]\cdot\varphi'(x)$的形式，同时函数 $f(u)$具有原函数 $F(u)$.

(2) 第二类换元法：设 $x=\varphi(t)$为单调的可导函数，并且 $\varphi'(t)\neq 0$，又设 $f[\varphi(t)]\varphi'(t)$具有原函数 $F(t)$，则

$$\int f(x)dx = \int f[\varphi(t)]\varphi'(t)\,dt = F(t) + C = F[\varphi^{-1}(x)] + C.$$

利用此公式进行积分运算的变量代换主要有三角函数代换、倒代换和简单无理函数代换.

(3) 本书重点是第一类换元法(凑微分法)和第二类换元法，难点是精确把握凑微分法和第二类换元法的解题关键和解题技巧. 要求熟练掌握凑微分法和第二类换元法，并能利用这两种方法以及基本积分表中的公式求解不定积分.

■ 习题 5－2

1. 求下列不定积分：

(1) $\int e^{3x}\,dx$；　　(2) $\int \cos 5x\,dx$；

(3) $\int (2+3x)^3\,dx$；　　(4) $\int \sec^2(2-x)\,dx$；

(5) $\int \frac{\sin\sqrt{x}}{2\sqrt{x}}\,dx$；　　(6) $\int x\cos x^2\,dx$；

(7) $\int x e^{-\frac{x^2}{2}}\,dx$；　　(8) $\int \frac{x}{\sqrt{3-2x^2}}\,dx$；

(9) $\int \sin x\cos x\,dx$；　　(10) $\int \cos^3 x\,dx$；

(11) $\int \frac{1+x}{\sqrt{1-x^2}}\,dx$；　　(12) $\int \frac{1}{x(x+1)}\,dx$；

(13) $\int \frac{2^{\arcsin x}}{\sqrt{1-x^2}}\,dx$；　　(14) $\int \frac{1+\ln x}{x\ln x}\,dx$.

2. 用第二类换元法求下列积分：

(1) $\int \frac{1}{1+\sqrt[3]{x}}\,dx$；　　(2) $\int x^2(x-1)^{100}\,dx$；

(3) $\int \sqrt{1-x^2}\,dx$；　　(4) $\int \frac{1}{\sqrt{9+4x^2}}\,dx$；

(5) $\int \frac{1}{x(x^2+1)}\,dx$；　　(6) $\int \frac{dx}{x\sqrt{x^2-1}}$.

3. 设 $f(x)$在区间$[1,+\infty)$上可导，$f(1)=0$，$f'(e^x+1)=3e^{2x}+2$，求 $f(x)$.

第三节　分部积分法

上一节我们在复合函数求导法则的基础上研究了复合函数的积分法，即换元积分法.这一节我们将在乘积求导公式的基础上研究函数乘积的积分方法，即**分部积分法**.

设函数 $u=u(x)$和 $v=v(x)$具有连续导数，则两个函数乘积的导数或微分公式为

$$(uv)'=u'v+uv' \quad 或 \quad d(uv)=v\,du+u\,dv,$$

两边积分，得

$$uv=\int u'v\,dx+\int uv'\,dx \quad 或 \quad uv=\int v\,du+\int u\,dv,$$

移项，得

$$\int uv'\,dx=uv-\int u'v\,dx \quad 或 \quad \int u\,dv=uv-\int v\,du.$$

以上两个等价的公式被称为**分部积分公式**. 利用此公式求解不定积分的关键在于：适当将被积函数 $f(x)$表示为两部分 u 和 v'的乘积形式，即如何选取 u 和 v，使得 $f(x)=uv'$，并且积分 $\int u'v\,dx$ 容易求得.

下面分四种情况来介绍分部积分法的四种基本类型.

一、降次型

当被积函数为多项式与三角函数或指数函数的乘积时，通常选多项式为 u，选三角函数或指数函数为 v'进行积分.

例 5.3.1 求$\int x\cos x\,\mathrm{d}x$.

解
$$\begin{aligned}\int x\cos x\,\mathrm{d}x &= \int x(\sin x)'\mathrm{d}x = \int x\,\mathrm{d}(\sin x)\\ &= x\sin x - \int \sin x\,\mathrm{d}x\\ &= x\sin x + \cos x + C.\end{aligned}$$

例 5.3.2 求$\int x\mathrm{e}^x\,\mathrm{d}x$.

解
$$\begin{aligned}\int x\mathrm{e}^x\,\mathrm{d}x &= \int x(\mathrm{e}^x)'\mathrm{d}x = \int x\,\mathrm{d}(\mathrm{e}^x)\\ &= x\mathrm{e}^x - \int \mathrm{e}^x\,\mathrm{d}x\\ &= x\mathrm{e}^x - \mathrm{e}^x + C.\end{aligned}$$

例 5.3.3 求$\int x^2\cos x\,\mathrm{d}x$.

解
$$\begin{aligned}\int x^2\cos x\,\mathrm{d}x &= \int x^2\,\mathrm{d}(\sin x)\\ &= x^2\sin x - \int \sin x\,\mathrm{d}(x^2)\\ &= x^2\sin x - 2\int x\sin x\,\mathrm{d}x\\ &= x^2\sin x + 2\int x\,\mathrm{d}(\cos x)\\ &= x^2\sin x + 2x\cos x - 2\int \cos x\,\mathrm{d}x\\ &= x^2\sin x + 2x\cos x - 2\sin x + C.\end{aligned}$$

二、转换型

当被积函数为反三角函数或对数函数与其他函数的乘积时，通常选反三角函数或对数函数为 u，选其他函数为 v' 进行积分.

例 5.3.4 求$\int \arctan x\,\mathrm{d}x$.

解
$$\begin{aligned}\int \arctan x\,\mathrm{d}x &= \int x'\arctan x\,\mathrm{d}x\\ &= x\arctan x - \int x\,\mathrm{d}(\arctan x)\\ &= x\arctan x - \int \frac{x}{1+x^2}\,\mathrm{d}x\\ &= x\arctan x - \frac{1}{2}\int \frac{1}{1+x^2}\,\mathrm{d}(x^2+1)\\ &= x\arctan x - \frac{1}{2}\ln(x^2+1) + C.\end{aligned}$$

例 5.3.5 求 $\int x\arctan x\,dx$.

解
$$\begin{aligned}\int x\arctan x\,dx&=\int \arctan x\,d\left(\frac{x^2}{2}\right)\\&=\frac{1}{2}x^2\arctan x-\int\frac{x^2}{2}d(\arctan x)\\&=\frac{1}{2}x^2\arctan x-\frac{1}{2}\int\frac{x^2}{1+x^2}dx\\&=\frac{1}{2}x^2\arctan x-\frac{1}{2}\int\frac{x^2+1-1}{1+x^2}dx\\&=\frac{1}{2}x^2\arctan x-\frac{1}{2}\int dx+\frac{1}{2}\int\frac{1}{1+x^2}dx\\&=\frac{1}{2}x^2\arctan x-\frac{1}{2}x+\frac{1}{2}\arctan x+C.\end{aligned}$$

例 5.3.6 求 $\int x^2\ln x\,dx$.

解
$$\begin{aligned}\int x^2\ln x\,dx&=\int\ln x\,d\left(\frac{x^3}{3}\right)\\&=\frac{1}{3}x^3\ln x-\frac{1}{3}\int\frac{1}{x}\cdot x^3dx\\&=\frac{1}{3}x^3\ln x-\frac{1}{3}\int x^2\,dx\\&=\frac{1}{3}x^3\ln x-\frac{1}{9}x^3+C.\end{aligned}$$

三、循环型

当被积函数为指数函数与正弦(或余弦)函数的乘积时，需要进行两次分部积分. 任选一类函数为 u，另一类函数为 v'，经两次分部积分，所得结果都会含有原积分. 此时只需求解关于原积分的方程即可得出结果，不过积分完后等式右边务必加上任意常数 C.

例 5.3.7 求 $\int e^x\cos x\,dx$.

解
$$\begin{aligned}\int e^x\cos x\,dx&=\int e^x d(\sin x)=e^x\sin x-\int e^x\sin x\,dx\\&=e^x\sin x+\int e^x d(\cos x)\\&=e^x\sin x+e^x\cos x-\int e^x\cos x\,dx,\end{aligned}$$

因为
$$2\int e^x\cos x\,dx=e^x\sin x+e^x\cos x+2C,$$

所以
$$\int e^x\cos x\,dx=\frac{1}{2}e^x(\sin x+\cos x)+C.$$

例 5.3.8 求$\int e^x \sin 2x \, dx$.

解

$$\int e^x \sin 2x \, dx = \int \sin 2x \, d(e^x) = e^x \sin 2x - 2\int e^x \cos 2x \, dx$$
$$= e^x \sin 2x - 2\int \cos 2x \, d(e^x)$$
$$= e^x \sin 2x - 2(e^x \cos 2x + 2\int e^x \sin 2x \, dx)$$
$$= e^x \sin 2x - 2e^x \cos 2x - 4\int e^x \sin 2x \, dx,$$

因为

$$5\int e^x \sin 2x \, dx = e^x \sin 2x - 2e^x \cos 2x + 5C,$$

所以

$$\int e^x \sin 2x \, dx = \frac{1}{5}(e^x \sin 2x - 2e^x \cos 2x) + C.$$

四、递推型

当被积函数是某一简单函数的高次幂函数时，可适当选取u、v'，通过分部积分后，得到该函数的高次与低次之间的关系，进而求得积分.

例 5.3.9 求$\int (\ln x)^3 dx$.

解 设

$$I_n = \int (\ln x)^n dx = x(\ln x)^n - \int x \cdot n(\ln x)^{n-1} \frac{1}{x} \, dx$$
$$= x(\ln x)^n - n\int (\ln x)^{n-1} \, dx = x(\ln x)^n - nI_{n-1},$$

则有递推公式

$$I_n = x(\ln x)^n - nI_{n-1},$$

所以

$$\int (\ln x)^3 dx = I_3 = x(\ln x)^3 - 3I_2$$
$$= x(\ln x)^3 - 3[x(\ln x)^2 - 2I_1]$$
$$= x(\ln x)^3 - 3x(\ln x)^2 + 6(x \ln x - I_0)$$
$$= x(\ln x)^3 - 3x(\ln x)^2 + 6x \ln x - 6x + C.$$

知识要点

(1) 分部积分法：设函数$u=u(x)$和$v=v(x)$具有连续导数，则$\int uv' \, dx = uv + \int u' v \, dx$或$\int u dv = uv + \int v \, du$. 利用此公式求解不定积分的方法称为不定积分法，其关键在于如何将被积函数$f(x)$表示为两部分u和v'的乘积形式. 在此，需重点掌握四种类型的积分求解：

① 降次型(被积函数为多项式与三角函数或指数函数的乘积)；

② 转换型(被积函数为反三角函数或对数函数与其他函数的乘积)；

③ 循环型(被积函数为指数函数与正弦或余弦函数的乘积)；

④ 递推型(被积函数为某一简单函数的高次幂函数).

(2) 本节重点是利用分部积分法求解不定积分，难点是掌握使用分部积分公式的关键以及熟练掌握上述四种类型积分的求解.

■ 习题 5－3

1. 求下列不定积分：

(1) $\int \arcsin x \, dx$；　　(2) $\int \ln x \, dx$；

(3) $\int x \sin x \, dx$；　　(4) $\int x^3 e^{x^2} dx$；

(5) $\int x^2 \ln x \, dx$；　　(6) $\int x \sin \frac{x}{2} dx$；

(7) $\int x \tan^2 x \, dx$；　　(8) $\int e^{\sqrt{x}} dx$；

(9) $\int e^{-2x} \cos 3x \, dx$；　　(10) $\int x \cos^2 \frac{x}{2} dx$；

(11) $\int x^2 \ln^2 x \, dx$；　　(12) $\int x^2 e^x dx$.

2. 求一个函数 $f(x)$，满足 $f'(x)=x^2 e^x$，且 $f(0)=1$.

第四节　积分表的使用

常用的积分公式汇聚成的表称为积分表. 积分表是根据被积函数的类型来设定的，在求积分时，可根据被积函数的类型直接或经过简单变形后，利用积分公式求得积分结果.

例 5.4.1　求 $\int \frac{x}{(2x-1)^2} dx$.

解

$$\begin{aligned}\int \frac{x}{(2x-1)^2} dx &= \frac{1}{2}\int \frac{2x-1+1}{(2x-1)^2} dx \\ &= \frac{1}{2}\int \frac{1}{2x-1} dx + \frac{1}{2}\int \frac{1}{(2x-1)^2} dx \\ &= \frac{1}{4}\int \frac{1}{2x-1} d(2x-1) + \frac{1}{4}\int \frac{1}{(2x-1)^2} d(2x-1) \\ &= \frac{1}{4}\ln|2x-1| - \frac{1}{4(2x-1)} + C.\end{aligned}$$

注：本题求解过程中，先用凑微分法简单化简积分，再与积分公式 $\int \frac{dx}{x} = \ln|x| + C$ 和 $\int x^\mu dx = \frac{1}{\mu+1} x^{\mu+1} + C\ (\mu \neq -1)$ 结合使用得出积分结果. 一般情况下，积分的求解需恰当地将换元积分法、分部积分法与积分表相结合使用.

例 5.4.2 求 $\int \frac{1}{5-4\cos x}\mathrm{d}x$.

解

$$\int \frac{1}{5-4\cos x}\mathrm{d}x = \int \frac{\sin^2\frac{x}{2}+\cos^2\frac{x}{2}}{5\left(\sin^2\frac{x}{2}+\cos^2\frac{x}{2}\right)-4\left(\cos^2\frac{x}{2}-\sin^2\frac{x}{2}\right)}\mathrm{d}x$$

$$= \int \frac{\sin^2\frac{x}{2}+\cos^2\frac{x}{2}}{9\sin^2\frac{x}{2}+\cos^2\frac{x}{2}}\mathrm{d}x$$

$$= \int \frac{\tan^2\frac{x}{2}+1}{9\tan^2\frac{x}{2}+1}\mathrm{d}x$$

$$= \int \frac{t^2+1}{9t^2+1}\cdot\frac{2}{1+t^2}\mathrm{d}x$$

$$= \frac{2}{3}\int \frac{1}{1+(3t)^2}\mathrm{d}(3t) \quad \left(这里\ t=\tan\frac{x}{2}\right)$$

$$= \frac{2}{3}\arctan(3t)+C$$

$$= \frac{2}{3}\arctan\left(3\tan\frac{x}{2}\right)+C.$$

例 5.4.3 求 $\int x\arcsin x\,\mathrm{d}x$.

解

$$\int x\arcsin x\,\mathrm{d}x = \frac{1}{2}\int \arcsin x\,\mathrm{d}(x^2)$$

$$= \frac{1}{2}\left[x^2\arcsin x-\int x^2\cdot\frac{1}{\sqrt{1-x^2}}\mathrm{d}x\right]$$

$$= \frac{1}{2}\left[x^2\arcsin x-\int \frac{x^2-1+1}{\sqrt{1-x^2}}\mathrm{d}x\right]$$

$$= \frac{1}{2}\left[x^2\arcsin x+\int \sqrt{1-x^2}\,\mathrm{d}x-\int \frac{1}{\sqrt{1-x^2}}\mathrm{d}x\right]$$

$$= \frac{1}{2}\left[x^2\arcsin x+\frac{1}{2}\arcsin x+\frac{x}{2}\sqrt{1-x^2}-\arcsin x\right]+C$$

$$= \frac{1}{2}x^2\arcsin x-\frac{1}{4}\arcsin x+\frac{x}{4}\sqrt{1-x^2}+C.$$

■ 习题 5－4

求下列不定积分：

(1) $\int \frac{1}{\sqrt{4x^2-1}}\mathrm{d}x$；

(2) $\int \frac{1}{x\sqrt{x^2-1}}\mathrm{d}x$；

(3) $\int \frac{\ln\tan x}{\cos x\sin x}\mathrm{d}x$；

(4) $\int \ln\sqrt{\frac{1-x}{1+x}}\mathrm{d}x$.

总 习 题 五

1. 设函数 $f(x)$的一个原函数是 e^{-3x}，则 $f(x)=$____________.

2. 设 $\int xf(x)\mathrm{d}x = \arcsin x + C$，则 $\int \frac{1}{f(x)}\mathrm{d}x =$ ____________.

3. 求下列不定积分：

(1) $\int \frac{1-\cos x}{x-\sin x}\mathrm{d}x$；

(2) $\int \frac{x^2}{1+x^3}\mathrm{d}x$；

(3) $\int \frac{2-x}{(1-x)^3}\mathrm{d}x$；

(4) $\int \frac{1}{e^x+e^{-x}}\mathrm{d}x$；

(5) $\int \frac{\ln(\ln x)}{x}\mathrm{d}x$；

(6) $\int \frac{1}{\sqrt{x(1+x)}}\mathrm{d}x$；

(7) $\int \ln(1+x^2)\mathrm{d}x$；

(8) $\int x\sin^2 x\,\mathrm{d}x$；

(9) $\int \arctan\sqrt{x}\mathrm{d}x$；

(10) $\int \sqrt{x}\sin\sqrt{x}\mathrm{d}x$.

4. 设某厂商每日生产 x 单位产品时边际成本为 $0.5x+10$(元/单位)，固定成本为 200 元，求：

(1) 总成本函数 $C(x)$；

(2) 若该商品的需求函数为 $x=200-4p$，求利润函数 $L(x)$；

(3) 每日生产多少单位产品可获得最大利润？最大利润是多少？

第六章　定积分及其应用

前几章我们已经学习了极限、导数、不定积分等重要知识，这为本章定积分的学习奠定了基础. 不定积分是微分运算的一个逆运算，虽然定积分在运算时也是这种思想，但是它们之间的意义却存在很大的差异. 实际上，定积分起源于求不规则图形面积、体积等实际问题，下面我们将从定积分的定义开始介绍定积分的相关知识.

第一节　定积分的概念与性质

一、引例

1. 曲边梯形的面积问题

矩形、梯形、三角形等规则图形的面积我们已经有固定的计算公式，但是在实际生活中我们往往会遇到求不规则图形的面积问题，例如曲边梯形的面积.

如图 6.1.1 所示，在直角坐标系中，设 $y=f(x)$ 在区间 $[a, b]$ 上连续，求由曲线 $y=f(x)$，$x=a$，$x=b$ 和 $y=0$ 所围成的图形(即曲边梯形)的面积.

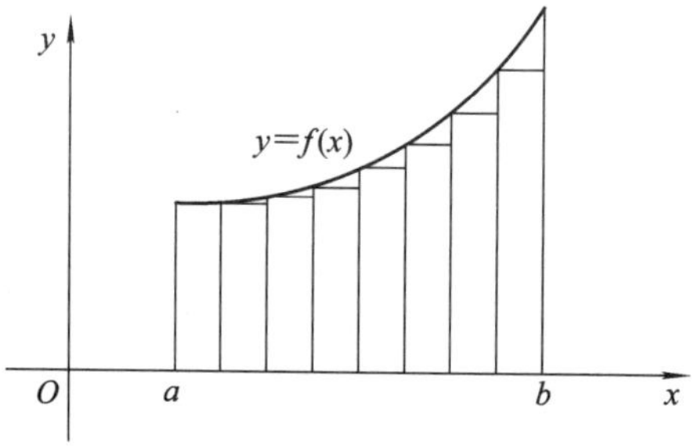

图 6.1.1　曲边梯形的面积

当我们把曲边梯形分成若干个小曲边梯形(如图 6.1.1 所示)时，图形分割得越小，小曲边梯形的面积就越接近小矩形的面积，于是可用小矩形的面积近似地替代小曲边梯形的面积. 然后把这些小矩形的面积相加起来，得到曲边梯形面积的近似值. 实践告诉我们，如果小曲边梯形分得越多，那么得到的近似面积就越接近于曲边梯形的面积，结合极限思想，讨论如下：

(1) 分割. 在 $[a, b]$ 内插入 $n-1$ 个点，即

$$a=x_0<x_1<x_2<\cdots<x_{n-1}<x_n=b,$$

因此，$[a, b]$ 被分成了 n 个小区间：

$$[x_0, x_1], [x_1, x_2], \cdots, [x_{n-1}, x_n],$$

所分小区间长度分别为 $\Delta x_i = x_i - x_{i-1}(i=1, 2, \cdots, n)$.

(2) 近似. 在小区间$[x_{i-1}, x_i]$上任取一点 $\xi_i(i=1, 2, \cdots, n)$，得到函数 $f(\xi_i)$，小曲边梯形面积的近似值为 $f(\xi_i)\Delta x_i$.

(3) 求和. 用 n 个小曲边梯形的近似面积之和表示所求曲边梯形面积的近似值，即

$$A \approx f(\xi_1)\Delta x_1 + f(\xi_2)\Delta x_2 + \cdots + f(\xi_i)\Delta x_i + \cdots + f(\xi_n)\Delta x_n.$$

(4) 取极限. 为了使近似面积和曲边梯形面积接近，我们可以取小区间最长的长度趋于零. 令 $\lambda = \max\limits_{1 \leqslant i \leqslant n}\{\Delta x_i\}$，则

$$A = \lim_{\lambda \to 0} \sum_{i=1}^{n} f(\xi_i)\Delta x_i.$$

2. 成本问题

设某厂家需要某材料，其价格 p 是进货量 x 的函数 $p(x)$，进货量的变动会影响价格发生变化，那么进货量 x 由 a 变动到 b 时的总成本 $C(x)$怎么变化呢?

由于总成本 $C(x)$是进货量与价格 p 的乘积，但是进货量不会保持不变，因而影响价格 p，所以总成本是不同的进货量 x 与其相应价格乘积的总和.

我们采用如下方法进行计算.

(1) 分割. 在$[a, b]$内插入 $n-1$ 个分点，即

$$a = x_0 < x_1 < x_2 < \cdots < x_{n-1} < x_n = b,$$

因此，$[a, b]$被分为了 n 个小区间：

$$[x_0, x_1], [x_1, x_2], \cdots, [x_{n-1}, x_n],$$

那么，所分小区间进货量分别为 $\Delta x_i = x_i - x_{i-1}(i=1, 2, \cdots, n)$.

(2) 近似. 在小区间$[x_{i-1}, x_i]$上任取一点 $\xi_i(i=1, 2, \cdots, n)$，得到价格函数 $p(\xi_i)$，此阶段所需的成本为 $\Delta C_i = p(\xi_i)\Delta x_i$.

(3) 求和. 用 n 个小区间所求成本和表示所求总成本的近似值，即

$$C(x) \approx p(\xi_1)\Delta x_1 + p(\xi_2)\Delta x_2 + \cdots + p(\xi_i)\Delta x_i + \cdots + p(\xi_n)\Delta x_n.$$

(4) 取极限. 令 $\lambda = \min\limits_{1 \leqslant i \leqslant n}\{\Delta x_i\}$，则当 $\lambda \to 0$ 时，总成本为

$$C(x) = \lim_{\lambda \to 0} \sum_{i=1}^{n} p(\xi_i)\Delta x_i.$$

上述曲边梯形面积和成本问题都需要计算这类和式的极限，我们将此定义为定积分.

二、定积分的定义

在讨论面积问题和成本问题时，采取四步法(分割、近似、求和、取极限)得到所求结论. 由于面积问题和成本问题是实际问题，因此，当我们把问题一般化时，我们只考虑函数 $f(x)$有界性情况.

定义 6.1.1 设函数 $f(x)$在$[a, b]$上有界.

在$[a, b]$内插入 $n-1$ 个分点，即

$$a = x_0 < x_1 < x_2 < \cdots < x_{n-1} < x_n = b,$$

则$[a, b]$被分成了 n 个小区间：

$$[x_0, x_1], [x_1, x_2], \cdots, [x_{n-1}, x_n],$$

每个小区间长分别为 $\Delta x_i = x_i - x_{i-1}(i=1, 2, \cdots, n)$；在小区间$[x_{i-1}, x_i]$上任取一点 $\xi_i(i=1, 2, \cdots, n)$，得到函数 $f(\xi_i)$，将乘积 $f(\xi_i)\Delta x_i$ 作和式，有

$$\sum_{i=1}^{n} f(\xi_i)\Delta x_i = f(\xi_1)\Delta x_1 + f(\xi_2)\Delta x_2 + \cdots + f(\xi_i)\Delta x_i + \cdots + f(\xi_n)\Delta x_n.$$

令 $\lambda = \max\limits_{1\leqslant i\leqslant n}\{\Delta x_i\}$，得和式极限

$$A = \lim_{\lambda\to 0}\sum_{i=1}^{n} f(\xi_i)\Delta x_i.$$

当 $\lambda\to 0$ 时，无论区间$[a, b]$怎么分割，以及如何选取 ξ_i，极限均存在，则我们称 $f(x)$ 在$[a, b]$上**可积**，A 称为 $f(x)$在$[a, b]$上的**定积分**，记为

$$A = \int_a^b f(x)\mathrm{d}x, \tag{6.1.1}$$

其中，$\int$ 是积分符号，$f(x)$称为被积函数，$f(x)\mathrm{d}x$ 称为被积表达式，x 称为积分变量，a 称为积分下限，b 称为积分上限，$[a, b]$称为积分区间. 当极限不存在时，则称 $f(x)$在区间$[a, b]$上**不可积**.

下面直接给出函数可积分的充分条件.

定理 6.1.1　若函数 $f(x)$在区间$[a, b]$上连续，则 $f(x)$在$[a, b]$上可积.

定理 6.1.2　若函数 $f(x)$在区间$[a, b]$上有界，且只有有限个间断点，则 $f(x)$在区间$[a, b]$上可积.

定积分的几何意义　在$[a, b]$上当 $f(x)\geqslant 0$ 时，定积分 $\int_a^b f(x)\mathrm{d}x$ 表示由 $y=f(x)$，$y=0$，$x=a$，$x=b$ 所围曲边梯形的面积；在$[a, b]$上当 $f(x)\leqslant 0$ 时，定积分 $\int_a^b f(x)\mathrm{d}x$ 表示由 $y=f(x)$，$y=0$，$x=a$，$x=b$ 所围曲边梯形（在 x 轴下方）面积的负值；在$[a, b]$上 $f(x)$既取正值也取负值时，函数的一部分在 x 轴上方，一部分在 x 轴下方，此时 $\int_a^b f(x)\,\mathrm{d}x$ 表示 x 轴上方图形面积减 x 轴下方图形面积.

例 6.1.1　利用定积分定义求由 $y=x$，$y=0$ 和 $x=1$ 所围图形的面积（见图 6.1.2）.

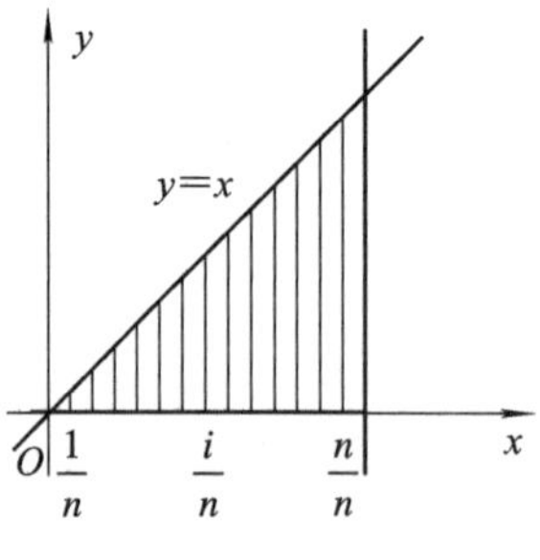

图 6.1.2　利用定积分定义求面积

解　把 $x\in[0, 1]$分割成均衡的 n 等份，每个区间长为$\frac{1}{n}$，选 $\xi_i=\frac{i}{n}(i=1, 2, \cdots, n)$，

得到第 i 个区间对应图形的近似面积为

$$\Delta s_i = \frac{1}{n}.\ \frac{i}{n},$$

于是得和式

$$\sum_{i=1}^{n} f(\xi_i)\Delta x_i = \sum_{i=1}^{n} \frac{1}{n} \cdot \frac{i}{n},$$

则面积为

$$s = \lim_{n \to \infty} \sum_{i=1}^{n} \frac{i}{n^2} = \lim_{n \to \infty}\left(\frac{1+2+3+\cdots+n}{n^2}\right)$$

$$= \lim_{n \to \infty} \frac{n+1}{2n} = \frac{1}{2}.$$

三、定积分的性质

为简化运算，对定积分先作以下两点规定：

(1) $\int_a^a f(x)\mathrm{d}x = 0$；

(2) 当 $a > b$ 时，$\int_a^b f(x)\mathrm{d}x = -\int_b^a f(x)\mathrm{d}x$.

利用定积分的定义，下面讨论定积分的性质. 我们假设所列定积分都是存在的.

性质 1 $\int_a^b [f(x) \pm g(x)]\mathrm{d}x = \int_a^b f(x)\mathrm{d}x \pm \int_a^b g(x)\mathrm{d}x$.

证 根据定积分的定义可得

$$\begin{aligned}\int_a^b [f(x) \pm g(x)]\mathrm{d}x &= \lim_{\lambda \to 0} \sum_{i=1}^{n} [f(\xi_i) \pm g(\xi_i)]\Delta x_i \\ &= \lim_{\lambda \to 0} \sum_{i=1}^{n} f(\xi_i)\Delta x_i \pm \lim_{\lambda \to 0} \sum_{i=1}^{n} g(\xi_i)\Delta x_i \\ &= \int_a^b f(x)\mathrm{d}x \pm \int_a^b g(x)\mathrm{d}x.\end{aligned}$$

性质 2 $\int_a^b kf(x)\mathrm{d}x = k\int_a^b f(x)\mathrm{d}x$.

证 根据定积分的定义可得

$$\int_a^b kf(x)\mathrm{d}x = \lim_{\lambda \to 0} \sum_{i=1}^{n} kf(\xi_i)\Delta x_i = k \lim_{\lambda \to 0} \sum_{i=1}^{n} f(\xi_i)\Delta x_i = k\int_a^b f(x)\mathrm{d}x.$$

性质 3 积分区间上的可加性：

$$\int_a^b f(x)\mathrm{d}x = \int_a^c f(x)\mathrm{d}x + \int_c^b f(x)\mathrm{d}x.$$

证 根据定积分的几何意义可知，定积分 $\int_a^b f(x)\mathrm{d}x$ 表示 $f(x)>0$ 时在区间$[a, b]$上曲边梯形的面积. 在$[a, b]$内任取一点 c，如图 6.1.3 所示，在区间$[a, b]$上的阴影面积可表示在区间$[a, c]$与区间$[c, b]$上阴影面积之和，故

$$\int_a^b f(x)\mathrm{d}x = \int_a^c f(x)\mathrm{d}x + \int_c^b f(x)\mathrm{d}x$$

恒成立. 同理可证，当 c 在区间$[a, b]$外时，结论也成立，即

$$\int_a^b f(x)\mathrm{d}x = \int_a^c f(x)\mathrm{d}x + \int_c^b f(x)\mathrm{d}x.$$

此结论对 $f(x)<0$ 也成立.

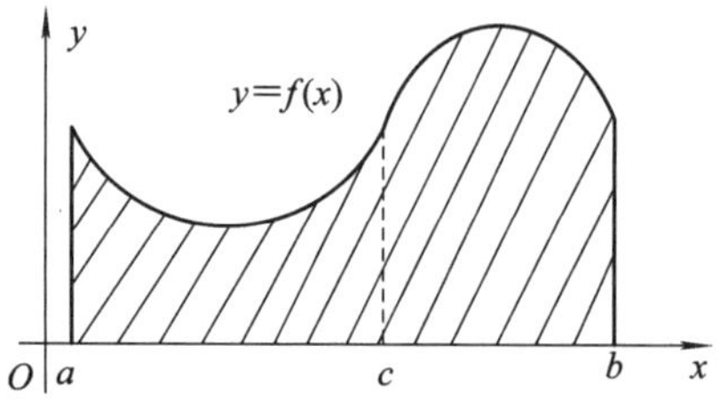

图 6.1.3 积分区间上的可加性

性质 4 $\int_a^b k\,\mathrm{d}x = k(b-a)$.

证 $\int_a^b k\,\mathrm{d}x = \lim\limits_{\lambda\to 0}\sum\limits_{i=1}^{n} k\Delta x_i = k\lim\limits_{\lambda\to 0}\sum\limits_{i=1}^{n} 1\Delta x_i = k(b-a)$.

性质 5 如果在区间$[a, b]$上 $f(x)\geqslant 0$，则$\int_a^b f(x)\mathrm{d}x\geqslant 0$.

证 根据定积分定义 $\int_a^b f(x)\mathrm{d}x = \lim\limits_{\max\Delta x\to 0}\sum\limits_{i=1}^{n} f(\xi_i)\Delta x_i$ 得，由于 $f(x)\geqslant 0$，因此 $f(\xi_i)\Delta x_i\geqslant 0$，从而$\sum\limits_{i=1}^{n} f(\xi_i)\Delta x_i\geqslant 0$，由极限性质知结论成立.

推论 1 若在区间$[a, b]$上有 $f(x)\leqslant g(x)$，则 $\int_a^b f(x)\mathrm{d}x\leqslant\int_a^b g(x)\mathrm{d}x$.

证 由于 $f(x)\leqslant g(x)$，因此 $g(x)-f(x)\geqslant 0$，利用性质 5 得到$\int_a^b [g(x)-f(x)]\mathrm{d}x\geqslant 0$，由性质 1 知结论成立.

推论 2 $\left|\int_a^b f(x)\mathrm{d}x\right|\leqslant\int_a^b |f(x)|\mathrm{d}x$.

性质 6 设 $f(x)$在区间$[a, b]$上的最大值和最小值分别为 M 和 m，则

$$m(b-a)\leqslant\int_a^b f(x)\mathrm{d}x\leqslant M(b-a).$$

证 由于 $f(x)$在区间$[a, b]$上有最大值和最小值，即 $m\leqslant f(x)\leqslant M$，因此积分得 $\int_a^b m\,\mathrm{d}x\leqslant\int_a^b f(x)\mathrm{d}x\leqslant\int_a^b M\mathrm{d}x$，由性质 4 得 $m(b-a)\leqslant\int_a^b f(x)\mathrm{d}x\leqslant M(b-a)$ 成立.

性质 7(定积分中值定理) 如图 6.1.4 所示，若函数 $f(x)$在区间$[a, b]$上连续，则在积分区间$[a, b]$上至少存在一点 ξ，使得 $\int_a^b f(x)\mathrm{d}x = f(\xi)(b-a)$.

证 由于函数在闭区间连续，因此函数有最大值 M 和最小值 m，由性质 6 的结论得

$$m(b-a)\leqslant\int_a^b f(x)\mathrm{d}x\leqslant M(b-a),$$

即 $m\leqslant\dfrac{\int_a^b f(x)\mathrm{d}x}{b-a}\leqslant M$. 根据闭区间上连续函数的介值定理知，存在 $\xi\in[a, b]$，使得

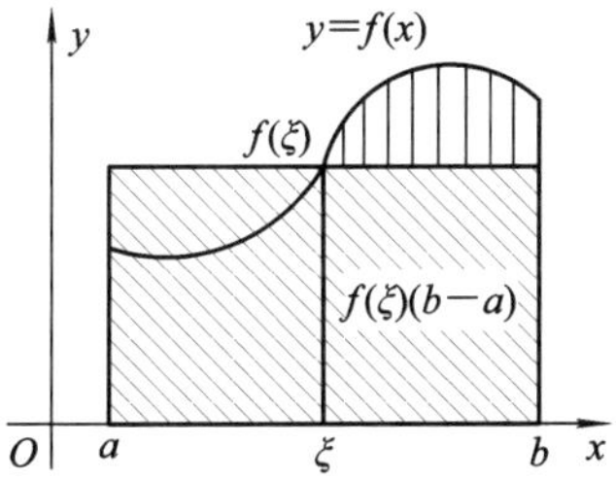

图 6.1.4　定积分中值定理

$m \leqslant f(\xi) \leqslant M$，即 $f(\xi)=\dfrac{\int_a^b f(x)\mathrm{d}x}{b-a}$.

例 6.1.2　比较积分值 $\int_0^2 \mathrm{e}^x \mathrm{d}x$ 和 $\int_0^2 x\,\mathrm{d}x$ 的大小.

解　令 $f(x)=\mathrm{e}^x-x$，且 $x\in[0,2]$，因为 $f(x)>0$，所以

$$\int_0^2 f(x)\mathrm{d}x>0,$$

即

$$\int_0^2 \mathrm{e}^x \mathrm{d}x>\int_0^2 x\,\mathrm{d}x.$$

例 6.1.3　设 $f(x)$ 在 $[0,1]$ 上连续，在 $(0,1)$ 内可导，且

$$\int_{\frac{2}{3}}^1 f(x)\mathrm{d}x=\frac{f(0)}{3}.$$

证明：在 $(0,1)$ 内存在一点 ξ，使得 $f'(\xi)=0$.

证　因为 $f(x)$ 在 $[0,1]$ 上连续，在 $(0,1)$ 内可导，所以由积分中值定理知在 $(0,1)$ 内存在一点 η，使得

$$\int_{\frac{2}{3}}^1 f(x)\mathrm{d}x=f(\eta)\left(1-\frac{2}{3}\right)=\frac{1}{3}f(\eta).$$

由已知条件，可得 $f(\eta)=f(0)$，因 $\eta\neq 0$，再由罗尔定理知，至少存在一点 $\xi\in(0,\eta)\subset(0,1)$，使得

$$f'(\xi)=0.$$

知识要点

(1) 定积分的求解过程分为四步进行：分割→近似→求和→取极限.

(2) 定积分是区间上的求和过程，如果区间 $[a,b]$ 长为 0，即 $a=b$，则 $\Delta x=0$，从而和式 $\sum\limits_{i=1}^n f(\xi_i)\Delta x_i$ 恒为 0.

(3) 定积分的几何意义：在 $[a,b]$ 上当 $f(x)\geqslant 0$ 时，定积分 $\int_a^b f(x)\mathrm{d}x$ 表示由 $y=f(x)$，$y=0$，$x=a$，$x=b$ 所围曲边梯形的面积；在 $[a,b]$ 上当 $f(x)\leqslant 0$ 时，定积分 $\int_a^b [f(x)]\mathrm{d}x$ 表示由 $y=f(x)$，$y=0$，$x=a$，$x=b$ 所围曲边梯形（在 x 轴下方）面积的负值；

在$[a, b]$上$f(x)$既取正值也取负值时，函数的一部分在x轴上方，一部分在x轴下方，此时$\int_a^b f(x)\,dx$表示x轴上方图形面积减x轴下方图形面积.

(4) 本节要求掌握定积分的7条性质.

■ 习题 6-1

1. 利用定积分的定义计算由$y=x^2$，$x=1$，$x=2$及x轴所围成的图形面积.

*2. 用定积分表示下列极限：

(1) $\lim\limits_{n\to\infty}\sum\limits_{i=1}^{n}\dfrac{1}{i}$；　　(2) $\lim\limits_{n\to\infty}\sum\limits_{i=1}^{n}\dfrac{1}{\sqrt{n^2-i^2}}$.

3. 根据定积分性质比较下列每组积分的大小：

(1) $\int_1^2 \ln x\,dx$，$\int_1^2 (\ln x)^2 dx$；　　(2) $\int_0^{\frac{\pi}{2}} x\,dx$，$\int_0^{\frac{\pi}{2}} \sin x\,dx$.

4. 设$f(x)$在$[a, b]$上连续，证明：若在$[a, b]$上，$f(x)\geqslant 0$，且$\int_a^b f(x)dx=0$，则在$[a, b]$上，$f(x)\equiv 0$.

5. 设$f(x)$在$[a, b]$上连续，在(a, b)内可导，且存在$c\in(a, b)$，使得

$$\int_a^c f(x)dx = f(b)(c-a).$$

证明：在(a, b)内存在一点ξ，使得$f'(\xi)=0$.

第二节　微积分基本公式

积分学要解决的两个问题是原函数求解及定积分计算，前面已经讨论过定积分计算问题. 不难发现，按照定义计算定积分很麻烦，牛顿和莱布尼茨分别发现了微积分学中两大问题的关系，开辟了求解定积分的新途径——牛顿-莱布尼茨公式.

一、积分上限、下限函数及其导数

如果函数$f(x)$在区间$[a, b]$上连续，则$f(x)$在区间$[a, b]$内的定积分可表示为$\int_a^b f(x)dx$. 当$x\in[a, b]$时，由$\Phi(x)=\int_a^x f(t)dt$所确定的函数称为**变上限积分函数**(积分上限函数).

注：当上、下限为常数时，定积分是一个确定的常数值，但是变上限积分表现为一个函数.

定理 6.2.1　若函数$f(x)$在区间$[a, b]$上连续，则变上限积分函数

$$\Phi(x)=\int_a^x f(t)dt \tag{6.2.1}$$

在$[a, b]$上可导，其导数为

$$\Phi'(x)=\frac{d}{dx}\int_a^x f(t)dt = f(x),\quad a\leqslant x\leqslant b. \tag{6.2.2}$$

证 现在我们只证明变上限函数的导数，假设自变量的增量为 Δx，则函数的增量为

$$\begin{aligned}\Delta\Phi(x) &= \Phi(x+\Delta x)-\Phi(x) = \int_a^{x+\Delta x} f(t)\,\mathrm{d}t - \int_a^x f(t)\,\mathrm{d}t \\ &= \int_x^{x+\Delta x} f(t)\,\mathrm{d}t = f(\xi)\Delta x \quad (\xi \text{ 介于 } x \text{ 与 } x+\Delta x \text{ 之间}).\end{aligned}$$

根据导数的定义可得

$$\Phi'(x) = \lim_{\Delta x\to 0}\frac{\Delta\Phi(x)}{\Delta x} = \lim_{\Delta x\to 0}\frac{\Phi(x+\Delta x)-\Phi(x)}{\Delta x} = \lim_{\Delta x\to 0} f(\xi).$$

由于 ξ 介于 x 与 $x+\Delta x$ 之间，因此 $\lim\limits_{\Delta x\to 0} f(\xi)=f(x)$，故有

$$\Phi'(x) = \frac{\mathrm{d}}{\mathrm{d}x}\int_a^x f(t)\,\mathrm{d}t = f(x).$$

同理可证

$$\Phi'(x) = \frac{\mathrm{d}}{\mathrm{d}x}\int_x^b f(t)\,\mathrm{d}t = -f(x), \quad a\leqslant x\leqslant b.$$

根据复合函数的求导法则，可以得到如下几个公式：

(1) $\dfrac{\mathrm{d}}{\mathrm{d}x}\left[\int_a^{\varphi(x)} f(t)\,\mathrm{d}t\right] = f[\varphi(x)]\varphi'(x)$；　　(6.2.3)

(2) $\dfrac{\mathrm{d}}{\mathrm{d}x}\left[\int_{\psi(x)}^{b} f(t)\,\mathrm{d}t\right] = -f[\psi(x)]\psi'(x)$；　　(6.2.4)

(3) $\dfrac{\mathrm{d}}{\mathrm{d}x}\left[\int_{\psi(x)}^{\varphi(x)} f(t)\,\mathrm{d}t\right] = f[\varphi(x)]\varphi'(x) - f[\psi(x)]\psi'(x)$.　　(6.2.5)

例 6.2.1 求 $\dfrac{\mathrm{d}}{\mathrm{d}x}\left(\int_x^{x^2}\cos t\,\mathrm{d}t\right)$.

解 根据上述公式得到

$$\frac{\mathrm{d}}{\mathrm{d}x}\left(\int_x^{x^2}\cos t\,\mathrm{d}t\right) = (x^2)'\cos(x^2) - x'\cos x = 2x\cos(x^2)-\cos x.$$

例 6.2.2 求 $\lim\limits_{x\to 0}\dfrac{\int_{\cos x}^{1} t^2\,\mathrm{d}t}{2x^2}$.

解 当 $x\to 0$ 时，极限为 $\dfrac{0}{0}$ 型，利用洛必达法则、公式(6.2.4)和等价无穷小代替，得

$$\lim_{x\to 0}\frac{\int_{\cos x}^{1} t^2\,\mathrm{d}t}{2x^2} = \lim_{x\to 0}\frac{(\cos x)^2\sin x}{4x} = \lim_{x\to 0}\frac{(\cos x)^2}{4} = \frac{1}{4}.$$

定理 6.2.2 如果函数 $f(x)$ 在区间 $[a, b]$ 上连续，则函数

$$\Phi(x) = \int_a^x f(t)\,\mathrm{d}t$$

就是 $f(x)$ 在 $[a, b]$ 上的一个原函数.

二、牛顿-莱布尼茨公式

定理 6.2.3 若函数 $F(x)$ 是连续函数 $f(x)$ 在区间 $[a, b]$ 上的一个原函数，则

$$\int_a^b f(x)\,\mathrm{d}x = F(b) - F(a). \tag{6.2.6}$$

证 由于 $F(x)$ 是 $f(x)$ 的一个原函数，$\Phi(x)=\int_a^x f(t)\mathrm{d}t$ 也是 $f(x)$ 的一个原函数，因此

$$F(x)-C=\Phi(x),\quad x\in[a,b].$$

当 $x=a$ 时，$F(a)-C=\Phi(a)$，由于 $\Phi(a)=\int_a^a f(t)\mathrm{d}t=0$，故 $F(a)=C$，于是有

$$\int_a^x f(t)\mathrm{d}t=F(x)-F(a).$$

令 $x=b$，将其代入上式，得

$$\int_a^b f(t)\mathrm{d}t=F(b)-F(a).$$

式(6.2.6)即为计算定积分的牛顿-莱布尼茨公式(通常也称微积分基本公式)．为方便使用，我们将上式 $F(b)-F(a)$ 记为 $[F(x)]_a^b$.

例 6.2.3 计算 $\int_1^2 x^2\mathrm{d}x$.

解 根据式(6.2.6)可得

$$\int_1^2 x^2\mathrm{d}x=\left[\frac{1}{3}x^3\right]_1^2=\frac{7}{3}.$$

例 6.2.4 计算 $\int_{-3}^{-2}\frac{1}{x}\mathrm{d}x$.

解 根据式(6.2.6)可得

$$\int_{-3}^{-2}\frac{1}{x}\mathrm{d}x=[\ln|x|]_{-3}^{-2}=\ln 2-\ln 3.$$

例 6.2.5 计算 $\int_{-1}^2|x-1|\mathrm{d}x$.

解 由于

$$|x-1|=\begin{cases}x-1, & x\geqslant 1\\ 1-x, & x<1\end{cases},$$

因此

$$\begin{aligned}\int_{-1}^2|x-1|\mathrm{d}x&=\int_{-1}^1(1-x)\mathrm{d}x+\int_1^2(x-1)\mathrm{d}x\\&=\left[x-\frac{1}{2}x^2\right]_{-1}^1+\left[\frac{1}{2}x^2-x\right]_1^2=\frac{5}{2}.\end{aligned}$$

例 6.2.6 设 $f(x)$ 在 $[a,b]$ 上连续，在 (a,b) 内可导且 $f'(x)<0$，证明函数

$$F(x)=\frac{1}{x-a}\int_a^x f(t)\mathrm{d}t$$

在 (a,b) 内的一阶导数 $F'(x)<0$.

证

$$\begin{aligned}F'(x)&=\frac{f(x)(x-a)-(x-a)'\int_a^x f(t)\mathrm{d}t}{(x-a)^2}\\&=\frac{f(x)(x-a)-\int_a^x f(t)\mathrm{d}t}{(x-a)^2}.\end{aligned}\tag{6.2.7}$$

根据定积分中值定理得

$$\int_a^x f(t)\mathrm{d}t = f(\xi)(x-a),\quad \xi\in(a,x), \tag{6.2.8}$$

将式(6.2.8)代入式(6.2.7)，得

$$F'(x)=\frac{f(x)(x-a)-f(\xi)(x-a)}{(x-a)^2}=\frac{f(x)-f(\xi)}{x-a}.$$

由于 $f(x)$在(a,b)内可导且 $f'(x)<0$，因此知道函数单调递减，既有 $f(x)<f(\xi)$，又有$a<x$，所以 $F'(x)<0$ 成立.

知识要点

(1) 当 $f(x)$ 在$[a,b]$上连续，$x\in[a,b]$时，则 $\Phi(x)=\int_a^x f(t)\mathrm{d}t$ 是 $f(x)$ 在$[a,b]$上的一个原函数，且 $\Phi'(x)=\frac{\mathrm{d}}{\mathrm{d}x}\int_a^x f(t)\mathrm{d}t=f(x)$.

(2) 利用牛顿-莱布尼茨定理计算 $\int_a^b f(t)\mathrm{d}t=[F(x)]_a^b$，一般可通过如下步骤进行计算：求原函数→代积分区间→求解结果.

■ 习题 6-2

1. 计算下列导数：

(1) $\frac{\mathrm{d}}{\mathrm{d}x}\int_0^{x^2}\sqrt{1+t}\,\mathrm{d}t$；　(2) $\frac{\mathrm{d}}{\mathrm{d}x}\int_{x^2}^1(t^2+t)\mathrm{d}t$；　(3) $\frac{\mathrm{d}}{\mathrm{d}x}\int_x^{x^3}\frac{\sqrt{1+t^2}}{t}\mathrm{d}t$.

2. 计算下列积分：

(1) $\int_1^2(4x^3-x)\mathrm{d}x$；　(2) $\int_1^2\left(x^3-\frac{1}{x}\right)\mathrm{d}x$；

(3) $\int_1^0\sqrt[3]{x}(4\sqrt{x}-x)\mathrm{d}x$；　(4) $\int_0^{\frac{1}{2}}\frac{1}{\sqrt{1-x^2}}\mathrm{d}x$.

3. 求下列极限.

(1) $\lim\limits_{x\to0}\frac{\int_0^{x^2}te^t\,\mathrm{d}t}{x^4}$；　(2) $\lim\limits_{x\to0}\frac{x^2}{\int_0^{x^2}\cos t\,\mathrm{d}t}$.

4. 求由方程 $\int_0^{y^2}t\,\mathrm{d}t+\int_0^x\sin t\,\mathrm{d}t=0$ 所确定的隐函数 $y=y(x)$ 的导数 y'.

第三节　定积分的换元积分法

由定理 6.2.3 可知，求定积分的问题一般可通过求原函数解决，从而把求不定积分的方法移植到定积分计算中来.

定理 6.3.1 设函数 $f(x)$在闭区间$[a, b]$上连续，函数 $x=\varphi(t)$满足条件：

(1) $\varphi(\alpha)=a$，$\varphi(\beta)=b$，且 $a\leqslant\varphi(t)\leqslant b$，$t\in[\alpha, \beta]$；

(2) $\varphi(t)$在$[\alpha, \beta]$上具有连续导数，

则有

$$\int_a^b f(x)\mathrm{d}x = \int_\alpha^\beta f[\varphi(t)]\varphi'(t)\mathrm{d}t.$$

$\int_a^b f(x)\mathrm{d}x = \int_\alpha^\beta f[\varphi(t)]\varphi'(t)\mathrm{d}t$ 称为**换元积分公式**.

证 由于函数 $f(x)$在$[a, b]$上连续，故它在$[a, b]$上可积，从而它在$[a, b]$上有原函数 $F(x)$，

$$\int_a^b f(x)\mathrm{d}x = F(b) - F(a).$$

由于 $x=\varphi(t)$，可设 $\Phi(t)=F(\varphi(t))$，由复合函数的求导法则得

$$\Phi'(t) = \frac{\mathrm{d}F}{\mathrm{d}x}\cdot\frac{\mathrm{d}x}{\mathrm{d}t} = f(x)\varphi'(t) = f[\varphi(t)]\varphi'(t),$$

即 $\Phi(t)$是 $f[\varphi(t)]\varphi'(t)$的一个原函数，从而

$$\int_\alpha^\beta f[\varphi(t)]\varphi'(t)\mathrm{d}t = \Phi(\beta) - \Phi(\alpha).$$

由于

$$\Phi(t) = F[\varphi(t)],\ \varphi(\alpha) = a,\ \varphi(\beta) = b,$$

因此

$$\Phi(\beta) - \Phi(\alpha) = F[\varphi(\beta)] - F[\varphi(\alpha)] = F(b) - F(a),$$

$$\int_a^b f(x)\mathrm{d}x = F(b) - F(a) = \Phi(\beta) - \Phi(\alpha) = \int_\alpha^\beta f[\varphi(t)]\varphi'(t)\mathrm{d}t.$$

例 6.3.1 计算 $\int_0^{\frac{\pi}{6}} 2\sin 2x\,\mathrm{d}x$.

解 $$\int_0^{\frac{\pi}{6}} 2\sin 2x\,\mathrm{d}x = \int_0^{\frac{\pi}{6}} \sin 2x\,\mathrm{d}2x = [-\cos 2x]_0^{\frac{\pi}{6}} = \frac{1}{2}.$$

例 6.3.2 计算 $\int_0^1 \sqrt{1-x^2}\mathrm{d}x$.

解 令 $x=\sin t$，则 $\mathrm{d}x=\cos t\,\mathrm{d}t$. 当 $x=0$ 时，$t=0$；当 $x=1$ 时，$t=\frac{\pi}{2}$. 于是

$$\sqrt{1-x^2}=\sqrt{1-\sin^2 t}=\cos t,$$

所以

$$\begin{aligned}\int_0^1 \sqrt{1-x^2}\mathrm{d}x &= \int_0^{\frac{\pi}{2}}\cos^2 t\,\mathrm{d}t = \int_0^{\frac{\pi}{2}}\frac{1+\cos 2t}{2}\mathrm{d}t \\ &= \frac{1}{2}\int_0^{\frac{\pi}{2}}(1+\cos 2t)\mathrm{d}t \\ &= \left[\frac{1}{2}t + \frac{\sin 2t}{2}\right]_0^{\frac{\pi}{2}} = \frac{\pi}{4}.\end{aligned}$$

例 6.3.3 计算 $\int_0^3 \frac{x}{\sqrt{x+1}}\mathrm{d}x$.

解 令 $t=\sqrt{x+1}$，则 $\mathrm{d}x=2t\,\mathrm{d}t$. 当 $x=0$ 时，$t=1$；当 $x=3$ 时，$t=2$. 于是

$$\int_0^3 \frac{x}{\sqrt{x+1}}\mathrm{d}x = 2\int_1^2 \frac{t^2-1}{t}t\ \mathrm{d}t = \left[2\frac{t^3}{3}-t\right]_1^2 = \frac{8}{3}.$$

例 6.3.4 计算 $\int_0^{\pi} |\cos x|\,\mathrm{d}x$.

解 因为 $|\cos x| = \begin{cases} \cos x, & 0<x<\frac{\pi}{2} \\ -\cos x, & \frac{\pi}{2}<x<\pi \end{cases}$，所以

$$\int_0^{\pi} |\cos x|\,\mathrm{d}x = \int_0^{\frac{\pi}{2}} \cos x\ \mathrm{d}x + \int_{\frac{\pi}{2}}^{\pi} (-\cos x)\mathrm{d}x = 2.$$

例 6.3.5 证明：(1) 若函数 $f(x)$ 在 $[-a, a]$ 上连续且为偶函数，则

$$\int_{-a}^{a} f(x)\mathrm{d}x = 2\int_0^a f(x)\mathrm{d}x;$$

(2) 若函数 $f(x)$ 在 $[-a, a]$ 上连续且为奇函数，则

$$\int_{-a}^{a} f(x)\mathrm{d}x = 0.$$

证 (1) 因为

$$\int_{-a}^{a} f(x)\mathrm{d}x = \int_{-a}^{0} f(x)\mathrm{d}x + \int_0^a f(x)\mathrm{d}x,$$

对积分 $\int_{-a}^{0} f(x)\mathrm{d}x$ 作代换 $x=-t$，得

$$\int_{-a}^{0} f(x)\mathrm{d}x = \int_a^0 f(-t)(-\mathrm{d}t) = \int_0^a f(t)\mathrm{d}t = \int_0^a f(x)\mathrm{d}x,$$

所以

$$\int_{-a}^{a} f(x)\mathrm{d}x = 2\int_0^a f(x)\mathrm{d}x.$$

注：例 6.3.5 的结论可当公式使用.

(2) 令 $x=-t$，得

$$\int_{-a}^{a} f(x)\mathrm{d}x = \int_a^{-a} f(-t)(-\mathrm{d}t) = -\int_{-a}^{a} f(t)\mathrm{d}t = -\int_{-a}^{a} f(x)\mathrm{d}x,$$

从而

$$\int_{-a}^{a} f(x)\mathrm{d}x = 0.$$

知识要点

(1) 使用换元积分做变量代换后，相应的积分上下限、被积函数、积分变量都要随之改变.

(2) 换元积分区间的改变不会改变积分值的大小.

■ 习题 6－3

1. 计算下列定积分：

(1) $\int_{\frac{\pi}{3}}^{\pi}\cos\left(x+\frac{\pi}{3}\right)dx$；　(2) $\int_{0}^{1}\frac{dx}{(1+2x)^3}$；

(3) $\int_{0}^{\frac{\pi}{2}}\sin x\cos^3 x\ dx$；　(4) $\int_{0}^{1}\frac{x^4}{x^2+1}dx$；

(5) $\int_{-1}^{1}\frac{x\ dx}{(x^2+1)^2}$；　(6) $\int_{1}^{e^2}\frac{dx}{x\sqrt{1+\ln x}}$；

(7) $\int_{-\frac{\pi}{2}}^{\frac{\pi}{2}}\sqrt{\cos x-\cos^3 x}dx$；　(8) $\int_{1}^{2}\frac{e^{\frac{1}{x}}}{x^2}\ dx$.

2. 利用函数奇偶性计算下列定积分：

(1) $\int_{-1}^{1}x^{10}\tan x\ dx$；　(2) $\int_{-\frac{1}{2}}^{\frac{1}{2}}\frac{(\arcsin x)^2}{\sqrt{1-x^2}}dx$.

3. 设 $f(t)$是连续函数，证明：

(1) 当 $f(t)$ 是偶函数时，$F(x)=\int_{0}^{x}f(t)dt$ 为奇函数；

(2) 当 $f(t)$ 是奇函数时，$F(x)=\int_{0}^{x}f(t)dt$ 为偶函数.

第四节　定积分的分部积分法

有一些定积分的计算，换元法解决不了，比如 $\int_{0}^{1}xe^x dx$，下面将介绍另一种普遍使用的定积分计算方法：**分部积分法**.

设函数 $u=u(x)$，$v=v(x)$在区间$[a,b]$上具有连续导数，则

$$d(uv)=udv+v\ du,$$

移项，得

$$udv=d(uv)-v\ du,$$

等式两边同时积分，得

$$\int_{a}^{b}udv=\int_{a}^{b}d(uv)-\int_{a}^{b}v\ du,$$

整理，得

$$\int_{a}^{b}uv'dx=[uv]_{a}^{b}-\int_{a}^{b}vu'dx \text{ 或} \int_{a}^{b}udv=[uv]_{a}^{b}-\int_{a}^{b}v\ du.$$

上式就是定积分的**分部积分公式**.

例 6.4.1　计算 $\int_{\frac{\pi}{4}}^{\frac{\pi}{3}}x\cos x\ dx$.

解　$\int_{\frac{\pi}{4}}^{\frac{\pi}{3}}x\cos x\ dx=\int_{\frac{\pi}{4}}^{\frac{\pi}{3}}x\ d(\sin x)=[x\sin x]_{\frac{\pi}{4}}^{\frac{\pi}{3}}-\int_{\frac{\pi}{4}}^{\frac{\pi}{3}}\sin x\ dx$

$$=\frac{\sqrt{3}}{6}\pi-\frac{\sqrt{2}}{8}\pi+\frac{1}{2}-\frac{\sqrt{2}}{2}.$$

例 6.4.2 计算 $\int_0^1 \arctan x \, dx$.

解
$$\int_0^1 \arctan x \, dx = [x \arctan x]_0^1 - \int_0^1 x \, d\arctan x$$
$$= \frac{\pi}{4} - \frac{1}{2}\int_0^1 \frac{d(1+x^2)}{1+x^2} = \frac{\pi}{4} - \ln\sqrt{2}.$$

例 6.4.3 计算 $\int_1^e x\ln x \, dx$.

解 $\int_1^e x \ln x \, dx = \frac{1}{2}\int_1^e \ln x \, dx^2 = \left[\frac{1}{2}x^2\ln x\right]_1^e - \frac{1}{2}\int_1^e x \, dx = \frac{1+e^2}{4}$.

例 6.4.4 导出 $I_n = \int_0^{\frac{\pi}{2}} \sin^n x \, dx$ 的递推公式.

解 $I_0 = \int_0^{\frac{\pi}{2}} dx = \frac{\pi}{2}$，$I_1 = \int_0^{\frac{\pi}{2}} \sin x \, dx = 1$.

当 $n \geqslant 2$ 时，设 $u=\sin^{n-1}x$，$dv=\sin x \, dx$，则
$$du=(n-1)\sin^{n-2}x \cos x \, dx,$$
$$v=-\cos x,$$
于是
$$I_n = (-\sin^{n-1}x \cos x)\Big|_0^{\frac{\pi}{2}} + (n-1)\int_0^{\frac{\pi}{2}} \sin^{n-2}x \cos^2 x \, dx$$
$$= (n-1)\int_0^{\frac{\pi}{2}} \sin^{n-2}x(1-\sin^2 x)dx$$
$$= (n-1)\int_0^{\frac{\pi}{2}} \sin^{n-2}x \, dx - (n-1)\int_0^{\frac{\pi}{2}} \sin^n x \, dx$$
$$= (n-1)I_{n-2} - (n-1)I_n,$$
故 $I_n = \frac{n-1}{n} I_{n-2}$.

当 n 为偶数时，设 $n=2m$，则有
$$I_{2m} = \frac{2m-1}{2m}\cdot\frac{2m-3}{2m-2}\cdot\frac{2m-5}{2m-4}\cdot\cdots\cdot\frac{3}{4}\cdot\frac{1}{2}\cdot I_0$$
$$= \frac{2m-1}{2m}\cdot\frac{2m-3}{2m-2}\cdot\frac{2m-5}{2m-4}\cdot\cdots\cdot\frac{3}{4}\cdot\frac{1}{2}\cdot\frac{\pi}{2}.$$
当 n 为奇数时，设 $n=2m+1$，则有
$$I_{2m+1} = \frac{2m}{2m+1}\cdot\frac{2m-2}{2m-1}\cdot\frac{2m-4}{2m-3}\cdot\cdots\cdot\frac{4}{5}\cdot\frac{2}{3}\cdot I_1$$
$$= \frac{2m}{2m+1}\cdot\frac{2m-2}{2m-1}\cdot\frac{2m-4}{2m-3}\cdot\cdots\cdot\frac{4}{5}\cdot\frac{2}{3}\cdot 1.$$

注：根据上述例子得到
$$\int_0^{\frac{\pi}{2}} \cos^n x \, dx = \int_0^{\frac{\pi}{2}} \sin^n x \, dx.$$
在使用分部积分公式时，u 与 v 的选择是关键，应该熟练掌握，具体方法参考第五章.

知识要点

本节要求掌握定积分的分部积分公式：$\int_a^b u\,\mathrm{d}v=[uv]_a^b-\int_a^b v\,\mathrm{d}u$.

■ 习题 6－4

1. 用分部积分法计算下列定积分：

(1) $\int_0^1 x\mathrm{e}^{-x}\,\mathrm{d}x$；　　(2) $\int_0^1 x\arctan x\,\mathrm{d}x$；

(3) $\int_1^{\mathrm{e}}\cos(\ln x)\mathrm{d}x$；　　(4) $\int_0^{\frac{\pi}{2}} x\sin 2x\,\mathrm{d}x$；

(5) $\int_1^2 x\ln x\,\mathrm{d}x$；　　(6) $\int_1^4 \frac{\ln x}{\sqrt{x}}\mathrm{d}x$；

(7) $\int_0^{\frac{\pi}{2}}\mathrm{e}^x\cos x\,\mathrm{d}x$；　　(8) $\int_{\frac{\pi}{4}}^{\frac{\pi}{3}}\frac{x}{\sin^2 x}\,\mathrm{d}x$.

2. 证明：$\int_0^{\pi}\sin^n x\,\mathrm{d}x=2\int_0^{\frac{\pi}{2}}\sin^n x\,\mathrm{d}x$.

3. 计算定积分 $J_m=\int_0^{\pi}x\sin^m x\,\mathrm{d}x$（$m$ 为自然数）.

第五节　反常积分

前面我们已经学习了定积分计算的两种常用方法：换元积分法和分部积分法. 不难发现，换元积分法和分部积分法都是在有限区间和被积函数为有界函数时进行的，下面我们将讨论在无穷区间和函数无界时的积分，这两种积分统称为**广义积分或反常积分**.

一、无穷限的反常积分

定义 6.5.1　设函数 $f(x)$ 在 $[a, +\infty)$ 上连续，如果

$$\lim_{b\to+\infty}\int_a^b f(x)\mathrm{d}x,\quad b>a$$

存在，就称此极限为 $f(x)$ 在区间 $[a, +\infty)$ 上的**反常积分**，记作

$$\int_a^{+\infty}f(x)\mathrm{d}x=\lim_{b\to+\infty}\int_a^b f(x)\mathrm{d}x,\tag{6.5.1}$$

这时也称反常积分 $\int_a^{+\infty}f(x)\mathrm{d}x$ **收敛**；如果此极限不存在，就称反常积分 $\int_a^{+\infty}f(x)\mathrm{d}x$ **发散**.

同理，设函数 $f(x)$ 在 $[-\infty, b)$ 上连续，如果

$$\lim_{a\to-\infty}\int_a^b f(x)\mathrm{d}x,\quad b>a$$

存在，就称此极限为 $f(x)$ 在区间 $[-\infty, b)$ 上的**反常积分**，记作

$$\int_{-\infty}^{b}f(x)\mathrm{d}x=\lim_{a\to-\infty}\int_a^b f(x)\mathrm{d}x,\tag{6.5.2}$$

这时也称反常积分 $\int_{-\infty}^{b} f(x)\mathrm{d}x$ **收敛**；如果此极限不存在，就称反常积分 $\int_{-\infty}^{b} f(x)\mathrm{d}x$ **发散**.

我们把上述公式统称为**无穷限的反常积分**.

设函数 $f(x)$ 在 $(-\infty, +\infty)$ 上连续，如果反常积分 $\int_{-\infty}^{0} f(x)\,\mathrm{d}x$ 和 $\int_{0}^{+\infty} f(x)\,\mathrm{d}x$ 都收敛，则称上述两个反常积分之和为 $f(x)$ 在无穷区间 $(-\infty, +\infty)$ 上的反常积分，记为

$$\int_{-\infty}^{\infty} f(x)\,\mathrm{d}x = \int_{-\infty}^{0} f(x)\,\mathrm{d}x + \int_{0}^{\infty} f(x)\,\mathrm{d}x = \lim_{a\to-\infty}\int_{a}^{0} f(x)\,\mathrm{d}x + \lim_{b\to+\infty}\int_{0}^{b} f(x)\,\mathrm{d}x.$$

补充记号 $F(+\infty)=\lim\limits_{b\to+\infty}F(b)$，$F(-\infty)=\lim\limits_{a\to-\infty}F(a)$，则

$$\int_{-\infty}^{+\infty} f(x)\mathrm{d}x = \lim_{\substack{a\to-\infty\\ b\to+\infty}}\int_{a}^{b} f(x)\mathrm{d}x = F(+\infty)-F(-\infty).$$

例 6.5.1 计算反常积分 $\int_{1}^{+\infty}\frac{1}{x^2}\mathrm{d}x$.

解 $\int_{1}^{+\infty}\frac{1}{x^2}\mathrm{d}x = \lim\limits_{b\to+\infty}\int_{1}^{b}\frac{1}{x^2}\mathrm{d}x = \lim\limits_{b\to+\infty}\left[\left(-\frac{1}{x}\right)\right]_1^b = \lim\limits_{b\to+\infty}\left(-\frac{1}{b}+1\right)=1.$

例 6.5.2 计算反常积分 $\int_{-\infty}^{1}\mathrm{e}^x\mathrm{d}x$.

解 $\int_{-\infty}^{1}\mathrm{e}^x\mathrm{d}x = \lim\limits_{a\to-\infty}\int_{a}^{1}\mathrm{e}^x\mathrm{d}x = \lim\limits_{a\to-\infty}\int_{a}^{1}\mathrm{d}\mathrm{e}^x = \lim\limits_{a\to-\infty}[\mathrm{e}^x]_a^1 = \lim\limits_{a\to-\infty}(\mathrm{e}^1-\mathrm{e}^a)=\mathrm{e}.$

例 6.5.3 计算反常积分 $\int_{-\infty}^{+\infty}\frac{1}{1+x^2}\mathrm{d}x$.

解

$$\begin{aligned}\int_{-\infty}^{+\infty}\frac{1}{1+x^2}\mathrm{d}x &= \lim_{\substack{a\to-\infty\\ b\to+\infty}}\int_{a}^{b}\frac{1}{1+x^2}\mathrm{d}x = \lim_{\substack{a\to-\infty\\ b\to+\infty}}[\arctan x]_a^b\\ &= \lim_{\substack{a\to-\infty\\ b\to+\infty}}(\arctan b-\arctan a) = \frac{\pi}{2}-\left(-\frac{\pi}{2}\right)=\pi.\end{aligned}$$

例 6.5.4 证明反常积分 $\int_{a}^{+\infty}\frac{1}{x^p}\mathrm{d}x\,(a>0)$ 当 $p>1$ 时收敛，当 $p\leqslant1$ 时发散.

证明 当 $p=1$ 时，有

$$\int_{a}^{+\infty}\frac{1}{x}\mathrm{d}x = \lim_{b\to+\infty}\int_{a}^{b}\frac{1}{x}\mathrm{d}x = \lim_{b\to+\infty}[\ln x]_a^b = +\infty;$$

当 $p<1$ 时，有

$$\begin{aligned}\int_{a}^{+\infty}\frac{1}{x^p}\mathrm{d}x &= \lim_{b\to+\infty}\int_{a}^{b}\frac{1}{x^p}\mathrm{d}x = \lim_{b\to+\infty}\left[\frac{1}{1-p}x^{1-p}\right]_a^b\\ &= \lim_{b\to+\infty}\left(\frac{1}{1-p}b^{1-p}-\frac{1}{1-p}a^{1-p}\right)=+\infty;\end{aligned}$$

当 $p>1$ 时，有

$$\int_{a}^{+\infty}\frac{1}{x^p}\mathrm{d}x = \lim_{b\to+\infty}\int_{a}^{b}\frac{1}{x^p}\mathrm{d}x = \lim_{b\to+\infty}\left[\frac{1}{1-p}x^{1-p}\right]_a^b = \frac{1}{p-1}a^{1-p}.$$

综上可知，当 $p>1$ 时，$\int_{a}^{+\infty}\frac{1}{x^p}\mathrm{d}x$ 收敛，当 $p\leqslant1$ 时，$\int_{a}^{+\infty}\frac{1}{x^p}\mathrm{d}x$ 发散.

二、无界函数的反常积分

定义 6.5.2 设函数 $f(x)$ 在 $(a, b]$ 上连续，且 $\lim\limits_{x\to a^+}f(x)=\infty$，如果极限 $\lim\limits_{c\to a^+}\int_{c}^{b}f(x)\mathrm{d}x$

存在，就称此极限为无界函数 $f(x)$ 在区间 $(a, b]$ 上的**反常积分**，记作

$$\int_a^b f(x)\mathrm{d}x = \lim_{c \to a^+}\int_c^b f(x)\mathrm{d}x,$$

这时称**反常积分收敛**；若该极限不存在，则称**反常积分发散**.

同理，设函数 $f(x)$ 在 $[a, b)$ 上连续，且 $\lim\limits_{x \to b^-} f(x) = \infty$，如果极限 $\lim\limits_{d \to b^-}\int_a^d f(x)\mathrm{d}x$ 存在，就称此极限为无界函数 $f(x)$ 在区间 $[a, b)$ 上的**反常积分**，记作

$$\int_a^b f(x)\mathrm{d}x = \lim_{d \to b^-}\int_c^d f(x)\mathrm{d}x,$$

这时称**反常积分收敛**；若该极限不存在，则称**反常积分发散**.

若 $f(x)$ 在 $[a, b]$ 上除 c 点外处处连续，则 $\lim\limits_{x \to c} f(x) = \infty$. 若反常积分 $\int_a^c f(x)\mathrm{d}x$ 与 $\int_c^b f(x)\mathrm{d}x$ 都收敛，则称 $\int_a^b f(x)\mathrm{d}x$ **收敛**，且定义 $\int_a^b f(x)\mathrm{d}x = \int_a^c f(x)\mathrm{d}x + \int_c^b f(x)\mathrm{d}x$；否则，称 $\int_a^b f(x)\mathrm{d}x$ **发散**.

上述定义统称为无界函数的**反常积分**.

例 6.5.5 计算 $\int_0^1 \frac{1}{\sqrt{1 - x^2}}\mathrm{d}x$.

解

$$\int_0^1 \frac{1}{\sqrt{1 - x^2}}\mathrm{d}x = \lim_{c \to 1^-}\int_0^c \frac{1}{\sqrt{1 - x^2}}\mathrm{d}x = \lim_{c \to 1^-}[\arcsin x]_0^c$$

$$= \lim_{c \to 1^-}\arcsin c - 0 = \frac{\pi}{2}.$$

例 6.5.6 计算 $\int_{-2}^2 \frac{1}{x^2}\mathrm{d}x$.

解 由于 $f(x) = \frac{1}{x^2}$ 在 $x = 0$ 处无意义，因此

$$\int_{-2}^2 \frac{1}{x^2}\mathrm{d}x = \int_{-2}^0 \frac{1}{x^2}\mathrm{d}x + \int_0^2 \frac{1}{x^2}\mathrm{d}x,$$

其中 $\int_0^2 \frac{1}{x^2}\mathrm{d}x = \lim\limits_{c \to 0^+}\int_c^2 \frac{1}{x^2}\mathrm{d}x = \lim\limits_{c \to 0^+}\left[-\frac{1}{x}\right]_c^2 = -\frac{1}{2} + \lim\limits_{c \to 0^+}\frac{1}{x} = \infty$.

由此可知，反常积分是发散的.

若按照常规方法来做，$\int_{-2}^2 \frac{1}{x^2}\mathrm{d}x = \left[-\frac{1}{x}\right]_{-2}^2 = -1$，其结果显然错误，因为忽略了一个问题，$\frac{1}{x^2}$ 在 $[-2, 2]$ 上是不连续的函数.

例 6.5.7 证明反常积分 $\int_0^1 \frac{1}{x^q}\mathrm{d}x$ 当 $q < 1$ 时收敛，当 $q \geqslant 1$ 时发散.

证明 当 $q = 1$ 时，有

$$\int_0^1 \frac{1}{x}\mathrm{d}x = \lim_{c \to 0^+}\int_c^1 \frac{1}{x}\mathrm{d}x = \lim_{c \to 0^+}[\ln x]_c^1 = +\infty;$$

当 $q > 1$ 时，有

$$\int_0^1 \frac{1}{x^q}\mathrm{d}x = \lim_{c \to 0^+}\int_c^1 \frac{1}{x^q}\mathrm{d}x = \lim_{c \to 0^+}\left[\frac{1}{1 - q}x^{1-q}\right]_c^1 = \frac{1}{1 - q} - \lim_{c \to 0^+}\frac{1}{(1 - q)x^{q-1}} = +\infty;$$

当 $q<1$ 时，有

$$\int_0^1 \frac{1}{x^q}\mathrm{d}x = \lim_{c\to 0^+}\int_c^1 \frac{1}{x^q}\mathrm{d}x = \lim_{c\to 0^+}\left[\frac{1}{1-q}x^{1-q}\right]_c^1 = \frac{1}{1-q}.$$

综上可知，当 $q<1$ 时，$\int_0^1 \frac{1}{x^q}\,\mathrm{d}x$ 收敛，当 $q\geqslant 1$ 时，$\int_0^1 \frac{1}{x^q}\,\mathrm{d}x$ 发散.

知识要点

(1) 反常积分不属于定积分，它是定积分的推广.

(2) 当被积函数在区间上存在无意义点时，必须按照例 6.5.6 的方式解题.

■ 习题 6－5

1. 判断下列各反常积分的收敛性，若收敛，计算其值：

(1) $\int_1^{+\infty}\frac{\mathrm{d}x}{x^4}$；　　(2) $\int_1^{+\infty}\frac{\mathrm{d}x}{\sqrt{x}}$；

(3) $\int_0^{+\infty}\mathrm{e}^{-2x}\mathrm{d}x$；　　(4) $\int_{\mathrm{e}}^{+\infty}\frac{\ln x}{x}\mathrm{d}x$；

(5) $\int_0^2\frac{\mathrm{d}x}{(1-x)^3}$；　　(6) $\int_1^2\frac{x^2\,\mathrm{d}x}{\sqrt{x^3-1}}$.

2. 下列计算是否正确？为什么？

(1) $\int_{-1}^1\frac{\mathrm{d}x}{x^2}=-\frac{1}{x}\Big|_{-1}^1=-2$；

(2) $\int_{-\infty}^{+\infty}\frac{x\,\mathrm{d}x}{\sqrt{1+x^2}}=0$.

第六节　定积分的经济应用

定积分在几何学、物理学中的应用，这里我们省略不讲. 第三章我们已经学习过边际收入、边际成本和边际利润，这几个函数在经济学中称为边际函数. 本节将讨论定积分在经济学中的应用.

一、由边际函数求原函数

设经济应用函数 $u(x)$ 的边际函数为 $u'(x)$，由原函数定义知道

$$\int_0^x u'(x)\mathrm{d}x = u(x)-u(0),$$

即

$$u(x) = u(0)+\int_0^x u'(x)\mathrm{d}x.$$

由上述情况可知，$u(0)$ 对于不同的经济函数具有不同的结果. 当 $u(x)$ 为成本函数时，$u(0)$ 指的是固定成本；当 $u(x)$ 为收入函数时，$u(0)$ 为 0，因为当生产量为 0 时，收入当然为 0. 我们来解决下面两个经济问题中的实例.

例 6.6.1 生产某产品的边际成本函数为

$$C'(x)=2x+1,$$

固定成本为 $C(0)=100$，求生产 10 个产品的总成本函数.

解 由题意知

$$\begin{aligned}C(10) &= C(0)+\int_0^{10} C'(x)\,\mathrm{d}x \\ &= 100+\int_0^{10}(2x+1)\,\mathrm{d}x \\ &= 100+[x^2+x]_0^{10} \\ &= 210.\end{aligned}$$

例 6.6.2 已知边际收入为 $R'(x)=100-3x^2$，求收入函数 $R(x)$.

解 由于 $R(0)=0$，因此有

$$\begin{aligned}R(x) &= R(0)+\int_0^{x} R'(x)\,\mathrm{d}x \\ &= 0+\int_0^{x}(100-3x^2)\,\mathrm{d}x \\ &= 100x-x^3.\end{aligned}$$

二、由变化率求总量

当产品数由 x_1 变到 x_2 时，经济函数 $u(x)$的改变量为

$$\begin{aligned}u(x_2)-u(x_1) &= \int_0^{x_2} u'(x)\ \mathrm{d}x+u(0)-\int_0^{x_1} u'(x)\ \mathrm{d}x-u(0) \\ &= \int_{x_1}^{x_2} u'(x)\,\mathrm{d}x.\end{aligned}$$

例 6.6.3 生产某产品的边际利润为 $L'(x)=3x^2-10x$，当产量由 50 增加到 60 时，可多获得多少利润?

解 多获得的利润为

$$L(x)=\int_{50}^{60} L'(x)\,\mathrm{d}x=\int_{50}^{60}(3x^2-10x)\,\mathrm{d}x=[x^3-5x^2]_{50}^{60}=85\ 500.$$

三、收益流的现值和将来值

将来值指的是货币资金未来的价值，及其在未来的本利之和. **现值**指的是货币资金现在的价值. **贴现**指的是票据持有人为了在票据到期以前获得资金，从票面金额中扣除未到期期间的利息后，得到剩余金额的现金. 将来值和现值都是资金，而贴现是一个过程.

如果以连续复利率 r 计息，单笔 P 元人民币存入银行，t 年末的将来值为

$$B=P\mathrm{e}^{rt}.$$

若 t 年末得到 B 元人民币，则现在需要存入银行的现值为

$$P=B\mathrm{e}^{-rt}.$$

现在我们利用积分思想来计算现值和将来值. 先讨论收益流和收益率的概念. 如果收益看成连续发生的，则可将收益看作是随时间连续变化的收益流. 而收益率指收益对时间

的变化率，一般用 $p(t)$ 表示，t 为时间. 若 $p(t)$ 为常数，则称该收益流具有常数收益率.

如果不考虑利息，则从 $t=0$ 时刻开始，以 $p(t)$ 为收益率的收益流到 T 时刻的总收益为

$$\int_0^T p(t)\mathrm{d}t.$$

但是往往很多时候要考虑利息，假设以连续复利率 r 计息，考虑从 0 到 T 年后这段时间. 利用元素法，在区间 $[0, T]$ 内，任取一小区间 $[t, t+\mathrm{d}t]$，该段时间的收益近似为 $p(t)\mathrm{d}t$，利用前面介绍过的公式可得它的现值为

$$[p(t)\mathrm{d}t]\mathrm{e}^{-rt}=p(t)\mathrm{e}^{-rt}\mathrm{d}t,$$

从而总现值为

$$\int_0^T p(t)\mathrm{e}^{-rt}\mathrm{d}t.$$

在计算将来值时，收入 $p(t)\mathrm{d}t$ 在以后的 $(T-t)$ 年期间内获息，在 $[t, t+\mathrm{d}t]$ 内，收益流将来值为

$$[p(t)\mathrm{d}t]\mathrm{e}^{r(T-t)}=p(t)\mathrm{e}^{r(T-t)}\mathrm{d}t,$$

从而总将来值为

$$\int_0^T p(t)\mathrm{e}^{r(T-t)}\mathrm{d}t.$$

例 6.6.4 假设以年连续复利率 $r=0.1$ 计算，求 100 元/年的收益流在 20 年期间的现值和将来值.

解 现值 $=\int_0^{20} 100\mathrm{e}^{-0.1t}\mathrm{d}t = 1000(1-\mathrm{e}^{-2}) \approx 865$ (元).

将来值 $=\int_0^{20} 100\mathrm{e}^{0.1(20-t)}\mathrm{d}t = \int_0^{20} 100\mathrm{e}^{2}\cdot\mathrm{e}^{-0.1t}\,\mathrm{d}t = 1000\mathrm{e}^{2}(1-\mathrm{e}^{-2}) \approx 6389$ (元).

知识要点

利用公式 $u(x)=u(0)+\int_0^x u'(x)\,\mathrm{d}x$ 既可求边际原函数，也可由变化率求总量.

■ 习题 6-6

1. 已知边际收益为 $R'(x)=a-bx$，求收益函数.

2. 已知边际成本为 $C'(x)=2+\frac{1}{\sqrt{x}}$，固定成本为 10，求总成本及产量由 $x=20$ 增加到 $x=30$ 时应追加的成本.

3. 已知边际成本为 $C'(x)=10-2x$，边际收益为 $R'(x)=30+4x$，求边际利润.

4. 假设以月连续复利率 $r=0.1$ 计息，求：

(1) 100 元/月的收益流在 20 个月期间的现值和将来值.

(2) 将来值和现值的关系如何？解释这个关系.

总 习 题 六

1. 计算下列极限：

(1) $\lim\limits_{x\to 2}\dfrac{1}{x-2}\displaystyle\int_{x}^{2}t^{2}\mathrm{d}t$；

(2) $\lim\limits_{x\to\infty}\dfrac{\displaystyle\int_{0}^{x}tf(t)\mathrm{d}t}{1-x^{2}}$，其中 $f(x)$ 连续且$\lim\limits_{x\to\infty}f(x)=2$.

2. 计算下列积分：

(1) $\displaystyle\int_{\frac{3}{4}}^{1}\frac{\mathrm{d}x}{\sqrt{1-x}-1}$；　　(2) $\displaystyle\int_{-\frac{\pi}{2}}^{\frac{\pi}{2}}\sqrt{\cos x-\cos^{3}x}\,\mathrm{d}x$；

(3) $\displaystyle\int_{0}^{\pi}\sqrt{1+\cos 2x}\,\mathrm{d}x$；　　(4) $\displaystyle\int_{-1}^{1}(x^{2}\sqrt{1-x^{2}}+x^{3}\sqrt{1+x^{2}})\mathrm{d}x$；

(5) $\displaystyle\int_{0}^{2}\min\{x,\ x^{2}\}\mathrm{d}x$；　　(6) $\displaystyle\int_{0}^{2}x|x-1|\mathrm{d}x$.

3. 若 $f''(x)$在$[0,\pi]$上连续，$f(0)=2$，$f(\pi)=1$，证明：$\displaystyle\int_{0}^{\pi}[f(x)+f''(x)]\sin x\,\mathrm{d}x=3$.

4. 求函数 $F(x)=\displaystyle\int_{0}^{x}(t-1)(t-6)\mathrm{d}t$ 在$[2,7]$上的最大值、最小值.

5. 已知 $f(x)=\tan^{2}x$，求$\displaystyle\int_{0}^{\frac{\pi}{4}}f'(x)f''(x)\mathrm{d}x$.

6. 判断下列各广义积分的敛散性，若收敛，计算其值：

(1) $\displaystyle\int_{-\infty}^{+\infty}(x^{2}+x+1)\mathrm{e}^{-x^{2}}\mathrm{d}x$；　　(2) $\displaystyle\int_{-\infty}^{+\infty}(|x|+x)\mathrm{e}^{-|x|}\mathrm{d}x$.

7. 已知某种产品的边际成本为 $C'(x)=3x+3$，边际收益为 $R'(x)=2x^{2}+x$，试问当产量 x 由 9 单位增加到 10 单位时，总利润怎么变化？

第七章　空间解析几何

在平面解析几何中，通过坐标法把平面上的点与一对有次序的数对应起来，把平面上的图形与方程对应起来，从而可用代数方法来研究几何问题. 空间解析几何也是按照类似的方法建立起来的. 平面解析几何的知识对学习一元函数微积分是不可缺少的，空间解析几何的知识对学习多元函数微积分也是必要的. 本章主要介绍空间解析几何初步知识.

第一节　空间解析几何基本知识

一、空间直角坐标系

过空间一定点 O，作三条互相垂直的数轴，它们分别叫作 **x 轴**(横轴)、**y 轴**(纵轴)和 **z 轴**(竖轴). 这三条轴都以 O 点为原点且具有相同的单位长度，它们的正向符合右手规则，即以右手握住 z 轴，当右手的四个手指从正向 x 轴以 $\frac{\pi}{2}$ 角度转向正向 y 轴时，大拇指的指向就是 z 轴的正向，如图 7.1.1 所示，图中箭头的指向表示 x 轴、y 轴、z 轴的正向. 这样的三条坐标轴就构成了一个空间直角坐标系，称为 $Oxyz$ **直角坐标系**，点 O 称为该坐标系的**原点**.

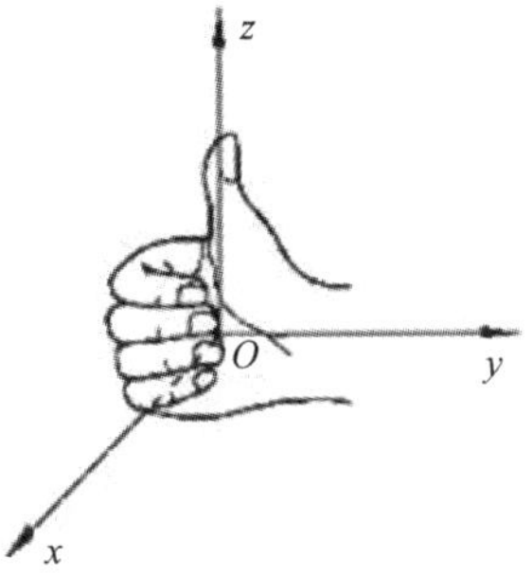

图 7.1.1　直角坐标系

设 M 为空间一已知点，过点 M 作三个平面分别垂直于 x 轴、y 轴和 z 轴，并交 x 轴、y 轴和 z 轴于 P、Q、R 三点，点 P、Q、R 分别称为点 M 在 x 轴、y 轴和 z 轴上的**投影**. 设这三个投影在 x 轴、y 轴和 z 轴上的坐标依次为 x、y 和 z，于是空间一点 M 唯一地确定了一个有序数组 (x,y,z). 反过来，对于任意给定的有序数组 (x,y,z)，可以在 x 轴上取坐标为 x 的点 P，在 y 轴上取坐标为 y 的点 Q，在 z 轴上取坐标为 z 的点 R，过点 P、Q、R 分别作垂直于 x 轴、y 轴和 z 轴的三个平面，这三个平面的交点 M 就是由有序数组 (x,y,z) 唯一确定的点，如图 7.1.2 所示. 这样，空间的点与有序数组 (x, y, z) 之间就建立了一一对应关系，(x, y, z) 称为点 M 的坐标，依次称 x、y 和 z 为点 M 的**横坐标、纵坐标和竖坐标**，并把点 M 记为 $M(x, y, z)$.

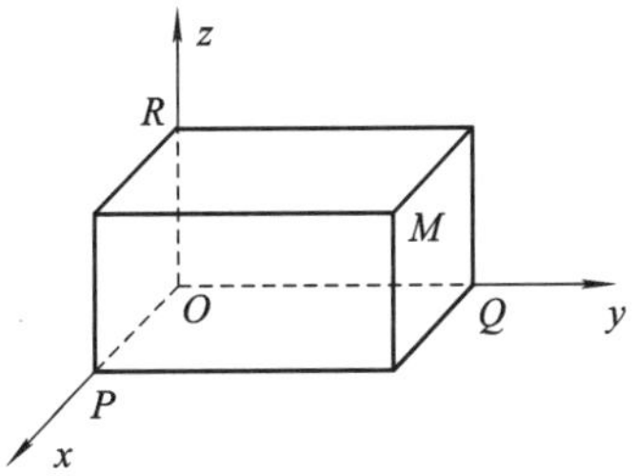

图 7.1.2　空间点的坐标

三条坐标轴中的任意两条可以确定一个平面，这样定出的三个平面统称为**坐标面**. 由 x 轴和 y 轴确定的平面称为 xOy 面，类似地，还有 yOz 面与 zOx 面. 这三个坐标面把空间分成八个部分，每一部分叫作一个卦限. 其中，在 xOy 面上方且 yOz 面前方、zOx 面右方的卦限称为第一卦限，其他第二、第三、第四卦限，在 xOy 面的上方，按逆时针方向确定. 第五至第八卦限，在 xOy 面的下方，由第一卦限之下的第五卦限按逆时针方向确定. 这八个卦限分别用罗马数字Ⅰ、Ⅱ、Ⅲ、Ⅳ、Ⅴ、Ⅵ、Ⅶ、Ⅷ表示，如图 7.1.3 所示.

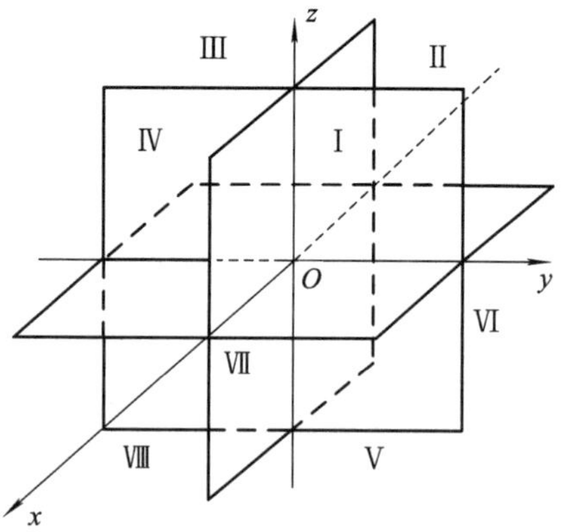

图 7.1.3　八个卦限

坐标面上和坐标轴上的点，其坐标各有一定的特征. 例如：在 xOy 面上的点，$z=0$；在 yOz 面上的点，$x=0$；在 zOx 面上的点，$y=0$. 又如：在 x 轴上的点，$y=z=0$；在 y 轴上的点，$x=z=0$；在 z 轴上的点，$x=y=0$；而在原点 O 上的点，$x=y=z=0$.

例 7.1.1　求点 (x_1, y_1, z_1) 关于(1) xOy 面；(2) z 轴；(3) 坐标原点对称点的坐标.

解　设所求对称点的坐标为 (x_2, y_2, z_2)，则

(1) $x_2=x_1$，$y_2=y_1$，$z_1+z_2=0$，即所求点的坐标为 $(x_1, y_1, -z_1)$.

(2) $x_1+x_2=0$，$y_1+y_2=0$，$z_2=z_1$，即所求点的坐标为 $(-x_1, -y_1, z_1)$.

(3) $x_1+x_2=0$，$y_1+y_2=0$，$z_1+z_2=0$，即所求点的坐标为 $(-x_1, -y_1, -z_1)$.

二、空间两点间的距离

设 $P_1(x_1, y_1, z_1)$、$P_2(x_2, y_2, z_2)$ 是空间两点，为了表示 P_1 与 P_2 之间的距离，我们通过 P_1、P_2 作三个分别垂直于 x 轴、y 轴和 z 轴的平面，这六个面围成一个以 P_1P_2 为对角线的长方体，如图 7.1.4 所示. 显然，从图中可以清楚地看到，该长方体各条棱的长度分别是

$$|x_2-x_1|、|y_2-y_1|、|z_2-z_1|,$$

于是 P_1P_2 的长度即空间两点 P_1、P_2 的距离公式为

$$d=|P_1P_2|=\sqrt{(x_2-x_1)^2+(y_2-y_1)^2+(z_2-z_1)^2}, \tag{7.1.1}$$

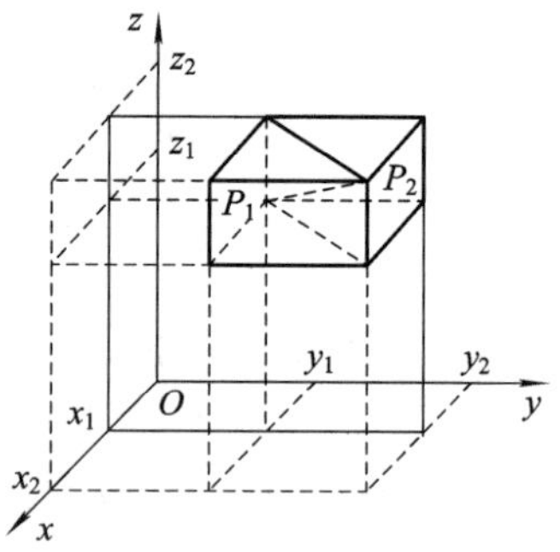

图 7.1.4　两点间距离

特别地，点 $M(x, y, z)$ 与坐标原点 $O(0, 0, 0)$ 的距离为

$$d=|OM|=\sqrt{x^2+y^2+z^2}. \tag{7.1.2}$$

例 7.1.2　在 y 轴上求与点 $A(3, -1, 1)$ 和点 $B(0, 1, 2)$ 等距离的点 M.

解　因为点 M 在 y 轴上，设其坐标为 $(0, y, 0)$，于是有

$$|MA|=|MB|,$$

即

$$\sqrt{(0-3)^2+(y+1)^2+(0-1)^2}=\sqrt{(0-0)^2+(y-1)^2+(0-2)^2},$$

解得

$$y=-\frac{3}{2},$$

所以所求点为 $M\left(0, -\frac{3}{2}, 0\right)$.

三、曲面方程的概念

在空间解析几何中，任何曲面和曲线都可看作点的几何轨迹，在这样的几何意义下，如果曲面 Σ 与三元方程

$$F(x, y, z)=0 \tag{7.1.3}$$

满足下述关系：

(1) 曲面 Σ 上任一点的坐标都满足方程(7.1.3)；

(2) 不在曲面 Σ 上的点的坐标都不满足方程(7.1.3)，

那么，方程(7.1.3)叫作**曲面 $\boldsymbol{\Sigma}$ 的方程**，而曲面 Σ 叫作**方程(7.1.3)的图形**，如图 7.1.5 所示.

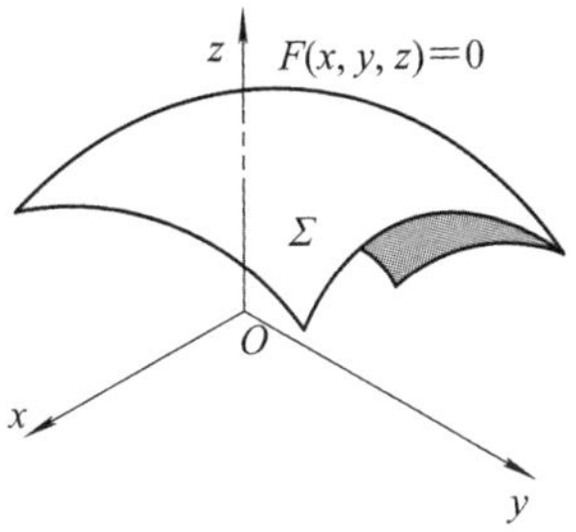

图 7.1.5　曲面与方程

例 7.1.3　求三个坐标平面的方程.

解　根据坐标平面上点的坐标特征，在 xOy 平面上任一点的坐标必有 $z=0$，满足 $z=0$ 的点也必然在 xOy 平面上，所以 xOy 平面的方程为 $z=0$.

同理，yOz 平面的方程为 $x=0$，zOx 平面的方程为 $y=0$.

例 7.1.4　作 $z=c$(c 为常数)的图形.

解　方程 $z=c$ 中不含 x、y，这就意味着 x 与 y 可取任意值而总有 $z=c$，其图形是平行于 xOy 平面的平面，可由 xOy 平面向上($c>0$)或向下($c<0$)移动 $|c|$ 个单位得到，如图 7.1.6 所示.

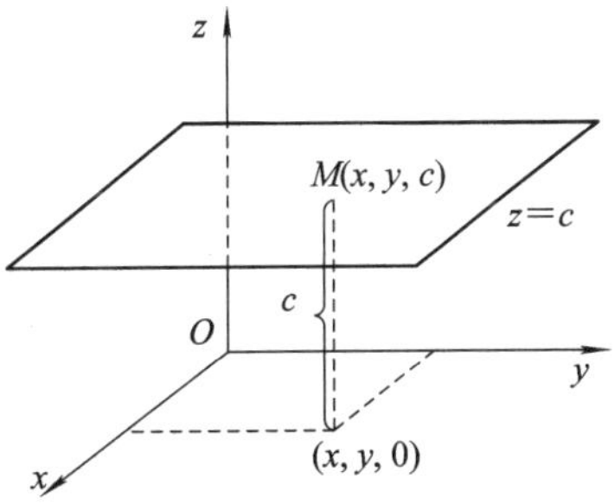

图 7.1.6　平面 $z=c$

同理，$x=a$ 和 $y=b$ 分别表示平行于 yOz 平面和 zOx 平面的平面.

四、空间曲线方程的概念

空间曲线可以看作两个曲面的交线. 设 $F(x, y, z)=0$ 和 $G(x, y, z)=0$ 是两个曲面的方程，它们的交线为 Γ，如图 7.1.7 所示. 因为曲线 Γ 上任何点的坐标应同时满足这两个曲面的方程，所以曲线 Γ 上任何点应满足方程组

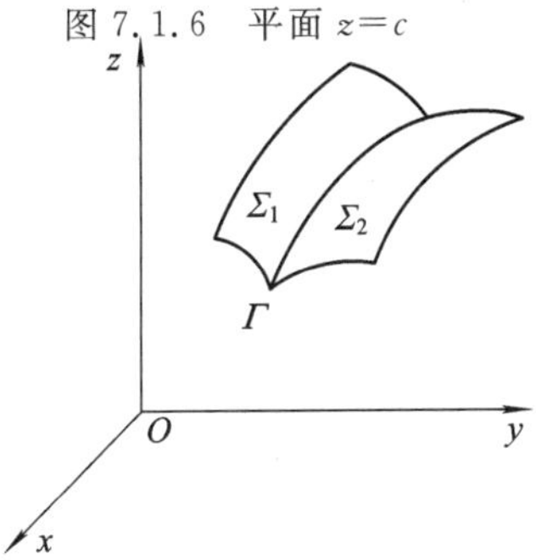

图 7.1.7　空间曲线

$$\begin{cases} F(x, y, z) = 0 \\ G(x, y, z) = 0 \end{cases}. \tag{7.1.4}$$

反过来，如果点 M 不在曲线 Γ 上，那么它不可能同时在两个曲面上，所以它的坐标不满足方程组(7.1.4)，因此方程组(7.1.4)就是空间曲线 Γ 的方程，而曲线 Γ 就是方程组(7.1.4)的图形.

若方程组(7.1.4)中的两个曲面方程分别是两个不平行的平面方程，即

$$\begin{cases} A_1x + B_1y + C_1z + D_1 = 0 \\ A_2x + B_2y + C_2z + D_2 = 0 \end{cases}, \tag{7.1.5}$$

则此为空间直线的方程，其图形为空间直线.

五、n 维空间的点集 $\mathbf{R}^n$

我们知道，数轴上的点与实数有一一对应的关系，实数全体表示数轴上一切点的集合. 在平面直角坐标系中，平面上的点与二元有序数组 (x, y) 一一对应，二元有序数组 (x, y) 的全体表示平面上一切点的集合. 在空间直角坐标系中，空间中的点与三元有序数组 (x, y, z) 一一对应，三元有序数组 (x, y, z) 的全体表示空间一切点的集合.

一般地，设 n 是一个取定的自然数，我们用 $\mathbf{R}^n$ 表示 n 元有序数组 $(x_1, x_2, \cdots, x_n)$ 的全体构成的集合，即

$$\mathbf{R}^n = \{(x_1, x_2, \cdots, x_n) \mid x_i \in \mathbf{R}, i = 1, 2, \cdots, n\} \tag{7.1.6}$$

称为 n 维点集，而每个 n 元有序数组 $(x_1, x_2, \cdots, x_n)$ 称为 $\mathbf{R}^n$ 的一个点，数 x_i 称为该点的第 i 个坐标，$\mathbf{R}^n$ 中两点 $P(x_1, x_2, \cdots, x_n)$、$Q(y_1, y_2, \cdots, y_n)$ 间的距离规定为

$$|PQ| = \sqrt{(y_1 - x_1)^2 + (y_2 - x_2)^2 + \cdots + (y_n - x_n)^2}, \tag{7.1.7}$$

显然，当 $n=1, 2, 3$ 时，式(7.1.7)即为数轴、平面及空间两点间的距离.

知识要点

本节主要讲述了空间点的坐标、坐标面、坐标轴上坐标的特征，空间两点 P_1、P_2 间的距离公式 $d = |P_1P_2| = \sqrt{(x_2 - x_1)^2 + (y_2 - y_1)^2 + (z_2 - z_1)^2}$，曲面方程、曲线方程和 n 维空间点集 $\mathbf{R}^n$ 的概念.

■ 习题 7-1

1. 指出下列各点所在的坐标轴、坐标面或卦限：

(1) $A(2, -3, -5)$；　(2) $B(0, 4, 3)$；　(3) $C(0, -3, 0)$；　(4) $D(2, 3, -5)$.

2. 过点 $P_0(x_0, y_0, z_0)$ 分别作各坐标面和各坐标轴的垂线，写出各垂足的坐标.

3. 过点 $P_0(x_0, y_0, z_0)$ 分别作平行于 z 轴的直线和平行于 xOy 面的平面，问它们上面点的坐标各有什么特点?

4. 求点 $M(-4, 3, -5)$ 到各坐标轴的距离.

5. 求点 $(1, -3, -2)$ 关于点 $(-1, 2, 1)$ 的对称点的坐标.

第二节　柱面与旋转曲面

一、柱面

平行于定直线 L 并沿定曲线 C 移动的直线所形成的曲面叫作柱面(见图 7.2.1)，定曲线 C 叫作柱面的**准线**，动直线叫作柱面的**母线**.

设柱面 Σ 的母线平行于 z 轴，准线 C 是 xOy 面上的一条曲线，其方程为 $F(x, y)=0$. 在空间直角坐标系 $Oxyz$ 中，因为这个方程不含竖坐标 z，故对空间中的点 $M(x, y, z)$，如果其横坐标 x 和纵坐标 y 满足方程 $F(x, y)=0$，则说明点 $M_1(x, y, 0)$在准线 C 上，于是推得点 $M(x, y, z)$就在过 M_1 的母线上，即 M 在柱面 Σ 上(见图 7.2.2). 反之，对柱面 Σ 上的任一点 $M(x, y, z)$，因为它在 xOy 面上的垂足 $M_1(x, y, 0)$在准线 C 上，故点 M 的横坐标 x 和纵坐标 y 满足方程 $F(x, y)=0$. 因此，柱面 Σ 的方程是

$$F(x, y) = 0. \tag{7.2.1}$$

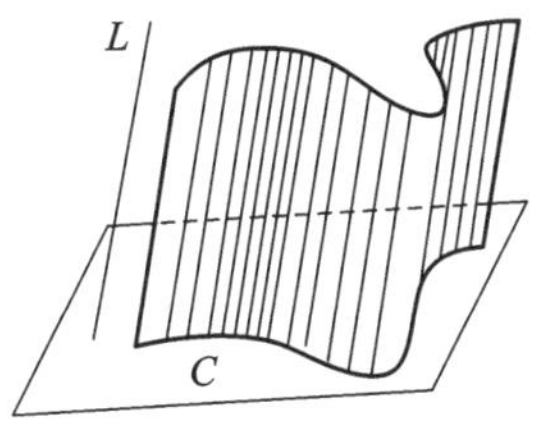

图 7.2.1　柱面(1)

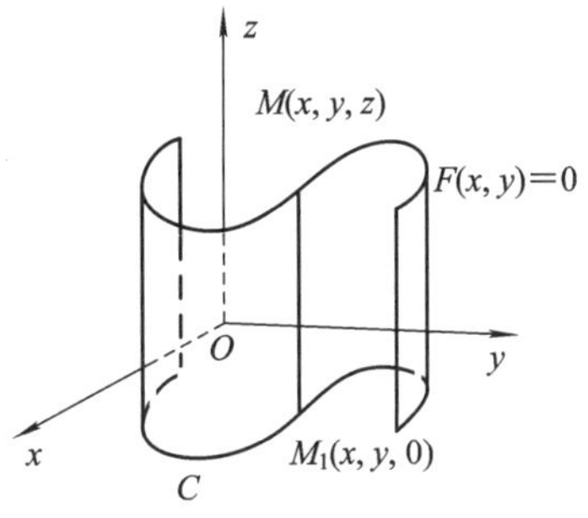

图 7.2.2　柱面(2)

一般地，只含 x、y 而缺 z 的方程 $F(x, y)=0$，在空间直角坐标系中表示母线平行于 z 轴的柱面，其准线为 xOy 面上的曲线 C：$F(x, y)=0$.

类似地，只含 x、z 而缺 y 的方程 $G(x, z)=0$ 与只含 y、z 而缺 x 的方程 $H(x, y)=0$ 分别表示母线平行于 y 轴和 x 轴的柱面.

例如，$\dfrac{x^2}{a^2}+\dfrac{y^2}{b^2}=1$ 表示母线平行于 z 轴的椭圆柱面(见图 7.2.3(a))；$x^2=2pz$ 表示母

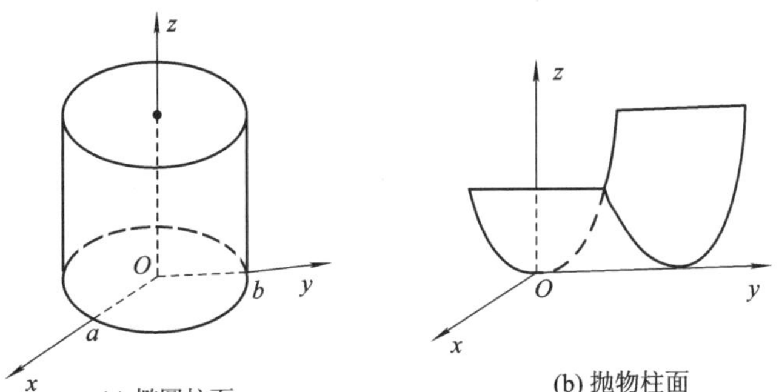

(a) 椭圆柱面　　(b) 抛物柱面

图 7.2.3　椭圆柱面与抛物柱面

线平行于 y 轴的抛物柱面(见图 7.2.3(b)).

二、旋转曲面

平面上的曲线 C 绕该平面上的一条定直线 l 旋转一周而形成的曲面叫作**旋转曲面**，该平面曲线 C 叫作旋转曲面的**母线**，定直线 l 叫作旋转曲面的**轴**.

设 C 为 yOz 面上的已知曲线，其方程为 $f(y, z)=0$，C 围绕 z 轴旋转一周得到一旋转曲面(见图 7.2.4). 在此旋转曲面上任取一点 $P_0(x_0, y_0, z_0)$，并过点 P_0 作平面 $z=z_0$，它和旋转曲面的交线为一圆周，圆周的半径 $R=\sqrt{x_0^2+y_0^2}$.

因为 P_0 是由曲线 C 上的点 $P_1(0, y_1, z_0)$旋转而得的，所以 $|y_1|=R$，即

$$y_1=\pm R=\pm\sqrt{x_0^2+y_0^2}.$$

又因为 $P_1(0, y_1, z_0)$满足方程 $f(y, z)=0$，即 $f(y_1, z_0)=0$，所以

$$f(\pm\sqrt{x_0^2+y_0^2}, z_0)=0.$$

由此可知，旋转曲面上的任一点 $M(x, y, z)$适合方程

$$f(\pm\sqrt{x^2+y^2}, z)=0. \tag{7.2.2}$$

显然，若点 $M(x, y, z)$不在此旋转曲面上，则其坐标 x、y、z 不满足式(7.2.2)，所以式(7.2.2)是此旋转曲面的方程.

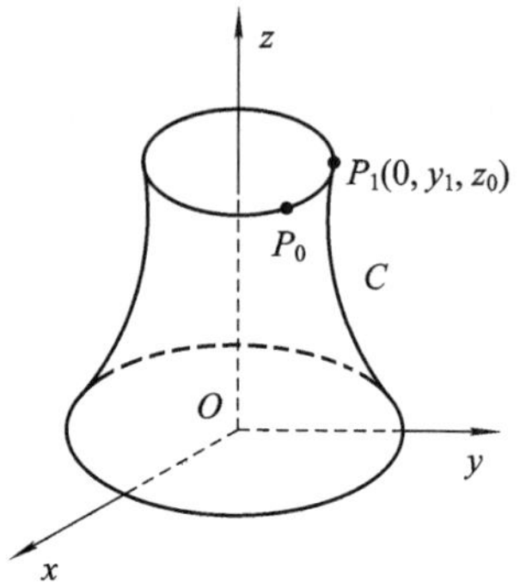

图 7.2.4　旋转曲面

一般地，若在曲线 C 的方程 $f(y, z)=0$ 中 z 保持不变，而将 y 改写成 $\pm\sqrt{x^2+y^2}$，就得到曲线 C 绕 z 轴旋转一周而形成的曲面的方程：

$$f(\pm\sqrt{x^2+y^2}, z)=0.$$

若在 $f(y, z)=0$ 中 y 保持不变，将 z 改成 $\pm\sqrt{x^2+z^2}$，就得到曲线 C 绕 y 轴旋转一周而形成的曲面的方程：

$$f(y, \pm\sqrt{x^2+z^2})=0.$$

例 7.2.1　(1) yOz 面上的抛物线 $y^2=2pz$ 绕 z 轴旋转一周而形成的曲面的方程是

$$x^2+z^2=2pz,$$

该曲面叫作**旋转抛物面**(见图 7.2.5(a)).

(2) yOz 面上的椭圆$\dfrac{y^2}{a^2}+\dfrac{z^2}{b^2}=1$ 绕 y 轴旋转一周而形成的曲面的方程是

$$\frac{y^2}{a^2}+\frac{x^2+z^2}{b^2}=1,$$

该曲面叫作**旋转椭球面**(见图 7.2.5(b)).

(3) zOx 面上的双曲线$\dfrac{x^2}{a^2}-\dfrac{z^2}{b^2}=1$ 分别绕 z 轴和 x 轴旋转一周而形成的曲面的方程是

$$\frac{x^2+y^2}{a^2}-\frac{z^2}{b^2}=1$$

与

$$\frac{x^2}{a^2}-\frac{y^2+z^2}{b^2}=1,$$

两曲面分别叫作**单叶旋转双曲面**(见图 7.2.5(c))与**双叶旋转双曲面**(见图 7.2.5(d)).

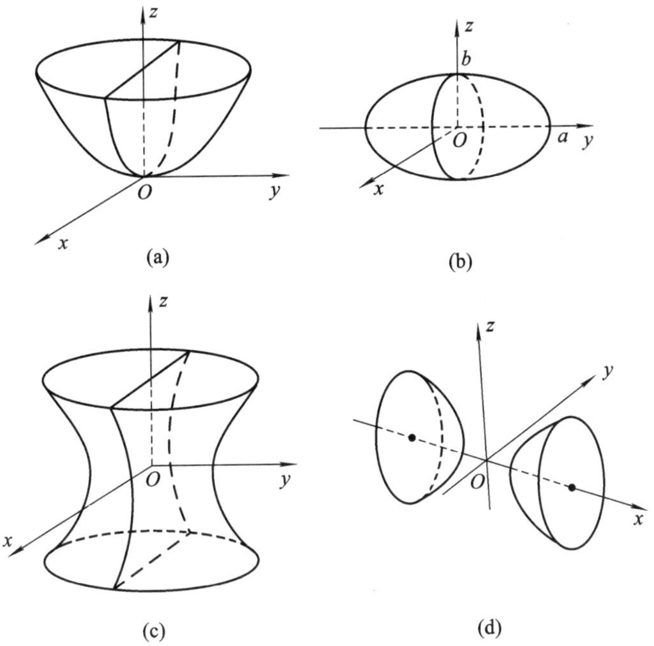

图 7.2.5 几种旋转曲面

例 7.2.2 直线 L 绕另一条与它相交的直线 l 旋转一周,所得旋转曲面叫作**圆锥面**. 两直线的交点叫作圆锥的**顶点**. 试建立顶点在原点、旋转轴为 z 轴的圆锥面(见图 7.2.6)的方程.

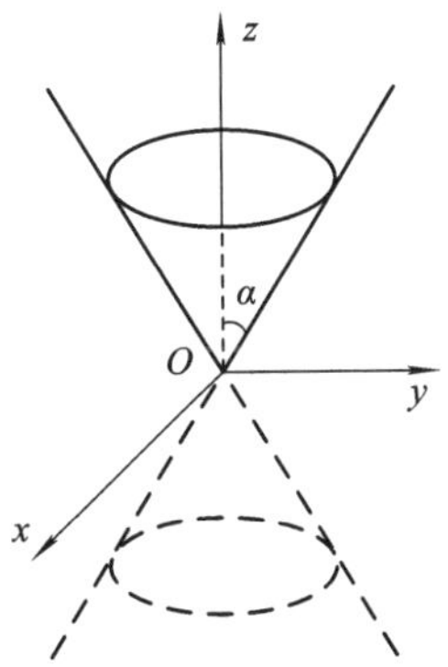

图 7.2.6 圆锥面

解 设在 yOz 面上,直线 L 的方程为 $z=ky(k>0)$,因为旋转轴是 z 轴,所以圆锥面的方程为

$$z=\pm k\sqrt{x^2+y^2},$$

即

$$z^2=k^2(x^2+y^2).$$

图 7.2.6 中所示 $\alpha=\arctan\frac{1}{k}$,叫作圆锥面的半顶角.

知识要点

(1) 柱面的定义:平行于定直线 L 并沿定曲线 C 移动的直线所形成的曲面叫作**柱面**.

(2) 旋转曲面的定义:平面上的曲线 C 绕该平面上的一条定直线 l 旋转一周而形成的曲面叫作**旋转曲面**.

(3) 本节要求了解准线、母线、轴以及旋转抛物面、旋转椭球面、旋转双曲面、圆锥面的概念和表达式.

■ 习题 7－2

1. 指出下列方程在平面解析几何与空间解析几何中分别表示什么几何图形：

(1) $x+2y=1$；　　(2) $x^2+y^2=1$；

(3) $x^2-y^2=1$；　　(4) $1+x^2=2y$.

2. 写出下列曲线绕指定轴旋转一周而形成的旋转曲面的方程：

(1) yOz 面上的抛物线 $x^2=2y$ 绕 y 轴旋转一周；

(2) xOy 面上的双曲线 $2x^2-3y^2=6$ 绕 x 轴旋转一周；

(3) xOz 面上的直线 $x-2z+1=0$ 绕 z 轴旋转一周.

3. 指出下列方程所表示的曲面哪些是旋转曲面，并说明这些旋转曲面是如何形成的：

(1) $x+y^2+z^2=1$；　　(2) $x^2+y^2+z=1$；

(3) $x^2-\frac{y^2}{4}+z^2=1$；　　(4) $-x^2-y^2+z^2-2z=1$.

第三节　空间曲线及其在坐标面上的投影

一、空间曲线的一般方程

在第一节中，我们已经指出，空间曲线可以看作两个曲面的交线. 设 $F(x, y, z)=0$ 与 $G(x, y, z)=0$ 是两个曲面的方程，则方程组

$$\begin{cases} F(x, y, z)=0 \\ G(x, y, z)=0 \end{cases} \tag{7.3.1}$$

就是这两个曲面的交线 Γ 的方程. 方程组(7.3.1)称为**空间曲线 Γ 的一般方程.**

例 7.3.1　方程组

$$\begin{cases} x^2+y^2=1 \\ 2x+3z=6 \end{cases}$$

表示怎样的曲线?

解　方程组中第一个方程表示母线平行于 z 轴的圆柱面，其准线是 xOy 面上的圆，圆心在原点 O，半径为 1. 方程组中第二个方程表示一个母线平行于 y 轴的柱面，由于它的准线是 zOx 面上的直线，因此它是一个平面. 方程组就表示上述平面与圆柱面的交线，如图 7.3.1 所示.

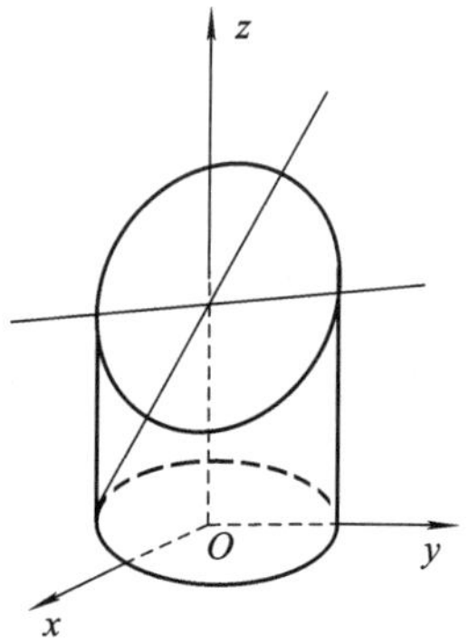

图 7.3.1　例 7.3.1 示意图

例 7.3.2　方程组

$$\begin{cases} z=\sqrt{a^2-x^2-y^2} \\ \left(x-\frac{a}{2}\right)^2+y^2=\left(\frac{a}{2}\right)^2 \end{cases}$$

表示怎么的曲线?

解　方程组中第一个方程表示球心在坐标原点 O、半径为 a 的上半球面. 第二个方程表示母线平行于 z 轴的圆柱面，它的准线是 xOy 面上的圆，该圆的圆心为 $\left(\frac{a}{2}, 0\right)$，半径为 $\frac{a}{2}$. 方程组就表示上述半球面与圆柱面的交线，如图 7.3.2 所示.

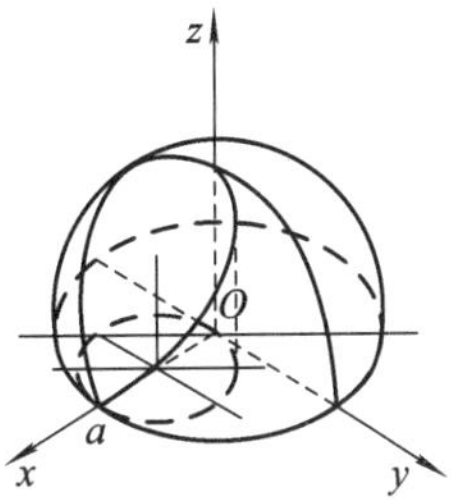

图 7.3.2　例 7.3.2 示意图

二、空间曲线在坐标面上的投影

以空间曲线 Γ 为准线、母线垂直于 xOy 面的柱面叫作 Γ 关于 xOy 面的**投影柱面**. 投影柱面与 xOy 面的交线叫作 Γ 在 xOy 面上的**投影曲线**(见图 7.3.3).

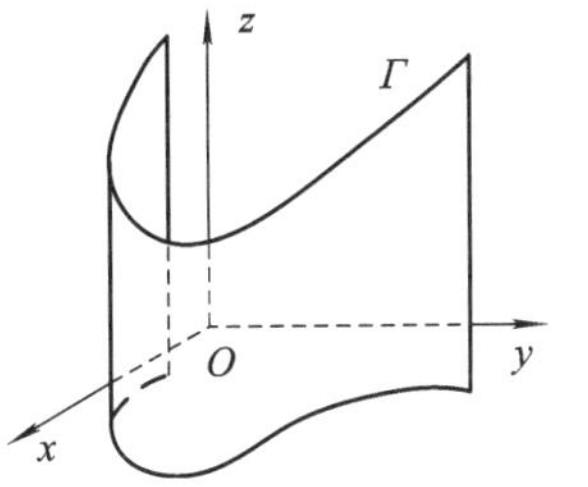

图 7.3.3　投影曲线

设空间曲线 Γ 的一般方程是

$$\begin{cases} F(x, y, z) = 0 \\ G(x, y, z) = 0 \end{cases}. \tag{7.3.2}$$

现在我们来研究由方程组(7.3.2)消去变量 z 后所得的方程

$$H(x, y) = 0. \tag{7.3.3}$$

由于当点 $M(x, y, z) \in \Gamma$ 时，其坐标 x、y、z 满足方程组(7.3.2)，而方程(7.3.3)是由方程组(7.3.2)消去 z 所得的结果，故点 M 的前两个坐标 x、y 必满足方程(7.3.3)，因此点 M 在 $H(x, y)=0$ 所表示的柱面上，这说明该柱面包含了曲线 Γ，从而柱面 $H(x, y)=0$ 与 xOy 面($z=0$)的交线

$$\begin{cases} H(x, y) = 0 \\ z = 0 \end{cases} \tag{7.3.4}$$

必然包含了空间曲线 Γ 在 xOy 面上的投影曲线.

类似地，消去方程组(7.3.2)中的变量 x 或 y，得 $R(y, z)=0$ 或 $T(x, z)=0$，再分别与 $x=0$ 或 $y=0$ 联立，就得到包含 Γ 在 yOz 面或 zOx 面上的投影曲线的曲线方程：

$$\begin{cases} R(y, z) = 0 \\ x = 0 \end{cases} \tag{7.3.5}$$

或

$$\begin{cases} T(x, z) = 0 \\ y = 0 \end{cases}. \tag{7.3.6}$$

例 7.3.3　求曲线 Γ：$\begin{cases} x^2+y^2+z^2=36 \\ y+z=0 \end{cases}$ 在 xOy 面和 yOz 面上的投影曲线的方程.

解　先由所给方程组消去 z，得

$$x^2 + 2y^2 = 36,$$

故 Γ 在 xOy 面上的投影曲线方程为

$$\begin{cases} x^2 + 2y^2 = 36 \\ z = 0 \end{cases}.$$

又由于 Γ 的第二个方程 $y+z=0$ 不含 x，故 $y+z=0$ 即为所求，它在 yOz 面上表示一

条直线，而 Γ 在 yOz 面上的投影只是该直线的一部分，即

$$\begin{cases} y+z=0 \ (-3\sqrt{2}\leqslant y\leqslant 3\sqrt{2}) \\ x=0 \end{cases}.$$

例 7.3.4 设一个立体由两个旋转抛物面 $z=2x^2+2y^2$ 与 $z=3-x^2-y^2$ 所围成，求它在 xOy 面上的投影区域.

解 两曲面的交线为

$$\Gamma:\begin{cases} z=2x^2+2y^2 \\ z=3-x^2-y^2 \end{cases},$$

由方程组消去 z，得 $x^2+y^2=1$. 故 Γ 在 xOy 面上的投影曲线为

$$\begin{cases} x^2+y^2=1 \\ z=0 \end{cases},$$

于是所求立体在 xOy 面上的投影区域为

$$\begin{cases} x^2+y^2\leqslant 1 \\ z=0 \end{cases}.$$

知识要点

本节主要讲述了空间曲线的一般方程及空间曲线在坐标面上的投影曲线.

■ 习题 7－3

1. 指出下列方程表示的曲线：

(1) $\begin{cases} (x-1)^2+(y+4)^2+z^2=25 \\ y+1=0 \end{cases}$；　　(2) $\begin{cases} x^2-4y^2=3z^2 \\ z=2 \end{cases}$.

2. 求下列两曲面的交线在各坐标面上的投影方程：

(1) $z=\sqrt{4-x^2-y^2}$，$x^2+y^2=2x$；

(2) $x^2+y^2=a^2$，$y^2+z^2=a^2$.

3. 求准线为 $\begin{cases} x^2+y^2+4z^2=1 \\ x^2=y^2+z^2 \end{cases}$ 且母线平行于 z 轴的柱面方程.

4. 求下列曲面所围成的立体在三个坐标面上的投影：

(1) $z=x^2+y^2$ 与 $z=2-x^2-y^2$；

(2) $z=\sqrt{x^2+y^2}$，$x^2+y^2=1$ 与 $z=0$.

第四节　二 次 曲 面

与平面解析几何中规定的二次曲线相类似，我们把三元二次方程 $F(x, y, z)=0$ 所表示的曲面称为**二次曲面**，把平面称为**一次曲面**.

二次曲面有九种，适当选取空间直角坐标系，可得它们的标准方程. 下面就九种二次曲面的标准方程来讨论二次曲面的形状.

(1) **椭圆锥面**：

$$\frac{x^2}{a^2}+\frac{y^2}{b^2}=z^2. \tag{7.4.1}$$

以垂直于 z 轴的平面 $z=t$ 截此曲面，当 $t=0$ 时得一点$(0, 0, 0)$；当 $t\neq 0$ 时，得平面 $z=t$ 上的椭圆

$$\frac{x^2}{(at)^2}+\frac{y^2}{(bt)^2}=1.$$

当 t 变化时，上式表示一族长短轴比例不变的椭圆，当$|t|$从大到小并变为 0 时，这族椭圆从大到小并缩为一点. 综合上述讨论，可得椭圆锥面(即式(7.4.1))的形状如图 7.4.1 所示.

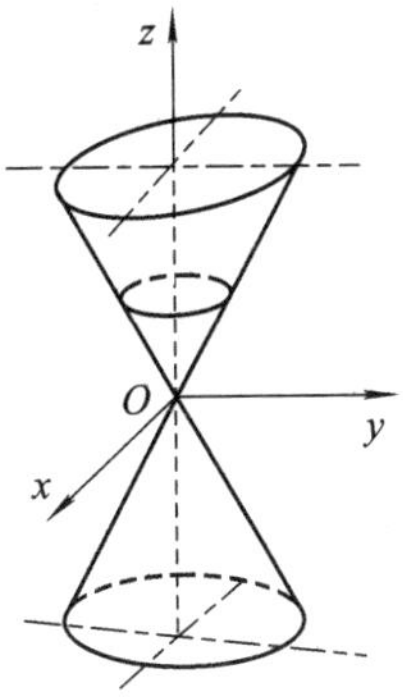

图 7.4.1　椭圆锥面

平面 $z=t$ 与曲面 $F(x, y, z)=0$ 的交线称为**截痕**. 通过综合截痕的变化来了解曲面形状的方法称为**截痕法**.

我们还可以用伸缩变形的方法来得出椭圆锥面(即式(7.4.1))的形状.

先说明 xOy 平面上的图形伸缩变形的方法. 在 xOy 平面上，把点 $M(x, y)$变为点 $M'(x, \lambda y)$，从而把点 M 的轨迹 C 变为点 M'的轨迹 C'，称为把图形 C 沿 y 轴方向伸缩λ 倍变成图形 C'. 假如 C 为曲线 $F(x, y)=0$，点 $M(x_1, y_1)\in C$，点 M 变为点 $M'(x_2, y_2)$，其中 $x_2=x_1$，$y_2=\lambda y_1$，即 $x_1=x_2$，$y_1=\frac{1}{\lambda}y_2$，因点 $M\in C$，有 $F(x_1, y_1)=0$，故 $F\left(x_2, \frac{1}{\lambda}y_2\right)=0$，因此点 $M'(x_2, y_2)$的轨迹 C'的方程为 $F\left(x, \frac{1}{\lambda}y\right)=0$. 例如，把圆 $x^2+y^2=a^2$ 沿 y 轴方向伸缩$\frac{b}{a}$倍，就变为椭圆$\frac{x^2}{a^2}+\frac{y^2}{b^2}=1$.

类似地，把空间图形沿 x 轴方向伸缩$\frac{b}{a}$倍，圆锥面$\frac{x^2+y^2}{a^2}=z^2$(见图 7.2.6)即变为**椭圆锥面** $\frac{x^2}{a^2}+\frac{y^2}{b^2}=z^2$(见图 7.4.1).

利用圆锥面(旋转曲面)的伸缩变形来得出椭圆锥面的形状，这种方法是研究曲面形状的一种较方便的方法.

(2) **椭球面**：

$$\frac{x^2}{a^2}+\frac{y^2}{b^2}+\frac{z^2}{c^2}=1. \tag{7.4.2}$$

把 xOz 面上的椭圆$\frac{x^2}{a^2}+\frac{z^2}{c^2}=1$绕 z 轴旋转，所得曲面称为**旋转椭球面**，其方程为

$$\frac{x^2+y^2}{a^2}+\frac{z^2}{c^2}=1.$$

再把旋转椭球面沿 y 轴方向伸缩$\frac{b}{a}$倍，便得椭球面(即式(7.4.2))的形状如图 7.4.2 所示.

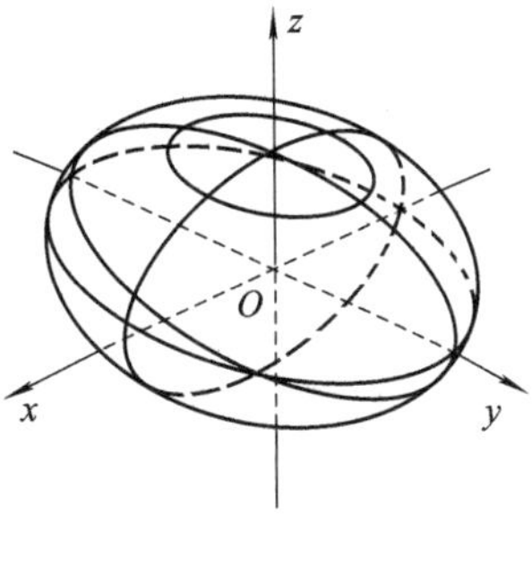

图 7.4.2　椭球面

当 $a=b=c$ 时，椭球面(即式(7.4.2))成为 $x^2+y^2+z^2=a^2$，这是球心在原点、半径为 a 的球面. 显然，球面是旋转椭球面的特殊情形，旋转椭球面是椭球面的特殊情形. 把球面 $x^2+y^2+z^2=a^2$ 沿 z 轴方向伸缩 $\frac{c}{a}$ 倍，即得旋转椭球面 $\frac{x^2+y^2}{a^2}+\frac{z^2}{c^2}=1$；再沿 y 轴方向伸缩 $\frac{b}{a}$ 倍，即得椭球面(即式(7.4.2)).

(3) **单叶双曲面**：

$$\frac{x^2}{a^2}+\frac{y^2}{b^2}-\frac{z^2}{c^2}=1. \tag{7.4.3}$$

把 xOz 面上的双曲线 $\frac{x^2}{a^2}-\frac{z^2}{c^2}=1$ 绕 z 轴旋转，得旋转单叶双曲面 $\frac{x^2+y^2}{a^2}-\frac{z^2}{c^2}=1$(见图 7.2.5(c)). 把此旋转曲面沿 y 轴方向伸缩 $\frac{b}{a}$ 倍，即得单叶双曲面(即式(7.4.3)).

(4) **双叶双曲面**：

$$\frac{x^2}{a^2}-\frac{y^2}{b^2}-\frac{z^2}{c^2}=1. \tag{7.4.4}$$

把 xOz 面上的双曲线 $\frac{x^2}{a^2}-\frac{z^2}{c^2}=1$ 绕 x 轴旋转，得旋转双叶双曲面 $\frac{x^2}{a^2}-\frac{y^2+z^2}{c^2}=1$(见图 7.2.5(d)). 把此旋转曲面沿 y 轴方向伸缩 $\frac{b}{c}$ 倍，即得双叶双曲面(即式(7.4.4)).

(5) **椭圆抛物面**：

$$\frac{x^2}{a^2}+\frac{y^2}{b^2}=z. \tag{7.4.5}$$

把 xOz 面上的抛物线 $\frac{x^2}{a^2}=z$ 绕 z 轴旋转，所得曲面叫作**旋转抛物面**，如图 7.2.5(a)所示. 把此旋转曲面沿 y 轴方向伸缩 $\frac{b}{a}$ 倍，即得椭圆抛物面(即式(7.4.5)).

(6) **双曲抛物面**：

$$\frac{x^2}{a^2}-\frac{y^2}{b^2}=z. \tag{7.4.6}$$

双曲抛物面又称**马鞍面**，我们用截痕法来讨论它的形状.

用平面 $x=t$ 截此曲面，所得截痕 l 为平面 $x=t$ 上的抛物线：

$$-\frac{y^2}{b^2}=z-\frac{t^2}{a^2},$$

此抛物线开口朝下，其顶点坐标为

$$x=t,\ y=0,\ z=\frac{t^2}{a^2}.$$

当 t 变化时，l 的形状不变，位置只作平移，而 l 的顶点的轨迹 L 为平面 $y=0$ 上的抛物线：

$$z=\frac{x^2}{a^2}.$$

因此，以 l 为母线，L 为准线，母线 l 的顶点在准线 L 上滑动，且母线作平行移动，这样得到的曲面便是双曲抛物面(即式(7.4.6))，如图 7.4.3 所示.

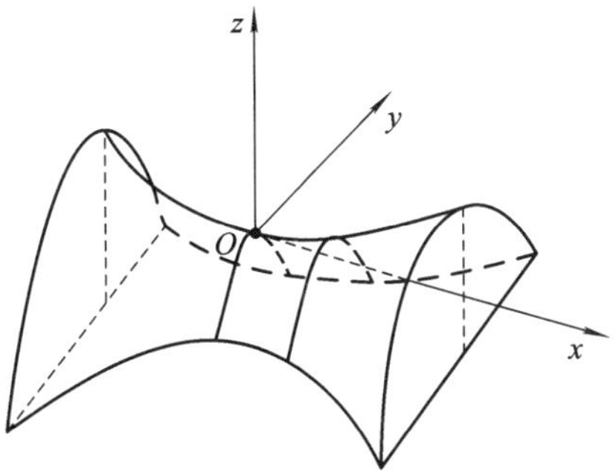

图 7.4.3 双曲抛物面

还有三种二次曲面是以三种二次曲线为准线的柱面：

$$\frac{x^2}{a^2}+\frac{y^2}{b^2}=1,\quad \frac{x^2}{a^2}-\frac{y^2}{b^2}=1,\quad x^2=ay,$$

依次称为**椭圆柱面、双曲柱面、抛物柱面**. 柱面的形状在第二节中已经讨论过，这里不再赘述.

知识要点

本节讲述了九种二次曲面，其标准方程分别为

(1) 椭圆锥面：$\frac{x^2}{a^2}+\frac{y^2}{b^2}=z^2$；

(2) 椭球面：$\frac{x^2}{a^2}+\frac{y^2}{b^2}+\frac{z^2}{c^2}=1$；

(3) 单叶双曲面：$\frac{x^2}{a^2}+\frac{y^2}{b^2}-\frac{z^2}{c^2}=1$；

(4) 双叶双曲面：$\frac{x^2}{a^2}-\frac{y^2}{b^2}-\frac{z^2}{c^2}=1$；

(5) 椭圆抛物面：$\frac{x^2}{a^2}+\frac{y^2}{b^2}=z$；

(6) 双曲抛物面(又称马鞍面)：$\frac{x^2}{a^2}-\frac{y^2}{b^2}=z$；

(7) 椭圆柱面：$\frac{x^2}{a^2}+\frac{y^2}{b^2}=1$；

(8) 双曲柱面：$\frac{x^2}{a^2}-\frac{y^2}{b^2}=1$；

(9) 抛物柱面：$x^2=ay$.

习题 7－4

1. 画出下列方程所表示的曲面：

(1) $4x^2+y^2-z^2=4$；　　(2) $x^2-y^2-4z^2=4$；

(3) $\frac{z}{3}=\frac{x^2}{4}+\frac{y^2}{9}$.

2. 求曲线$\begin{cases} y^2+z^2-2x=0 \\ z=3 \end{cases}$在 xOy 面上的投影曲线的方程，并指出原曲线是什么曲线.

3. 指出下列方程所表示的曲线：

(1) $\begin{cases} x^2+y^2+z^2=25 \\ x=3 \end{cases}$；

(2) $\begin{cases} x^2+4y^2+9z^2=36 \\ y=1 \end{cases}$；

(3) $\begin{cases} x^2-4y^2+z^2=25 \\ x=-3 \end{cases}$；

(4) $\begin{cases} y^2+z^2-4x+8=0 \\ y=4 \end{cases}$；

(5) $\begin{cases} \dfrac{y^2}{9}-\dfrac{z^2}{4}=1 \\ x=2 \end{cases}$.

总习题七

1. 已知动点 $M(x, y, z)$到 xOy 面的距离与点 M 到点$(3, -2, 2)$的距离相等，求点 M 的轨迹的方程.

2. 求曲线$\begin{cases} z=2-x^2-y^2 \\ z=(x-1)^2+(y-1)^2 \end{cases}$在三个坐标面上的投影曲线的方程.

3. 求锥面 $z=\sqrt{x^2+y^2}$与柱面 $z^2=2x$ 所围立体在三个坐标面上的投影.

4. 分别求母线平行于 x 轴及 y 轴且通过曲线$\begin{cases} 2x^2+y^2+z^2=16 \\ x^2+z^2-y^2=0 \end{cases}$的柱面方程.

5. 画出下列各曲面所围立体的图形：

(1) 抛物柱面 $2y^2=x$，平面 $z=0$ 及$\dfrac{x}{4}+\dfrac{y}{2}+\dfrac{z}{2}=1$；

(2) 抛物柱面 $x^2=1-z$，平面 $y=0$，$z=0$ 及 $x+y=1$；

(3) 圆锥面 $z=\sqrt{x^2+y^2}$及旋转抛物面 $z=2-x^2-y^2$；

(4) 旋转抛物面 $x^2+y^2=z$，柱面 $y^2=x$，平面 $z=0$ 及 $x=1$.

第八章　多元函数微积分

前几章我们学习了一元函数的微积分，但是在解决众多实际问题的时候，一元函数微积分的知识是远远不够的. 因此，本章将介绍多元函数微积分，并将多元函数微积分的知识应用到实际问题的研究中.

第一节　多元函数的基本概念

一、区域

在一元函数中，我们使用过邻域和区间的概念，为了多元函数讨论的需要，下面我们把这些概念进行推广，再引入一些相应的概念.

1. 邻域

设 $P_0(x_0, y_0)\in\mathbf{R}^2$，$\delta$ 为某一正数，在 $\mathbf{R}^2$ 中，到点 $P_0(x_0, y_0)$的距离小于 δ 的点 $P(x, y)$ 的全体称为点 $P_0(x_0, y_0)$的 **$\boldsymbol{\delta}$ 邻域**，记作 $U(P_0, \delta)$，即

$$U(P_0, \delta)=\{P\in\mathbf{R}^2 \mid |P_0P|<\delta\}=\{(x, y) \mid \sqrt{(x-x_0)^2+(y-y_0)^2}<\delta\}. \tag{8.1.1}$$

在几何上，$U(P_0, \delta)$就是平面上以点 $P_0(x_0, y_0)$为中心、以 δ 为半径的圆盘(不包括圆周). $U(P_0, \delta)$中除去 $P_0(x_0, y_0)$后所剩部分，称为点 $P_0(x_0, y_0)$的**去心 $\boldsymbol{\delta}$ 邻域**，记作 $\mathring{U}(P_0, \delta)$.

如果不需要强调邻域的半径，通常用 $U(P_0)$或 $\mathring{U}(P_0)$分别表示 P_0 的某个邻域或去心邻域.

2. 内点、边界点和聚点

设点集合 $E\subset\mathbf{R}^2$，点 $P\subset\mathbf{R}^2$，如果存在 $\delta>0$，使得 $U(P, \delta)\subset E$，则称点 P 是 E 的**内点**，如图 8.1.1(a)所示. 若在点 P 的任一邻域内，既有集合 E 的点，又有集合 E 余集 E^C 的点，则称 P 是集合 E 的**边界点**，如图 8.1.1(b)所示. E 边界点的全体称为 E 的**边界**，记作 ∂E. 如果对任意给定的 $\delta>0$，P 的去心邻域 $\mathring{U}(P, \delta)$中总有 E 中的点(P 本身可属于 E，也可不属于 E)，则称 P 是 E 的**聚点**.

例如，设点集 $E=\{(x, y) \mid 1\leqslant x^2+y^2<4\}$，点 $P(x_0, y_0)\in\mathbf{R}^2$. 若 $1\leqslant x_0^2+y_0^2<4$，则点 P 是 E 的内点，也是 E 的聚点；若 $x_0^2+y_0^2=1$ 或 $x_0^2+y_0^2=4$，则点 P 是 E 的边界点，也是 E 的聚点，E 的边界 $\partial E=\{x^2+y^2=1$ 或 $x^2+y^2=4\}$. 再如，在点集 $E=\{x^2+y^2=0$ 或

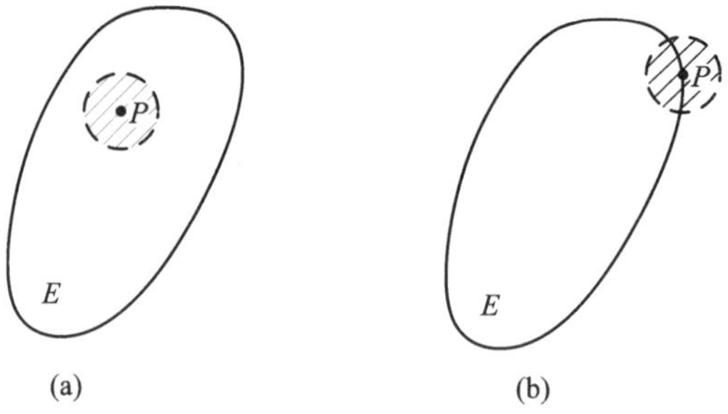

图 8.1.1　区域内点、边界点示意图

$x^2+y^2\geqslant 4\}$中，原点$(0, 0)$是 E 的边界点，但不是 E 的聚点.

3. 开集与闭集

设集合 $E\subset\mathbf{R}^2$，如果 E 中的每一个点都是 E 的内点，则称 E 是 $\mathbf{R}^2$ 中的**开集**；如果边界$\partial E\subset E$，则称 E 是 $\mathbf{R}^2$ 中的**闭集**.

例如，$\{(x, y)\mid 1<x^2+y^2<4\}$是 $\mathbf{R}^2$ 中的开集，$\{(x, y)\mid 1\leqslant x^2+y^2\leqslant 4\}$是 $\mathbf{R}^2$ 中的闭集，而$\{(x, y)\mid 1\leqslant x^2+y^2<4\}$既不是 $\mathbf{R}^2$ 中的开集，也不是 $\mathbf{R}^2$ 中的闭集.

4. 有界集与无界集

设集合 $E\subset\mathbf{R}^2$，如果存在常数 $k>0$，使得对所有的 $P(x, y)\subset E$，都有 $|OP|=\sqrt{x^2+y^2}\leqslant k$，则称 E 是 $\mathbf{R}^2$ 中的**有界集**. 一个集合如果不是有界集，就是**无界集**.

5. 区域、闭区域

设 E 是 $\mathbf{R}^2$ 中的非空开集，如果对于 E 中的任意两点 P_1 和 P_2，总存在 E 中的折线把 P_1 和 P_2 连接起来，则称 E 是 $\mathbf{R}^2$ 中的**区域(开区域)**. 可见，区域即为“连通”的开集. 开区域连同它的边界一起称为**闭区域**.

例如，$\{(x, y)\mid x+y>0\}$以及$\{(x, y)\mid 1<x^2+y^2<2\}$都是 $\mathbf{R}^2$ 中的开区域，$\{(x, y)\mid x+y\geqslant 0\}$以及$\{(x, y)\mid 1\leqslant x^2+y^2\leqslant 2\}$都是 $\mathbf{R}^2$ 中的闭区域.

二、多元函数的概念

引例　圆柱体的体积 V 与底半径 r 及高度 h 有关，所以 V 是 r 和 h 两个变量的函数，若将这两个变量排序，则 V 就是二元有序数组(r, h)的函数. 又如，长方体的体积 V 与长 x、宽 y、高 z 有关，所以 V 是 x、y 和 z 的函数. 或者说，V 是三元有序数组(x, y, z)的函数. 这种依赖于两个或更多变量的函数就是**多元函数**.

定义 8.1.1　设 D 是 $\mathbf{R}^n$ 中的一个非空子集，从 D 到实数集 $\mathbf{R}$ 的任一映射 f 称为定义在 D 上的一个 ***n* 元(实值)函数**，记作

$$f: D\subset\mathbf{R}^n\to\mathbf{R}$$

或

$$y=f(\boldsymbol{x})=f(x_1, x_2, \cdots, x_n),\quad \boldsymbol{x}\in D.$$

其中 $x_1, x_2, \cdots, x_n$称为自变量，y 称为因变量，D 称为 ***f* 的定义域**，$f(D)=\{f(\boldsymbol{x})\mid\boldsymbol{x}\in D\}$称为**函数 *f* 的值域**，并且称 $\mathbf{R}^{n+1}$中的子集

$$\{(x_1, x_2, \cdots, x_n, y) \mid y=f(x_1, x_2, \cdots, x_n), (x_1, x_2, \cdots, x_n)\in D\}$$

为函数 $f(x_1, x_2, \cdots, x_n)$(在 D 上)的**图形(或图像)**.

一般地，在 n 等于 2 与 3 时，习惯上将点 (x_1, x_2) 与点 (x_1, x_2, x_3) 分别写成 (x, y) 与 (x, y, z). 这时若用字母表示 $\mathbf{R}^2$ 或 $\mathbf{R}^3$ 中的点，则通常写成 $P(x, y)$ 或 $M(x, y, z)$ 等. 相应地，二元函数及三元函数也可简记为 $z=f(P)$ 或 $u=f(M)$.

一个二元函数 $z=f(x, y)$, $(x, y)\in D$ 的图像

$$\{(x, y, f(x, y)) \mid (x, y)\in D\}$$

在几何上表示空间中的一张曲面，在直角坐标系下，这张曲面在 xOy 坐标面上的投影就是函数 $f(x, y)$ 的定义域 D，如图 8.1.2 所示. 例如函数 $z=\sqrt{1-x^2-y^2}$ $(x^2+y^2\leqslant 1)$ 的图像是一张半球面，它在 xOy 坐标面上的投影是圆域 $D=\{(x, y) \mid x^2+y^2\leqslant 1\}$，$D$ 就是函数 $z=\sqrt{1-x^2-y^2}$ 的定义域.

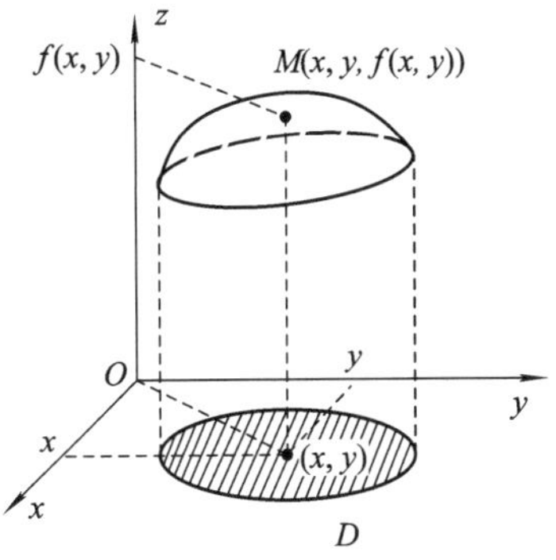

图 8.1.2　二元函数图像及定义域

与一元函数相类似，当用某个算式表达多元函数时，凡是使算式有意义的自变量所组成的点集，称为这个多元函数的**自然定义域**. 例如，二元函数 $z=\ln(x+y)$ 的自然定义域为

$$\{(x, y) \mid x+y>0\}.$$

又如，二元函数 $z=\arcsin(x^2+y^2)$ 的自然定义域为

$$\{(x, y) \mid x^2+y^2\leqslant 1\}.$$

约定，凡用算式表达的多元函数，除了另有说明外，其定义域都是指自然定义域.

一元函数的单调性、奇偶性、周期性等性质的定义在多元函数中不再适用，但有界性的定义仍然适用.

设有 n 元函数 $y=f(\boldsymbol{x})$，其定义域 $D\subset\mathbf{R}^n$，集合 $X\subset D$. 若存在正数 M 使对任一元素 $\boldsymbol{x}\in X$，都有 $|f(\boldsymbol{x})|\leqslant M$，则称 $f(\boldsymbol{x})$ 在 X 上**有界**，M 称为 $f(\boldsymbol{x})$ 在 X 上的一个**界**.

三、多元函数的极限

现在利用邻域的概念来定义二元函数的极限. n 元函数的极限类似，这里不作要求.

定义 8.1.2　设二元函数 $f(P)=F(x, y)$ 的定义域为 D，$P_0(x_0, y_0)$ 是 D 的聚点，如果存在常数 A，使得对任意给定的正数 ε，总存在正数 δ，只要点 $P(x, y)\in D\cap\mathring{U}(P_0, \delta)$，就有

$$|f(P)-A|=|f(x, y)-A|<\varepsilon,$$

则称 A 为函数 $f(x, y)$ 当 $P(x, y)$(在 D 上)趋于 $P_0(x_0, y_0)$ 时的**极限**，记作

$$\lim_{P\to P_0} f(P)=A, \qquad \lim_{(x, y)\to(x_0, y_0)} f(x, y)=A,$$

或者

$$f(P)\to A(P\to P_0), \ f(x, y)\to A((x, y)\to(x_0, y_0)).$$

为了区别于一元函数的极限，我们把二元函数的极限叫作**二重极限**. 仿此，也可以定

义 n 元函数的极限.

注：二重极限存在是指 $P(x, y)$以任意方式趋于 $P_0(x_0, y_0)$时，$f(x, y)$都无限接近于 A. 因此，当 $P(x, y)$以不同路径(方式)趋于 $P_0(x_0, y_0)$时，$f(x, y)$趋于不同的值，则可以推断这个函数的极限不存在.

例 8.1.1 设 $f(x, y)=\dfrac{xy}{x^2+y^2}$. 证明：当$(x, y)\to(0, 0)$时，$f(x, y)$的极限不存在.

证 当(x, y)沿直线 $y=kx$(k 为任意实常数)趋向于$(0, 0)$时，有

$$\lim_{\substack{x\to 0\\ y=kx}}\frac{xy}{x^2+y^2}=\lim_{x\to 0}\frac{kx^2}{x^2+k^2x^2}=\frac{k}{1+k^2},$$

显然，极限值随直线的斜率 k 的不同而不同，因此 $\lim\limits_{(x, y)\to(0, 0)}f(x, y)$不存在.

多元函数极限的定义与一元函数极限的定义有着完全相同的形式，所以，有关一元函数的极限运算法则和方法都可以平行推广到多元函数上来(洛必达法则和单调有界法则除外).

例 8.1.2 求 $\lim\limits_{(x, y)\to(0, 2)}\dfrac{\sin xy}{x}$.

解 函数的定义域 $D=\{(x, y)\mid x\neq 0, y\in\mathbf{R}\}$，$P_0(0, 2)$为 D 的聚点，所以

$$\lim_{(x, y)\to(0, 2)}\frac{\sin xy}{x}=\lim_{(x, y)\to(0, 2)}\frac{\sin xy}{xy}\cdot y=1\cdot 2=2.$$

四、多元函数的连续性

有了多元函数极限的概念就可以定义多元函数的连续性.

定义 8.1.3 设二元函数 $f(P)=F(x, y)$的定义域为 D，$P_0(x_0, y_0)$是 D 的聚点，且 $P_0(x_0, y_0)\in D$，如果

$$\lim_{(x, y)\to(x_0, y_0)}f(x, y)=f(x_0, y_0),$$

则称函数 $f(x, y)$**在点 $\boldsymbol{P_0(x_0, y_0)}$处连续**. 如果 $f(x, y)$在 D 的每一点处都连续，则称函数 $f(x, y)$**在 $\boldsymbol{D}$ 上连续**，或称 $f(x, y)$是 D 上的连续函数.

若函数 $f(x, y)$在点 $P_0(x_0, y_0)$处不连续，则 P_0 称为函数 $f(x, y)$的**间断点**. 函数 $f(x, y)$在间断点 P_0 处可以没有定义. 另外，$f(x, y)$不但可以有间断点，有时间断点还可以形成一条曲线，此曲线称为**间断线**.

例如，$(0, 0)$是函数 $f(x, y)=\dfrac{1}{x^2+y^2}$的间断点，$x^2+y^2=1$ 是 $f(x, y)=\dfrac{1}{x^2+y^2-1}$的间断线.

用同样的方法，我们可定义 n 元函数的连续性和间断点.

与一元函数一样，利用多元函数的极限运算法则可以证明，多元连续函数的和、差、积、商(在分母不为零处)仍是连续函数，多元连续函数的复合函数也是连续函数.

与一元初等函数相类似，一个**多元初等函数**是指能用一个算式表示的多元函数，这个算式由常量及具有不同自变量的一元基本初等函数经过有限次四则运算和复合运算而得到，例如 $x+y^2$，$\dfrac{x-y}{x^2+1}$，e^{xy^2} 等都是多元初等函数.

由此可得：一切多元初等函数在其定义区域内是连续的. 所谓**定义区域**，是指包含在定义域内的区域或闭区域.

在求多元初等函数 $f(P)$ 在点 P_0 处的极限时，如果 P_0 在函数的定义区域内，则由函数的连续性，该极限值就等于函数在点 P_0 处的函数值，即

$$\lim_{P \to P_0} f(P) = f(P_0).$$

例如，设 $f(x, y)=\dfrac{2+\sqrt{xy+2}}{xy}$，则

$$\lim_{(x, y) \to (1, 2)} f(x, y) = f(1, 2) = 2.$$

有界闭区域上多元连续函数的几个性质：

性质 1 有界闭区域 D 上的多元连续函数是 D 上的有界函数.

性质 2 有界闭区域 D 上的多元连续函数在 D 上存在最大值和最小值.

性质 3 有界闭区域 D 上的多元连续函数必取得介于最大值和最小值之间的任何值.

知识要点

本节首先讲述了邻域、内点、边界点、开集、闭集、有界集、无界集、区域和闭区域这些与区域有关的基本概念，其次讲述了多元函数、多元函数极限以及多元函数连续性的概念.

■ 习题 8－1

1. 求下列各函数的表达式：

(1) $f(x, y)=x^2-y^2$，求 $f\left(x+y, \dfrac{y}{x}\right)$；

(2) $f\left(x+y, \dfrac{y}{x}\right)=x^2-y^2$，求 $f(x, y)$.

2. 求下列函数的定义域：

(1) $z=\sqrt{4x^2+y^2-1}$；　　(2) $z=\ln(xy)$.

3. 求下列极限：

(1) $\displaystyle\lim_{(x, y) \to (1, 3)} \frac{xy}{\sqrt{xy+1}-1}$；　　(2) $\displaystyle\lim_{(x, y) \to (0, 0)} \frac{2-\sqrt{xy+4}}{xy}$.

4. 下列函数在何处是间断的？

(1) $z=\dfrac{y^2+x}{y^2-x}$；　　(2) $z=\dfrac{1}{\sin x \cos x}$.

第二节　偏导数、全微分及其应用

一、偏导数的定义及其计算方法

定义 8.2.1 设函数 $z=f(x, y)$ 在点 (x_0, y_0) 的某邻域内有定义，当 y 固定在 y_0，而

x 在 x_0 处取得增量 Δx 时，函数相应地取得增量 $f(x_0+\Delta x, y_0)-f(x_0, y_0)$，如果

$$\lim_{\Delta x\to 0}\frac{f(x_0+\Delta x, y_0)-f(x_0, y_0)}{\Delta x}$$

存在，则称此极限为函数 $z=f(x, y)$ 在点 (x_0, y_0) 处**对 x 的偏导数**，记作

$$\left.\frac{\partial z}{\partial x}\right|_{(x_0, y_0)}, z_x(x_0, y_0), \left.\frac{\partial f}{\partial x}\right|_{(x_0, y_0)} \text{或 } f_x(x_0, y_0).$$

类似地，如果

$$\lim_{\Delta y\to 0}\frac{f(x_0, y_0+\Delta y)-f(x_0, y_0)}{\Delta y}$$

存在，则称此极限为函数 $z=f(x, y)$ 在点 (x_0, y_0) 处**对 y 的偏导数**，记作

$$\left.\frac{\partial z}{\partial y}\right|_{(x_0, y_0)}, z_y(x_0, y_0), \left.\frac{\partial f}{\partial y}\right|_{(x_0, y_0)} \text{或 } f_y(x_0, y_0).$$

当函数 $z=f(x, y)$ 在点 (x_0, y_0) 处同时存在对 x 与对 y 的偏导数时，简称 $f(x, y)$ 在点 (x_0, y_0) 处**可偏导**.

如果函数 $z=f(x, y)$ 在某平面区域 D 内的每一点 (x, y) 处都存在对 x 与对 y 的偏导数，那么这些偏导数仍然是 x，y 的函数，我们称它们为 $f(x, y)$ 的**偏导函数**，记作 $\frac{\partial z}{\partial x}$，$\frac{\partial f}{\partial x}$，$f_x(x, y)$，$f_y(x, y)$，$z_x$，$z_y$ 等. 在不至于产生误解时，**偏导函数简称为偏导数**.

由定义可知，$\left.\frac{\partial z}{\partial x}\right|_{(x_0, y_0)}$ 就是 $\frac{\partial z}{\partial x}$ 在点 (x_0, y_0) 处的函数值，$\left.\frac{\partial z}{\partial y}\right|_{(x_0, y_0)}$ 就是 $\frac{\partial z}{\partial y}$ 在点 (x_0, y_0) 处的函数值.

求 $\frac{\partial z}{\partial x}$ 时，相当于将 $z=f(x, y)$ 中的 y 看成常数而对 x 求导数；求 $\frac{\partial z}{\partial y}$ 时，相当于将 $z=f(x, y)$ 中的 x 看成常数而对 y 求导数.

例 8.2.1 求函数 $z=x^2\sin y$ 在点 $\left(2, \frac{\pi}{6}\right)$ 处的偏导数.

解 将 y 视为常数，对 x 求导，得

$$\frac{\partial z}{\partial x}=2x\sin y.$$

将 x 视为常数，对 y 求导，得

$$\frac{\partial z}{\partial y}=x^2\cos y.$$

所以

$$\left.\frac{\partial z}{\partial x}\right|_{\left(2, \frac{\pi}{6}\right)}=2, \quad \left.\frac{\partial z}{\partial y}\right|_{\left(2, \frac{\pi}{6}\right)}=2\sqrt{3}.$$

二、偏导数的几何意义及函数偏导数存在与函数连续的关系

设二元函数 $z=f(x, y)$ 在点 (x_0, y_0) 处有偏导数，如图 8.2.1 所示，设 $M_0(x_0, y_0)$ 为曲面 $z=f(x, y)$ 上的一点，过点 M_0 作平面 $y=y_0$，此平面与曲面交得一条曲线，曲线方程为

$$\begin{cases} z=f(x, y) \\ y=y_0 \end{cases}.$$

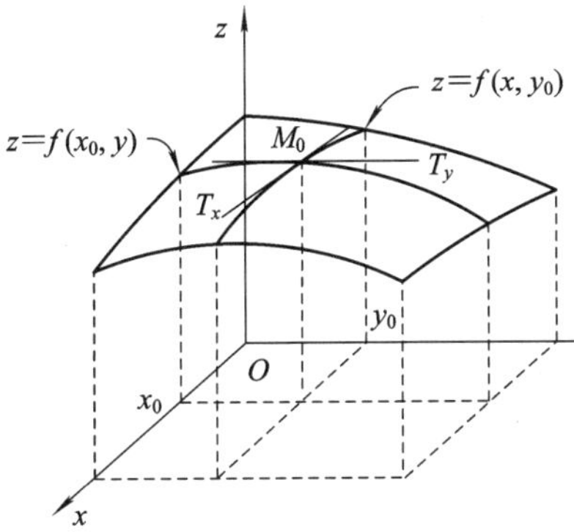

图 8.2.1　偏导数的几何意义

由于偏导数 $f_x(x_0, y_0)$等于一元函数 $f(x, y_0)$的导数 $f'(x, y_0)|_{x=x_0}$，因此由函数导函数的几何意义可知：$f_x(x_0, y_0)$表示曲线$\begin{cases} z=f(x, y) \\ y=y_0 \end{cases}$在点 M_0 处的切线对 x 轴的斜率；同样，$f_y(x_0, y_0)$表示曲线$\begin{cases} z=f(x, y) \\ x=x_0 \end{cases}$在点 M_0 处的切线对 y 轴的斜率.

例 8.2.2　设 $f(x, y)=\begin{cases} \dfrac{xy}{x^2+y^2}, & x^2+y^2\neq 0 \\ 0, & x^2+y^2=0 \end{cases}$，求 $f(x, y)$的偏导数，并讨论$f(x, y)$在点(0, 0)处的连续性.

解　当 $x^2+y^2\neq 0$ 时，有

$$f_x(x, y)=\frac{y(x^2+y^2)-xy\cdot 2x}{(x^2+y^2)^2}=\frac{y(y^2-x^2)}{(x^2+y^2)^2},$$

$$f_y(x, y)=\frac{x(x^2+y^2)-xy\cdot 2y}{(x^2+y^2)^2}=\frac{x(x^2-y^2)}{(x^2+y^2)^2}.$$

当 $x^2+y^2=0$ 时，有

$$f_x(0, 0)=\lim_{\Delta x\to 0}\frac{f(\Delta x, 0)-f(0, 0)}{\Delta x}=\lim_{\Delta x\to 0}\frac{0-0}{\Delta x}=0,$$

$$f_y(0, 0)=\lim_{\Delta y\to 0}\frac{f(0, \Delta y)-f(0, 0)}{\Delta y}=\lim_{\Delta y\to 0}\frac{0-0}{\Delta y}=0.$$

由例 8.1.1 可知 $\lim\limits_{(x, y)\to(0, 0)} f(x, y)$不存在，故 $f(x, y)$在(0, 0)处不连续.

此例说明，函数在一点偏导数存在时也不一定连续.

偏导数的概念还可以推广到二元以上的函数，这里不作要求.

三、高阶偏导数

设函数 $z=f(x, y)$在平面区域 D 内处处存在偏导数 $f_x(x, y)$与 $f_y(x, y)$，如果这两个偏导数仍可再求偏导，则称它们的偏导数为函数 $z=f(x, y)$的**二阶偏导数**，按照求导次序的不同，有下列四种不同的偏导数.

函数 $z=f(x, y)$关于 x 的二阶偏导数记作$\frac{\partial^2 z}{\partial x^2}$或 $f_{xx}(x, y)$或 z_{xx}，且定义如下：

$$\frac{\partial^2 z}{\partial x^2}\left[\text{或 } f_{xx}(x, y)\text{ 或 } z_{xx}\right]=\frac{\partial}{\partial x}\left(\frac{\partial z}{\partial x}\right).$$

类似地，可定义其他三种二阶偏导数：

$$\frac{\partial^2 z}{\partial x \partial y}\left[\text{或}\frac{\partial^2 f}{\partial x \partial y}\text{或 } z_{xy}\text{ 或 } f_{xy}(x, y)\right]=\frac{\partial}{\partial y}\left(\frac{\partial z}{\partial x}\right),$$

$$\frac{\partial^2 z}{\partial y \partial x}\left[\text{或}\frac{\partial^2 f}{\partial y \partial x}\text{或 } z_{yx}\text{ 或 } f_{yx}(x, y)\right]=\frac{\partial}{\partial x}\left(\frac{\partial z}{\partial y}\right),$$

$$\frac{\partial^2 z}{\partial y^2}\left[\text{或}\frac{\partial^2 f}{\partial y^2}\text{或 } z_{yy}\text{ 或 } f_{yy}(x, y)\right]=\frac{\partial}{\partial y}\left(\frac{\partial z}{\partial y}\right).$$

其中$\frac{\partial^2 z}{\partial x \partial y}$和$\frac{\partial^2 z}{\partial y \partial x}$称为函数 $z=f(x, y)$的**二阶混合偏导数**，仿此可以定义多元函数的更高阶的偏导数，并且可以仿此引入相应的记号.

例 8.2.3 求函数 $z=xy^3-2x^3y^2+x+y+1$ 的四个二阶偏导数.

解 因为

$$\frac{\partial z}{\partial x}=y^3-6x^2y^2+1, \quad \frac{\partial z}{\partial y}=3xy^2-4x^3y+1,$$

所以

$$\frac{\partial^2 z}{\partial x^2}=-12xy^2, \quad \frac{\partial^2 z}{\partial x \partial y}=3y^2-12x^2y,$$

$$\frac{\partial^2 z}{\partial y \partial x}=3y^2-12x^2y, \quad \frac{\partial^2 z}{\partial y^2}=6xy-4x^3.$$

定理 8.2.1 如果函数 $z=f(x, y)$的两个混合偏导数 $f_{xy}(x, y)$与 $f_{yx}(x, y)$在区域 D 内连续，那么在该区域内

$$f_{xy}(x, y)=f_{yx}(x, y).$$

此定理说明，二阶混合偏导数在连续的条件下与求导次序无关，这个性质还可以推广：高阶混合偏导数在连续的条件下与求导次序无关.

四、全微分

在定义函数 $z=f(x, y)$的偏导数时，我们曾经考虑了函数的下述两个增量：

$$f(x+\Delta x, y)-f(x, y),$$

$$f(x, y+\Delta y)-f(x, y),$$

分别称它们为函数 $z=f(x, y)$在点(x, y)处对 x 与对 y 的**偏增量**. 当函数 $z=f(x, y)$在点(x, y)处的偏导数存在时，这两个偏增量也可以表示为

$$f(x+\Delta x, y)-f(x, y)=f_x(x, y)\Delta x+o(\Delta x),$$

$$f(x, y+\Delta y)-f(x, y)=f_y(x, y)\Delta y+o(\Delta y),$$

两式右端的第一项分别称为函数 $z=f(x, y)$在点(x, y)处对 x 与对 y 的**偏微分**. 在许多实际问题中，我们还需要研究 $f(x, y)$的形如

$$f(x,+\Delta x, y+\Delta y)-f(x, y)$$

的**全增量**.

一般地，计算全增量比较复杂，与一元函数的情形一样，我们希望用自变量的增量Δx，Δy的线性函数来近似代替函数的全增量，从而引入如下定义.

定义 8.2.2 设函数$z=f(x, y)$在点(x, y)的某邻域内有定义，如果函数$z=f(x, y)$在点(x, y)的全增量

$$\Delta z=f(x+\Delta x, y+\Delta y)-f(x, y)$$

可以表示为

$$\Delta z = A\Delta x + B\Delta y + o(\rho), \tag{8.2.1}$$

其中A、B不依赖于Δx、Δy，而仅与x、y有关，$\rho=\sqrt{(\Delta x)^2+(\Delta y)^2}$，则称函数$z=f(x, y)$在点$(x, y)$处**可微分**，而$A\Delta x+B\Delta y$称为函数$z=f(x, y)$在点$(x, y)$处的**全微分**，记作$\mathrm{d}z$，即

$$\mathrm{d}z=A\Delta x+B\Delta y.$$

习惯上，自变量的增量Δx与Δy常写成$\mathrm{d}x$与$\mathrm{d}y$，并分别称为自变量x、y的微分，这样函数$z=f(x, y)$的全微分也可写为

$$\mathrm{d}z = A\,\mathrm{d}x + B\,\mathrm{d}y. \tag{8.2.2}$$

当函数$z=f(x, y)$在区域D内各点处都可微分时，称函数$z=f(x, y)$**在D内可微分**.

由上述定义，我们容易得到函数$z=f(x, y)$在点(x, y)处可微分的条件.

定理 8.2.2(必要条件) 若函数$z=f(x, y)$在点(x, y)处可微分，则

(1) $z=f(x, y)$在点(x, y)处连续；

(2) $z=f(x, y)$在点(x, y)处有偏导数，且有$A=\frac{\partial z}{\partial x}$，$B=\frac{\partial z}{\partial y}$，即$z=f(x, y)$在点$(x, y)$处的全微分为

$$\mathrm{d}z=\frac{\partial z}{\partial x}\,\mathrm{d}x+\frac{\partial z}{\partial y}\,\mathrm{d}y.$$

证 (1) 由假设，在式(8.2.1)中令$\rho\to 0$，得

$$\lim_{\rho\to 0}\Delta z=0,$$

即

$$\lim_{\rho\to 0}f(x+\Delta x, y+\Delta y)=f(x, y),$$

所以$f(x, y)$在点(x, y)处连续.

(2) 在式(8.2.1)中令$\Delta y\to 0$，即取$\rho=|\Delta x|$，则有

$$f(x+\Delta x, y)-f(x, y)=A\Delta x+o(|\Delta x|),$$

两边同时除以Δx，并令$\Delta x\to 0$，得

$$\lim_{\Delta x\to 0}\frac{f(x+\Delta x, y)-f(x, y)}{\Delta x}=A,$$

从而偏导数$\frac{\partial z}{\partial x}$存在，且等于$A$. 同理可证$\frac{\partial z}{\partial y}=B$.

我们知道，一元函数在某点的导数存在是微分存在的充分必要条件，但对于多元函数来说，情形就不同了. 当函数的各偏导数都存在时，虽然形式地写出$\frac{\partial z}{\partial x}\Delta x+\frac{\partial z}{\partial y}\Delta y$，但它与$\Delta z$之差并不一定是$\rho$的高阶无穷小，因此，它不一定是函数的全微分. 换句话说，各偏导数的存在只是全微分存在的必要条件，而不是充分条件. 例如，函数

$$f(x, y)=\sqrt{|xy|}$$

在点(0，0)处有 $f_x(0, 0)=0$ 及 $f_y(0, 0)=0$，所以

$$\Delta z-[f_x(0, 0)\cdot\Delta x+f_y(0, 0)\cdot\Delta y]=\sqrt{|\Delta x\Delta y|}.$$

如果考虑点 $P'(\Delta x, \Delta y)$沿直线 $y=x$ 趋于(0，0)，则

$$\frac{\sqrt{|\Delta x\Delta y|}}{\rho}=\frac{\sqrt{|\Delta x\Delta y|}}{(\Delta x)^2+(\Delta y)^2}=\frac{|\Delta x|}{\sqrt{2}|\Delta x|}=\frac{1}{\sqrt{2}},$$

它不能随 $\rho\to 0$ 而趋于零，这表示 $\rho\to 0$ 时，有

$$\Delta z-[f_x(0, 0)\cdot\Delta x+f_y(0, 0)\cdot\Delta y],$$

并不是 ρ 的高阶无穷小，因此，该函数在点(0，0)处的全微分并不存在，即该函数在点(0，0)处是不可微分的.

由定理 8.2.2 及这个例子可知，偏导数存在是可微分的必要条件而不是充分条件. 但是，如果再假定函数的各个偏导数连续，则可以证明函数是可微分的.

定理 8.2.3(充分条件) 如果函数 $z=f(x, y)$的偏导数$\frac{\partial z}{\partial x}$和$\frac{\partial z}{\partial y}$在点$(x, y)$处连续，则函数在该点处可微分.

以上关于二元函数可微分的定义及可微分的必要条件和充分条件，可以完全推广到三元和三元以上的多元函数.

通常我们把二元函数的全微分等于它的两个偏微分之和称为二元函数的微分符合**叠加原理**，叠加原理也适用于二元以上函数的情形.

例 8.2.4 求函数 $z=x^2y+\frac{x}{y}$的全微分.

解 因为

$$\frac{\partial z}{\partial x}=2xy+\frac{1}{y}, \quad \frac{\partial z}{\partial y}=x^2-\frac{x}{y^2},$$

所以

$$dz=\left(2xy+\frac{1}{y}\right)dx+\left(x^2-\frac{x}{y^2}\right)dy.$$

例 8.2.5 求函数 $z=x^2e^y+y^2\sin x$ 在点$(\pi, 0)$处的全微分.

解 因为

$$\frac{\partial z}{\partial x}=2xe^y+y^2\cos x, \quad \frac{\partial z}{\partial y}=x^2e^y+2y\sin x,$$

所以

$$dz|_{(\pi, 0)}=2\pi\,dx+\pi^2dy.$$

五、全微分在近似计算中的应用

由二元函数全微分的定义及关于全微分存在的充分条件可知，当二元函数 $z=f(x, y)$在点 $P(x, y)$处的两个偏导数 $f_x(x, y)$和 $f_y(x, y)$连续，并且$|\Delta x|$和$|\Delta y|$都较小时，就有近似公式

$$\Delta z\approx dz=f_x(x, y)\Delta x+f_y(x, y)\Delta y. \tag{8.2.3}$$

上式也可以写成

$$f(x+\Delta x,\ y+\Delta y) \approx f(x,\ y)+f_x(x,\ y)\Delta x+f_y(x,\ y)\Delta y. \tag{8.2.4}$$

与一元函数的情形相类似，我们可以利用式(8.2.3)或式(8.2.4)对二元函数作近似计算和误差估计.

例 8.2.6 计算$(1.04)^{2.02}$的近似值.

解 设函数 $f(x,\ y)=x^y$，此时，问题转化为计算函数值 $f(1.04,\ 2.02)$.

取 $x=1$，$y=2$，$\Delta x=0.04$，$\Delta y=0.02$，由于

$$f(1,\ 2)=1,$$

$$f_x(x,\ y)=yx^{y-1},\quad f_y(x,\ y)=x^y\ \ln x,$$

$$f_x(1,\ 2)=2,\quad f_y(1,\ 2)=0,$$

因此，应用式(8.2.4)可得

$$(1.04)^{2.02}\approx 1+2\times 0.04+0\times 0.02=1.08.$$

例 8.2.7 一个直角三角形的斜边长为 1.9 m，一个锐角为 31°，求这个锐角所对边长的近似值.

解 设所求边长为 a，则 $a=1.9\ \sin 31°$. 设二元函数

$$z=f(x,\ y)=x\ \sin y,$$

取 $x=2$，$y=30°=\frac{\pi}{6}$，$\Delta x=-0.1$，$\Delta y=1°=\frac{\pi}{180}$，因为

$$f_x(x,\ y)=\sin y,\quad f_y(x,\ y)=x\ \cos y,$$

应用式(8.2.4)可得

$$\begin{aligned} a &=f\left(2-0.1,\ \frac{\pi}{6}+\frac{\pi}{180}\right) \\ &\approx f\left(2,\ \frac{\pi}{6}\right)+f_x\left(2,\ \frac{\pi}{6}\right)\times(-0.1)+f_y\left(2,\ \frac{\pi}{6}\right)\times\frac{\pi}{180} \\ &=1-0.1\times\frac{1}{2}+2\times\frac{\sqrt{3}}{2}\times\frac{\pi}{180} \\ &\approx 0.98, \end{aligned}$$

所以所求边长的近似值为 0.98 m.

知识要点

本节主要讲述了偏导数的定义和计算方法；函数偏导数存在与函数连续的关系，高阶偏导数的计算，如$\frac{\partial^2 z}{\partial x^2}=\frac{\partial}{\partial x}\left(\frac{\partial z}{\partial x}\right)$，$\frac{\partial^2 z}{\partial x\partial y}=\frac{\partial}{\partial y}\left(\frac{\partial z}{\partial x}\right)$，$\frac{\partial^2 z}{\partial y\partial x}=\frac{\partial}{\partial x}\left(\frac{\partial z}{\partial y}\right)$，$\frac{\partial^2 z}{\partial y^2}=\frac{\partial}{\partial y}\left(\frac{\partial z}{\partial y}\right)$，其中$\frac{\partial^2 z}{\partial x\partial y}$和$\frac{\partial^2 z}{\partial y\partial x}$称为函数 $z=f(x,\ y)$的二阶混合偏导数；全微分的定义、计算以及应用：$\mathrm{d}z=A\ \mathrm{d}x+B\ \mathrm{d}y$，其中 $A=\frac{\partial z}{\partial x}$，$B=\frac{\partial z}{\partial y}$；全微分的应用 $f(x+\Delta x,\ y+\Delta y)\approx f(x,\ y)+f_x(x,\ y)\Delta x+f_y(x,\ y)\Delta y$.

■ 习题 8 - 2

1. 求下列函数的偏导数：

(1) $z=\frac{3}{y^2}-\frac{1}{\sqrt[3]{x}}+\ln 5$;　　(2) $S=\frac{u+v}{u-v}$;

(3) $u=\sin\frac{x}{y}\cos\frac{y}{x}+z$;　　(4) $z=(1+xy)^y$;

(5) $z=x^2\sin(x+y)$;　　(6) $z=\ln(x^2+e^y)$;

(7) $u=x^2y^3e^z$;　　(8) $u=x^{\frac{y}{z}}$.

2. 求下列函数的二阶偏导数$\frac{\partial^2 z}{\partial x^2}$, $\frac{\partial^2 z}{\partial x\partial y}$, $\frac{\partial^2 z}{\partial y^2}$:

(1) $z=x^{2y}$;　　(2) $z=\arctan\frac{y}{x}$.

3. 计算下列函数的全微分:

(1) $z=3xe^{-y}-2\sqrt{x}+\ln 5$;

(2) $z=e^{\frac{y}{x}}$;

(3) $u=y^{xz}$.

4. 当 $x=1$, $y=2$ 时，求函数 $z=\ln(1+x^2+y^2)$的全微分.

5. 求下列数的近似值:

(1) $(1.97)^{1.05}$(注: $\ln 2=0.963$);

(2) $\sqrt{(1.02)^3+(1.97)^3}$.

6. 设矩形的边长 $x=6$ m, $y=8$ m, 若 x 增加 2 mm, 而 y 减少 5 mm, 求矩形对角线和面积变化的近似值.

第三节　多元复合函数求导法则

在一元函数微分学中，复合函数的求导法则起着重要的作用，现在我们把它推广到多元函数的情形. 下面按照多元复合函数不同的复合情形，分三种情形讨论.

一、复合函数的中间变量均为一元函数的情形

定理 8.3.1　如果函数 $u=\varphi(t)$及 $v=\psi(t)$都在点 t 处可导，函数 $z=f(u, v)$在对应点(u, v)具有连续偏导数，则复合函数 $z=f[\varphi(t), \psi(t)]$在点 t 处可导，且有

$$\frac{dz}{dt}=\frac{\partial z}{\partial u}\frac{du}{dt}+\frac{\partial z}{\partial v}\frac{dv}{dt}. \tag{8.3.1}$$

该定理可以推广到复合函数的中间变量多于两个的情形，例如 $z=f(u, v, w)$, $u=\varphi(t)$, $v=\psi(t)$, $w=\omega(t)$复合而得复合函数

$$z=f[\varphi(t), \psi(t), \omega(t)].$$

在定理 8.3.1 类似的条件下，这个复合函数在点 t 处可导，且导数可用下述公式计算:

$$\frac{dz}{dt}=\frac{\partial z}{\partial u}\frac{du}{dt}+\frac{\partial z}{\partial v}\frac{dv}{dt}+\frac{\partial z}{\partial \omega}\frac{d\omega}{dt}. \tag{8.3.2}$$

式(8.3.1)及式(8.3.2)中的导数$\frac{dz}{dt}$称为**全导数**.

例 8.3.1 设 $z=\mathrm{e}^{2u-3v}$，其中 $u=x^2$，$v=\cos x$，求$\frac{\mathrm{d}z}{\mathrm{d}x}$.

解 因为

$$\frac{\partial z}{\partial u}=2\mathrm{e}^{2u-3v},\quad \frac{\partial z}{\partial v}=-3\mathrm{e}^{2u-3v},\quad \frac{\mathrm{d}u}{\mathrm{d}x}=2x,\quad \frac{\mathrm{d}v}{\mathrm{d}x}=-\sin x,$$

所以

$$\begin{aligned}\frac{\mathrm{d}z}{\mathrm{d}x}&=\frac{\partial z}{\partial u}\frac{\mathrm{d}u}{\mathrm{d}x}+\frac{\partial z}{\partial v}\frac{\mathrm{d}v}{\mathrm{d}x}\\&=\mathrm{e}^{2u-3v}(4x+3\sin x)\\&=\mathrm{e}^{2x^2-3\cos x}(4x+3\sin x).\end{aligned}$$

二、复合函数的中间变量均为多元函数的情形

定理 8.3.2 如果函数 $u=\varphi(x,y)$及 $v=\psi(x,y)$都在点(x,y)处具有对 x 及对 y 的偏导数，函数 $z=f(u,v)$在对应点(u,v)具有连续偏导数，则复合函数 $z=f[\varphi(x,y),\psi(x,y)]$在点$(x,y)$的两个偏导数存在，且有

$$\frac{\partial z}{\partial x}=\frac{\partial z}{\partial u}\frac{\partial u}{\partial x}+\frac{\partial z}{\partial v}\frac{\partial v}{\partial x},\tag{8.3.3}$$

$$\frac{\partial z}{\partial y}=\frac{\partial z}{\partial u}\frac{\partial u}{\partial y}+\frac{\partial z}{\partial v}\frac{\partial v}{\partial y}.\tag{8.3.4}$$

事实上，这里求$\frac{\partial z}{\partial x}$时，将 y 看作常量，因此，中间变量 u 及 v 仍可看作一元函数而应用定理 8.3.1，但由于复合函数 $z=f[\varphi(x,y),\psi(x,y)]$及 $u=\varphi(x,y)$和 $v=\psi(x,y)$都是 x、y 的二元函数，所以，应把式(8.3.1)中的 d 改为∂，再把 t 换成 x，这样便由式(8.3.1)得到式(8.3.3). 同理由式(8.3.2)得到式(8.3.4).

类似地，可把中间变量和自变量推广到多于两个的情形. 设 $u=\varphi(x,y)$，$v=\psi(x,y)$和 $w=\omega(x,y)$都在点(x,y)处具有对 x 及对 y 的偏导数，函数 $z=f(u,v,w)$在对应点(u,v,w)具有连续偏导数，则复合函数

$$z=f[\varphi(x,y),\psi(x,y),\omega(x,y)]$$

在点(x,y)处的两个偏导数都存在，且可利用下列公式计算：

$$\frac{\partial z}{\partial x}=\frac{\partial z}{\partial u}\frac{\partial u}{\partial x}+\frac{\partial z}{\partial v}\frac{\partial v}{\partial x}+\frac{\partial z}{\partial w}\frac{\partial w}{\partial x},\tag{8.3.5}$$

$$\frac{\partial z}{\partial y}=\frac{\partial z}{\partial u}\frac{\partial u}{\partial y}+\frac{\partial z}{\partial v}\frac{\partial v}{\partial y}+\frac{\partial z}{\partial w}\frac{\partial w}{\partial y}.\tag{8.3.6}$$

例 8.3.2 设 $z=u^2\ln v$，$u=\frac{x}{y}$，$v=3x-2y$，求$\frac{\partial z}{\partial x}$及$\frac{\partial z}{\partial y}$.

解

$$\begin{aligned}\frac{\partial z}{\partial x}&=\frac{\partial z}{\partial u}\frac{\partial u}{\partial x}+\frac{\partial z}{\partial v}\frac{\partial v}{\partial x}\\&=2u\ln v\cdot\frac{1}{y}+\frac{u^2}{v}\cdot 3\\&=\frac{2x}{y^2}\ln(3x-2y)+\frac{3x^2}{(3x-2y)y^2},\end{aligned}$$

$$\frac{\partial z}{\partial y}=\frac{\partial z}{\partial u}\frac{\partial u}{\partial y}+\frac{\partial z}{\partial v}\frac{\partial v}{\partial y}$$
$$=2u\ln v\cdot\frac{x}{-y^2}+\frac{u^2}{v}\cdot(-2)$$
$$=-\frac{2x^2}{y^3}\ln(3x-2y)+\frac{-2x^2}{(3x-2y)y^2}.$$

三、复合函数的中间变量既有一元函数，又有多元函数的情形

定理 8.3.3 如果函数 $u=\varphi(x, y)$ 在点 (x, y) 处具有对 x 及对 y 的偏导数，函数 $v=\psi(y)$ 在点 y 处可导，函数 $f(u, v)$ 在对应点 (u, v) 具有连续偏导数，则复合函数 $z=f[\varphi(x, y), \psi(y)]$ 在点 (x, y) 的两个偏导数存在，且有

$$\frac{\partial z}{\partial x}=\frac{\partial z}{\partial u}\frac{\partial u}{\partial x}, \tag{8.3.7}$$

$$\frac{\partial z}{\partial y}=\frac{\partial z}{\partial u}\frac{\partial u}{\partial y}+\frac{\partial z}{\partial v}\frac{\mathrm{d}v}{\mathrm{d}y}. \tag{8.3.8}$$

上述情况实际上是情形二的一种特例，即在情形二中，如果变量 v 与 x 无关，则 $\frac{\partial v}{\partial x}=0$；在 v 对 y 求导时，由于 v 是 y 的一元函数，故 $\frac{\partial v}{\partial y}$ 换成了 $\frac{\mathrm{d}v}{\mathrm{d}y}$，于是得到上述结果.

情形三中还会遇到这样的情况：复合函数的某些中间变量本身又是复合函数的自变量. 例如，设 $z=f(u, x, y)$ 具有连续偏导数，而 $u=\varphi(x, y)$ 具有偏导数，则复合函数 $z=f[\varphi(x, y), x, y]$ 可看作情形二中当 $v=x$，$w=y$ 时的特殊情形，因此

$$\frac{\partial v}{\partial x}=1,\quad \frac{\partial w}{\partial x}=0,$$
$$\frac{\partial v}{\partial y}=0,\quad \frac{\partial w}{\partial y}=1,$$

从而复合函数 $z=f[\varphi(x, y), x, y]$ 具有对自变量 x 及 y 的偏导数，且由式(8.3.5)、式(8.3.6)得

$$\frac{\partial z}{\partial x}=\frac{\partial f}{\partial u}\frac{\partial u}{\partial x}+\frac{\partial f}{\partial x},$$
$$\frac{\partial z}{\partial y}=\frac{\partial f}{\partial u}\frac{\partial u}{\partial y}+\frac{\partial f}{\partial y}.$$

注：这里 $\frac{\partial z}{\partial x}$ 与 $\frac{\partial f}{\partial x}$ 是不同的，$\frac{\partial z}{\partial x}$ 是把复合函数 $z=f[\varphi(x, y), x, y]$ 中的 y 看作不变而对 x 的偏导数，$\frac{\partial f}{\partial x}$ 是把 $f(u, x, y)$ 中的 u 及 y 看作不变而对 x 的偏导数，$\frac{\partial z}{\partial y}$ 与 $\frac{\partial f}{\partial y}$ 也有类似的区别.

例 8.3.3 设 $u=f(x, y, z)=\mathrm{e}^{2x+3y+4z}$，$y=z^2\cos x$，求 $\frac{\partial u}{\partial x}$ 和 $\frac{\partial u}{\partial z}$.

解
$$\frac{\partial u}{\partial x}=\frac{\partial f}{\partial y}\frac{\partial y}{\partial x}+\frac{\partial f}{\partial x}$$
$$=3\mathrm{e}^{2x+3y+4z}\cdot(-z^2\sin x)+2\mathrm{e}^{2x+3y+4z}$$
$$=(2-3z^2\sin x)\mathrm{e}^{2x+3y+4z},$$

$$\begin{aligned}\frac{\partial u}{\partial z}&=\frac{\partial f}{\partial y}\frac{\partial y}{\partial z}+\frac{\partial f}{\partial z}\\&=3\mathrm{e}^{2x+3y+4z}\cdot 2z\cos x+4\mathrm{e}^{2x+3y+4z}\\&=2(3z\cos x+2)\mathrm{e}^{2x+3y+4z}.\end{aligned}$$

全微分形式不变性 设函数 $z=f(u, v)$具有连续偏导数，则有全微分

$$\mathrm{d}z=\frac{\partial z}{\partial u}\,\mathrm{d}u+\frac{\partial z}{\partial v}\,\mathrm{d}v.$$

如果 u、v 又是 x、y 的函数，即 $u=\varphi(x, y)$、$v=\psi(x, y)$，且这两个函数也具有连续偏导数，则复合函数

$$z=f[\varphi(x, y), \psi(x, y)]$$

的全微分为

$$\mathrm{d}z=\frac{\partial z}{\partial x}\,\mathrm{d}x+\frac{\partial z}{\partial y}\,\mathrm{d}y,$$

其中，$\frac{\partial z}{\partial x}$和$\frac{\partial z}{\partial y}$分别由式(8.3.3)及式(8.3.4)给出. 把式(8.3.3)及式(8.3.4)中的$\frac{\partial z}{\partial x}$和$\frac{\partial z}{\partial y}$代入上式，得

$$\begin{aligned}\mathrm{d}z&=\left(\frac{\partial z}{\partial u}\frac{\partial u}{\partial x}+\frac{\partial z}{\partial v}\frac{\partial v}{\partial x}\right)\mathrm{d}x+\left(\frac{\partial z}{\partial u}\frac{\partial u}{\partial y}+\frac{\partial z}{\partial v}\frac{\partial v}{\partial y}\right)\mathrm{d}y\\&=\frac{\partial z}{\partial u}\left(\frac{\partial u}{\partial x}\,\mathrm{d}x+\frac{\partial u}{\partial y}\,\mathrm{d}y\right)+\frac{\partial z}{\partial v}\left(\frac{\partial v}{\partial x}\,\mathrm{d}x+\frac{\partial v}{\partial y}\,\mathrm{d}y\right)\\&=\frac{\partial z}{\partial u}\,\mathrm{d}u+\frac{\partial z}{\partial v}\,\mathrm{d}v.\end{aligned}$$

由此可见，无论 z 是自变量 u、v 的函数或中间变量 u、v 的函数，它的全微分形式是一样的. 这个性质叫作**全微分形式不变性**.

例 8.3.4 利用全微分形式不变性解例 8.3.2.

解 $\mathrm{d}z=\mathrm{d}(u^2\ln v)=2u\ln v\,\mathrm{d}u+\frac{u^2}{v}\,\mathrm{d}v$，因为

$$\mathrm{d}u=\mathrm{d}\left(\frac{x}{y}\right)=\frac{y\,\mathrm{d}x-x\,\mathrm{d}y}{y^2},$$

$$\mathrm{d}v=\mathrm{d}(3x-2y)=3\,\mathrm{d}x-2\,\mathrm{d}y,$$

所以代入后合并含 $\mathrm{d}x$ 及 $\mathrm{d}y$ 的项，得

$$\mathrm{d}z=\left[\frac{2x}{y^2}\ln(3x-2y)+\frac{3x^2}{(3x-2y)y^2}\right]\mathrm{d}x+\left[-\frac{2x^2}{y^3}\ln(3x-2y)-\frac{2x^2}{(3x-2y)y^2}\right]\mathrm{d}y.$$

将它们和公式 $\mathrm{d}z=\frac{\partial z}{\partial x}\,\mathrm{d}x+\frac{\partial z}{\partial y}\,\mathrm{d}y$ 比较，就可同时得到两个偏导数$\frac{\partial z}{\partial x}$和$\frac{\partial z}{\partial y}$，它们与例8.3.2的结果一致.

知识要点

本节主要讲述了多元复合函数的几种求导法则：

(1) 复合函数的中间变量均为一元函数的情形：

$$\frac{\mathrm{d}z}{\mathrm{d}t}=\frac{\partial z}{\partial u}\frac{\mathrm{d}u}{\mathrm{d}t}+\frac{\partial z}{\partial v}\frac{\mathrm{d}v}{\mathrm{d}t},\quad \frac{\mathrm{d}z}{\mathrm{d}t}=\frac{\partial z}{\partial u}\frac{\mathrm{d}u}{\mathrm{d}t}+\frac{\partial z}{\partial v}\frac{\mathrm{d}v}{\mathrm{d}t}+\frac{\partial z}{\partial w}\frac{\mathrm{d}w}{\mathrm{d}t}.$$

(2) 复合函数的中间变量均为多元函数的情形：

$$\frac{\partial z}{\partial x}=\frac{\partial z}{\partial u}\frac{\partial u}{\partial x}+\frac{\partial z}{\partial v}\frac{\partial v}{\partial x},\ \frac{\partial z}{\partial y}=\frac{\partial z}{\partial u}\frac{\partial u}{\partial y}+\frac{\partial z}{\partial v}\frac{\partial v}{\partial y},$$

$$\frac{\partial z}{\partial x}=\frac{\partial z}{\partial u}\frac{\partial u}{\partial x}+\frac{\partial z}{\partial v}\frac{\partial v}{\partial x}+\frac{\partial z}{\partial w}\frac{\partial w}{\partial x},\ \frac{\partial z}{\partial y}=\frac{\partial z}{\partial u}\frac{\partial u}{\partial y}+\frac{\partial z}{\partial v}\frac{\partial v}{\partial y}+\frac{\partial z}{\partial w}\frac{\partial w}{\partial y}.$$

(3) 复合函数的中间变量既有一元函数，又有多元函数的情形：

$$\frac{\partial z}{\partial x}=\frac{\partial z}{\partial u}\frac{\partial u}{\partial x},\ \frac{\partial z}{\partial y}=\frac{\partial z}{\partial u}\frac{\partial u}{\partial y}+\frac{\partial z}{\partial v}\frac{\partial v}{\partial y}.$$

(4) 全微分形式不变性.

■ 习题 8－3

1. 求下列函数的全导数：

(1) 设 $z=\frac{v}{u}$，$u=\ln x$，$v=\mathrm{e}^x$，求$\frac{\mathrm{d}z}{\mathrm{d}x}$；

(2) 设 $z=\arctan(x-y)$，$x=3t$，$y=4t^3$，求$\frac{\mathrm{d}z}{\mathrm{d}t}$.

2. 求下列函数的一阶偏导数(其中 f 具有一阶连续偏导数)：

(1) $z=u\mathrm{e}^{\frac{u}{v}}$，而 $u=x^2+y^2$，$v=xy$；

(2) $z=x^2\ln y$，而 $x=\frac{u}{v}$，$y=3u-2v$；

(3) $z=f(x^2-y^2,\ \mathrm{e}^{xy})$.

3. 设 $z=\frac{y}{f(x^2-y^2)}$，其中 $f(u)$为可导函数，验证：

$$\frac{1}{x}\frac{\partial z}{\partial x}+\frac{1}{y}\frac{\partial z}{\partial y}=\frac{z}{y^2}.$$

4. 求下列函数的二阶偏导数：

(1) $z=\sin^2(ax+by)$；

(2) $z=\ln(y+\sqrt{x^2+y^2})$.

5. 求下列函数的二阶偏导数(其中 f 具有二阶连续偏导数)：

(1) $z=f\left(2x,\ \frac{x}{y}\right)$；　　(2) $z=f(x\ln y,\ y-x)$；

(3) $z=f(\sin x,\ \cos y,\ \mathrm{e}^{2x-y})$.

第四节　隐函数的求导公式

在一元函数微分学中，我们已经提出了隐函数的概念，并且指出了函数不经过显化直接由方程

$$F(x,\ y)=0 \tag{8.4.1}$$

求它所确定的隐函数的导数的方法，现在我们给出隐函数存在定理，并根据多元复合函数求导法则来推导隐函数的求导公式.

定理 8.4.1(隐函数存在定理 1) 设函数 $F(x, y)$在点 $P(x_0, y_0)$的某一邻域内具有连续偏导数，且 $F(x_0, y_0)=0$，$F_y(x_0, y_0)\neq 0$，则方程 $F(x, y)=0$ 在点(x_0, y_0)的某一邻域内，恒能唯一确定一个具有连续导数的函数 $y=f(x)$，它满足条件 $y_0=f(x_0)$，并有

$$\frac{\mathrm{d}y}{\mathrm{d}x}=-\frac{F_x}{F_y}. \tag{8.4.2}$$

式(8.4.2)就是隐函数的求导公式. 下面推导式(8.4.2).

将由方程(8.4.1)所确定的函数 $y=f(x)$代入式(8.4.1)得恒等式

$$F(x, f(x))\equiv 0,$$

其左端可以看作是 x 的一个复合函数，求这个函数的全导数，由于恒等式两端求导后仍然恒等，即得

$$\frac{\partial F}{\partial x}+\frac{\partial F}{\partial y}\frac{\mathrm{d}y}{\mathrm{d}x}=0.$$

由于 F_y 连续，且 $F_y(x_0, y_0)\neq 0$，因此存在(x_0, y_0)的一个邻域，在这个邻域内 $F_y\neq 0$，于是得到

$$\frac{\mathrm{d}y}{\mathrm{d}x}=-\frac{F_x}{F_y}.$$

如果 $F(x, y)=0$ 的二阶偏导数也都连续，则可以把等式(8.4.2)的两端看作 x 的复合函数而再一次对 x 求导，得

$$\begin{aligned}\frac{\mathrm{d}^2 y}{\mathrm{d}x^2}&=\frac{\partial}{\partial x}\left(-\frac{F_x}{F_y}\right)+\frac{\partial}{\partial y}\left(-\frac{F_x}{F_y}\right)\cdot\frac{\mathrm{d}y}{\mathrm{d}x}\\&=-\frac{F_{xx}F_y-F_{yx}F_x}{F_y^2}-\frac{F_{xy}F_y-F_{yy}F_x}{F_y^2}\left(-\frac{F_x}{F_y}\right)\\&=-\frac{F_{xx}F_y^2-2F_{xy}F_xF_y+F_{yy}F_x^2}{F_y^3}.\end{aligned}$$

例 8.4.1 设 $\sin xy+\mathrm{e}^x=y^2$，求$\dfrac{\mathrm{d}y}{\mathrm{d}x}$.

解 设

$$F(x, y)=\sin xy+\mathrm{e}^x-y^2.$$

因为

$$F_x=y\cos xy+\mathrm{e}^x,\quad F_y=x\cos xy-2y,$$

所以

$$\frac{\mathrm{d}y}{\mathrm{d}x}=-\frac{F_x}{F_y}=-\frac{y\cos xy+\mathrm{e}^x}{x\cos xy-2y}.$$

隐函数存在定理还可以推广到多元函数. 既然一个二元方程(8.4.1)可以确定一个一元隐函数，那么一个三元方程

$$F(x, y, z)=0 \tag{8.4.3}$$

就有可能确定一个二元隐函数.

类似地，可以由三元函数 $F(x, y, z)$的性质来判定由方程 $F(x, y, z)=0$ 所确定的二元函数 $z=f(x, y)$的存在以及这个函数的性质.

定理 8.4.2(隐函数存在定理 2) 设函数 $F(x, y, z)$在点 $P(x_0, y_0, z_0)$的某一邻域内具有连续偏导数，且 $F(x_0, y_0, z_0)=0$，$F_z(x_0, y_0, z_0)\neq 0$，则方程 $F(x, y, z)=0$ 在点

(x_0, y_0, z_0)的某一邻域内恒能唯一确定一个单值连续且具有连续偏导数的函数 $z=f(x, y)$，它满足条件 $z_0=f(x_0, y_0)$，并有

$$\frac{\partial z}{\partial x}=-\frac{F_x}{F_z}, \quad \frac{\partial z}{\partial y}=-\frac{F_y}{F_z}. \tag{8.4.4}$$

与定理 8.4.1 类似，仅对式(8.4.4)作如下推导.

由于 $z=f(x, y)$，且

$$F(x, y, z)\equiv 0,$$

将上式两端分别对 x 和 y 求导，应用复合函数的求导法则，得

$$F_x+F_z\frac{\partial z}{\partial x}=0, \quad F_y+F_z\frac{\partial z}{\partial y}=0.$$

因为 F_z 连续，且 $F_z(x_0, y_0, z_0)\neq 0$，所以存在点(x_0, y_0, z_0)的一个邻域，在这个邻域内 $F_z\neq 0$，于是得到

$$\frac{\partial z}{\partial x}=-\frac{F_x}{F_z}, \quad \frac{\partial z}{\partial y}=-\frac{F_y}{F_z}.$$

例 8.4.2 设 $z^3-3xyz=1$，求$\frac{\partial^2 z}{\partial x\partial y}$.

解 设 $F(x, y, z)=z^3-3xyz-1$，则

$$F_x=-3yz, \quad F_y=-3xz, \quad F_z=3z^2-3xy,$$

从而

$$\frac{\partial z}{\partial x}=-\frac{F_x}{F_z}=\frac{yz}{z^2-xy}, \quad \frac{\partial z}{\partial y}=-\frac{F_y}{F_z}=\frac{xz}{z^2-xy},$$

于是

$$\begin{aligned}\frac{\partial^2 z}{\partial x\partial y}&=\frac{\partial}{\partial y}\left(\frac{yz}{z^2-xy}\right)\\&=\frac{(z^2-xy)\left(z+y\frac{\partial z}{\partial y}\right)-yz\left(2z\frac{\partial z}{\partial y}-x\right)}{(z^2-xy)^2}\\&=\frac{z(z^4-2xyz^2-x^2y^2)}{(z^2-xy)^3}.\end{aligned}$$

知识要点

本节主要讲述了隐函数的求导公式$\frac{\mathrm{d}y}{\mathrm{d}x}=-\frac{F_x}{F_y}$和$\frac{\partial z}{\partial x}=-\frac{F_x}{F_z}$，$\frac{\partial z}{\partial y}=-\frac{F_y}{F_z}$.

■ 习题 8－4

1. 设 $xy-\ln y=\mathrm{e}$，求$\frac{\mathrm{d}y}{\mathrm{d}x}$.

2. 设 $\ln\sqrt{x^2+y^2}=\arctan\frac{y}{x}$，求$\frac{\mathrm{d}y}{\mathrm{d}x}$.

3. 设 $\sin(xy)+\cos(xz)+\tan(zy)=0$，求$\frac{\partial z}{\partial x}$，$\frac{\partial z}{\partial y}$.

4. 设 $x+z=yf(x^2-z^2)$，其中 f 具有连续导数，求 $z\frac{\partial z}{\partial x}+y\frac{\partial z}{\partial y}$.

5. 设 $\frac{x}{z}=\ln\frac{z}{y}$，求 $\frac{\partial^2 z}{\partial x^2}$，$\frac{\partial^2 z}{\partial y^2}$.

6. 设 $e^z=xyz$，求 $\frac{\partial^2 z}{\partial x\partial y}$.

第五节　多元函数的极值及其应用

在管理科学、经济学问题中，常常需要求一个多元函数的最大值和最小值，它们统称为**最值**. 通常我们称在实际问题中出现的需要求其最值的函数为**目标函数**，该函数的自变量被称为**决策变量**，相应的问题在数学上被称为**优化问题**. 在此，我们只讨论与多元函数的最值有关的最简单的优化问题.

与一元函数中的情形类似，多元函数的最值也与其极值有密切关系，所以我们先研究最简单的多元函数——二元函数的极值问题，所得到的结论大部分可以推广到三元或三元以上的多元函数中.

一、二元函数的极值

定义 8.5.1　设函数 $z=f(x,y)$ 的定义域为 D，$P_0(x_0,y_0)$ 为 D 的内点，若存在 P_0 的某个邻域 $U(P_0)\subset D$，使得该邻域内异于 P_0 的任何点 (x,y) 都有

$$f(x,y)<f(x_0,y_0),$$

则称函数 $f(x,y)$ 在点 (x_0,y_0) 有**极大值** $f(x_0,y_0)$，点 (x_0,y_0) 称为函数 $f(x,y)$ 的**极大值点**；若对于该邻域内异于 P_0 的任何点 (x,y) 都有

$$f(x,y)>f(x_0,y_0),$$

则称函数 $f(x,y)$ 在点 (x_0,y_0) 有**极小值** $f(x_0,y_0)$，点 (x_0,y_0) 称为函数 $f(x,y)$ 的**极小值点**. 极大值、极小值统称为**极值**. 使函数取得极值的点称为**极值点**.

例 8.5.1　函数 $z=2x^2+3y^2$ 在点 $(0,0)$ 处有极小值. 因为对于点 $(0,0)$ 的任一邻域内异于 $(0,0)$ 的点，函数值都为正，而在点 $(0,0)$ 处的函数值为零. 从几何上看，这是显然的，因为点 $(0,0,0)$ 是开口朝上的椭圆抛物面 $z=2x^2+3y^2$ 的顶点.

例 8.5.2　函数 $z=2-\sqrt{x^2+y^2}$ 在点 $(0,0)$ 处有极大值. 因为在点 $(0,0)$ 处函数值为 2，而对于点 $(0,0)$ 的任一邻域内异于 $(0,0)$ 的点，函数值都小于 2. 点 $(0,0,2)$ 是位于平面 $z=2$ 下方的圆锥面 $z=2-\sqrt{x^2+y^2}$ 的顶点.

以上关于二元函数的极值概念，可以推广到多元函数. 设 n 元函数 $u=f(P)$ 的定义域为 D，P_0 为 D 的内点，若存在 P_0 的某个邻域 $U(P_0)\subset D$，使得该邻域内异于 P_0 的任何点 P 都有

$$f(P)<f(P_0) \text{ 或 } f(P)>f(P_0),$$

则称函数 $f(P)$ 在点 P_0 有**极大值**(或**极小值**)$f(P_0)$.

我们知道对于可导的一元函数 $y=f(x)$，在点 x_0 处有极值的必要条件是 $f'(x_0)=0$，对于多元函数也有类似的结论.

定理 8.5.1(必要条件) 设函数 $z=f(x, y)$在点(x_0, y_0)具有偏导数，且在点(x_0, y_0)处有极值，则有

$$f_x(x_0, y_0)=0, \quad f_y(x_0, y_0)=0.$$

证 不妨设 $z=f(x, y)$在点(x_0, y_0)处有极大值. 依极大值的定义，在点(x_0, y_0)的任一邻域内异于(x_0, y_0)的点(x, y)都适合不等式

$$f(x, y)<f(x_0, y_0).$$

特别地，在该邻域内取 $y=y_0$ 而 $x\neq x_0$ 的点，也适合不等式

$$f(x, y_0)<f(x_0, y_0).$$

这表明一元函数 $f(x, y_0)$在 $x=x_0$ 处取得极大值，因而有

$$f_x(x_0, y_0)=0.$$

类似地，可证

$$f_y(x_0, y_0)=0.$$

类似地可推得，如果三元函数 $u=f(x, y, z)$在点(x_0, y_0, z_0)具有偏导数，则它在点(x_0, y_0, z_0)具有极值的必要条件为

$$f_x(x_0, y_0, z_0)=0, \quad f_y(x_0, y_0, z_0)=0, \quad f_z(x_0, y_0, z_0)=0.$$

仿照一元函数，凡是能使 $f_x(x, y)=0$，$f_y(x, y)=0$ 同时成立的点(x_0, y_0)称为函数 $z=f(x, y)$的**驻点**. 由定理 8.5.1 可知，具有偏导数的函数的极值点必定是驻点. 但函数的驻点不一定是极值点，例如，点(0, 0)是函数 $z=xy$ 的驻点，但函数在该点并无极值.

怎样判定一个驻点是否是极值点呢？下面的定理回答了这个问题.

定理 8.5.2 设函数 $z=f(x, y)$在点(x_0, y_0)的某邻域内连续且有一阶及二阶连续偏导数，又 $f_x(x_0, y_0)=0$，$f_y(x_0, y_0)=0$，令

$$f_{xx}(x_0, y_0)=A, \quad f_{xy}(x_0, y_0)=B, \quad f_{yy}(x_0, y_0)=C,$$

则 $f(x, y)$在点(x_0, y_0)处是否取得极值的条件如下：

(1) $AC-B^2>0$ 时具有极值，且当 $A<0$ 时有极大值，当 $A>0$ 时有极小值；

(2) $AC-B^2<0$ 时没有极值；

(3) $AC-B^2=0$ 时可能有极值，也可能没有极值，还需另作讨论.

利用上面的两个定理，对于具有二阶连续偏导数的函数 $z=f(x, y)$有如下求极值的步骤：

第一步，解方程组

$$f_x(x, y)=0, \quad f_y(x, y)=0,$$

求得一切实数解，即可求得一切驻点.

第二步，对于每一个驻点(x_0, y_0)，求出二阶偏导数的值 A、B 和 C.

第三步，定出 $AC-B^2$ 的符号，按定理 8.5.2 的结论判定 $f(x_0, y_0)$是否是极值，有极值时，是极大值还是极小值.

例 8.5.3 求函数 $f(x, y)=x^3-y^3+3x^2+3y^2-9x$ 的极值.

解 先解方程组：

$$\begin{cases} f_x(x, y)=3x^2+6x-9=0 \\ f_y(x, y)=-3y^2+6y=0 \end{cases},$$

求得驻点为(1, 0)，(1, 2)，(−3, 0)，(−3, 2).

再求二阶偏导数：

$$f_{xx}(x, y)=6x+6, \quad f_{xy}(x, y)=0, \quad f_{yy}(x, y)=-6y+6.$$

在点(1，0)处，$AC-B^2=12\times 6>0$，又 $A>0$，所以函数在(1，0)处有极小值 $f(1, 0)=-5$；

在点(1，2)处，$AC-B^2=12\times(-6)<0$，所以 $f(1, 2)$不是极值；

在点(−3，0)处，$AC-B^2=-12\times 6<0$，所以 $f(-3, 0)$不是极值；

在点(−3，2)处，$AC-B^2=-12\times(-6)>0$，又 $A<0$，所以函数在(−3，2)处有极大值 $f(-3, 2)=31$.

讨论函数的极值问题时，如果函数在所讨论的区域内具有偏导数，则由定理 8.5.1 可知，极值只能在驻点处取得. 然而，如果函数在个别点处的偏导数不存在，这些点肯定不是驻点，但也可能是极值点. 例如，在例 8.5.2 中，函数 $z=2-\sqrt{x^2+y^2}$ 在点(0，0)处的偏导数不存在，但该函数在点(0，0)处却具有极大值. 因此，在考虑函数的极值问题时，除了考虑函数的驻点外，如果有偏导数不存在的点，那么对这些点也应当考虑.

二、二元函数的最大值与最小值

与一元函数相类似，我们可以利用函数的极值来求函数的最大值和最小值. 在多元函数的基本概念这一节中已经指出，如果 $f(x, y)$在有界闭区域 D 上连续，则 $f(x, y)$在有界闭区域 D 上必定能取得最大值和最小值. 这种使函数取得最大值和最小值的点既可能在 D 的内部，也可能在 D 的边界上. 我们假定函数在 D 上连续，在 D 内可微分且只有有限个驻点，这时如果函数在 D 的内部取得最大值(最小值)，则这个最大值(最小值)也是函数的极大值(极小值). 因此，在上述假定下，求函数的最大值和最小值的一般方法是：将函数 $f(x, y)$在 D 内的所有驻点处的函数值及在 D 的边界上的最大值和最小值相互比较，其中最大的就是最大值，最小的就是最小值. 通常在实际问题中，如果根据问题的性质，知道函数 $f(x, y)$的最大值(最小值)一定在 D 的内部取得，而函数在 D 内只有一个驻点，那么可以肯定该驻点处的函数值就是函数 $f(x, y)$在 D 上的最大值(最小值).

例 8.5.4 某工厂生产 A、B 两种型号的产品，A 型产品的售价为 1000 元/件，B 型产品的售价为 900 元/件，生产 x 件 A 型产品和 y 件 B 型产品的总成本为 $4000+200x+300y+3x^2+xy+3y^2$，求 A、B 两种产品各生产多少时，所获利润最大？

解 设 $L(x, y)$为生产 x 件 A 型产品和 y 件 B 型产品时获得的总利润，则

$$\begin{aligned} L(x, y) &= 1000x+900y-(4000+200x+300y+3x^2+xy+3y^2) \\ &= -3x^2-xy-3y^2+800x+600y-4000. \end{aligned}$$

令

$$\begin{cases} L_x(x, y)=-6x-y+800=0, \\ L_y(x, y)=-x-6y+600=0 \end{cases}$$

解方程组，得 $x=120$，$y=80$. 又由

$$A=L_{xx}=-6<0, \quad B=L_{xy}=-1, \quad C=L_{yy}=-6$$

可得

$$AC-B^2=(-6)\cdot(-6)-(-1)^2=35>0,$$

故 $L(x, y)$在驻点(120，80)处取得极大值，且驻点唯一，因而可以断定，当 A、B 两种产品分别生产 120 件和 80 件时利润会最大，且最大利润为

$$L(120, 80)=32\ 000\ (\text{元}).$$

三、条件极值、拉格朗日乘数法

上面所讨论的极值问题，对于函数的自变量，除了限制在函数的定义域内以外，并无其他条件，所以有时候称为**无条件极值**. 但在实际问题中，经常会遇到对函数的自变量还有附加条件的极值问题，这种对自变量有附加条件的极值称为**条件极值**. 对于有些实际问题，可以把条件极值化为无条件极值，然后用第二节中的方法加以解决.

但是在很多情况下，把条件极值化为无条件极值并不容易，我们另有一种直接寻求条件极值的方法，可以不必先把问题化到无条件极值的问题，这就是下面要介绍的**拉格朗日乘数法**.

下面我们来寻求函数

$$z=f(x, y) \tag{8.5.1}$$

在条件

$$\varphi(x, y)=0 \tag{8.5.2}$$

下取得极值的必要条件.

如果函数(8.5.1)在(x_0, y_0)取得所求的极值，那么首先有

$$\varphi(x_0, y_0)=0. \tag{8.5.3}$$

我们假定在(x_0, y_0)的某一邻域内 $f(x, y)$与 $\varphi(x, y)$均有连续的一阶偏导数，且 $\varphi_y(x_0, y_0)\neq 0$. 由隐函数存在定理可知，方程(8.5.2)确定一个具有连续导数的函数 $y=\psi(x)$，将其代入式(8.5.1)，结果得到关于变量 x 的函数

$$z=f[x, \psi(x)]. \tag{8.5.4}$$

于是函数(8.5.1)在(x_0, y_0)取得所求的极值，也就是相当于函数(8.5.4)在 $x=x_0$ 取得极值. 由一元可导函数取得极值的必要条件知道

$$\left.\frac{\mathrm{d}z}{\mathrm{d}x}\right|_{x=x_0}=f_x(x_0, y_0)+f_y(x_0, y_0)\left.\frac{\mathrm{d}y}{\mathrm{d}x}\right|_{x=x_0}=0, \tag{8.5.5}$$

而由式(8.5.2)用隐函数求导公式，有

$$\left.\frac{\mathrm{d}y}{\mathrm{d}x}\right|_{x=x_0}=-\frac{\varphi_x(x_0, y_0)}{\varphi_y(x_0, y_0)}.$$

把上式代入式(8.5.5)，得

$$f_x(x_0, y_0)-f_y(x_0, y_0)\frac{\varphi_x(x_0, y_0)}{\varphi_y(x_0, y_0)}=0. \tag{8.5.6}$$

式(8.5.3)、式(8.5.6)就是函数(8.5.1)在条件(8.5.2)下在(x_0, y_0)取得极值的必要条件.

设$\dfrac{f_y(x_0, y_0)}{\varphi_y(x_0, y_0)}=-\lambda$，上述必要条件就变为

$$\begin{cases} f_x(x_0, y_0)+\lambda\varphi_x(x_0, y_0)=0 \\ f_y(x_0, y_0)+\lambda\varphi_y(x_0, y_0)=0. \\ \varphi(x_0, y_0)=0 \end{cases} \tag{8.5.7}$$

若引入辅助函数：

$$L(x, y)=f(x, y)+\lambda\varphi(x, y),$$

则不难看出，条件(8.5.7)中前两式就是

$$L_x(x_0, y_0)=0, \quad L_y(x_0, y_0)=0.$$

函数 $L(x, y)$称为**拉格朗日函数**，参数 λ 称为**拉格朗日乘子**.

由以上讨论，我们得到以下结论.

拉格朗日乘数法 要找函数 $z=f(x, y)$在附加条件 $\varphi(x, y)=0$ 下的可能极值点，可以先作拉格朗日函数

$$L(x, y)=f(x, y)+\lambda\varphi(x, y),$$

其中，λ 为参数. 求其对 x 与 y 的一阶偏导数，并使之为零，然后与方程(8.5.2)联立起来：

$$\begin{cases} f_x(x, y)+\lambda\varphi_x(x, y)=0 \\ f_y(x, y)+\lambda\varphi_y(x, y)=0. \\ \varphi(x, y)=0 \end{cases} \tag{8.5.8}$$

由该方程组解出 x、y 及 λ，这样得到的(x, y)就是函数 $f(x, y)$在附加条件 $\varphi(x, y)=0$ 下的可能极值点.

此方法还可以推广到自变量多于两个而条件多于一个的情形. 例如，要求函数

$$u=f(x, y, z, t)$$

在附加条件

$$\varphi(x, y, z, t)=0, \quad \psi(x, y, z, t)=0 \tag{8.5.9}$$

下的极值，可以先作拉格朗日函数：

$$L(x, y, z, t)=f(x, y, z, t)+\lambda\varphi(x, y, z, t)+\mu\psi(x, y, z, t), \tag{8.5.10}$$

其中，λ、μ 均为参数. 求每个自变量的一阶偏导数，并使之为零，然后与条件(8.5.9)中的两个方程联立起来求解，这样得出的(x, y, z, t)就是函数 $f(x, y, z, t)$在附加条件(8.5.9)下的可能极值点.

至于如何确定所求得的点是否为极值点，在实际问题中往往可根据问题本身的性质来判定.

例 8.5.5 经济学中有柯布-道格拉斯生产函数模型：

$$f(x, y)=Cx^a y^{1-a},$$

其中，x 表示劳动力的数量，y 表示资本数量，C 与 $a(0<a<1)$是常数，由不同企业的具体情形决定，函数值表示生产量. 现已知某生产商的柯布-道格拉斯生产函数为

$$f(x, y)=100x^{\frac{3}{4}}y^{\frac{1}{4}},$$

其中每个劳动力与每个单位资本的成本分别为 150 元及 250 元，该生产商的总预算是 50 000 元，问该制造商该如何分配这笔钱用于雇佣劳动力和投入资本，以使生产量最高.

解 这是一个条件极值问题，要求目标函数

$$f(x, y)=100x^{\frac{3}{4}}y^{\frac{1}{4}}$$

在约束条件

$$150x+250y=50\ 000$$

下的最大值.

作拉格朗日函数：

$$L(x, y)=100x^{\frac{3}{4}}y^{\frac{1}{4}}+\lambda(50\ 000-150x-250y).$$

令

$$L_x=75x^{-\frac{1}{4}}y^{\frac{1}{4}}-150\lambda=0,$$
$$L_y=25x^{\frac{3}{4}}y^{-\frac{3}{4}}-250\lambda=0,$$

与方程

$$150x+250y=50\ 000$$

联立，解得 $x=250$，$y=50$.

这是目标函数在定义域 $D=\{(X, Y)|x>0, y>0)\}$内的唯一可能极值点，而由问题本身可知，最高生产量一定存在，故该制造商雇佣 250 个劳动力及投入 50 个单位资本时，可获得最大产量.

知识要点

本节主要讲述了如何判定一个多元函数是否有极值，以及如何求解一个多元函数是否有极值的方法；二元函数最大值和最小值的求解方法；条件极值、拉格朗日乘数法以及它们各自的应用.

■ 习题 8－5

1. 求函数 $f(x, y)=4(x-y)-x^2-y^2$ 的极值.

2. 求函数 $f(x, y)=e^{2x}(x+y^2+2y)$的极值.

3. 求函数 $z=x^2-y^2$ 在闭区域 $x^2+4y^2\leqslant 4$ 上的最大值和最小值.

4. 某厂家生产的一种产品同时在两个市场销售，售价分别是 P_1 和 P_2，销售量分别为 Q_1 和 Q_2，需求函数分别是 $Q_1=24-0.2P_1$，$Q_2=10-0.5P_2$，总成本函数为 $C=34+40(Q_1+Q_2)$，问厂家如何确定两个市场的售价，才能使其获得的利润最大？最大利润为多少？

5. 某养殖场饲养两种鱼，若甲种鱼放养 x(万尾)，乙种鱼放养 y(万尾)，收获时两种鱼的收获量分别为$(3-\alpha x-\beta y)x$ 和$(4-\beta x-2\alpha y)y$，这里 $\alpha>\beta>0$，问产鱼总量最大的放养数是多少？

6. 求抛物线 $y=x^2$ 和直线 $x-y-2=0$ 之间的最短距离.

7. 试求内接于椭球面$\frac{x^2}{a^2}+\frac{y^2}{b^2}+\frac{z^2}{c^2}=1(a>0, b>0, c>0)$且有最大体积的长方体.

第六节　二重积分的概念与性质

一、二重积分的概念

1. 曲顶柱体的体积

设有一立体，它的底是 xOy 面上的闭区域 D，它的侧面是以 D 的边界曲线为准线而

母线平行于 z 轴的柱面，它的顶是曲面 $z=f(x, y)$，这里 $f(x, y)\geqslant 0$ 且在 D 上连续，如图 8.6.1 所示，这种立体叫作**曲顶柱体**. 下面我们就来讨论如何定义并计算上述曲顶柱体的体积 V.

我们知道，平顶柱体的高是不变的，它的体积可以用公式

$$\text{体积}=\text{高}\times\text{底面积}$$

来定义和计算. 关于曲顶柱体，当点 (x, y) 在区域 D 上变动时，高度 $f(x, y)$ 是个变量，因此它的体积不能直接用上式来定义和计算. 但是回顾求曲边梯形面积的过程，很容易想到，那里采用的解决问题的办法，原则上可以用来解决目前的问题.

首先，用一组曲线网把 D 分成 n 个小闭区域：

$$\Delta\sigma_1, \Delta\sigma_2, \cdots, \Delta\sigma_n.$$

分别以这些小闭区域的边界线为准线，作母线平行于 z 轴的柱面，这些柱面把原来的曲顶柱体分为 n 个细曲顶柱体. 当这些小闭区域的直径很小时，由于 $f(x, y)$ 连续，对同一个小闭区域来说，$f(x, y)$ 变化很小，这时细曲顶柱体可近似看作平顶柱体. 我们在每个 $\Delta\sigma_i$（这个小闭区域的面积也记作 $\Delta\sigma_i$）中任取一点 (ξ_i, η_i)，以 $f(\xi_i, \eta_i)$ 为高而底为 $\Delta\sigma_i$ 的平顶柱体（见图 8.6.2）的体积为

$$f(\xi_i, \eta_i)\Delta\sigma_i \quad (i=1, 2, \cdots, n).$$

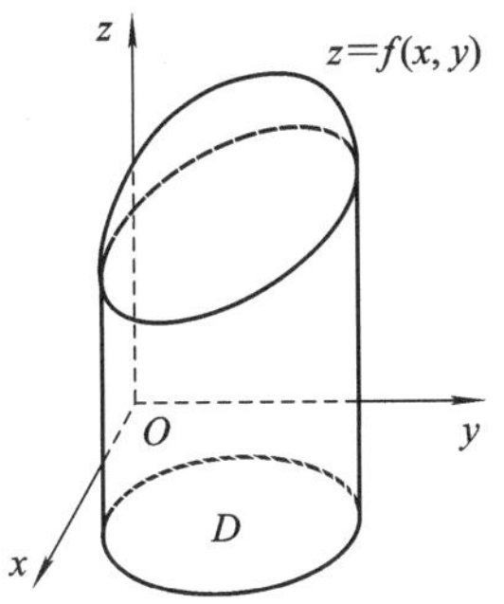

图 8.6.1　曲顶柱体

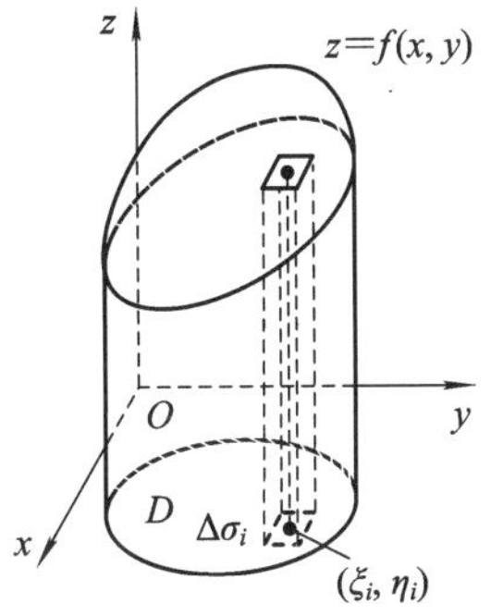

图 8.6.2　求曲顶柱体体积近似值

这 n 个平顶柱体体积之和

$$\sum_{i=1}^{n} f(\xi_i, \eta_i)\Delta\sigma_i$$

可以认为是整个曲顶柱体体积的近似值. 令 n 个小闭区域的直径中的最大值（记作 λ）趋于零，取上述和式的极限，所得的极限便自然地定义为所求曲顶柱体的体积 V，即

$$V=\lim_{\lambda\to 0}\sum_{i=1}^{n} f(\xi_i, \eta_i)\Delta\sigma_i.$$

2. 平面薄片的质量

设有一平面薄片占有 xOy 面上的闭区域 D，它在点 (x, y) 处的面密度为 $\mu(x, y)$，这里 $\mu(x, y)>0$ 且在 D 上连续. 现在要计算该薄片的质量 m.

我们知道，如果薄片是均匀的，即面密度是常数，那么薄片的质量可以用公式

$$\text{质量}=\text{面密度}\times\text{面积}$$

来计算. 现在面密度 $\mu(x, y)$ 是变量，薄片的质量就不能直接用上式来计算. 但是上面用来

处理曲顶柱体体积的方法完全适用于本问题.

由于$\mu(x, y)$连续，把薄片分成很多小块后，只要小块所占的小闭区域$\Delta\sigma_i$的直径很小，这些小块就可以近似地看作均匀薄片. 在$\Delta\sigma_i$上任取一点(ξ_i, η_i)，则

$$\mu(\xi_i, \eta_i)\Delta\sigma_i \quad (i=1, 2, \cdots, n)$$

可看作第i个小块的质量的近似值，如图 8.6.3 所示. 通过求和、取极限，便得出该平面薄片的质量：

$$m = \lim_{\lambda\to 0}\sum_{i=1}^{n}\mu(\xi_i, \eta_i)\Delta\sigma_i.$$

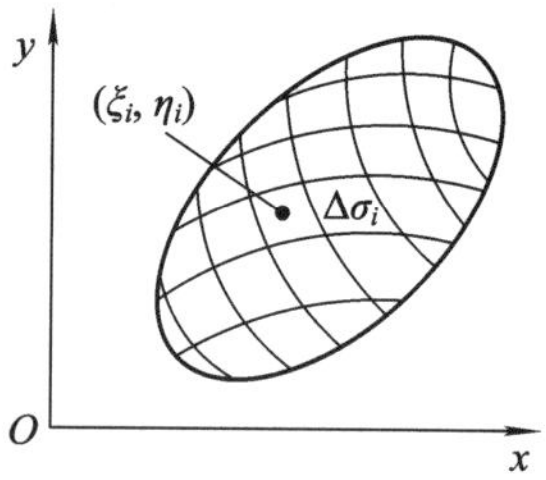

图 8.6.3　平面薄片的质量

3. 二重积分的定义

上面两个问题的实际意义虽然不同，但所求量都归结为同一形式的和的极限. 在物理、力学、几何和工程技术中，有许多物理量和几何量都归结为这一形式的和的极限. 因此，我们要一般地研究这种和的极限，并抽象出二重积分的定义.

定义 8.6.1　设$f(x, y)$是有界闭区域D上的有界函数，将闭区域D任意分成n个小闭区域

$$\Delta\sigma_1, \Delta\sigma_2, \cdots, \Delta\sigma_n,$$

其中$\Delta\sigma_i$表示第i个小闭区域，也表示它的面积. 在每个$\Delta\sigma_i$上任取一点(ξ_i, η_i)，作乘积$f(\xi_i, \eta_i)\Delta\sigma_i(i=1, 2, \cdots, n)$，并作和$\sum\limits_{i=1}^{n}f(\xi_i, \eta_i)\Delta\sigma_i$. 如果当各小闭区域的直径中的最大值$\lambda$趋于零时，这和的极限总存在，且与闭区域$D$的分法及点$(\xi_i, \eta_i)$的取法无关，则称此极限为函数$f(x, y)$在闭区域$D$上的**二重积分**，记作

$$\iint_D f(x, y)\mathrm{d}\sigma,$$

即

$$\iint_D f(x, y)\mathrm{d}\sigma = \lim_{\lambda\to 0}\sum_{i=1}^{n}f(\xi_i, \eta_i)\Delta\sigma_i, \tag{8.6.1}$$

其中，$f(x, y)$称为被积函数，$f(x, y)\mathrm{d}\sigma$称为被积表达式，$\mathrm{d}\sigma$称为面积元素，x与y称为积分变量，D称为积分区域，$\sum\limits_{i=1}^{n}f(\xi_i, \eta_i)\Delta\sigma_i$称为积分和.

在二重积分的定义中对闭区域D的划分是任意的，如果在直角坐标系中用平行于坐标轴的直线网来划分D，那么除了包含边界点的一些小闭区域外，其余的小闭区域都是矩形闭区域. 设矩形闭区域$\Delta\sigma_i$的边长为Δx_j和Δy_k，则$\Delta\sigma_i=\Delta x_j\cdot\Delta y_k$. 因此，在直角坐标系中，有时也把面积元素$\mathrm{d}\sigma$记作$\mathrm{d}x\mathrm{d}y$，而把二重积分记作

$$\iint_D f(x, y)\mathrm{d}x\,\mathrm{d}y,$$

其中，$\mathrm{d}x\mathrm{d}y$叫作直角坐标系中的面积元素.

由二重积分的定义可知，前面讨论的曲顶柱体的体积是函数$f(x, y)$在底D上的二重积分

$$V = \iint_D f(x, y)\mathrm{d}\sigma,$$

平面薄片的质量是它的面密度 $\mu(x, y)$在薄片所占闭区域 D 上的二重积分

$$M=\iint_D \mu(x, y)\,\mathrm{d}\sigma.$$

4. 二重积分的存在性

当 $f(x, y)$在闭区域 D 上连续时，式(8.6.1)右端和的极限必定存在，也就是说，函数 $f(x, y)$在 D 上的二重积分必定存在，我们总假定函数 $f(x, y)$在闭区域 D 上连续，所以 $f(x, y)$在 D 上的二重积分都是存在的，以后就不再每次都加以说明了.

5. 二重积分的几何意义

一般地，如果 $f(x, y)\geqslant 0$，被积函数 $f(x, y)$可解释为曲顶柱体的顶在点(x, y)处的竖坐标，所以二重积分的几何意义就是曲顶柱体的体积. 如果 $f(x, y)$是负的，柱体就在 xOy 面的下方，二重积分的绝对值仍等于柱体的体积，但二重积分的值是负的. 如果 $f(x, y)$在 D 的若干部分区域上是正的，而在其他的部分区域上是负的，那么 $f(x, y)$在 D 上的二重积分就等于这些部分区域上的柱体体积的代数和.

二、二重积分的性质

比较定积分和二重积分的定义可以看出，二重积分与定积分有类似的性质.

性质 1 设 α 与 β 为常数，则

$$\iint_D [\alpha f(x, y)+\beta g(x, y)]\,\mathrm{d}\sigma=\alpha\iint_D f(x, y)\,\mathrm{d}\sigma+\beta\iint_D g(x, y)\,\mathrm{d}\sigma. \tag{8.6.2}$$

性质 2 如果闭区域 D 被有限条曲线分为有限个部分闭区域，则在 D 上的二重积分等于在各部分闭区域上的二重积分的和.

例如 D 分为两个闭区域 D_1 与 D_2，则

$$\iint_D f(x, y)\,\mathrm{d}\sigma=\iint_{D_1} f(x, y)\,\mathrm{d}\sigma+\iint_{D_2} f(x, y)\,\mathrm{d}\sigma. \tag{8.6.3}$$

这个性质表示二重积分对于积分区域具有可加性.

性质 3 如果在 D 上，$f(x, y)=1$，σ 为 D 的面积，则

$$\iint_D 1\,\mathrm{d}\sigma=\iint_D \mathrm{d}\sigma=\sigma. \tag{8.6.4}$$

这个性质的几何意义是很明显的，因为高为 1 的平顶柱体的体积在数值上就等于柱体的底面积.

性质 4 如果在 D 上，$f(x, y)\leqslant g(x, y)$，则有

$$\iint_D f(x, y)\,\mathrm{d}\sigma\leqslant\iint_D g(x, y)\,\mathrm{d}\sigma. \tag{8.6.5}$$

特别地，由于

$$-|f(x, y)|\leqslant f(x, y)\leqslant|f(x, y)|,$$

因此

$$\left|\iint_D f(x, y)\,\mathrm{d}\sigma\right|\leqslant\iint_D |f(x, y)|\,\mathrm{d}\sigma. \tag{8.6.6}$$

性质 5 设 M 和 m 分别是 $f(x, y)$在闭区域 D 上的最大值和最小值，σ 是 D 的面积，

则有

$$m\sigma \leqslant \iint_D f(x, y)\mathrm{d}\sigma \leqslant M\sigma. \tag{8.6.7}$$

上述不等式是对于二重积分估值的不等式. 因为 $m \leqslant f(x, y) \leqslant M$，所以由性质 4 有

$$\iint_D m\ \mathrm{d}\sigma \leqslant \iint_D f(x, y)\mathrm{d}\sigma \leqslant \iint_D M\ \mathrm{d}\sigma,$$

再应用性质 1 和性质 3，便得此估值不等式.

性质 6(二重积分的中值定理) 设函数 $f(x, y)$ 在闭区域 D 上连续，σ 是 D 的面积，则在 D 上至少存在一点 (ξ, η)，使得

$$\iint_D f(x, y)\mathrm{d}\sigma = f(\xi, \eta)\sigma. \tag{8.6.8}$$

证 显然 $\sigma \neq 0$. 把性质 5 中不等式各除以 σ，有

$$m \leqslant \frac{1}{\sigma}\iint_D f(x, y)\mathrm{d}\sigma \leqslant M.$$

这就是说，确定的数值 $\frac{1}{\sigma}\iint_D f(x, y)\mathrm{d}\sigma$ 是介于函数 $f(x, y)$ 的最大值 M 与最小值 m 之间的. 根据在闭区域上连续函数的介值定理，在 D 上至少存在一点 (ξ, η)，使得函数在该点的值与这个确定的数值相等，即

$$\frac{1}{\sigma}\iint_D f(x, y)\mathrm{d}\sigma = f(\xi, \eta).$$

上式两端各乘 σ，就得所需要证明的公式.

例 8.6.1 比较 $\iint_D (x+y)^2\mathrm{d}\sigma$ 与 $\iint_D (x+y)^3\mathrm{d}\sigma$ 的大小，其中 $D=\{(x, y) \mid (x-2)^2+(y-1)^2 \leqslant 2\}$.

解 考虑 $x+y$ 在 D 上的取值，如图 8.6.4 所示.

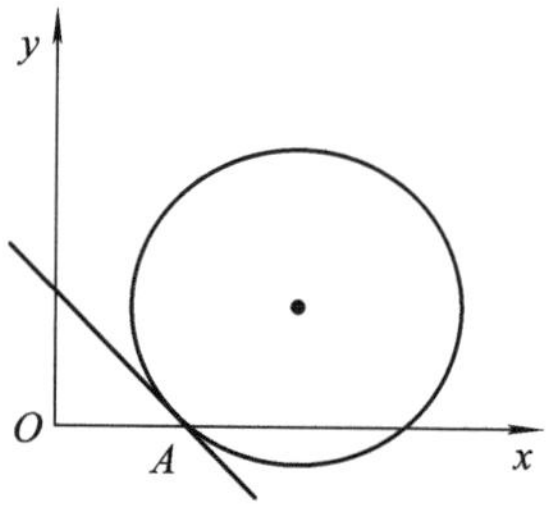

图 8.6.4 例 8.6.1 中区域图

由于点 $A(1, 0)$ 在圆周 $(x-2)^2+(y-1)^2=2$ 上，且过该点的切线方程为

$$x+y=1,$$

因此，在 D 上处处有 $x+y \geqslant 1$，故在 D 上有

$$(x+y)^2 \leqslant (x+y)^3,$$

从而有

$$\iint_D (x+y)^2\ \mathrm{d}\sigma \leqslant \iint_D (x+y)^3\mathrm{d}\sigma.$$

知识要点

本节主要讲述了二重积分的定义为一个和式极限值 $\iint_D f(x, y)\mathrm{d}\sigma = \lim\limits_{\lambda \to 0}\sum\limits_{i=1}^{n} f(\xi_i, \eta_i)\Delta\sigma_i$，二重积分的性质及计算公式：

(1) 设 α 与 β 为常数，则 $\iint_D [\alpha f(x, y)+\beta g(x, y)]\mathrm{d}\sigma = \alpha\iint_D f(x, y)\mathrm{d}\sigma + \beta\iint_D g(x, y)\mathrm{d}\sigma$.

(2) 若 D 分为两个闭区域 D_1 与 D_2，则$\iint\limits_{D} f(x, y)\mathrm{d}\sigma = \iint\limits_{D_1} f(x, y)\mathrm{d}\sigma + \iint\limits_{D_2} f(x, y)\mathrm{d}\sigma$.

(3) 如果在 D 上，$f(x, y) = 1$，σ 为 D 的面积，则$\iint\limits_{D} 1\mathrm{d}\sigma = \iint\limits_{D} \mathrm{d}\sigma = \sigma$.

(4) 如果在 D 上，$f(x, y) \leqslant g(x, y)$，则有$\iint\limits_{D} f(x, y)\mathrm{d}\sigma \leqslant \iint\limits_{D} g(x, y)\mathrm{d}\sigma$ 以及 $\left|\iint\limits_{D} f(x, y)\mathrm{d}\sigma\right| \leqslant \iint\limits_{D} |f(x, y)|\mathrm{d}\sigma$.

(5) 设 M 和 m 分别是 $f(x, y)$ 在闭区域 D 上的最大值和最小值，σ 是 D 的面积，则有 $m\sigma \leqslant \iint\limits_{D} f(x, y)\mathrm{d}\sigma \leqslant M\sigma$.

■ 习题 8－6

1. 设 $I_1 = \iint\limits_{D_1} (x^2 + y^2)^3 \mathrm{d}\sigma$，其中 $D_1 = \{(x, y) \mid -1 \leqslant x \leqslant 1, -2 \leqslant y \leqslant 2\}$；又 $I_2 = \iint\limits_{D_2} (x^2 + y^2)^3 \mathrm{d}\sigma$，其中 $D_2 = \{(x, y) \mid 0 \leqslant x \leqslant 1, 0 \leqslant y \leqslant 2\}$. 试利用二重积分的几何意义说明 I_1 与 I_2 之间的关系.

2. 根据二重积分的性质，比较下列积分的大小：

(1) $I_1 = \iint\limits_{D} (x + y)^2 \mathrm{d}\sigma$ 与 $I_2 = \iint\limits_{D} (x + y)^3 \mathrm{d}\sigma$，其中积分区域 D 是由 x 轴、y 轴与直线 $x+y=1$ 所围成；

(2) $I_1 = \iint\limits_{D} \ln(x + y)\mathrm{d}\sigma$ 与 $I_2 = \iint\limits_{D} [\ln(x + y)]^2 \mathrm{d}\sigma$，其中 $D=\{(x, y) \mid 3\leqslant x\leqslant 5, 0\leqslant y\leqslant 1\}$.

3. 利用二重积分的性质估计下列二重积分的值：

(1) $I = \iint\limits_{D} xy(x + y + 1)\mathrm{d}\sigma$，其中 $D = \{(x, y) \mid 0 \leqslant x \leqslant 1, 0 \leqslant y \leqslant 2\}$；

(2) $I = \iint\limits_{D} (x^2 + 4y^2 + 9)\mathrm{d}\sigma$，其中 $D = \{(x, y) \mid x^2 + y^2 \leqslant 4\}$.

第七节　二重积分的计算

虽然二重积分是用和式的极限定义的，但和定积分一样，只有少数被积函数和积分区域都特别简单的二重积分才能用定义直接计算，而对一般的函数和区域来说，用这种方法是很难求出结果的，因此，本节将介绍把二重积分化为两次定积分的计算方法.

下面从几何上讨论二重积分$\iint\limits_{D} f(x, y)\mathrm{d}\sigma$ 的计算问题. 在讨论中我们假定 $f(x, y)\geqslant 0$.

设积分区域 D 可以用不等式

$$\varphi_1(x)\leqslant y\leqslant \varphi_2(x), \quad a\leqslant x\leqslant b$$

来表示，如图 8.7.1 所示，其中 $\varphi_1(x)$、$\varphi_2(x)$在区间$[a, b]$上连续.

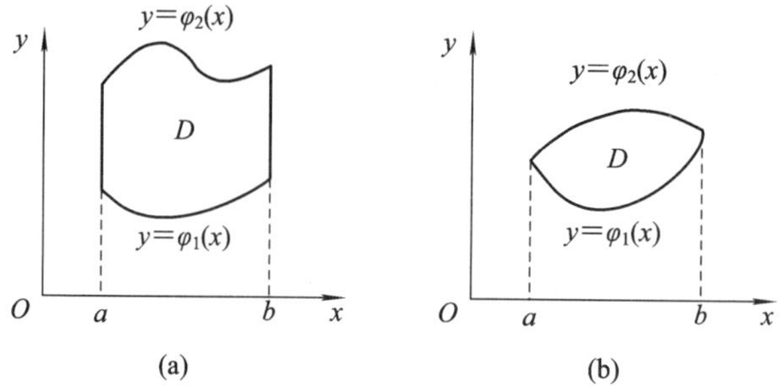

图 8.7.1　区域 $\varphi_1(x)\leqslant y\leqslant\varphi_2(x)$，$a\leqslant x\leqslant b$

按照二重积分的几何意义，二重积分 $\iint\limits_D f(x, y)\mathrm{d}\sigma$ 的值等于以 D 为底、以曲面 $z=f(x, y)$为顶的曲顶柱体的体积，如图 8.7.2 所示. 下面我们应用计算"平行截面面积为已知的立体的体积"的方法(具体过程请参考同济大学数学系编的《高等数学(第七版)》的有关内容)来计算这个曲顶柱体的体积.

先计算截面面积. 在区间$[a, b]$上任意取定一点 x_0，作平行于 yOz 面的平面 $x=x_0$. 这个平面截曲顶柱体所得的截面是一个以区间$[\varphi_1(x_0), \varphi_2(x_0)]$为底、以曲线 $z=f(x_0, y)$为曲边的曲边梯形，如图 8.7.2 中阴影部分所示，所以这个截面的面积为

$$A(x_0)=\int_{\varphi_1(x_0)}^{\varphi_2(x_0)} f(x_0, y)\mathrm{d}y.$$

一般地，过区间$[a, b]$上任一点 x 且平行于 yOz 面的平面截曲顶柱体所得截面的面积为

$$A(x)=\int_{\varphi_1(x)}^{\varphi_2(x)} f(x, y)\mathrm{d}y.$$

于是，应用计算平行截面面积为已知的立体体积的方法，得曲顶柱体体积为

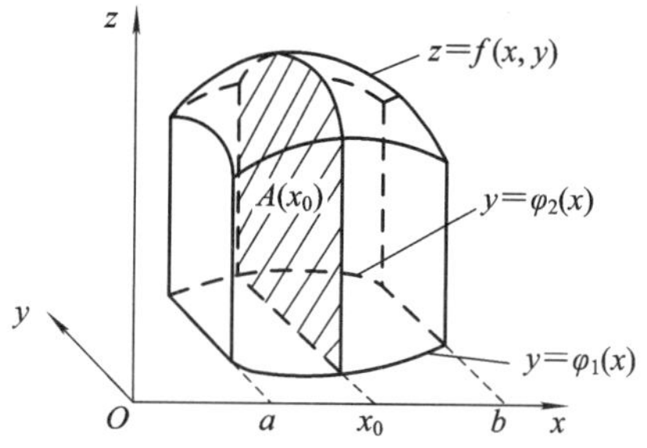

图 8.7.2　二重积分示意图

$$V=\int_a^b A(x)\mathrm{d}x=\int_a^b\left[\int_{\varphi_1(x)}^{\varphi_2(x)} f(x, y)\mathrm{d}y\right]\mathrm{d}x.$$

这个体积也就是所求二重积分的值，从而有等式

$$\iint\limits_D f(x, y)\mathrm{d}\sigma=\int_a^b\left[\int_{\varphi_1(x)}^{\varphi_2(x)} f(x, y)\mathrm{d}y\right]\mathrm{d}x. \tag{8.7.1}$$

上式右端的积分叫作先对 y、后对 x 的二次积分. 也就是说，先把 x 看作常数，把 $f(x, y)$只看作 y 的函数，并对 y 计算从 $\varphi_1(x)$到 $\varphi_2(x)$的定积分；然后把算得的结果(是 x 的函数)再对 x 计算在区间$[a, b]$上的定积分. 这个先对 y、后对 x 的二次积分也常记作

$$\int_a^b \mathrm{d}x\int_{\varphi_1(x)}^{\varphi_2(x)} f(x, y)\mathrm{d}y.$$

因此，式(8.7.1)也可写成

$$\iint\limits_D f(x, y)\mathrm{d}\sigma=\int_a^b \mathrm{d}x\int_{\varphi_1(x)}^{\varphi_2(x)} f(x, y)\mathrm{d}y, \tag{8.7.2}$$

这就是把二重积分化为先对 y、后对 x 的二次积分的公式.

在上述讨论中，我们假定 $f(x, y) \geqslant 0$，但实际上由二重积分的定义可知公式(8.7.1)的成立并不受此条件限制.

类似地，如果积分区域 D 可以用不等式

$$\psi_1(y) \leqslant x \leqslant \psi_2(y), \quad c \leqslant y \leqslant d$$

来表示，如图 8.7.3 所示，其中函数 $\psi_1(y)$、$\psi_2(y)$ 在区间 $[c, d]$ 上连续，那么就有

$$\iint_D f(x, y)\,\mathrm{d}\sigma = \int_c^d \left[\int_{\psi_1(y)}^{\psi_2(y)} f(x, y)\,\mathrm{d}x\right]\mathrm{d}y. \tag{8.7.3}$$

上式右端的积分叫作先对 x、后对 y 的二次积分，这个积分也常记作

$$\int_c^d \mathrm{d}y \int_{\psi_1(y)}^{\psi_2(y)} f(x, y)\,\mathrm{d}x.$$

因此，式(8.7.3)也可写成

$$\iint_D f(x, y)\,\mathrm{d}\sigma = \int_c^d \mathrm{d}y \int_{\psi_1(y)}^{\psi_2(y)} f(x, y)\,\mathrm{d}x, \tag{8.7.4}$$

这就是把二重积分化为先对 x、后对 y 的二次积分的公式.

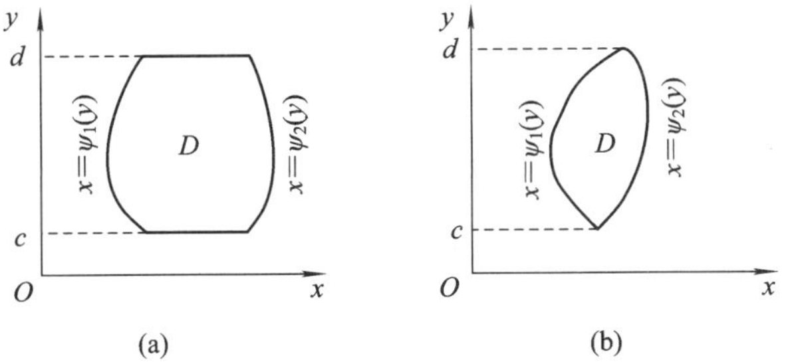

图 8.7.3　区域 $\psi_1(y) \leqslant x \leqslant \psi_2(y)$，$c \leqslant y \leqslant d$

以后我们称图 8.7.1 所示的积分区域为 **X 型区域**，图 8.7.3 所示的积分区域为 **Y 型区域**. 在应用式(8.7.1)时，积分区域必须是 X 型区域. X 型区域 D 的特点是：穿过 D 内部且平行于 y 轴的直线与 D 的边界相交不多于两点. 而应用式(8.7.3)时，积分区域必须是 Y 型区域. Y 型区域 D 的特点是：穿过 D 内部且平行于 x 轴的直线与 D 的边界相交不多于两点. 如果积分区域 D 如图 8.7.4 那样，既不是 X 型区域，又不是 Y 型区域，则我们可以把 D 分成几部分，使每个部分是 X 型区域或 Y 型区域. 例如，在图8.7.4 中，把 D 分成三部分，它们都是 X 型区域，从而在这三部分上的二重积分都可以应用式(8.7.1)，各部分上的二重积分求得后，根据二重积分的性质 2，它们的和就是在区域 D 上的二重积分.

如果积分区域 D 既是 X 型的，可用不等式 $\varphi_1(x) \leqslant y \leqslant \varphi_2(x)$，$a \leqslant x \leqslant b$ 表示，又是 Y 型的，可用不等式 $\psi_1(y) \leqslant x \leqslant \psi_2(y)$，$c \leqslant y \leqslant d$ 表示，如图 8.7.5 所示，则由式(8.7.2)及式(8.7.4)可得

$$\int_a^b \mathrm{d}x \int_{\varphi_1(x)}^{\varphi_2(x)} f(x, y)\,\mathrm{d}y = \int_c^d \mathrm{d}y \int_{\psi_1(y)}^{\psi_2(y)} f(x, y)\,\mathrm{d}x. \tag{8.7.5}$$

上式表明，这两个不同次序的二次积分相等，因为它们都等于同一个二重积分

$$\iint_D f(x, y)\,\mathrm{d}\sigma.$$

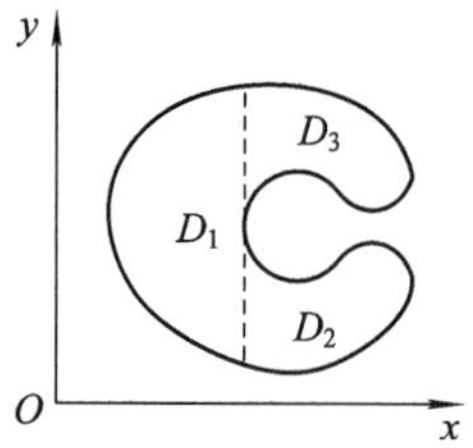

图 8.7.4　非 X 型也非 Y 型区域

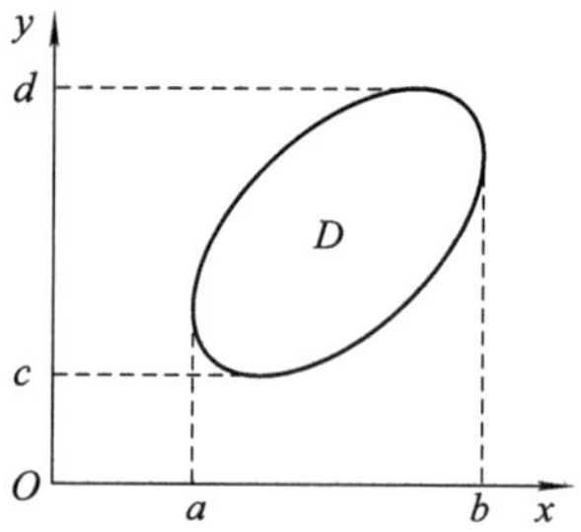

图 8.7.5　是 X 型也是 Y 型区域

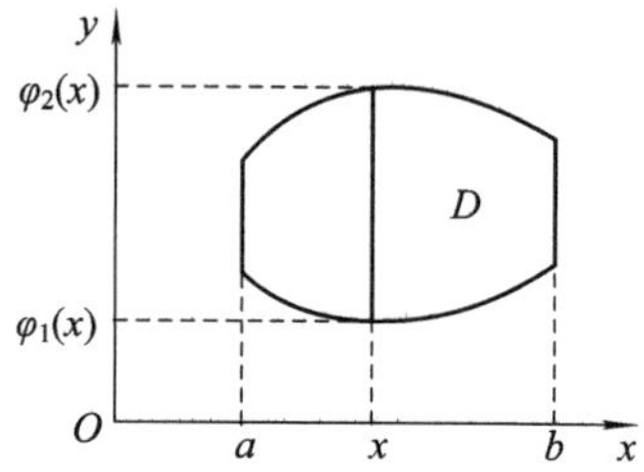

图 8.7.6　按积分区域选积分限

将二重积分化为二次积分时，确定积分限是一个关键. 积分限是根据积分区域 D 来确定的，先画出积分区域 D 的图形. 假如积分区域 D 是 X 型的，如图 8.7.6 所示，将 D 在 x 轴上投影，可得投影区间$[a, b]$，在$[a, b]$上任意取定一个 x 值，积分区域上以这个 x 值为横坐标的点在一段直线上，这段直线平行于 y 轴，该线段上点的纵坐标从 $\varphi_1(x)$变到 $\varphi_2(x)$，这就是式(8.7.1)中先把 x 看作常量而对 y 积分时的下限和上限. 因为上面的 x 值是在$[a, b]$上任意取定的，所以再把 x 看作变量而对 x 积分时，积分区间就是$[a, b]$.

例 8.7.1　求 $\iint\limits_D xy\ \mathrm{d}\sigma$，其中 D 是由 $x=1$，$y=x$，$y=2$ 所围成的闭区域.

解　首先画出积分区域 D，如图 8.7.7 所示. D 是 X 型的，D 在 x 轴上的投影区间为$[1, 2]$，在区间$[1, 2]$上任意取定一个 x 值，则 D 上以这个 x 值为横坐标的点在一段直线上，这段直线平行于 y 轴，该线段上点的纵坐标从 $y=x$ 变到 $y=2$. 利用式(8.7.2)，得

$$I=\int_1^2 \mathrm{d}x\int_x^2 xy\ \mathrm{d}y=\int_1^2\left[x\cdot\frac{y^2}{2}\right]_x^2\mathrm{d}x$$

$$=\int_1^2\left(2x-\frac{x^3}{2}\right)\mathrm{d}x=\left[x^2-\frac{x^4}{8}\right]_1^2=\frac{9}{8}.$$

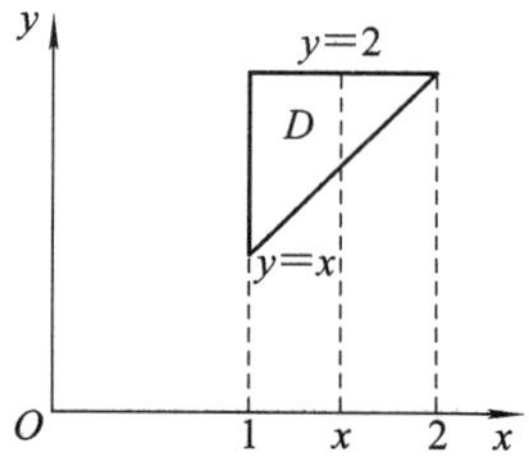

图 8.7.7　例 8.7.1 积分区域示意图

例 8.7.2　求 $\iint\limits_D xy\ \mathrm{d}\sigma$，其中 D 是由抛物线 $y=x^2$ 及直线 $y=x+2$ 所围成的闭区域.

解　画出积分区域 D，如图 8.7.8 所示，可以看出 D 既是 X 型的，又是 Y 型的. 若将 D 看成 X 型的，则 D 可以表示为 $D=\{(x, y)\mid x^2\leqslant y\leqslant x+2, -1\leqslant x\leqslant 2\}$，于是

$$I=\int_{-1}^2 \mathrm{d}x\int_{x^2}^{x+2} xy\ \mathrm{d}y=\int_{-1}^2\left[x\cdot\frac{y^2}{2}\right]_{x^2}^{x+2}\mathrm{d}x$$

$$=\int_{-1}^2\frac{1}{2}[x(x+2)^2-x^5]\mathrm{d}x=\frac{45}{8}.$$

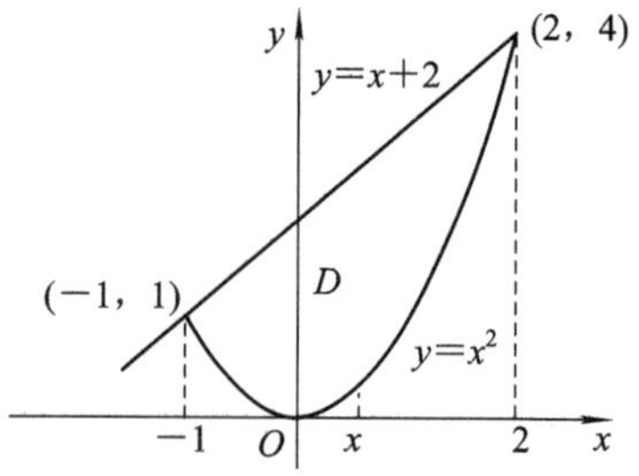

图 8.7.8　例 8.7.2 积分区域示意图 1

若将 D 看成 Y 型的，则由于在区间[0，1]及[1，4]上 x 的积分下限不同，所以要用直线 $y=1$ 把区域 D 分成 D_1 和 D_2 两部分，如图 8.7.9 所示，其中

$$D_1=\{(x,\ y)\mid -\sqrt{y}\leqslant x\leqslant\sqrt{y},\ 0\leqslant y\leqslant 1\},$$

$$D_2=\{(x,\ y)\mid y-2\leqslant x\leqslant\sqrt{y},\ 1\leqslant y\leqslant 4\},$$

于是

$$I=\int_0^1 \mathrm{d}y\int_{-\sqrt{y}}^{\sqrt{y}} xy\ \mathrm{d}x+\int_1^4 \mathrm{d}y\int_{y-2}^{\sqrt{y}} xy\ \mathrm{d}x=\frac{45}{8}.$$

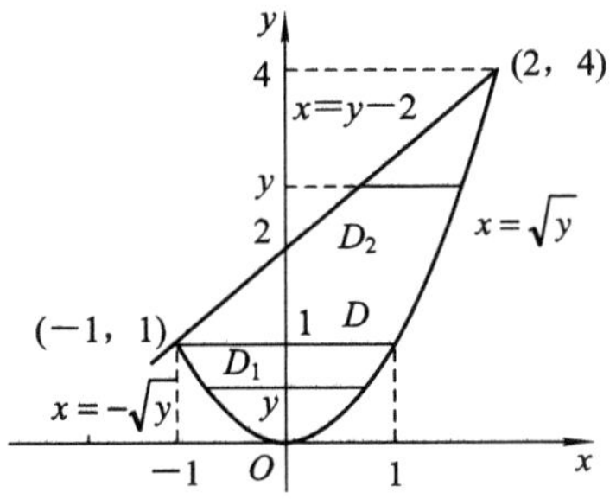

图 8.7.9　例 8.7.2 积分区域示意图 2

例 8.7.3　交换二次积分

$$I=\int_0^1 \mathrm{d}x\int_{x^2}^1 \frac{xy}{\sqrt{1+y^3}}\mathrm{d}y$$

的积分顺序，并求其值.

解　由二次积分可知，与它对应的二重积分

$$\iint_D \frac{xy}{\sqrt{1+y^3}}\mathrm{d}\sigma$$

的积分区域为 $D=\{(x,\ y)\mid x^2\leqslant y\leqslant 1,\ 0\leqslant x\leqslant 1\}$，即为由 $y=x^2$，$y=1$ 与 $x=0$ 所围成的区域，如图 8.7.10 所示. 要交换积分次序，可将 D 表示为 $D=\{(x,\ y)\mid 0\leqslant x\leqslant\sqrt{y},\ 0\leqslant y\leqslant 1\}$，于是

$$I=\int_0^1 \mathrm{d}y\int_0^{\sqrt{y}} \frac{xy}{\sqrt{1+y^3}}\mathrm{d}x=\int_0^1 \frac{1}{2}\ \frac{y^2}{\sqrt{1+y^3}}\mathrm{d}y$$

$$=\left[\frac{1}{6}\ \sqrt{1+y^3}\right]_0^1=\frac{1}{6}(\sqrt{2}-1).$$

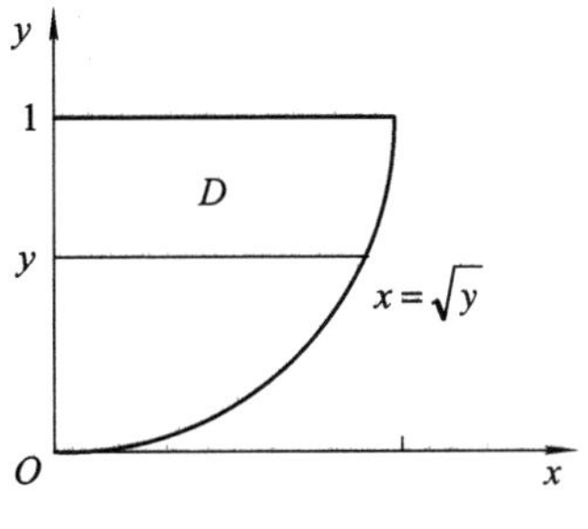

图 8.7.10　例 8.7.3 积分区域示意图

例 8.7.4 求以 xOy 面上的圆域 $D=\{(x, y)|x^2+y^2\leqslant 1\}$ 为底、圆柱 $x^2+y^2=1$ 为侧面、抛物面 $z=2-x^2-y^2$ 为顶的曲顶柱体的体积.

解 如图 8.7.11 所示，所求曲顶柱体的体积为

$$V=\iint\limits_D(2-x^2-y^2)\mathrm{d}\sigma,$$

其中积分区域 D 可表示为 $D=\{(x, y)|-\sqrt{1-x^2}\leqslant y\leqslant\sqrt{1-x^2}, -1\leqslant x\leqslant 1\}$. 由 D 的对称性及被积函数 $f(x, y)=2-x^2-y^2$ 关于 x、y 均为偶函数可知

$$V=4\iint\limits_{D_1}(2-x^2-y^2)\mathrm{d}\sigma,$$

其中，$D_1=\{(x, y)|0\leqslant y\leqslant\sqrt{1-x^2}, 0\leqslant x\leqslant 1\}$ 为 D 在第一象限的部分. 于是

$$\begin{aligned}V&=4\int_0^1\mathrm{d}x\int_0^{\sqrt{1-x^2}}(2-x^2-y^2)\mathrm{d}y\\&=4\int_0^1\left[\sqrt{1-x^2}+\frac{2}{3}(1-x^2)^{\frac{3}{2}}\right]\mathrm{d}x\\&=4\int_0^{\frac{\pi}{2}}\left(\cos^2 t+\frac{2}{3}\cos^4 t\right)\mathrm{d}t\\&=\frac{3\pi}{2}.\end{aligned}$$

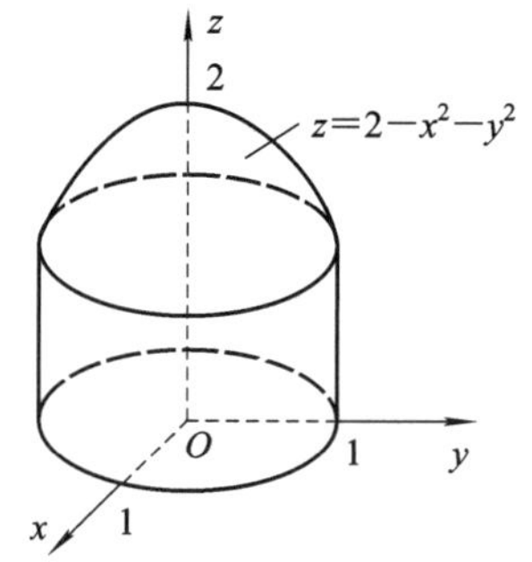

图 8.7.11　例 8.7.4 积分区域示意图

知识要点

本节主要按积分区域的不同类型来讨论二重积分的计算公式. 当积分区域为 X 型区域时，二重积分用 $\iint\limits_D f(x, y)\mathrm{d}\sigma=\int_a^b\left[\int_{\varphi_1(x)}^{\varphi_2(x)}f(x, y)\mathrm{d}y\right]\mathrm{d}x$ 来计算；当积分区域为 Y 型区域时，二重积分用 $\iint\limits_D f(x, y)\mathrm{d}\sigma=\int_c^d\left[\int_{\psi_1(y)}^{\psi_2(y)}f(x, y)\mathrm{d}x\right]\mathrm{d}y$ 来计算；当积分区域既不是 X 型区域，又不是 Y 型区域时，要将积分区域分割成若干块 X 型区域或 Y 型区域，然后按照前面两种区域对应的公式进行计算，最后把所有积分区域上的积分值加起来.

■ 习题 8－7

1. 计算下列二重积分：

(1) $\iint\limits_D (x^2+y^2)\mathrm{d}\sigma$，其中 D 是矩形闭区域：$|x|\leqslant 1$，$|y|\leqslant 1$；

(2) $\iint\limits_D (3x+2y)\mathrm{d}\sigma$，其中 D 是由两条坐标轴及直线 $x+y=2$ 所围成的闭区域.

2. 画出积分区域，并计算下列二重积分：

(1) $\iint\limits_D x\sqrt{y}\mathrm{d}\sigma$，其中 D 是由两条抛物线 $y=\sqrt{x}$，$y=x^2$ 所围成的闭区域；

(2) $\iint\limits_D \frac{y}{x}\mathrm{d}\sigma$，其中 D 是由直线 $y=x$，$y=2x$ 及 $x=1$，$x=2$ 所围成的闭区域；

(3) $\iint\limits_D (2x+y)\mathrm{d}\sigma$，其中 D 是由 $y=x$，$y=\frac{1}{x}$ 及 $y=2$ 所围成的闭区域.

3. 改换下列二次积分的积分次序：

(1) $\int_0^1 \mathrm{d}y\int_y^{\sqrt{y}} f(x,y)\mathrm{d}x$；

(2) $\int_0^1 \mathrm{d}y\int_{\mathrm{e}^y}^{\mathrm{e}} f(x,y)\mathrm{d}x$.

4. 设平面薄片所占的闭区域 D 由直线 $x+y=2$，$y=x$ 和 x 轴所围成，它的面密度 $\rho(x,y)=x^2+y^2$，求该薄片的质量.

5. 求由平面 $x=0$，$y=0$，$z=0$，$x+y=1$ 及 $z=1+x+y$ 所围成的体积.

总 习 题 八

1. 在 yOz 面上，求与已知点 $A(3,1,2)$、$B(4,-2,-2)$ 和 $C(0,5,1)$ 等距离的点的坐标.

2. 求球面 $x^2+y^2+z^2-2x=0$ 的中心和半径，并画图.

3. 设 $f(x,y)=\begin{cases}\dfrac{xy^2}{x^2+y^2}, & x^2+y^2\neq 0\\ 0, & x^2+y^2=0\end{cases}$，求 $f_x(x,y)$ 及 $f_y(x,y)$.

4. 设 $f(x,y)$ 具有一阶连续偏导数，且 $f(x,x^2)=1$，$f_x(x,x^2)=x$，求 $f_y(x,x^2)$.

5. 求下列函数的二阶偏导数：

(1) $z=x\sin(x+y)$；　　(2) $z=x^y$.

6. 设 $z=f(2x-y)+g(x,xy)$，其中 f 具有二阶导数，g 具有二阶连续偏导数，求 $\frac{\partial^2 z}{\partial x\partial y}$.

7. 试求 a、b 的值，使得椭圆 $\frac{x^2}{a^2}+\frac{y^2}{b^2}=1$ 包含圆 $x^2+y^2=2y$，并且圆面积为最小(假设面积的最小值不在 $x=0$ 时取得).

8. 某企业在雇佣 x 名技术工人，y 名非技术工人时，产品的产量 $Q=-8x^2+12xy-3y^2$，若企业只能雇佣 230 人，那么雇佣多少名技术工人和多少名非技术工人才能使得产量 Q 最大？

9. 计算下列二重积分：

(1) $\iint\limits_D |\cos(x+y)|\mathrm{d}\sigma$，其中 D 是直线 $y=x$，$y=0$，$x=\frac{\pi}{2}$ 所围成的区域；

(2) $\iint\limits_D \sqrt{R^2-x^2-y^2}\,\mathrm{d}\sigma$，其中 D 是圆周 $x^2+y^2=Rx$ 所围成的区域.

10. 交换下列二次积分次序：

(1) $\int_0^4 \mathrm{d}x \int_{-\sqrt{4-x}}^{\frac{1}{2}(x-4)} f(x,y)\mathrm{d}y$；

(2) $\int_0^1 \mathrm{d}y \int_{\sqrt{y}}^{1+\sqrt{1-y^2}} f(x,y)\mathrm{d}x$.

11. 计算

$$I=\iint\limits_D f(x,y)\mathrm{d}\sigma,$$

其中，$f(x,y)=\begin{cases} x^2y, & 1\leqslant x\leqslant 2,\ 0\leqslant y\leqslant x \\ 0, & \text{其他} \end{cases}$，$D=\{(x,y)\,|\,x^2+y^2\geqslant 2x\}$.

第九章　微分方程初步

在自然科学、生物科学以及经济管理等许多方面，常会遇到寻求某些变量之间的函数关系，这种函数关系大多不能直接由实际意义得到，而要通过分析、处理和适当地简化后，建立含有未知函数及其导数的关系式，即微分方程，并求解微分方程，方能得到. 本章介绍微分方程的基本知识及其在经济学中的简单应用.

第一节　微分方程的基本概念

一、引例

例 9.1.1　设某商品的需求弹性为 $\eta=\frac{P}{2-P}$，试求需求函数.

解　需求量 Q 对于价格 P 的函数为 $Q=Q(P)$，需求弹性为

$$\eta=-\frac{P}{Q}\cdot\frac{\mathrm{d}Q}{\mathrm{d}P},$$

于是有

$$-\frac{P}{Q}\cdot\frac{\mathrm{d}Q}{\mathrm{d}P}=\frac{P}{2-P},$$

整理，得

$$\frac{\mathrm{d}Q}{Q}=-\frac{\mathrm{d}P}{2-P},$$

两边积分，得

$$\ln|Q|=\ln|P-2|+\ln C_1,$$

$$Q=C(P-2),$$

此函数即为所求需求函数.

例 9.1.2　已知曲线上任意点的切线斜率等于这点横坐标的两倍，求其方程.

解　根据导数的几何意义，曲线在某一点的导数为曲线过该点的切线的斜率. 于是，所求曲线应满足方程

$$\frac{\mathrm{d}y}{\mathrm{d}x}=2x.$$

此方程可变为

$$\mathrm{d}y=2x\,\mathrm{d}x,$$

两边积分，得

$$y=x^2+C,$$

此方程即为所求曲线方程.

二、微分方程的基本概念

一般地，凡表示自变量、未知函数及未知函数的导数(或微分)之间关系的方程称为**微分方程**. 微分方程中出现的未知函数的最高阶导数的阶数，叫作**微分方程的阶**. 例如例9.1.1中整理得到的方程$\frac{\mathrm{d}Q}{Q}=-\frac{\mathrm{d}P}{2-P}$是一阶微分方程.

如果把某个函数以及它的导数代入微分方程，能使方程成为恒等式，则这个函数叫作**微分方程的解**. 即满足微分方程的函数叫作微分方程的解.

在例 9.1.1 中，$Q=C(P-2)$是$\frac{\mathrm{d}Q}{Q}=-\frac{\mathrm{d}P}{2-P}$的解.

在例 9.1.2 中，$y=x^2+C$ 是方程$\frac{\mathrm{d}y}{\mathrm{d}x}=2x$ 的解.

这个解中包含任意常数，我们称这种含有任意常数的解叫作**微分方程的通解**.

有时，根据具体问题的要求，需要确定通解中的任意常数. 设方程中未知函数为 $y=\varphi(x)$，如果微分方程是一阶的，通常用来确定任意常数的条件是 $y|_{x=x_0}=y_0$，其中 x_0 和 y_0 是给定的值；如果微分方程是二阶的，通常用来确定任意常数的条件是 $y|_{x=x_0}=y_0$，$y'|_{x=x_0}=y'_0$，其中 x_0、y_0、y'_0 都是给定的值. 上述这种条件叫作**初始条件**. 通解中的任意常数确定后，所得出的解叫作**微分方程的特解**.

知识要点

本节首先通过经济中的例子引入微分方程，并给出微分方程的定义；然后重点介绍微分方程的一些基本概念，如微分方程的阶、微分方程的解、微分方程的通解、初始条件、微分方程的特解等.

■ 习题 9－1

1. 指出下列微分方程的阶数：

(1) $y'+y^2=0$；　(2) $(y'')^2+5xy=6(y')^5$；

(3) $\frac{\mathrm{d}^2y}{\mathrm{d}x^2}+k\frac{M}{y^2}=0$；　(4) $(7x-6y)\mathrm{d}x+(x+y)\mathrm{d}y=0$.

2. 指出下列给定函数是否为所给微分方程的解：

(1) $xy'+y=\mathrm{e}^x$，$y=\frac{\mathrm{e}^x}{x}$；　(2) $y''-y'=0$，$y=2\sin x-\cos x$；

(3) $x^2y''-6y=0$，$y=x^3$；　(4) $x^2y''+2xy'-2y=0$，$y=\mathrm{e}^{-x}$.

3. 根据已给定初始条件，确定下列函数关系中的任意常数：

(1) $\mathrm{e}^x+\mathrm{e}^{-y}=C$，$y|_{x=1}=-1$；

(2) $y=(C_1+C_2x)\mathrm{e}^{3x}$，$y|_{x=0}=0$，$y'|_{x=0}=1$.

第二节　一阶微分方程

一阶微分方程的一般形式为

$$F(x, y, y')=0.$$

若上式关于 y' 可解，则方程可写成

$$y'=f(x, y).$$

一阶微分方程有时也可以写成如下的对称形式：

$$P(x, y)\mathrm{d}x+Q(x, y)\mathrm{d}y=0.$$

本节我们介绍特殊类型的一阶微分方程及其解法，为此，我们首先研究最简单的一阶微分方程，即可分离变量的微分方程.

一、可分离变量的微分方程

形如

$$\frac{\mathrm{d}y}{\mathrm{d}x}=f(x)\cdot g(y) \quad 或 \quad M(y)\mathrm{d}y=N(x)\mathrm{d}x \tag{9.2.1}$$

的微分方程，称为**可分离变量的微分方程**.

将方程 $M(y)\mathrm{d}y=N(x)\mathrm{d}x$ 两端分别积分，得方程的通解为

$$\int M(y)\mathrm{d}y=\int N(x)\mathrm{d}x+C, \tag{9.2.2}$$

其中，C 为任意常数. 上述求解微分方程的过程称为**分离变量法**.

例 9.2.1　求微分方程 $\frac{\mathrm{d}y}{\mathrm{d}x}=-\frac{x}{y}$ 的通解和满足初始条件 $y|_{x=0}=1$ 的特解.

解　将原方程变形为

$$y\,\mathrm{d}y=-x\,\mathrm{d}x,$$

两边积分，得

$$\int y\,\mathrm{d}y=-\int x\,\mathrm{d}x+C_1,$$

从而通解为

$$\frac{1}{2}y^2=-\frac{1}{2}x^2+C_1,$$

即 $x^2+y^2=C$，这里 $C=2C_1$. 将初始条件 $y|_{x=0}=1$ 代入通解，得 $C=1$，于是方程的特解为

$$x^2+y^2=1.$$

例 9.2.2(指数增长与指数衰减方程)　用分离变量法求解在经济学和科学技术中经常出现的如下形式的微分方程：

$$\frac{\mathrm{d}y}{\mathrm{d}x}=ky. \tag{9.2.3}$$

解　将方程(9.2.3)分离变量，得

$$\frac{1}{y}\mathrm{d}y=k\,\mathrm{d}x,$$

两边积分，得

$$\ln|y| = kx + C,$$

从而

$$|y| = e^{kx+C} = e^{C} \cdot e^{kx} = Ae^{kx},$$

其中，$A = e^{C}$为任意正常数，所以 $y = (\pm A)e^{kx}$. 注意，$y = 0$ 也是方程的解，令 B 为任意常数，则

$$y = Be^{kx} \tag{9.2.4}$$

是方程(9.2.3)的通解. 由此可知，微分方程(9.2.3)中，当 $k > 0$ 时，总是指数增长的；当 $k < 0$ 时，总是指数衰减的.

二、齐次微分方程

形如

$$\frac{dy}{dx} = \varphi\left(\frac{y}{x}\right) \tag{9.2.5}$$

的微分方程，称为**齐次微分方程**，简称齐次方程.

例如，方程$\frac{dy}{dx} = \frac{y}{x}(\ln y - \ln x)$是齐次方程，因为该方程可化为

$$\frac{dy}{dx} = \frac{y}{x} \cdot \ln\frac{y}{x}.$$

对方程$\frac{dy}{dx} = \varphi\left(\frac{y}{x}\right)$作变量代换，令$\frac{y}{x} = u$，则 $y = xu$. 方程两边对 x 求导数，得

$$\frac{dy}{dx} = u + x\frac{du}{dx},$$

又因$\frac{dy}{dx} = \varphi(u)$，于是

$$u + x\frac{du}{dx} = \varphi(u),$$

即

$$\frac{du}{\varphi(u) - u} = \frac{dx}{x}.$$

方程$\frac{dy}{dx} = \varphi\left(\frac{y}{x}\right)$即化为可分离变量的方程，两边分别积分，得

$$\int\frac{du}{\varphi(u) - u} = \ln x + C.$$

求出积分后，再用$\frac{y}{x}$代替 u，便得方程$\frac{dy}{dx} = \varphi\left(\frac{y}{x}\right)$的通解.

例 9.2.3 解方程：

$$y^2 + x^2\frac{dy}{dx} = xy\frac{dy}{dx}.$$

解 将原方程转化为

$$\frac{\mathrm{d}y}{\mathrm{d}x}=\frac{y^2}{xy-x^2}=\frac{\left(\frac{y}{x}\right)^2}{\frac{y}{x}-1},$$

因此，该方程是齐次方程. 令$\frac{y}{x}=u$，则 $y=xu$，$\frac{\mathrm{d}y}{\mathrm{d}x}=u+x\frac{\mathrm{d}u}{\mathrm{d}x}$，于是原方程变为

$$u+x\frac{\mathrm{d}u}{\mathrm{d}x}=\frac{u^2}{u-1},$$

即

$$x\frac{\mathrm{d}u}{\mathrm{d}x}=\frac{u}{u-1}.$$

分离变量，得

$$\left(1-\frac{1}{u}\right)\mathrm{d}u=\frac{\mathrm{d}x}{x},$$

两边积分，得

$$u-\ln|u|+C=\ln|x|,$$

即

$$\ln|ux|=u+C.$$

以$\frac{y}{x}$代换上式中的u，便得到所求方程的通解为

$$\ln|y|=\frac{y}{x}+C.$$

例 9.2.4 求微分方程 $xyy'=x^2+y^2$满足初始条件 $y|_{x=1}=2$的特解.

解 将微分方程变形为

$$\frac{\mathrm{d}y}{\mathrm{d}x}=\frac{x}{y}+\frac{y}{x}.$$

令$\frac{y}{x}=u$，则 $y=xu$，$\frac{\mathrm{d}y}{\mathrm{d}x}=u+x\frac{\mathrm{d}u}{\mathrm{d}x}$，方程变成

$$u+x\frac{\mathrm{d}u}{\mathrm{d}x}=\frac{1}{u}+u,$$

化简，得

$$u\ \mathrm{d}u=\frac{\mathrm{d}x}{x}.$$

两边积分，得

$$\int u\mathrm{d}u=\int\frac{1}{x}\mathrm{d}x,$$

即

$$\frac{u^2}{2}=\ln|x|+C_1.$$

将$\frac{y}{x}=u$ 代入上式，得

$$\left(\frac{y}{x}\right)^2=2\ln|x|+C,$$

这里 $C=2C_1$，再代入 $x=1$，$y=2$，则得 $C=4$.

因此，所求的解为

$$\left(\frac{y}{x}\right)^2=2\ln|x|+4.$$

三、一阶线性微分方程

一阶线性微分方程的一般形式为

$$\frac{\mathrm{d}y}{\mathrm{d}x}+P(x)y=Q(x), \tag{9.2.6}$$

其中，$P(x)$和 $Q(x)$都是 x 的连续函数.

当 $Q(x)=0$ 时，方程

$$\frac{\mathrm{d}y}{\mathrm{d}x}+P(x)y=0 \tag{9.2.7}$$

称为**一阶线性齐次方程**；当 $Q(x)\neq 0$ 时，方程(9.2.6)称为**一阶线性非齐次方程**. 将方程(9.2.7)变形为

$$\frac{\mathrm{d}y}{\mathrm{d}x}=-P(x)y \quad (y\neq 0),$$

两边积分，得

$$\ln|y|=-\int P(x)\mathrm{d}x+C_1,$$

因此，一阶线性齐次方程的通解为

$$y=\pm\,\mathrm{e}^{-\int P(x)\mathrm{d}x+C_1}=C\mathrm{e}^{-\int P(x)\mathrm{d}x} \quad (C\text{ 为任意常数}), \tag{9.2.8}$$

从而方程(9.2.7)的通解为

$$y=C\mathrm{e}^{-\int P(x)\mathrm{d}x},$$

其中，C 为任意常数.

若将方程(9.2.8)中的 C 变异为 x 的函数 $u(x)$，再代入方程(9.2.6)中，可求得

$$u(x)=\int Q(x)\mathrm{e}^{\int P(x)\mathrm{d}x}\,\mathrm{d}x+C,$$

其中，C 为任意常数，由此得一阶线性非齐次方程(9.2.6)的通解为

$$y=\mathrm{e}^{-\int P(x)\mathrm{d}x}\left(\int Q(x)\mathrm{e}^{\int P(x)\mathrm{d}x}\mathrm{d}x+C\right). \tag{9.2.9}$$

上述这种求解非齐次方程的方法，叫作**常数变易法**.

例 9.2.5 求方程 $xy'+y=\mathrm{e}^x$ 的通解.

解 将方程 $xy'+y=\mathrm{e}^x$ 变形为

$$\frac{\mathrm{d}y}{\mathrm{d}x}+\frac{1}{x}y=\frac{\mathrm{e}^x}{x},$$

则

$$P(x)=\frac{1}{x}, \quad Q(x)=\frac{\mathrm{e}^x}{x}.$$

先求得

$$\int P(x)\mathrm{d}x = \int \frac{1}{x}\mathrm{d}x = \ln x,$$

于是有

$$\mathrm{e}^{\int P(x)\mathrm{d}x} = \mathrm{e}^{\ln x} = x, \quad \mathrm{e}^{-\int P(x)\mathrm{d}x} = \mathrm{e}^{-\ln x} = \frac{1}{x}.$$

由方程(9.2.9)可得方程的通解为

$$y = \frac{1}{x}\left(\int \frac{\mathrm{e}^x}{x} \cdot x\ \mathrm{d}x + C\right) = \frac{1}{x}\left(\int \mathrm{e}^x\ \mathrm{d}x + C\right) = \frac{1}{x}(\mathrm{e}^x + C).$$

例 9.2.6 求方程$(x-\ln y)\mathrm{d}y+y\ln y\ \mathrm{d}x=0$满足初始条件$y|_{x=1}=\mathrm{e}$的特解.

解 将原方程变形为

$$\frac{\mathrm{d}y}{\mathrm{d}x}=-\frac{y\ \ln y}{x-\ln y},$$

显然，它不是关于x的一阶线性微分方程，但它可以看作是关于y的一阶线性微分方程，即

$$\frac{\mathrm{d}x}{\mathrm{d}y}+\frac{x}{y\ln y}=\frac{1}{y},$$

解得

$$\begin{aligned} x &= \mathrm{e}^{-\int \frac{1}{y\ln y}\mathrm{d}y}\left(\int \frac{1}{y}\mathrm{e}^{\int \frac{1}{y\ln y}\mathrm{d}y}\mathrm{d}y + C\right) \\ &= \frac{1}{\ln y}\left(\int \frac{\ln y}{y}\mathrm{d}y + C\right) \\ &= \frac{1}{\ln y}\left(\frac{1}{2}\ln^2 y + C\right), \end{aligned}$$

将初始条件$y|_{x=1}=\mathrm{e}$代入上式，得$C=\frac{1}{2}$，因此，所求方程的特解为

$$x=\frac{1}{2\ln y}(\ln^2 y+1).$$

知识要点

本节从一般理论和具体实例出发讲解了一阶线性微分方程的求解方法.

(1) 对于可分离变量的微分方程，采用变量分离法求解.

(2) 对于齐次微分方程，首先需要引入未知函数$u=\frac{y}{x}$，将齐次微分方程化为可分离变量的微分方程，然后用变量分离法求解.

(3) 通过前面两种特殊方程的求解方法，得到一阶线性微分方程的求解方法，即常数变易法.

■ 习题 9-2

1. 求解下列可分离变量的微分方程：

(1) $\frac{\mathrm{d}y}{\mathrm{d}x}=\mathrm{e}^{2x-y}$； (2) $3x^2+5x-5\frac{\mathrm{d}y}{\mathrm{d}x}=0$；

(3) $\cos x\ \sin x\ dx+\sin x\ \cos y\ dy=0$；　　(4) $(y+1)^2y'+x^3=0$.

2. 求下列齐次方程的通解：

(1) $x\dfrac{dy}{dx}-y-\sqrt{y^2-x^2}=0$；　　(2) $\dfrac{dy}{dx}=\dfrac{y}{x}(\ln y-\ln x)$；

(3) $(x^2+y^2)dx=xy\ dy$；　　(4) $\left(x+y\cos\dfrac{y}{x}\right)dx-x\cos\dfrac{y}{x}dy=0$.

3. 求下列一阶线性微分方程的通解：

(1) $\dfrac{dy}{dx}+y=e^{-x}$；　　(2) $y'+2xy=4x$；

(3) $xy'+y=xe^x$；　　(4) $\dfrac{d\rho}{d\theta}+3\rho=2$；

(5) $y\ln y\ dx+(x-\ln y)dy=0$；　　(6) $(y^2-6x)y'+2y=0$.

4. 求下列微分方程的特解：

(1) $\dfrac{dy}{dx}=e^{3x-y}$，$y(0)=1$；　　(2) $\dfrac{x}{1+y}dx-\dfrac{y}{1+x}dy=0$，$y(0)=1$.

5. 求下列微分方程的特解：

(1) $x\dfrac{dy}{dx}-y=x^3e^x$，$y(1)=0$；　　(2) $\dfrac{dy}{dx}+2xy=4x$，$y(0)=1$；

(3) $y'-y\tan x=\sec x$，$y(0)=0$；　　(4) $y'+\dfrac{y}{x}=\dfrac{\sin x}{x}$，$y(\pi)=1$.

第三节　微分方程在经济管理中的应用

一、净资产问题

例 9.3.1　假设某公司的净资产因资产本身产生了利息而以 5%的年利率增长，同时，该公司还必须以每年 200 万元的数额连续支付员工工资.

(1) 求出描述公司净资产 W(单位：百万元)的微分方程；

(2) 解上述微分方程，这里假设初始资产为 W_0.

解　(1) 设 t 为时间，W 为资产，则

净资产增长的速度=利息增长的速度-工资支付率.

以每年百万元为单位，利息增长的速率为每年 0.05 万元，而工资的支付率为每年 200 万元，于是有

$$\frac{dW}{dt}=0.05W-200, \tag{9.3.1}$$

其中，W 的单位为百万元.

(2) 将方程(9.3.1)分离变量，得

$$\frac{dW}{W-4000}=0.05dt,$$

两边积分，得

$$\ln|W-4000|=0.05t+C,$$

于是

$$W-4000=Ae^{0.05t}, \tag{9.3.2}$$

其中，$A=\pm e^{C}$. 由于 $t=0$ 时 $W=W_0$，因此有

$$A=W_0-4000,$$

将其代入式(9.3.2)，得

$$W=4000+(W_0-4000)e^{0.05t}.$$

二、市场价格与需求量(供给量)之间的函数关系

例 9.3.2 某商品的需求量 Q 对价格 P 的弹性为 $P\ \ln 3$，若该商品的最大需求量为 1200(P 的单位为元，需求 Q 的单位为 kg).

(1) 求需求量 Q 与价格 P 的函数关系；

(2) 求当价格为 1 元时，市场对该商品的需求量.

解 (1) 由需求弹性的定义可知

$$-\frac{P}{Q}\cdot\frac{dQ}{dP}=P\ \ln 3,$$

整理，得

$$\frac{dQ}{dP}=-Q\ \ln 3,$$

解方程，得

$$Q=C3^{-P}\quad (C\text{ 为任意常数}).$$

按照经济学定义，最大需求量为 1200 是指当 $P=0$ 时，$Q=1200$，于是得 $C=1200$，因此

$$Q=1200\times 3^{-P}.$$

(2) 当 $P=1$ 时，$Q=1200\times 3^{-1}=400$ (kg).

三、预测可再生资源的产量和预测商品的销售量

例 9.3.3 某林区实行封山育林，现有木材 10 万立方米，如果在每一时刻 t 木材的变化率与当时木材数成正比. 假设 $t=10$ 年时该林区的木材为 20 万立方米，若规定该林区的木材量达到 40 万立方米时才可砍伐，问至少多少年后才能砍伐?

解 若时间 t 以年为单位，假设任一时刻 t 木材的数量为 $P(t)$万立方米，由题意可知

$$\frac{dP}{dt}=kP\quad (k\text{ 为比例常数}),$$

且 $P|_{t=0}=10$，$P|_{t=10}=20$.

解此方程得通解为

$$P=Ce^{kt},$$

将 $t=0$ 时，$P=10$ 代入通解，得 $C=10$，因此

$$P=10e^{kt},$$

再将 $t=10$ 时，$P=20$ 代入，得 $k=\frac{\ln 2}{10}$，于是

$$P=10e^{\frac{\ln 2}{10}t}=10\times 2^{\frac{t}{10}},$$

所以要使 $P=40$，则 $t=20$，因此 20 年后才能砍伐.

例 9.3.4 假设某产品的销售量 $x(t)$是时间 t 的可导函数，如果商品的销售量对时间的增长速率$\frac{\mathrm{d}x}{\mathrm{d}t}$与销售量 $x(t)$及销售量接近于饱和水平的程度 $N-x(t)$之积成正比(N 为饱和水平，$k>0$ 为比例常数)，且当 $t=0$ 时，$x=\frac{1}{4}N$，求销售量 $x(t)$.

解 由题意可知

$$\frac{\mathrm{d}x}{\mathrm{d}t}=kx(N-x) \quad (k>0),$$

分离变量，得

$$\frac{\mathrm{d}x}{x(N-x)}=k\ \mathrm{d}t,$$

两边积分，得

$$\frac{x}{N-x}=C\mathrm{e}^{Nkt},$$

解出 $x(t)$，得

$$x(t)=\frac{NC\mathrm{e}^{Nkt}}{C\mathrm{e}^{Nkt}+1}=\frac{N}{1+B\mathrm{e}^{-Nkt}},$$

其中，$B=\frac{1}{C}$. 由 $x(0)=\frac{1}{4}N$ 得 $B=3$，所以

$$x(t)=\frac{N}{1+3\mathrm{e}^{-Nkt}}.$$

知识要点

本节通过举例讲解微分方程在经济管理中的应用，主要讲解经济管理中的几个典型问题：净资产问题，市场价格与需求量(供给量)之间的函数关系，预测可再生资源的产量和商品的需求量.

习题 9-3

1. 已知某商品的需求价格弹性为$\frac{EQ}{EP}=-P(\ln P+1)$，且当 $P=1$ 时，需求量 $Q=1$，求商品对价格的需求函数.

2. 已知某商品的需求量 Q 与供给量 S 都是价格 P 的函数：$Q=\frac{a}{P^2}$，$S=bP$，其中 $a>0$，$b>0$ 为常数，价格 P 是时间 t 的函数，且满足：

$$\frac{\mathrm{d}P}{\mathrm{d}t}=k[Q(P)-S(P)] \quad (k \text{ 为正常数}).$$

假设当 $t=0$ 时，价格为 1，试求：

(1) 需求量等于供给量时的均衡价格 P_e；

(2) 价格函数 $P(t)$.

3. 某银行账户以连续复利方式计算，年利率为 5%，希望连续 20 年以每年 12 000 元人民币的速率用这一账户支付职工工资. 时间 t 以年为单位，写出余额 $B=f(t)$ 所满足的微分方程，且问当初始存入的数额 B_0 为多少时，才能使 20 年后账户中的余额精确递减为 0.

4. 已知某地区在一个已知的时期内国民收入的增长率为 $\frac{1}{10}$，国民债务的增长率为国民收入的 $\frac{1}{20}$. 若时间 $t=0$ 时，国民收入为 5 亿元，国民债务为 0.1 亿元，试分别求出国民收入及国民债务与时间 t 的关系.

5. 已知生产某产品的总成本 C 由可变成本与固定成本两部分构成. 假设可变成本 y 是产量 x 的函数，且 y 关于 x 的变化率是 $\frac{x^2+y^2}{2xy}$，固定成本为 1. 已知当产量为 1 个单位时，可变成本为 3，求总成本函数 $C=C(x)$.

第四节　可降阶的微分方程

对于二阶微分方程

$$y''=f(x, y, y'), \tag{9.4.1}$$

在有些情况下，我们可以通过适当的变量代换，把它们化为一阶微分方程来求解，具有这种性质的微分方程称为**可降阶的微分方程**. 相应的求解方法称为**降阶法**.

下面介绍三种用降阶法求解的二阶微分方程.

一、$y''=f(x)$ 型微分方程

微分方程

$$y''=f(x) \tag{9.4.2}$$

的右端仅含有自变量 x，只要把 y' 看作是新的未知函数，那么式(9.4.2)可写成

$$(y')'=f(x), \tag{9.4.3}$$

式(9.4.3)可看作新未知函数 y' 的一阶微分方程. 对式(9.4.3)两边积分，得

$$y'=\int f(x)\mathrm{d}x+C_1,$$

上式两边再积分一次就得到方程(9.4.2)含有两个任意常数的通解：

$$y=\int\left[\int f(x)\mathrm{d}x\right]\mathrm{d}x+C_1x+C_2.$$

例 9.4.1　求微分方程 $y''=\mathrm{e}^{2x}-\sin\frac{x}{3}$ 的通解.

解　对所给方程两边积分，得

$$y'=\frac{1}{2}\mathrm{e}^{2x}+3\cos\frac{x}{3}+C_1,$$

上式两边积分得原方程通解为

$$y=\frac{1}{4}\mathrm{e}^{2x}+9\sin\frac{x}{3}+C_1x+C_2.$$

二、$y''=f(x, y')$型微分方程

方程

$$y''=f(x, y') \tag{9.4.4}$$

的右边不显含未知函数 y，如果假设 $y'=p$，那么有

$$y''=\frac{\mathrm{d}p}{\mathrm{d}x}=p',$$

从而方程(9.4.4)就变为 $p'=f(x, p)$. 这是一个关于变量 x 和 p 的一阶微分方程. 如果求出它的通解为

$$p=\varphi(x, C_1),$$

又 $p=\frac{\mathrm{d}y}{\mathrm{d}x}$，则得到一个一阶微分方程：

$$\frac{\mathrm{d}y}{\mathrm{d}x}=\varphi(x, C_1),$$

对上式分离变量后积分，就得到方程(9.4.4)的通解为

$$y=\int\varphi(x, C_1)\,\mathrm{d}x+C_2.$$

例 9.4.2 求微分方程 $y''-y'=\mathrm{e}^x$的通解.

解 令 $y'=p$，则 $y''=\frac{\mathrm{d}p}{\mathrm{d}x}$，原方程化为

$$\frac{\mathrm{d}p}{\mathrm{d}x}-p=\mathrm{e}^x,$$

这是一阶线性微分方程，通解为

$$p=\mathrm{e}^x(x+C_1)，即\frac{\mathrm{d}y}{\mathrm{d}x}=\mathrm{e}^x(x+C_1),$$

解此方程，得原方程的通解为

$$y=\int\mathrm{e}^x(x+C_1)\mathrm{d}x=x\mathrm{e}^x-\mathrm{e}^x+C_1\mathrm{e}^x+C_2=\mathrm{e}^x(x-1+C_1)+C_2.$$

例 9.4.3 求解微分方程

$$(1+x^2)y''=2xy'$$

满足初始条件

$$y|_{x=0}=1, \quad y'|_{x=0}=3$$

的特解.

解 所给微分方程是 $y''=f(x, y')$型的，设 $y'=p$，将其代入方程并分离变量，得

$$\frac{\mathrm{d}p}{p}=\frac{2x}{1+x^2}\mathrm{d}x,$$

两边积分，得

$$\ln|p|=\ln(1+x^2)+C,$$

即

$$p=y'=C_1(1+x^2) \quad (C_1=\pm\mathrm{e}^C).$$

由初始条件 $y'|_{x=0}=3$，得 $C_1=3$，所以

$$y'=3(1+x^2).$$

两边再积分，得

$$y=x^3+3x+C_2.$$

又由初始条件 $y\big|_{x=0}=1$，得 $C_2=1$. 于是所求特解为

$$y=x^3+3x+1.$$

三、$y''=f(y,\ y')$型微分方程

方程

$$y''=f(y,\ y') \tag{9.4.5}$$

的特点是不显含自变量 x，令 $y'=p$，利用复合函数求导法则，把 y''变为对 y 的导数，即

$$y''=\frac{\mathrm{d}p}{\mathrm{d}x}=\frac{\mathrm{d}p}{\mathrm{d}y}\cdot\frac{\mathrm{d}y}{\mathrm{d}x}=p\,\frac{\mathrm{d}p}{\mathrm{d}y},$$

这样方程(9.4.5)就变为

$$p\,\frac{\mathrm{d}p}{\mathrm{d}y}=f(y,\ p).$$

这是一个关于 y 和 p 的一阶线性微分方程. 如果它的通解为

$$y'=p=\varphi(y,\ C_1),$$

分离变量并积分，便得方程(9.4.5)的通解为

$$\int\frac{1}{\varphi(y,\ C_1)}\mathrm{d}y=x+C_2.$$

例 9.4.4 求微分方程 $yy''-y'^2=0$ 的通解.

解 所给方程不显含自变量 x，令 $y'=p$，于是 $y''=p\,\frac{\mathrm{d}p}{\mathrm{d}y}$，将其代入所给方程，得

$$yp\,\frac{\mathrm{d}p}{\mathrm{d}y}-p^2=0.$$

在 $y\neq0$，$p\neq0$ 时，约去 p 并分离变量，得

$$\frac{\mathrm{d}p}{p}=\frac{\mathrm{d}y}{y}.$$

上式两边积分，得

$$\ln|p|=\ln|y|+\ln|C_1|,$$

即

$$y'=p=C_1y.$$

再分离变量并两边积分，得原方程的通解为

$$\ln|y|=C_1x+\ln|C_2|,$$

即

$$y=C_2\mathrm{e}^{C_1x}.$$

从以上求解过程中看到，应该满足 $C_1\neq0$，$C_2\neq0$，但由于 y 等于任意常数也是方程的解，因此，事实上，C_1、C_2不必有非零的限制.

知识要点

本节主要介绍可降阶的二阶微分方程及其解法. 首先，定义了可降阶微分方程；然后，

分别讲解形如 $y''=f(x, y')$ 型和 $y''=f(y, y')$ 型的可降阶微分方程的解法. 对于 $y''=f(x, y')$ 型微分方程，可通过令 $y'=p$，将其化为 $\frac{dp}{dx}=f(x, p)$ 型微分方程来求解；对于 $y''=f(y, y')$ 型微分方程，依然是通过令 $y'=p$，将其化为 $p\frac{dp}{dx}=f(y, p)$ 型微分方程来求解.

■ 习题 9 - 4

1. 求下列微分方程的通解：

(1) $\frac{d^2y}{dx^2}=xe^x$；　　(2) $y''-y'=x$；

(3) $xy''+y'=0$；　　(4) $y''=1+(y')^2$；

(4) $y^3y''-1=0$；　　(6) $y''=(y')^2+y'$.

2. 求下列微分方程满足初始条件的特解：

(1) $y''-(y')^2=0$，$y(0)=0$，$y'(0)=-1$；

(2) $y''=e^{2y}$，$y(0)=0$，$y'(0)=0$.

第五节　二阶常系数线性微分方程

在实际中，用得较多的一类高阶微分方程是二阶常系数线性微分方程，它的一般形式是

$$y''+py'+qy=f(x), \tag{9.5.1}$$

其中，p、q 为常数，$f(x)$为 x 的已知函数. 当方程右端 $f(x)\equiv 0$ 时，方程(9.5.1)叫作**二阶常系数齐次线性微分方程**；当 $f(x)\neq 0$ 时，方程(9.5.1)叫作**二阶常系数非齐次线性微分方程**.

一、二阶常系数齐次线性微分方程

首先讨论二阶常系数线性齐次微分方程

$$y''+py'+qy=0, \tag{9.5.2}$$

其中，p、q 为常数.

如果 $y_1(x)$和 $y_2(x)$是方程(9.5.2)的两个解，那么利用导数运算的线性性质容易验证，对于任意常数 C_1和 C_2，

$$y=C_1y_1(x)+C_2y_2(x) \tag{9.5.3}$$

也是方程(9.5.2)的解.

解(9.5.3)从形式上看含有两个任意常数，但它不一定是方程(9.5.2)的通解. 那么，在什么情况下式(9.5.3)才是方程(9.5.2)的通解呢？显然在 $y_1(x)$和 $y_2(x)$是方程(9.5.2)非零解的前提下，若$\frac{y_2(x)}{y_1(x)}$不为常数，则式(9.5.3)一定是方程(9.5.2)的通解. 若$\frac{y_2(x)}{y_1(x)}$为常数，则式(9.5.3)不是方程(9.5.2)的通解. 为此，我们有如下定理.

定理 9.5.1 如果 $y_1(x)$ 和 $y_2(x)$ 是方程(9.5.2)的两个特解，且 $\dfrac{y_2(x)}{y_1(x)}$ 不为常数，则 $y=C_1y_1(x)+C_2y_2(x)$ 是方程(9.5.2)的通解.

一般地，对于任意两个函数 $y_1(x)$ 和 $y_2(x)$，若它们的比为常数，则称它们是线性相关的，否则，称它们是线性无关的.

若 $y_1(x)$ 和 $y_2(x)$ 是方程(9.5.2)的两个线性无关的特解，则

$$y=C_1y_1(x)+C_2y_2(x)$$

就是方程(9.5.2)的通解.

例如，方程 $y''-y=0$ 是二阶常系数齐次线性微分方程，不难验证 $y_1=\mathrm{e}^x$ 与 $y_2=\mathrm{e}^{-x}$ 是所给方程的两个解，且 $\dfrac{y_2(x)}{y_1(x)}=\dfrac{\mathrm{e}^{-x}}{\mathrm{e}^x}=\mathrm{e}^{-2x}$ 不为常数，即它们是两个线性无关的解，因此，方程 $y''-y=0$ 的通解为

$$y=C_1\mathrm{e}^x+C_2\mathrm{e}^{-x}\quad(C_1、C_2\text{为任意常数}).$$

于是，要求方程(9.5.2)的通解，归结为如何求它的两个线性无关的特解. 由于方程(9.5.2)的左边是关于 y''、y'、y 的线性关系式，且系数都为常数，而当 r 为常数时，指数函数 e^{rx} 和它的各阶导数都只差一个常数因子，因此，我们用 $y=\mathrm{e}^{rx}$ 来尝试，看能否取到适当的常数 r，使 $y=\mathrm{e}^{rx}$ 满足方程(9.5.2).

对 $y=\mathrm{e}^{rx}$ 求导，得 $y'=r\mathrm{e}^{rx}$，$y''=r^2\mathrm{e}^{rx}$. 把 y''、y'、y 代入方程(9.5.2)，得

$$(r^2+pr+q)\mathrm{e}^{rx}=0,$$

由于 $\mathrm{e}^{rx}\neq0$，因此

$$r^2+pr+q=0. \tag{9.5.4}$$

由此可见，只要 r 是代数方程(9.5.4)的根，函数 $y=\mathrm{e}^{rx}$ 就是微分方程(9.5.2)的解，我们把代数方程(9.5.4)叫作微分方程(9.5.2)的**特征方程**.

特征方程(9.5.4)是一个一元二次代数方程，其中 r^2 与 r 的系数及常数项恰好依次是微分方程(9.5.2)中 y'、y'' 和 y 的系数.

特征方程(9.5.4)的两个根 r_1 和 r_2 可用一般公式

$$r_{1,2}=\frac{-p\pm\sqrt{p^2-4q}}{2}$$

求出. 它们有三种不同的情形，分别对应着微分方程(9.5.2)的通解的三种不同的情形，现叙述如下：

(1) 若 $p^2-4q>0$，则可求得特征方程(9.5.4)两个不相等的实根 $r_1\neq r_2$，这时 $y_1=\mathrm{e}^{r_1x}$，$y_2=\mathrm{e}^{r_2x}$ 是微分方程(9.5.2)的两个解，$\dfrac{y_1}{y_2}=\dfrac{\mathrm{e}^{r_2x}}{\mathrm{e}^{r_1x}}=\mathrm{e}^{(r_2-r_1)x}$ 不是常数. 因此，微分方程(9.5.2)的通解为

$$y=C_1\mathrm{e}^{r_1x}+C_2\mathrm{e}^{r_2x}.$$

(2) 若 $p^2-4q=0$，则 r_1 和 r_2 是两个相等的实根，且

$$r_1=r_2=-\frac{p}{2},$$

这时只得到微分方程(9.5.2)的一个解为 $y_1=\mathrm{e}^{r_1x}$. 为了得出微分方程(9.5.2)的通解，还

需要求出另外一个解 y_2，且要求$\frac{y_1}{y_2}$不是常数.

设$\frac{y_1}{y_2}=u(x)$，$u(x)$是 x 的待定函数，于是有

$$y_2=u(x)y_1=e^{r_1x}u(x).$$

下面来确定 $u(x)$. 对 y_2求导，得

$$y_2'=e^{r_1x}(u'+r_1u),\quad y_2''=e^{r_1x}(u''+2r_1u'+r_1^2u),$$

将 y_2、y_2'和 y_2''代入微分方程(9.5.2)，得

$$e^{r_1x}[(u''+2r_1u'+r_1^2u)+p(u'+r_1u)+qu]=0,$$

约去 e^{r_1x}，并以 u''、u'、u 为变量合并同类项，得

$$u''+(2r_1+p)u'+(r_1^2+pr_1+q)u=0.$$

由于 r_1是特征方程(9.5.4)的二重根，因此 $r_1^2+pr_1+q=0$，且 $2r_1+p=0$，于是得 $u''=0$.

这说明，所设特解 y_2中的函数 $u(x)$不能为常数且要满足 $u''(x)=0$. 显然 $u(x)=x$ 是可选取的函数中的最简单的一个函数，由此得到微分方程(9.5.2)的另一个解为

$$y_2=xe^{r_1x},$$

从而微分方程(9.5.2)的通解为

$$y=C_1e^{r_1x}+C_2xe^{r_1x}=(C_1+C_2x)e^{r_1x}.$$

(3) 若 $p^2-4q<0$，则特征方程有一对共轭复根：

$$r_1=\alpha+\beta i,\ r_2=\alpha-\beta i\quad(\beta\neq 0),$$

其中，$\alpha=-\frac{p}{2}$，$\beta=\frac{\sqrt{4q-p^2}}{2}$. 这时，可以验证微分方程(9.5.2)有两个线性无关解：

$$y_1=e^{\alpha x}\cos\beta x,\quad y_2=e^{\alpha x}\sin\beta x,$$

从而微分方程(9.5.2)的通解为

$$y=e^{\alpha x}(C_1\cos\beta x+C_2\sin\beta x).$$

综上所述，求二阶常系数微分方程

$$y''+py'+qy=0$$

通解的步骤如下：

第一步，写出上述微分方程的特征方程，即

$$r^2+pr+q=0.$$

第二步，求出上述特征方程的两个根 r_1 和 r_2.

第三步，根据两个特征根 r_1 和 r_2 的不同情形，按表 9.5.1 写出微分方程的通解.

表 9.5.1　根据特征方程的两个根 r_1 和 r_2，写出微分方程的通解

特征方程 $r^2+pr+q=0$ 的两个根 r_1 和 r_2	微分方程 $y''+py'+qy=0$ 的通解
两个不相等的实根 r_1 和 r_2	$y=C_1e^{r_1x}+C_2e^{r_2x}$
两个相等的实根 $r_1=r_2$	$y=(C_1+C_2x)e^{r_1x}$
一对共轭复根 $r_{1,2}=\alpha\pm\beta i(\beta\neq 0)$	$y=e^{\alpha x}(C_1\cos\beta x+C_2\sin\beta x)$

二、二阶常系数齐次线性微分方程解法举例

例 9.5.1 求微分方程 $y''-2y'-8y=0$ 的通解.

解 所给微分方程的特征方程为

$$r^2-2r-8=(r-4)(r+2)=0,$$

其根为 $r_1=4$，$r_2=-2$. 由于 r_1 和 r_2 是两个不相等的实根，因此所求微分方程的通解为

$$y=C_1\mathrm{e}^{4x}+C_2\mathrm{e}^{-2x}.$$

例 9.5.2 求微分方程 $\frac{\mathrm{d}^2s}{\mathrm{d}t^2}+2\frac{\mathrm{d}s}{\mathrm{d}t}+s=0$ 满足初始条件 $s\big|_{t=0}=4$，$\left.\frac{\mathrm{d}s}{\mathrm{d}t}\right|_{t=0}=-2$ 的特解.

解 所给微分方程的特征方程为

$$r^2+2r+1=(r+1)^2=0,$$

其根为 $r_1=r_2=-1$. 由于 r_1 和 r_2 是两个相等的实根，因此所求微分方程的通解为

$$s=(C_1+C_2t)\mathrm{e}^{-t}.$$

将初始条件 $s\big|_{t=0}=4$ 代入通解，得 $C_1=4$，从而得

$$s=(4+C_2t)\mathrm{e}^{-t}.$$

将上式对 t 求导，得

$$\frac{\mathrm{d}s}{\mathrm{d}t}=(C_2-4-C_2t)\mathrm{e}^{-t}.$$

再把初始条件 $\left.\frac{\mathrm{d}s}{\mathrm{d}t}\right|_{t=0}=-2$ 代入上式，得 $C_2=2$. 于是所求微分方程的特解为

$$s=(4+2t)\mathrm{e}^{-t}.$$

例 9.5.3 求微分方程 $y''+y'+y=0$ 的通解.

解 所求微分方程的特征方程为

$$r^2+r+1=\left(r-\frac{-1+\sqrt{3}\mathrm{i}}{2}\right)\left(r-\frac{-1-\sqrt{3}\mathrm{i}}{2}\right)=0,$$

特征根为

$$r_1=\frac{-1+\sqrt{3}\mathrm{i}}{2},\quad r_2=\frac{-1-\sqrt{3}\mathrm{i}}{2},$$

所以，所求微分方程的通解为

$$y=\mathrm{e}^{-\frac{x}{2}}\left(C_1\cos\frac{\sqrt{3}}{2}x+C_2\sin\frac{\sqrt{3}}{2}x\right).$$

知识要点

本节主要介绍了二阶常系数线性齐次微分方程的一般理论及解法，并通过一般理论总结归纳出解二阶常系数线性微分方程解法的一般步骤.

■ 习题 9－5

1. 下列函数组在定义区间内哪些是线性无关的：

(1) x，x^2；　(2) x，$3x$；　(3) e^{3x}，$3e^{3x}$.

2. 求下列微分方程的通解：

(1) $y''-7y'+12y=0$；

(2) $y''-12y'+36y=0$；

(3) $y''+y'+y=0$；

(4) $y''+\mu y=0$ ($\mu>0$).

3. 求下列微分方程满足所给初始条件的特解：

(1) $y''-4y'+3y=0$，$y'(0)=10$，$y(0)=6$；

(2) $4y''+4y'+y=0$，$y'(0)=0$，$y(0)=2$；

(3) $y''+4y'+29y=0$，$y'(0)=15$，$y(0)=0$.

总 习 题 九

1. 填空题：

(1) $\dfrac{dy}{dx}=1+2x$，且 $y(0)=0$，则 $y(x)=$__________.

(2) 若某曲线过原点且在 x 处的切线的斜率为 $3x$，则曲线方程为____________.

(3) $xy'''+2x^2(y')^2+x^3y=x^4+1$ 是__________阶微分方程.

(4) 一阶线性微分方程 $y'+P(x)y=Q(x)$的通解为______________.

(5) 以 $y=C_1e^{2x}+C_2e^{3x}$(C_1、C_2为任意常数)为通解的微分方程为____________.

2. 选择题：

(1) 下列等式中不是微分方程的是(　　).

A. $y'=e^x-y$　　B. $u'v+uv'=(uv)'$

C. $y''-2y'+3y=0$　　D. $dy=dx$

(2) 微分方程$\dfrac{d^2y}{dx^2}+\left(\dfrac{dy}{dx}\right)^5+y^4+x^3=0$ 是(　　)阶微分方程.

A. 2　　B. 3　　C. 4　　D. 5

(3) 微分方程$\dfrac{d^2y}{dx^2}+2\dfrac{dy}{dx}+y=e^x$不是(　　).

A. 齐次的　　B. 线性的　　C. 常系数的　　D. 二阶的

(4) 方程 $y''-4y'=0$ 的通解为(　　).

A. $y=Ce^{4x}$　　B. $y=C_1+C_2e^{4x}$

C. $y=(C_1+C_2x)e^{4x}$　　D. $y=C_1e^{2x}+C_2xe^{-2x}$

(5) 函数 $y=C-\sin x$(其中 C 是任意常数)是方程$\dfrac{d^2y}{dx^2}=\sin x$ 的(　　).

A. 通解　　B. 特解

C. 是解，既非通解也非特解　　D. 不是解

3. 求下列微分方程的通解：

(1) $xy'+y=2\sqrt{xy}$；　　(2) $xy'\ln x+y=ax(\ln x+1)$；

(3) $\frac{dy}{dx}=\frac{y}{2(\ln y-x)}$；

(4) $\frac{dy}{dx}+xy-(xy)^3=0$；

(5) $y''+(y')^2+1=0$；

(6) $yy''-(y')^2-1=0$.

4. 已知曲线经过点(1，1)，它的切线在纵轴上的截距等于切点的横坐标，求它的方程.

5. 在某池塘内养鱼，该池塘内最多能养1000尾. 设t时刻该池塘内鱼数y是时间t的函数$y=y(t)$，其变化率与鱼数y及$1000-y$的乘积成正比，比例系数为$k>0$. 已知在池塘内放养鱼100尾，3个月末池塘内有鱼250尾，求放养t个月末池塘内鱼数y的函数式，并求放养6个月末有多少鱼?

6. 已知生产某种产品的总成本C由可变成本与固定成本两部分构成. 假设可变成本y是产量x的函数，且y关于x的变化率是$\frac{x^2+y^2}{2xy}$，固定成本为1. 已知当产量为1个单位时，可变成本为3，求总成本函数$C=C(x)$.

7.（新产品的推销问题） 设有某种耐用的新商品在某地区进行推销，最初商家会采取各种宣传活动以打开销路。假设该商品确实受欢迎，则消费者会相互宣传，使购买人数逐渐增加，销售率逐渐增大。但由于该地区潜在消费总量有限，因此当购买者占到潜在消费总量的一定比例时，销售率又会逐渐下降，且该比例越接近于1，销售的速率越低，这时商家就应该更新商品了。

(1) 假设潜在消费总量为N，任一时刻t已经出售的新产品总量为$x(t)$，试建立$x(t)$所满足的微分方程；

(2) 假设$x(0)=x_0$，求$x(t)$；

(3) 分析$x(t)$的性态，并给出商品的宣传和市场策略.

第十章　曲线积分与曲面积分

前面讨论的定积分和二重积分研究的是定义在直线段和平面区域上函数的积分. 本章将介绍定义在曲线段和曲面上函数的积分，重点介绍第一类曲线积分和第一类曲面积分的概念及计算方法，简要介绍第二类曲线积分和第二类曲面积分的概念及计算方法.

第一节　曲 线 积 分

一、对弧长的曲线积分(第一类曲线积分)

1. 第一类曲线积分概念引入(求均匀曲线形构件的质量)

引例 10.1.1　设非均匀曲线形构件 L 上任一点的线密度为 $\rho(x, y)$，求 L 的质量.

如图 10.1.1 所示，求解过程如下：

(1) 将曲线 L 任意分割成 n 小段，依次记为 $\Delta s_i(i=1, 2, \cdots, n)$(同时表示其长度).

(2) 任取点 $(\xi_i, \eta_i)\in\Delta s_i$，$\Delta M_i\approx\rho(\xi_i, \eta_i)\Delta s_i$.

(3) $M=\sum\limits_{i=1}^{n}\Delta M_i\approx\sum\limits_{i=1}^{n}\rho(\xi_i, \eta_i)\Delta s_i$.

(4) 记 $\lambda=\max\limits_{1\leqslant i\leqslant n}\{\Delta s_i\}$，则 $m=\lim\limits_{\lambda\to 0}\sum\limits_{i=1}^{n}\rho(\xi_i, \eta_i)\Delta s_i$.

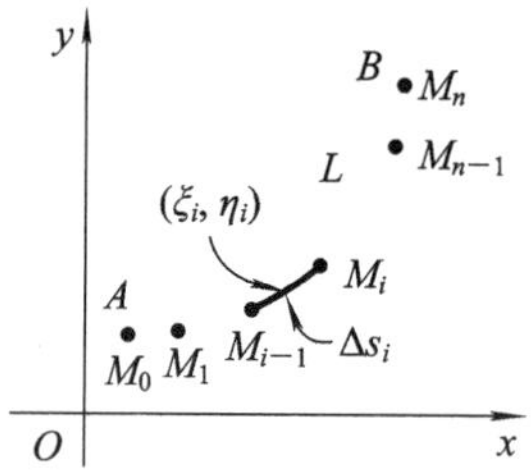

图 10.1.1　引例 10.1.1 示意图

若极限 $m=\lim\limits_{\lambda\to 0}\sum\limits_{i=1}^{n}\rho(\xi_i, \eta_i)\Delta s_i$ 存在，则此极限值为 L 的质量.

2. 第一类曲线积分的定义

定义 10.1.1　设函数 $f(x, y)$是定义在以 A、B 为端点的光滑曲线 L 上的有界函数. 在曲线 L 上任意取点：$A=M_0$，M_1，M_2，…，$M_n=B$，将曲线 L 分成 n 个小段，记弧 $\overset{\frown}{M_{i-1}M_i}$ 的长度为 $\Delta s_i(i=1, 2, \cdots, n)$，并任取一点 $(\xi_i, \eta_i)\in\Delta s_i$，作和 $\sum\limits_{i=1}^{n}f(\xi_i, \eta_i)\Delta s_i$，记 $\lambda=\max\limits_{1\leqslant i\leqslant n}\{\Delta s_i\}$，当 $\lambda\to 0$ 时极限 $\lim\limits_{\lambda\to 0}\sum\limits_{i=1}^{n}f(\xi_i, \eta_i)\Delta s_i$ 存在，且极限值与曲线的分法和点 (ξ_i, η_i) 的取法无关，则称极限 $\lim\limits_{\lambda\to 0}\sum\limits_{i=1}^{n}f(\xi_i, \eta_i)\Delta s_i$ 为 $f(x, y)$ 在曲线弧 L 上对**弧长的曲线积分或第一类曲线积分**，记作

$$\lim_{\lambda\to 0}\sum_{i=1}^{n}f(\xi_i, \eta_i)\Delta s_i=\int_L f(x, y)\mathrm{d}s,$$

其中，$f(x, y)$称为被积函数，L 称为积分弧段.

注：(1) 虽然被积函数 $f(x, y)$是二元函数，但由于变量(x, y)限制在积分弧段 L 上，因而 x、y 并不独立(要受 L 的方程的约束). 实质上，$f(x, y)$是一元函数，因此，曲线积分的符号用一个“$\int$”来表示.

(2) 由于 Δs_i 是第 i 小段的长度，故 Δs_i 总是大于零的.

(3) 在第二节中我们将看到，当被积函数 $f(x, y)$在光滑曲线弧 L 上连续时，对弧长的曲线积分 $\int_L f(x, y)\mathrm{d}s$ 是存在的. 以后我们总假定 $f(x, y)$在 L 上是连续的.

(4) 根据这个定义，前述曲线形构件 L 的质量 m 当线密度 $\rho(x, y)$在 L 上连续时，就等于 $\rho(x, y)$在 L 上对弧长的曲线积分，即 $m=\int_L \rho(x, y)\mathrm{d}s$.

(5) 当 $z=f(x, y)$是定义在平面光滑曲线 L 上的正值连续函数时，则以 L 为准线、z 轴为母线、xOy 面为底、$z=f(x, y)$为顶的柱面的侧面积 A 就是 $f(x, y)$在曲线 L 上对弧长的曲线积分，即 $A=\int_L f(x, y)\mathrm{d}s=\int_L z\mathrm{d}s$ (见图 10.1.2).

(6) 如果 L 为闭曲线，那么 $f(x, y)$在闭曲线 L 上对弧长的曲线积分常记为$\oint_L f(x, y)\mathrm{d}s$.

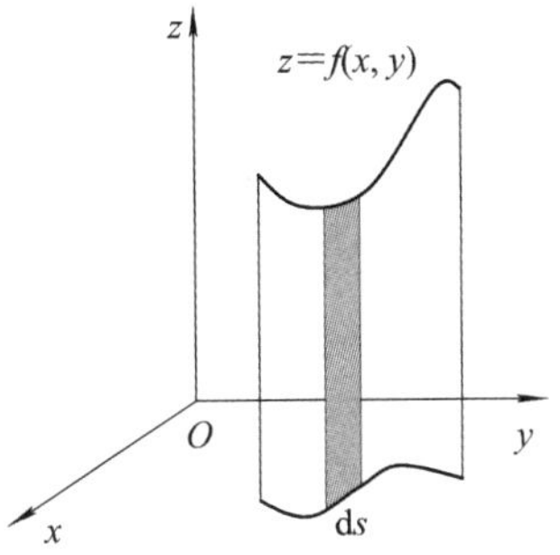

图 10.1.2　求柱面的侧面积示意图

3. 对弧长的曲线积分的性质

由对弧长的曲线积分的定义易知，它有以下性质：

性质 1　设 α、β 为常数，则

$$\int_L [\alpha f(x, y)+\beta g(x, y)]\mathrm{d}s=\alpha\int_L f(x, y)\mathrm{d}s+\beta\int_L g(x, y)\mathrm{d}s.$$

性质 2　若积分弧段 L 可分为两段光滑曲线弧 L_1 和 L_2，则

$$\int_L f(x, y)\mathrm{d}s=\int_{L_1} f(x, y)\mathrm{d}s+\int_{L_2} f(x, y)\mathrm{d}s.$$

性质 3　设在 L 上 $f(x, y)\leqslant g(x, y)$，则

$$\int_L f(x, y)\mathrm{d}s\leqslant\int_L g(x, y)\mathrm{d}s.$$

特别地，有

$$\left|\int_L f(x, y)\mathrm{d}s\right|\leqslant\int_L |f(x, y)|\mathrm{d}s.$$

4. 对弧长的曲线积分的计算方法

(1) 当曲线弧 L 用参数方程

$$\begin{cases} x=\varphi(t) \\ x=\psi(t) \end{cases} \quad (\alpha\leqslant t\leqslant\beta)$$

表示时，有下述定理：

定理 10.1.1　设 $f(x, y)$在曲线弧 L 上有定义且连续，L 的参数方程为

$$\begin{cases} x=\varphi(t) \\ y=\psi(t) \end{cases} \quad (\alpha \leqslant t \leqslant \beta),$$

若 $\varphi(t)$、$\psi(t)$ 在 $[\alpha, \beta]$ 上具有一阶连续导数，且 $\varphi'^2(t)+\psi'^2(t) \neq 0$，则曲线积分 $\int_L f(x, y)\mathrm{d}s$ 存在，且

$$\int_L f(x, y)\mathrm{d}s = \int_\alpha^\beta f[\varphi(t), \psi(t)] \sqrt{\varphi'^2(t)+\psi'^2(t)}\mathrm{d}t \quad (\alpha < \beta). \qquad (10.1.1)$$

注：根据定理 10.1.1，对弧长的曲线积分的计算方法可以写成“**一定、二代、三替换，下限必定小上限**”.

所谓“**一定**”，就是定积分限. 把对弧长的曲线积分化为定积分，首先要确定积分限. 如果曲线弧 L 的方程为参数方程 $\begin{cases} x=\varphi(t) \\ y=\psi(t) \end{cases}$ $(\alpha \leqslant t \leqslant \beta)$，则 α、β 分别为积分下限与积分上限.

所谓“**二代**”，就是将曲线弧 L 的参数方程代入被积函数，即将 $f(x, y)$ 中的 x、y 依次“代以”$\varphi(t)$、$\psi(t)$.

所谓“**三替换**”，就是将弧长元素 $\mathrm{d}s$“替换”为 $\sqrt{\varphi'^2(t)+\psi'^2(t)}\mathrm{d}t$.

执行完上述三步后，即可从 α 到 β 计算定积分 $\int_\alpha^\beta f[\varphi(t), \psi(t)] \sqrt{\varphi'^2(t)+\psi'^2(t)}\mathrm{d}t$. 这里积分下限 α 小于积分上限 β. 因为在计算公式(10.1.1)的证明中，小弧段的长度 $\Delta s_i > 0$，且 $\Delta s_i = \sqrt{\varphi'^2(t_i)+\psi'^2(t_i)}\Delta t_i$，从而 $\Delta t_i > 0$，所以积分下限 α 一定要小于积分上限 β.

(2) 如果曲线弧 L 由方程 $y=\psi(x)(a \leqslant x \leqslant b)$ 给出，那么可以把这种情形看作是特殊的参数方程

$$\begin{cases} x=t \\ y=\psi(t) \end{cases} \quad (a \leqslant t \leqslant b)$$

的情形，从而由式(10.1.1)可得

$$\int_L f(x, y)\mathrm{d}s = \int_a^b f[x, \psi(x)] \sqrt{1+\psi'^2(x)}\mathrm{d}x \quad (a < b). \qquad (10.1.2)$$

类似地，如果曲线弧 L 由方程 $x=\varphi(y)(c \leqslant y \leqslant d)$ 给出，则有

$$\int_L f(x, y)\mathrm{d}s = \int_c^d f[\varphi(y), y] \sqrt{1+\varphi'^2(y)}\mathrm{d}y \quad (c < d). \qquad (10.1.3)$$

(3) 公式(10.1.1)可推广到空间曲线弧 Γ 由参数方程

$$\begin{cases} x=\varphi(t) \\ y=\psi(t) \\ z=\omega(t) \end{cases} \quad (\alpha \leqslant t \leqslant \beta)$$

给出的情形，这样就有

$$\int_\Gamma f(x, y, z)\mathrm{d}s = \int_\alpha^\beta f[\varphi(t), \psi(t), \omega(t)] \sqrt{\varphi'^2(t)+\psi'^2(t)+\omega'^2(t)}\mathrm{d}t \quad (\alpha < \beta).$$

$$(10.1.4)$$

例 10.1.1 计算 $\int_L xy\,\mathrm{d}s$，其中 L 为圆 $x^2+y^2=a^2$ 在第一象限内的部分.

解 如图 10.1.3 所示，圆的参数方程为

$$\begin{cases} x = a\cos\theta \\ y = a\sin\theta \end{cases} \left(0 \leqslant \theta \leqslant \frac{\pi}{2}\right),$$

所以

$$\int_L xy\,\mathrm{d}s = \int_0^{\frac{\pi}{2}} a\cos\theta \cdot a\sin\theta \sqrt{(-a\sin\theta)^2 + (a\cos\theta)^2}\,\mathrm{d}\theta$$

$$= a^3 \int_0^{\frac{\pi}{2}} \cos\theta \cdot \sin\theta\,\mathrm{d}\theta$$

$$= \frac{a^3}{2}\left[\sin^2\theta\right]_0^{\frac{\pi}{2}} = \frac{a^3}{2}.$$

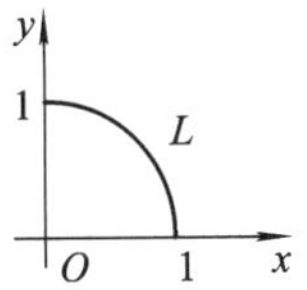

图 10.1.3　例 10.1.1 示意图

例 10.1.2　计算 $\int_L \sqrt{y}\,\mathrm{d}s$，其中 L 是抛物线 $y=x^2$ 上点 $O(0,0)$ 到点 $A(1,1)$ 的一段弧.

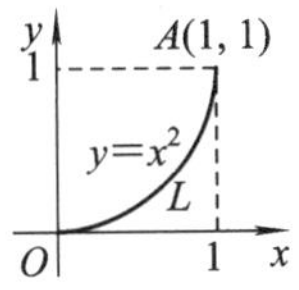

图 10.1.4　例 10.1.2 示意图

解　如图 10.1.4 所示，曲线弧 L 的方程为 $y=x^2(0\leqslant x\leqslant 1)$，故

$$\int_L \sqrt{y}\,\mathrm{d}s = \int_0^1 \sqrt{x^2}\sqrt{1+(2x)^2}\,\mathrm{d}x$$

$$= \int_0^1 x\sqrt{1+4x^2}\,\mathrm{d}x = \frac{1}{8}\int_0^1 (1+4x^2)^{\frac{1}{2}}\,\mathrm{d}(1+4x^2)$$

$$= \frac{1}{12}\left[(1+4x^2)^{\frac{3}{2}}\right]_0^1 = \frac{5\sqrt{5}-1}{12}.$$

例 10.1.3　计算 $I = \int_\Gamma (x^2+y^2+z^2)\,\mathrm{d}s$，其中 Γ 为螺旋线

$$\begin{cases} x = a\cos t \\ y = a\sin t \\ z = kt \end{cases} \quad (0 \leqslant t \leqslant 2\pi).$$

解　因为 $\sqrt{x'^2+y'^2+z'^2} = \sqrt{(-a\sin t)^2+(a\cos t)^2+k^2} = \sqrt{a^2+k^2}$，所以

$$I = \int_0^{2\pi} (a^2\cos^2 t + a^2\sin^2 t + k^2t^2)\sqrt{a^2+k^2}\,\mathrm{d}t$$

$$= \sqrt{a^2+k^2}\int_0^{2\pi} (a^2+k^2t^2)\,\mathrm{d}t$$

$$= \sqrt{a^2+k^2}\left[a^2 t + \frac{k^2}{3}t^3\right]_0^{2\pi}$$

$$= \frac{2}{3}\pi\sqrt{a^2+k^2}(3a^2+4\pi^2k^2).$$

二、对坐标的曲线积分(第二类曲线积分)

1. 第二类曲线积分概念引入(求变力沿曲线所做的功)

引例 10.1.2　设 L 为 xOy 面内的光滑曲线弧(见图 10.1.5)，质点从点 A 向点 B 移动时受到力

$$\boldsymbol{F}(x, y) = P(x, y)\boldsymbol{i} + Q(x, y)\boldsymbol{j} \qquad (10.1.5)$$

的作用，求质点从点 A 沿曲线弧 L 移动到点 B 时变力

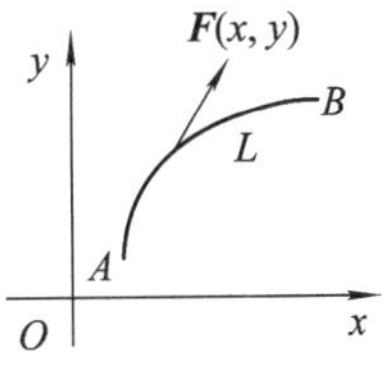

图 10.1.5　引例 10.1.2 示意图

所做的功.

常力沿直线做功(见图 10.1.6)的计算公式为

$$W=|\boldsymbol{F}||\overrightarrow{AB}|\cos\theta=\boldsymbol{F}\cdot\overrightarrow{AB}. \qquad (10.1.6)$$

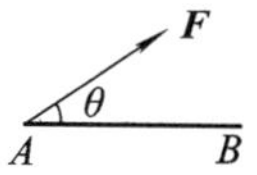

图 10.1.6 常力做功示意图

此引例中 $\boldsymbol{F}(x, y)$是变力，不能直接应用上述公式计算.

将曲线弧 L 任意分割成 n 小段，则有

$$\boldsymbol{F}(\xi_i, \eta_i)=P(\xi_i, \eta_i)\boldsymbol{i}+Q(\xi_i, \eta_i)\boldsymbol{j},$$

$$\overrightarrow{M_{i-1}M_i}=\Delta x_i\boldsymbol{i}+\Delta y_i\boldsymbol{j},$$

$$\Delta W_i\approx\boldsymbol{F}(\xi_i, \eta_i)\cdot\overrightarrow{M_{i-1}M_i}=P(\xi_i, \eta_i)\Delta x_i+Q(\xi_i, \eta_i)\Delta y_i,$$

$$W=\sum_{i=1}^{n}\Delta W_i\approx\sum_{i=1}^{n}[P(\xi_i, \eta_i)\Delta x_i+Q(\xi_i, \eta_i)\Delta y_i].$$

用 λ 表示 n 个小弧段的最大长度，令 $\lambda\to0$ 取上述和的极限，所得到的极限自然地被认作变力 $\boldsymbol{F}(x, y)$ 沿有向曲线弧 L 所做的功，即

$$W=\lim_{\lambda\to0}\sum_{i=1}^{n}[P(\xi_i, \eta_i)\Delta x_i+Q(\xi_i, \eta_i)\Delta y_i].$$

这种和式的极限在研究其他问题时也会遇到. 现在引入下面的定义.

2. 第二类曲线积分的定义

定义 10.1.2 设 L 为 xOy 面内从点 A 到点 B 的一条有向光滑曲线弧，函数 $P(x, y)$、$Q(x, y)$在 L 上有界. 在 L 上沿 L 的方向任意插入一列点 $M_1(x_1, y_1)$，$M_2(x_2, y_2)$，…，$M_{n-1}(x_{n-1}, y_{n-1})$，把 L 分成 n 个有向小弧段

$$\overset{\frown}{M_{i-1}M_i}(i=1, 2, \cdots, n;\ M_0=A,\ M_n=B).$$

设 $\Delta x_i=x_i-x_{i-1}$，$\Delta y_i=y_i-y_{i-1}$，在$\overset{\frown}{M_{i-1}M_i}$上任取一点$(\xi_i, \eta_i)$，记

$$\boldsymbol{F}(\xi_i, \eta_i)=P(\xi_i, \eta_i)\boldsymbol{i}+Q(\xi_i, \eta_i)\boldsymbol{j},$$

$$\overrightarrow{M_{i-1}M_i}=\Delta x_i\boldsymbol{i}+\Delta y_i\boldsymbol{j}=(x_i-x_{i-1})\boldsymbol{i}+(y_i-y_{i-1})\boldsymbol{j}$$

作内积，$\boldsymbol{F}(\xi_i, \eta_i)\cdot\overrightarrow{M_{i-1}M_i}=P(\xi_i, \eta_i)\Delta x_i+Q(\xi_i, \eta_i)\Delta y_i$，并得和式

$$\sum_{i=1}^{n}[P(\xi_i, \eta_i)\Delta x_i+Q(\xi_i, \eta_i)\Delta y_i],$$

记 $\lambda=\max\limits_{1\leqslant i\leqslant n}(\Delta s_i)$，如果不论如何分割及$(\xi_i, \eta_i)$如何选取，极限

$$\lim_{\lambda\to0}\sum_{i=1}^{n}[P(\xi_i, \eta_i)\Delta x_i+Q(\xi_i, \eta_i)\Delta y_i]$$

都存在，则称此极限为函数 $P(x, y)$、$Q(x, y)$沿有向曲线弧 L 对坐标的曲线积分或第二类曲线积分，记作 $\int_L P(x, y)\mathrm{d}x+Q(x, y)\mathrm{d}y$，即

$$\int_L P(x, y)\mathrm{d}x+Q(x, y)\mathrm{d}y=\lim_{\lambda\to0}\sum_{i=1}^{n}[P(\xi_i, \eta_i)\Delta x_i+Q(\xi_i, \eta_i)\Delta y_i],$$

其中 $P(x, y)$、$Q(x, y)$叫作**被积函数**，L 叫作**积分弧段**.

注：(1) 变量(x, y)限制在积分弧段 L 上，故 x、y 并不独立.

如果函数 $Q(x, y)=0$，则有

$$\int_L P(x, y)\mathrm{d}x=\lim_{\lambda\to0}\sum_{i=1}^{n}P(\xi_i, \eta_i)\Delta x_i;$$

如果函数 $P(x, y)=0$，则有

$$\int_L Q(x, y)\mathrm{d}y = \lim_{\lambda\to 0}\sum_{i=1}^{n} Q(\xi_i, \eta_i)\Delta y_i.$$

其中：$\int_L P(x, y)\mathrm{d}x$ 称为函数 $P(x, y)$ 沿有向曲线弧 L 对坐标 x 的曲线积分，$\int_L Q(x, y)\mathrm{d}y$ 称为函数 $Q(x, y)$ 沿有向曲线弧 L 对坐标 y 的曲线积分. 通常将这两个积分写在一起，就是 $\int_L P(x, y)\mathrm{d}x + Q(x, y)\mathrm{d}y$.

(2) 对坐标的曲线积分的其他记法：记 $\boldsymbol{F}(x, y)=P(x, y)\boldsymbol{i}+Q(x, y)\boldsymbol{j}$，$\mathrm{d}\boldsymbol{r}=\mathrm{d}x\boldsymbol{i}+\mathrm{d}y\boldsymbol{j}$，则

$$\int_L P(x, y)\mathrm{d}x + Q(x, y)\mathrm{d}y = \int_L \boldsymbol{F}(x, y)\cdot\mathrm{d}\boldsymbol{r}.$$

(3) 变力 $\boldsymbol{F}(x, y)=P(x, y)\boldsymbol{i}+Q(x, y)\boldsymbol{j}$ 沿有向曲线弧 L 所做的功为

$$W = \int_L \boldsymbol{F}(x, y)\cdot\mathrm{d}\boldsymbol{r} = \int_L P(x, y)\mathrm{d}x + Q(x, y)\mathrm{d}y.$$

(4) 上述定义可以推广到积分弧段为空间有向曲线弧 Γ 的情形：设 P、Q、R 为定义在 Γ 上的有界函数，P、Q、R 在 Γ 上对坐标的曲线积分定义为

$$\begin{aligned}&\int_\Gamma P(x, y, z)\mathrm{d}x + Q(x, y, z)\mathrm{d}y + R(x, y, z)\mathrm{d}x \\ &= \lim_{\lambda\to 0}\sum_{i=1}^{n}[P(\xi_i, \eta_i, \zeta_i)\Delta x_i + Q(\xi_i, \eta_i, \zeta_i)\Delta y_i + R(\xi_i, \eta_i, \zeta_i)\Delta z_i],\end{aligned}$$

其中，

$$\int_\Gamma P(x, y, z)\mathrm{d}x = \lim_{\lambda\to 0}\sum_{i=1}^{n} P(\xi_i, \eta_i, \zeta_i)\Delta x_i,$$

$$\int_\Gamma Q(x, y, z)\mathrm{d}y = \lim_{\lambda\to 0}\sum_{i=1}^{n} Q(\xi_i, \eta_i, \zeta_i)\Delta y_i,$$

$$\int_\Gamma R(x, y, z)\mathrm{d}z = \lim_{\lambda\to 0}\sum_{i=1}^{n} R(\xi_i, \eta_i, \zeta_i)\Delta z_i,$$

分别为 $P(x, y, z)$、$Q(x, y, z)$、$R(x, y, z)$ 沿有向曲线弧 Γ 对坐标 x、y、z 的曲线积分.

若记 $\boldsymbol{A}(x, y, z)=P(x, y, z)\boldsymbol{i}+Q(x, y, z)\boldsymbol{j}+R(x, y, z)\boldsymbol{k}$，$\mathrm{d}\boldsymbol{r}=\mathrm{d}x\boldsymbol{i}+\mathrm{d}y\boldsymbol{j}+\mathrm{d}z\boldsymbol{k}$，则有

$$\int_\Gamma P(x, y, z)\mathrm{d}x + Q(x, y, z)\mathrm{d}y + R(x, y, z)\mathrm{d}x = \int_\Gamma \boldsymbol{A}(x, y, z)\cdot\mathrm{d}\boldsymbol{r}.$$

3. 对坐标的曲线积分的性质

由对坐标的曲线积分的定义易知，它有以下性质：

性质 1 设 α、β 为常数，则

$$\int_L[\alpha\boldsymbol{F}_1(x, y) + \beta\boldsymbol{F}_2(x, y)]\cdot\mathrm{d}\boldsymbol{r} = \alpha\int_L \boldsymbol{F}_1(x, y)\cdot\mathrm{d}\boldsymbol{r} + \beta\int_L \boldsymbol{F}_2(x, y)\cdot\mathrm{d}\boldsymbol{r}.$$

性质 2 若有向曲线弧 L 可分为两段光滑的有向曲线弧 L_1 和 L_2，则

$$\int_L \boldsymbol{F}(x, y)\cdot\mathrm{d}\boldsymbol{r} = \int_{L_1}\boldsymbol{F}(x, y)\cdot\mathrm{d}\boldsymbol{r} + \int_{L_2}\boldsymbol{F}(x, y)\cdot\mathrm{d}\boldsymbol{r}.$$

性质 3 设 L 是有向光滑曲线弧，L^- 是与 L 方向相反的有向曲线弧，则

$$\int_{L^-} \boldsymbol{F}(x, y) \cdot \mathrm{d}\boldsymbol{r} = -\int_L \boldsymbol{F}(x, y) \cdot \mathrm{d}\boldsymbol{r}.$$

性质 3 表示，当积分弧段的方向改变时，对坐标的曲线积分要改变符号. 因此，关于**对坐标的曲线积分，必须注意积分弧段的方向.**

由于性质 3，定积分及重积分中的有关不等式性质、积分中值定理，对第二类曲线积分不再成立.

4. 对坐标的曲线积分的计算方法

(1) 当曲线弧 L 为参数方程时，有下述定理：

定理 10.1.2 设 $P(x, y)$、$Q(x, y)$ 在有向曲线弧 L 上有定义且连续，L 的参数方程为

$$\begin{cases} x = \varphi(t) \\ y = \psi(t) \end{cases},$$

当参数 t 单调地由 α 变到 β 时，点 $M(x, y)$ 从 L 的起点 A 沿 L 运动到终点 B，$\varphi(t)$、$\psi(t)$ 在以 α 及 β 为端点的闭区间上具有一阶连续导数，且 $\varphi'^2(t) + \psi'^2(t) \neq 0$，则曲线积分 $\int_L P(x, y)\mathrm{d} + x + Q(x, y)\mathrm{d}y$ 存在，且

$$\int_L P(x, y)\mathrm{d}x + Q(x, y)\mathrm{d}y = \int_\alpha^\beta \{P[\varphi(t), \psi(t)]\varphi'(t) + Q[\varphi(t), \psi(t)]\psi'(t)\}\mathrm{d}t. \tag{10.1.7}$$

注：根据定理 10.1.2，对坐标的曲线积分的计算方法可以写成“**一定、二代、三替换，起点必定对下限.**”

所谓“**一定**”，就是定积分限. 把对坐标的曲线积分化为定积分，首先要确定积分限. 如果曲线弧 L 的方程为参数方程

$$\begin{cases} x = \varphi(t) \\ y = \psi(t) \end{cases} \quad (\alpha \leqslant t \leqslant \beta)(\text{或}(\beta \leqslant t \leqslant \alpha)),$$

则 α、β 分别对应曲线弧 L 的起点与终点，这时积分下限是 α，积分上限是 β.

所谓“**二代**”，就是将曲线弧 L 的参数方程代入被积函数，即将 $P(x, y)$、$Q(x, y)$ 中的 x、y 依次“代以”$\varphi(t)$、$\psi(t)$.

所谓“**三替换**”，就是将 $\mathrm{d}x$、$\mathrm{d}y$ 分别“替换”为 $\varphi'(t)\mathrm{d}t$、$\psi'(t)\mathrm{d}t$.

执行完上述三步后，即可从 α 到 β 计算定积分

$$\int_\alpha^\beta \{P[\varphi(t), \psi(t)]\varphi'(t) + Q[\varphi(t), \psi(t)]\psi'(t)\}\mathrm{d}t.$$

这里必须注意，积分下限 α 对应 L 的起点，积分上限 β 对应 L 的终点，α 不一定小于 β.

(2) 如果曲线弧 L 由方程 $y=\psi(x)$ 或 $x=\varphi(y)$ 给出，可以看作参数方程的特殊情形. 例如，当 L 由 $y=\psi(x)$ 给出时，公式(10.1.7)成为

$$\int_L P(x, y)\mathrm{d}x + Q(x, y)\mathrm{d}y = \int_a^b \{P[x, \psi(x)] + Q[x, \psi(x)]\psi'(x)\}\mathrm{d}x,$$

这里积分下限 a 对应 L 的起点，积分上限 b 对应 L 的终点.

(3) 公式(10.1.7)可推广到空间曲线 Γ 由参数方程

$$\begin{cases} x = \varphi(t) \\ y = \psi(t) \\ z = \omega(t) \end{cases}$$

给出的情形，这样便得到

$$\begin{aligned}&\int_\Gamma P(x, y, z)\mathrm{d}x + Q(x, y, z)\mathrm{d}y + R(x, y, z)\mathrm{d}z \\ =& \int_\alpha^\beta \{P[\varphi(t), \psi(t), \omega(t)]\varphi'(t) + Q[\varphi(t), \psi(t), \omega(t)]\psi'(t) + \\ & R[\varphi(t), \psi(t), \omega(t)]\omega'(t)\}\mathrm{d}t,\end{aligned}$$

这里积分下限 α 对应 Γ 的起点，积分上限 β 对应 Γ 的终点.

例 10.1.4 计算 $\int_L y\mathrm{d}x + x\mathrm{d}y$, L 为从点 $A(a, 0)$ 到点 $B(-a, 0)$ 的上半椭圆弧 $\frac{x^2}{a^2}+\frac{y^2}{b^2}=1$.

解 如图 10.1.7 所示，椭圆弧的参数方程为

$$\begin{cases} x = a\cos t \\ y = b\sin t \end{cases} \quad (0 \leqslant t \leqslant \pi),$$

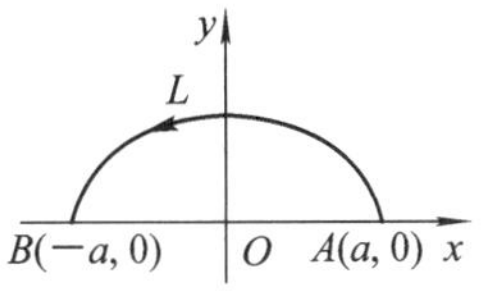

图 10.1.7 例 10.1.4 示意图

所以

$$\begin{aligned}\int_L y\mathrm{d}x + x\mathrm{d}y &= \int_0^\pi [b\sin t \cdot (-a\sin t) + a\cos t \cdot b\cos t]\mathrm{d}t \\ &= ab\int_0^\pi \cos 2t\mathrm{d}t = \frac{ab}{2}\sin 2t\Big|_0^\pi = 0.\end{aligned}$$

例 10.1.5 计算 $\int_L xy\mathrm{d}x$，其中 L 为抛物线 $y^2=x$ 上从点 $A(1, -1)$ 到点 $B(1, 1)$ 的一段弧(见图 10.1.8).

解 方法 1：取 x 为参数，则

$\overset{\frown}{AO}$：$y=-\sqrt{x}$ (x 从 1 变到 0)，

$\overset{\frown}{OB}$：$y=\sqrt{x}$ (x 从 0 变到 1)，

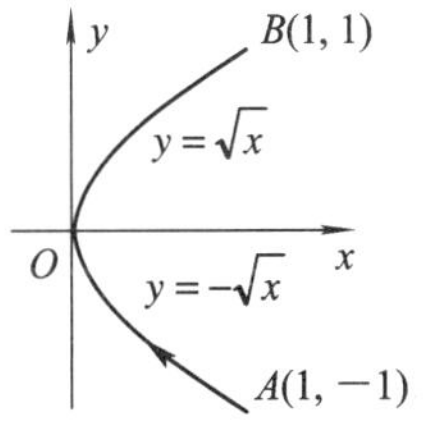

图 10.1.8 例 10.1.5 示意图

所以

$$\begin{aligned}\int_L xy\mathrm{d}x &= \int_{\overset{\frown}{AO}} xy\mathrm{d}x + \int_{\overset{\frown}{OB}} xy\mathrm{d}x \\ &= \int_1^0 x(-\sqrt{x})\mathrm{d}x + \int_0^1 x\sqrt{x}\mathrm{d}x \\ &= 2\int_0^1 x^{\frac{3}{2}}\mathrm{d}x = \frac{4}{5}.\end{aligned}$$

方法 2：取 y 为参数，则 L：$x=y^2$ (y 从 -1 变到 1)，所以

$$\int_L xy\mathrm{d}x = \int_{-1}^1 y^2 y(y^2)'\mathrm{d}y = 2\int_{-1}^1 y^4\mathrm{d}y = \frac{4}{5}.$$

例 10.1.6 计算 $I=\int_\Gamma x^3\mathrm{d}x + 3zy^2\mathrm{d}y - x^2y\mathrm{d}z$，其中 Γ 是从点 $A(3, 2, 1)$ 到点 $B(0, 0, 0)$ 的直线段 AB.

解 直线段 AB 的方程为 $\frac{x}{3}=\frac{y}{2}=\frac{z}{1}$，将其化为参数方程，得

$$\begin{cases} x = 3t \\ y = 2t \quad (t \text{ 从 } 1 \text{ 变到 } 0), \\ z = t \end{cases}$$

所以

$$I = \int_1^0 [(3t)^3 \cdot 3 + 3t\,(2t)^2 \cdot 2 - (3t)^2 \cdot 2t]\mathrm{d}t$$
$$= \int_1^0 87t^3\,\mathrm{d}t = -\frac{87}{4}.$$

三、两类曲线积分之间的联系

设有向曲线弧 L 的起点为 A，终点为 B，L 的方程为

$$\begin{cases} x = \varphi(t) \\ y = \psi(t) \end{cases},$$

起点 A、终点 B 分别对应参数 α、β，且 $\varphi(t)$、$\psi(t)$ 在 $[\alpha, \beta]$（或 $[\beta, \alpha]$）上具有连续导数，$\varphi'^2(t)+\psi'^2(t)\neq 0$. 又设 $P(x, y)$、$Q(x, y)$ 在 L 上连续. 于是，平面曲线弧 L 上的两类曲线积分之间有如下联系：

$$\int_L P\,\mathrm{d}x + Q\mathrm{d}y = \int_L (P\cos\alpha + Q\cos\beta)\,\mathrm{d}s,$$

其中，$\alpha=\alpha(x, y)$、$\beta=\beta(x, y)$ 为有向曲线弧 L 在点 (x, y) 处的切向量的方向角.

类似地，空间曲线弧 Γ 上的两类曲线积分之间有如下联系：

$$\int_\Gamma P\,\mathrm{d}x + Q\mathrm{d}y + R\mathrm{d}z = \int_\Gamma (P\cos\alpha + Q\cos\beta + R\cos\gamma)\,\mathrm{d}s,$$

其中，$\alpha=\alpha(x, y, z)$、$\beta=\beta(x, y, z)$、$\gamma=\gamma(x, y, z)$ 为有向曲线弧 Γ 在点 (x, y, z) 处的切向量的方向角.

四、格林公式

1. 格林公式

对平面区域 D 的边界曲线 L，我们规定 L 的正向如下：当观察者沿 L 的这个方向行走时，D 内在他近处的那一部分总在他的左边（见图 10.1.9）.

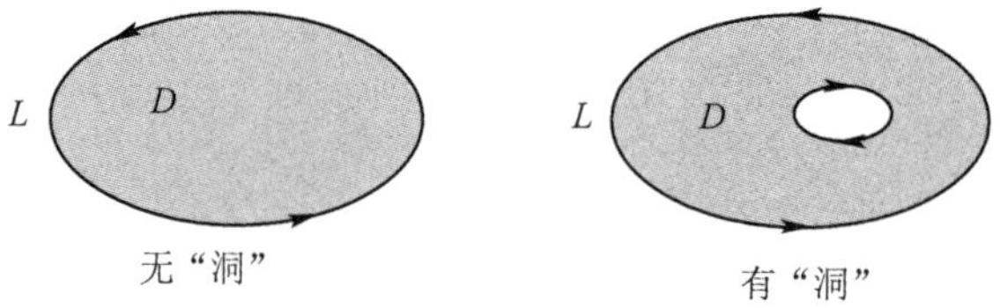

图 10.1.9　曲线 L 的正向

定理 10.1.3　设闭区域 D 由分段光滑的曲线 L 围成，若函数 $P(x, y)$、$Q(x, y)$ 在 D 上具有一阶连续偏导数，则有

$$\iint_D \left(\frac{\partial Q}{\partial x} - \frac{\partial P}{\partial y}\right)\mathrm{d}x\mathrm{d}y = \oint_L P\,\mathrm{d}x + Q\mathrm{d}y, \tag{10.1.8}$$

其中，L 是 D 的取正向的边界曲线.

公式(10.1.8)称为**格林(Green)公式**.

特别地，若取 $P=-y$，$Q=x$，即得

$$2\iint_D \mathrm{d}x\mathrm{d}y=\oint_L x\mathrm{d}y-y\mathrm{d}x.$$

上式左端是闭区域 D 的面积 A 的两倍，因此有

$$A=\frac{1}{2}\oint_L x\mathrm{d}y-y\mathrm{d}x. \tag{10.1.9}$$

公式(10.1.9)即为求平面封闭图形面积的计算公式.

例 10.1.7 计算椭圆 $x=a\cos t$，$y=b\sin t$ 所围图形的面积.

解 如图 10.1.10 所示，根据公式(10.1.9)有

$$\begin{aligned}A&=\frac{1}{2}\oint_L x\mathrm{d}y-y\mathrm{d}x\\&=\frac{1}{2}\int_0^{2\pi}[a\cos t\cdot b\cos t-b\sin t\cdot(-a\sin t)]\mathrm{d}t\\&=\pi ab.\end{aligned}$$

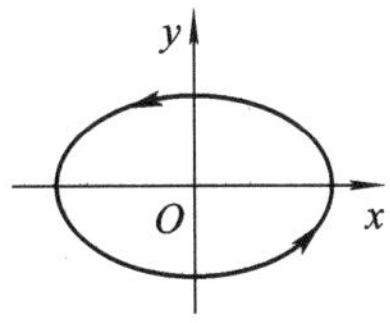

图10.1.10 例 10.1.7 示意图

例 10.1.8 计算 $\oint_L (y-x)\mathrm{d}x+(3x+y)\mathrm{d}y$，其中 L 是按逆时针绕行的圆周 $(x-1)^2+(y-4)^2=9$.

解 如图 10.1.11 所示，因为 $P=y-x$，$Q=3x+y$，则

$$\frac{\partial Q}{\partial x}-\frac{\partial P}{\partial y}=2,$$

所以

$$\oint_L (y-x)\mathrm{d}x+(3x+y)\mathrm{d}y=\iint_D 2\mathrm{d}x\mathrm{d}y=18\pi.$$

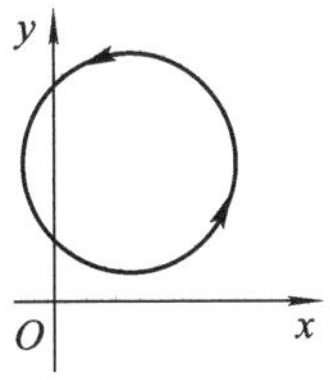

图 10.1.11 例 10.1.8 示意图

例 10.1.9 设 L 是平面上一条分段光滑的闭曲线，证明 $\oint_L 2xy\mathrm{d}x+x^2\mathrm{d}y=0$.

证 因为 $\dfrac{\partial Q}{\partial x}-\dfrac{\partial P}{\partial y}=2x-2x=0$，所以

$$\oint_L 2xy\mathrm{d}x+x^2\mathrm{d}y=0.$$

2. 平面上曲线积分与路径无关的条件

定义 10.1.3 若对于 xOy 面内的任意两点 A、B 以及从点 A 到点 B 的任意两条曲线弧 L_1、L_2(见图 10.1.12)，恒有

$$\int_{L_1} P\mathrm{d}x+Q\mathrm{d}y=\int_{L_2} P\mathrm{d}x+Q\mathrm{d}y \tag{10.1.10}$$

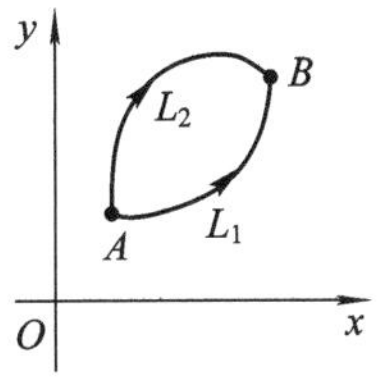

图 10.1.12 定义 10.1.3 示意图

成立，则称曲线积分 $\int_L P\mathrm{d}x+Q\mathrm{d}y$ 在 xOy 面上与路径无

关，否则称曲线积分与路径有关.

定理 10.1.4 设函数 $P(x, y)$和$Q(x, y)$在单连通域G内具有一阶连续偏导数，则曲线积分$\int_L P\mathrm{d}x+Q\mathrm{d}y$在$G$内与路径无关的充要条件是$\frac{\partial Q}{\partial x}=\frac{\partial P}{\partial y}$在$G$内恒成立.

注：根据定理 10.1.4，若在G内有$\frac{\partial P}{\partial y}=\frac{\partial Q}{\partial x}$，则计算曲线积分时，可选择方便的积分路径.

例 10.1.10 计算$\int_L 2xy\mathrm{d}x+x^2\mathrm{d}y$，其中$L$为抛物线$y=x^2$上从点$O(0, 0)$到点$B(1, 1)$的一段弧(见图 10.1.13).

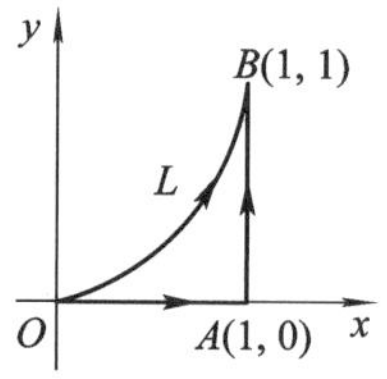

图 10.1.13 例 10.1.10 示意图

解 因为$\frac{\partial Q}{\partial x}=2x=\frac{\partial P}{\partial y}$在整个$xOy$面内恒成立，而整个$xOy$面是单连通域，所以曲线积分与路径无关. 因此，可取折线OAB作为积分路径，即

$$\begin{aligned}\int_L 2xy\mathrm{d}x+x^2\mathrm{d}y &= \int_{OA} 2xy\mathrm{d}x+x^2\mathrm{d}y+\int_{AB} 2xy\mathrm{d}x+x^2\mathrm{d}y\\ &= \int_0^1 (2x\cdot 0+x^2\cdot 0)\mathrm{d}x+\int_0^1 (2y\cdot 0+1)\mathrm{d}y\\ &= 0+1\\ &= 1.\end{aligned}$$

知识要点

(1) 对弧长的曲线积分：设曲线弧L的方程为$\begin{cases}x=\varphi(t)\\ y=\psi(t)\end{cases}(\alpha\leqslant t\leqslant\beta)$，则

$$\int_L f(x, y)\mathrm{d}s=\int_\alpha^\beta f[\varphi(t), \psi(t)]\sqrt{\varphi'^2(t)+\psi'^2(t)}\mathrm{d}t.$$

(2) 对坐标的曲线积分：设L的参数方程为$\begin{cases}x=\varphi(t)\\ y=\psi(t)\end{cases}$，参数$t$单调地由$\alpha$变到$\beta$，则

$$\int_L P(x, y)\mathrm{d}x+Q(x, y)\mathrm{d}y=\int_\alpha^\beta \{P[\varphi(t), \psi(t)]\varphi'(t)+Q[\varphi(t), \psi(t)]\psi'(t)\}\mathrm{d}t.$$

(3) 格林(Green)公式：$\iint_D\left(\frac{\partial Q}{\partial x}-\frac{\partial P}{\partial y}\right)\mathrm{d}x\mathrm{d}y=\oint_L P\mathrm{d}x+Q\mathrm{d}y$. 设函数$P(x, y)$和$Q(x, y)$在单连通域$G$内具有一阶连续偏导数，则曲线积分$\int_L P\mathrm{d}x+Q\mathrm{d}y$在$G$内与路径无关的充要条件是$\frac{\partial Q}{\partial x}=\frac{\partial P}{\partial y}$在$G$内恒成立.

■ 习题 10－1

1. 计算下列第一类曲线积分：

(1) $\int_L (x+y)\mathrm{d}s$，其中L是以$O(0, 0)$、$A(1, 0)$、$B(0, 1)$为顶点的三角形；

(2) $\int_L (x^2+y^2)^{\frac{1}{2}}\mathrm{d}s$，其中 L 是以原点为中心、R 为半径的右半圆周.

2. 计算下列第二类曲线积分：

(1) $\int_L x\mathrm{d}y-y\mathrm{d}x$，其中 L 为抛物线 $y=2x^2$ 上从点 $O(0, 0)$ 到点 $B(1, 1)$ 的一段弧；

(2) $\int_L (x^2+y^2)^{\frac{1}{2}}\mathrm{d}s$，其中 L 为圆周 $x^2+y^2=1$，L 的方向为逆时针方向.

3. 应用格林公式计算 $\oint_L (x+y)^2\mathrm{d}x-(x^2+y^2)\mathrm{d}y$，其中 L 是三个顶点分别为 $A(1, 1)$、$B(3, 2)$、$C(2, 5)$ 的三角形正向边界.

4. 验证下列积分与路线无关，并求它们的值：

(1) $\int_{(0,0)}^{(1,1)}(x-y)(\mathrm{d}x-\mathrm{d}y)$；

(2) $\int_{(2,1)}^{(1,2)}\dfrac{y\mathrm{d}x-x\mathrm{d}y}{x^2}$，沿在右半平面的路线.

第二节　曲面积分

一、对面积的曲面积分

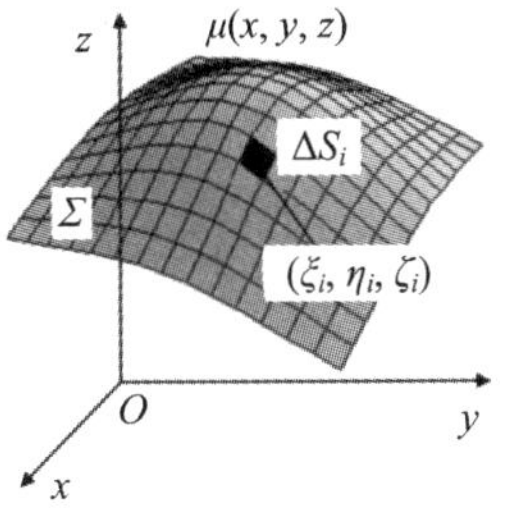

图 10.2.1　引例 10.2.1 示意图

引例 10.2.1　已知非均匀曲面形构件 Σ 上任一点 (x, y, z) 处的面密度为 $\mu(x, y, z)$，求该构件的质量.

我们采用如下方法计算：

(1) 如图 10.2.1 所示，将曲面 Σ 任意分割成 n 小块：ΔS_1，ΔS_2，…，ΔS_i，…，ΔS_n（ΔS_i 同时也表示第 i 小块曲面的面积）.

(2) 任取点 $(\xi_i, \eta_i, \zeta_i)\in\Delta S_i$，$\Delta M_i\approx\mu(\xi_i, \eta_i, \zeta_i)\Delta S_i\,(i=1, 2, \cdots, n)$.

(3) $M=\sum\limits_{i=1}^{n}\Delta M_i\approx\sum\limits_{i=1}^{n}\mu(\xi_i, \eta_i, \zeta_i)\Delta S_i$.

(4) 令 $\lambda=\max\limits_{1\leqslant i\leqslant n}\{\Delta S_i\text{ 的直径}\}$，则

$$M=\lim_{\lambda\to 0}\sum_{i=1}^{n}\mu(\xi_i, \eta_i, \zeta_i)\Delta S_i.$$

推至一般，称上述这种和式的极限 $\lim\limits_{\lambda\to 0}\sum\limits_{i=1}^{n}f(\xi_i, \eta_i, \zeta_i)\Delta S_i$ 为 $f(x, y, z)$ 在曲面 Σ 上**对面积的曲面积分(或第一类曲面积分)**，记作 $\iint\limits_{\Sigma}f(x, y, z)\mathrm{d}S$，即

$$\iint_{\Sigma}f(x, y, z)\mathrm{d}S=\lim_{\lambda\to 0}\sum_{i=1}^{n}f(\xi_i, \eta_i, \zeta_i)\Delta S_i, \tag{10.2.1}$$

其中，$f(x, y, z)$ 叫作**被积函数**，Σ 叫作**积分曲面**.

注：(1) 若 Σ 为封闭曲面，则记作 $\oiint\limits_{\Sigma} f(x, y, z)\mathrm{d}S$.

(2) 当 $f(x, y, z)$在光滑曲面 Σ 上连续时，曲面积分存在.

(3) 面密度为 $\rho(x, y, z)$的曲面形构件的质量为 $M=\iint\limits_{\Sigma}\rho(x, y, z)\mathrm{d}S$.

(4) 若 $f(x, y, z)=1$，则$\iint\limits_{\Sigma} f(x, y, z)\mathrm{d}S=\iint\limits_{\Sigma}\mathrm{d}S$ 表示这片曲面的面积.

(5) 具有与对弧长的曲线积分相似的性质，对面积的曲面积分可转化为二重积分计算. 设光滑曲面 Σ：$z=z(x, y)$，Σ 在 xOy 面上的投影区域为 D_{xy}，则

$$\iint\limits_{\Sigma} f(x, y, z)\mathrm{d}S=\iint\limits_{D_{xy}} f[x, y, z(x, y)]\sqrt{1+\left(\frac{\partial z}{\partial x}\right)^2+\left(\frac{\partial z}{\partial y}\right)^2}\mathrm{d}x\mathrm{d}y. \tag{10.2.2}$$

例 10.2.1 计算$\iint\limits_{\Sigma} z\mathrm{d}S$，其中 Σ 是球面 $x^2+y^2+z^2=a^2$ 被平面 $z=h(0<h<a)$截出的顶部.

解 如图 10.2.2 所示，Σ 的方程为 $z=\sqrt{a^2-x^2-y^2}$. Σ 在 xOy 面上的投影区域 D_{xy}为圆形闭区域：$x^2+y^2\leqslant a^2-h^2$. 又

$$\frac{\partial z}{\partial x}=\frac{-x}{\sqrt{a^2-x^2-y^2}},\ \frac{\partial z}{\partial y}=\frac{-y}{\sqrt{a^2-x^2-y^2}}.$$

所以

$$\begin{aligned}\iint\limits_{\Sigma} z\mathrm{d}S&=\iint\limits_{D_{xy}}\sqrt{a^2-x^2-y^2}\sqrt{1+\left(\frac{\partial z}{\partial x}\right)^2+\left(\frac{\partial z}{\partial y}\right)^2}\mathrm{d}x\mathrm{d}y\\&=\iint\limits_{D_{xy}}\sqrt{a^2-x^2-y^2}\cdot\frac{a}{\sqrt{a^2-x^2-y^2}}\mathrm{d}x\mathrm{d}y\\&=a\iint\limits_{D_{xy}}\mathrm{d}x\mathrm{d}y\\&=\pi a(a^2-h^2).\end{aligned}$$

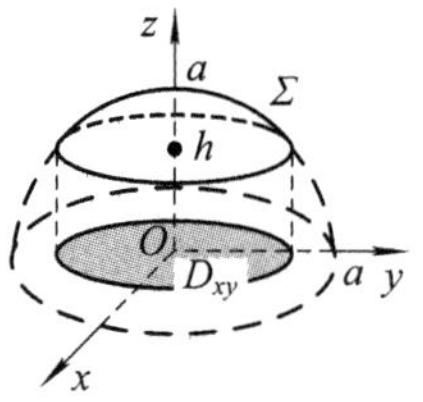

图 10.2.2 例 10.2.1 示意图

例 10.2.2 计算 $\oiint\limits_{\Sigma} xyz\mathrm{d}S$，其中 Σ 是由平面 $x=0$，$y=0$，$z=0$，$x+y+z=1$ 所围成的四面体的整个边界曲面(见图 10.2.3).

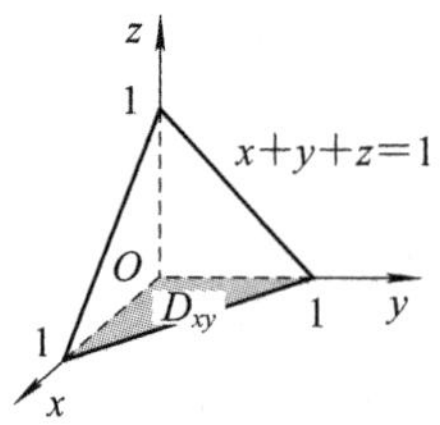

图 10.2.3 例 10.2.2 示意图

解 设 Σ_1、Σ_2、Σ_3、Σ_4 分别表示 Σ 在平面 $x=0$、$y=0$、$z=0$、$x+y+z=1$ 上的部分，则 $\Sigma=\Sigma_1+\Sigma_2+\Sigma_3+\Sigma_4$，于是

$$\oiint_{\Sigma} xyz\,\mathrm{d}S = \iint_{\Sigma_1} xyz\,\mathrm{d}S + \iint_{\Sigma_2} xyz\,\mathrm{d}S + \iint_{\Sigma_3} xyz\,\mathrm{d}S + \iint_{\Sigma_4} xyz\,\mathrm{d}S.$$

由于在 Σ_1、Σ_2、Σ_3 上，被积函数 $f(x, y, z)=xyz$ 均为零，因此

$$\iint_{\Sigma_1} xyz\,\mathrm{d}S = \iint_{\Sigma_2} xyz\,\mathrm{d}S = \iint_{\Sigma_3} xyz\,\mathrm{d}S = 0.$$

在 Σ_4 上，$z=1-x-y$，D_{xy} 是 Σ_4 在 xOy 面上的投影区域，且 $\begin{cases} 0\leqslant y\leqslant 1-x \\ 0\leqslant x\leqslant 1 \end{cases}$，所以

$$\oiint_{\Sigma} xyz\,\mathrm{d}S = \iint_{\Sigma_4} xyz\,\mathrm{d}S = \iint_{D_{xy}} xy(1-x-y)\sqrt{3}\,\mathrm{d}x\mathrm{d}y$$

$$= \sqrt{3}\int_0^1 x\,\mathrm{d}x\int_0^{1-x} y(1-x-y)\,\mathrm{d}y = \frac{\sqrt{3}}{120}.$$

二、对坐标的曲面积分

曲面都有两个侧，选定了侧的曲面称为**有向曲面**. 按惯例，假定 z 轴铅直向上，有向曲面的方向用法向量的指向表示，即曲面的侧向用法向量的方向余弦刻画，见表 10.2.1.

表 10.2.1　侧的规定

方向余弦	$\cos\alpha$	$\cos\beta$	$\cos\gamma$	封闭曲面
侧的规定	>0，为前侧	>0，为右侧	>0，为上侧	外侧
	<0，为后侧	<0，为左侧	<0，为下侧	内侧

定义 10.2.1　设 Σ 为光滑的有向曲面，函数 $R(x, y, z)$ 在 Σ 上有界. 将 Σ 任意分割成 n 块小曲面 ΔS_i（ΔS_i 同时也表示第 i 块小曲面的面积），ΔS_i 在 xOy 面上的投影为 $(\Delta S_i)_{xy}$，任取点 $(\xi_i, \eta_i, \zeta_i)\in\Delta S_i$，作乘积 $R(\xi_i, \eta_i, \zeta_i)(\Delta S_i)_{xy}$，并作和式 $\sum\limits_{i=1}^{n} R(\xi_i, \eta_i, \zeta_i)(\Delta S_i)_{xy}$，记 $\lambda=\max\limits_{1\leqslant i\leqslant n}\{\Delta S_i$ 的直径$\}$，若极限 $\lim\limits_{\lambda\to 0}\sum\limits_{i=1}^{n} R(\xi_i, \eta_i, \zeta_i)(\Delta S_i)_{xy}$ 存在，则称此极限为函数 $R(x, y, z)$ 在有向曲面 Σ 上对坐标 x、y 的曲面积分（也称**第二类曲面积分**），记作 $\iint\limits_{\Sigma} R(x, y, z)\,\mathrm{d}x\mathrm{d}y$，即

$$\iint_{\Sigma} R(x, y, z)\,\mathrm{d}x\mathrm{d}y = \lim_{\lambda\to 0}\sum_{i=1}^{n} R(\xi_i, \eta_i, \zeta_i)(\Delta S_i)_{xy}. \tag{10.2.3}$$

类似地，有

$$\iint_{\Sigma} P(x, y, z)\,\mathrm{d}y\mathrm{d}z = \lim_{\lambda\to 0}\sum_{i=1}^{n} P(\xi_i, \eta_i, \zeta_i)(\Delta S_i)_{yz}, \tag{10.2.4}$$

$$\iint_{\Sigma} Q(x, y, z)\,\mathrm{d}z\mathrm{d}x = \lim_{\lambda\to 0}\sum_{i=1}^{n} Q(\xi_i, \eta_i, \zeta_i)(\Delta S_i)_{zx}. \tag{10.2.5}$$

其中，$P(x, y, z)$、$Q(x, y, z)$、$R(x, y, z)$ 叫作**被积函数**，Σ 叫作**积分曲面**.

注：(1) 当 $P(x, y, z)$、$Q(x, y, z)$、$R(x, y, z)$ 在有向曲面 Σ 上连续时，对坐标的曲面积分是存在的.

(2) 三个积分的和常记为如下简便形式：

$$\iint_{\Sigma} P\,\mathrm{d}y\mathrm{d}z + \iint_{\Sigma} Q\mathrm{d}z\mathrm{d}x + \iint_{\Sigma} R\,\mathrm{d}x\mathrm{d}y = \iint_{\Sigma} P\,\mathrm{d}y\mathrm{d}z + Q\mathrm{d}z\mathrm{d}x + R\mathrm{d}x\mathrm{d}y.$$

(3) 若 Σ 为封闭曲面，则记作 $\oiint_{\Sigma} P\mathrm{d}y\mathrm{d}z + Q\mathrm{d}z\mathrm{d}x + R\mathrm{d}x\mathrm{d}y$.

(4) 具有与对坐标的曲线积分相类似的性质，如：

① 若 $\Sigma=\Sigma_1+\Sigma_2$，则

$$\iint_{\Sigma} P\,\mathrm{d}y\mathrm{d}z + Q\mathrm{d}z\mathrm{d}x + R\mathrm{d}x\mathrm{d}y = \iint_{\Sigma_1} P\mathrm{d}y\mathrm{d}z + Q\mathrm{d}z\mathrm{d}x + R\mathrm{d}x\mathrm{d}y + \iint_{\Sigma_2} P\mathrm{d}y\mathrm{d}z + Q\mathrm{d}z\mathrm{d}x + R\mathrm{d}x\mathrm{d}y;$$

② 用 $-\Sigma$ 表示与 Σ 相反侧的曲面，则

$$\iint_{-\Sigma} P\,\mathrm{d}y\mathrm{d}z + Q\mathrm{d}z\mathrm{d}x + R\mathrm{d}x\mathrm{d}y = -\iint_{\Sigma} P\,\mathrm{d}y\mathrm{d}z + Q\mathrm{d}z\mathrm{d}x + R\mathrm{d}x\mathrm{d}y.$$

对坐标的曲面积分也可转化为二重积分计算.

计算对坐标 x、y 的曲面积分，先把积分曲面 Σ 的方程写成 $z=z(x, y)$. 若 Σ 在 xOy 面上的投影区域为 D_{xy}，$R(x, y, z)$在 Σ 上连续，则

$$\iint_{\Sigma} R(x, y, z)\mathrm{d}x\mathrm{d}y = \pm \iint_{D_{xy}} R[x, y, z(x, y)]\mathrm{d}x\mathrm{d}y, \tag{10.2.6}$$

其中，上侧取正，下侧取负.

类似地，对坐标 y、z 的曲面积分，把积分曲面 Σ 的方程写成 $x=x(y, z)$. 若 Σ 在 yOz 面上的投影区域为 D_{yz}，则

$$\iint_{\Sigma} P(x, y, z)\mathrm{d}y\mathrm{d}z = \pm \iint_{D_{yz}} P[x(y, z), y, z]\mathrm{d}y\mathrm{d}z, \tag{10.2.7}$$

其中，前侧取正，后侧取负.

对坐标 x、z 的曲面积分，把积分曲面 Σ 的方程写成 $y=y(z, x)$. 若 Σ 在 zOx 面上的投影区域为 D_{zx}，则

$$\iint_{\Sigma} Q(x, y, z)\mathrm{d}z\mathrm{d}x = \pm \iint_{D_{zx}} Q[x, y(z, x), z]\mathrm{d}z\mathrm{d}x, \tag{10.2.8}$$

其中，右侧取正，左侧取负.

例 10.2.3 计算 $\oiint_{\Sigma} x^2\mathrm{d}y\mathrm{d}z + y^2\mathrm{d}z\mathrm{d}x + z^2\mathrm{d}x\mathrm{d}y$，其中 Σ 是长方体 Ω 的整个表面的外侧，$\Omega=\{(x, y, z)\,|\,0\leqslant x\leqslant a, 0\leqslant y\leqslant b, 0\leqslant z\leqslant c\}$.

解 如图 10.2.4 所示，将有向曲面 Σ 分成以下六部分：

Σ_1：$z=c$ $(0\leqslant x\leqslant a, 0\leqslant y\leqslant b)$的上侧；

Σ_2：$z=0$ $(0\leqslant x\leqslant a, 0\leqslant y\leqslant b)$的下侧；

Σ_3：$x=a$ $(0\leqslant z\leqslant c, 0\leqslant y\leqslant b)$的前侧；

Σ_4：$x=0$ $(0\leqslant z\leqslant c, 0\leqslant y\leqslant b)$的后侧；

Σ_5：$y=b$ $(0\leqslant x\leqslant a, 0\leqslant z\leqslant c)$的右侧；

Σ_6：$y=0$ $(0\leqslant x\leqslant a, 0\leqslant z\leqslant c)$的左侧.

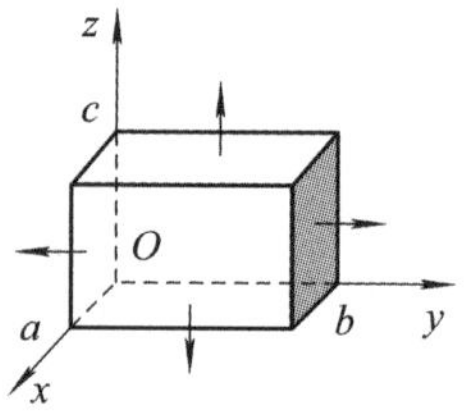

图 10.2.4 例 10.2.3 示意图

除 Σ_3、Σ_4 外，其余四片曲面在 yOz 面上的投影为零，

因此

$$\iint_{\Sigma} x^2 \mathrm{d}y\mathrm{d}z = \iint_{\Sigma_3} x^2 \mathrm{d}y\mathrm{d}z + \iint_{\Sigma_4} x^2 \mathrm{d}y\mathrm{d}z$$

$$= \iint_{D_{yz}} a^2 \mathrm{d}y\mathrm{d}z - \iint_{D_{yz}} 0^2 \mathrm{d}y\mathrm{d}z = a^2 bc.$$

类似地，可得

$$\iint_{\Sigma} y^2 \mathrm{d}z\mathrm{d}x = b^2 ac, \quad \iint_{\Sigma} z^2 \mathrm{d}x\mathrm{d}y = c^2 ab.$$

于是所求曲面积分为$(a+b+c)abc$.

例 10.2.4 计算$\iint_{\Sigma} z\mathrm{d}x\mathrm{d}y$，其中$\Sigma$是球面$x^2+y^2+z^2=1$外侧在$x \geqslant 0$，$y \geqslant 0$的部分.

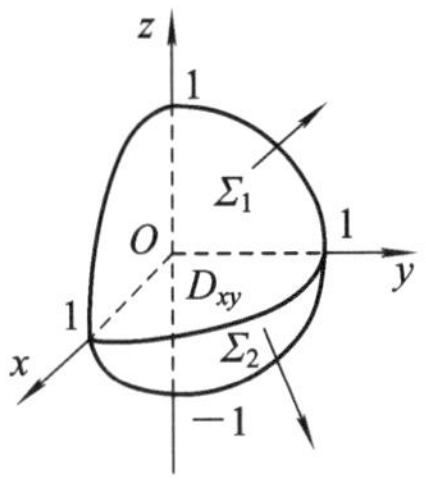

图 10.2.5 例 10.2.4示意图

解 画草图，如图 10.2.5 所示，$\Sigma=\Sigma_1+\Sigma_2$，

Σ_1：$z=\sqrt{1-x^2-y^2}$，取上侧；

Σ_2：$z=-\sqrt{1-x^2-y^2}$，取下侧.

所以

$$\iint_{\Sigma} z\mathrm{d}x\mathrm{d}y = \iint_{\Sigma_1} z\mathrm{d}x\mathrm{d}y + \iint_{\Sigma_2} z\mathrm{d}x\mathrm{d}y$$

$$= \iint_{D_{xy}} \sqrt{1-x^2-y^2}\mathrm{d}x\mathrm{d}y - \iint_{D_{xy}} (-\sqrt{1-x^2-y^2})\mathrm{d}x\mathrm{d}y$$

$$= 2\iint_{D_{xy}} \sqrt{1-x^2-y^2}\mathrm{d}x\mathrm{d}y = 2\int_0^{\frac{\pi}{2}} \mathrm{d}\theta \int_0^1 \sqrt{1-\rho^2} \cdot \rho \mathrm{d}\rho$$

$$= -\frac{\pi}{2}\int_0^1 \sqrt{1-\rho^2}\mathrm{d}(1-\rho^2) = \frac{\pi}{3}.$$

知识要点

(1) 对面积的曲面积分：设光滑曲面Σ：$z=z(x, y)$，Σ在xOy面上的投影区域为D_{xy}，则

$$\iint_{\Sigma} f(x, y, z)\mathrm{d}S = \iint_{D_{xy}} f[x, y, z(x, y)]\sqrt{1+\left(\frac{\partial z}{\partial x}\right)^2+\left(\frac{\partial z}{\partial y}\right)^2}\mathrm{d}x\mathrm{d}y.$$

(2) 对坐标的曲面积分：

$\iint_{\Sigma} R(x, y, z)\mathrm{d}x\mathrm{d}y = \pm\iint_{D_{xy}} R[x, y, z(x, y)]\mathrm{d}x\mathrm{d}y$（其中，上侧取正，下侧取负）；

$\iint_{\Sigma} P(x, y, z)\mathrm{d}y\mathrm{d}z = \pm\iint_{D_{yz}} P[x(y, z), y, z]\mathrm{d}y\mathrm{d}z$（其中，前侧取正，后侧取负）；

$\iint_{\Sigma} Q(x, y, z)\mathrm{d}z\mathrm{d}x = \pm\iint_{D_{zx}} Q[x, y(z, x), z]\mathrm{d}z\mathrm{d}x$（其中，右侧取正，左侧取负）.

■ 习题 10 - 2

1. 计算下列第一类曲面积分：

(1) $\iint\limits_S (x+y+z)\mathrm{d}S$，其中 S 为上半球面 $x^2+y^2+z^2=a^2$，$z\geqslant 0$；

(2) $\iint\limits_S (x^2+y^2)\mathrm{d}S$，其中 S 为立体 $\sqrt{x^2+y^2}\leqslant z\leqslant 1$ 的边界曲面.

2. 计算下列第二类曲面积分：

(1) $\iint\limits_S y(x-z)\mathrm{d}y\mathrm{d}z+x^2\mathrm{d}z\mathrm{d}x+(y^2+xz)\mathrm{d}x\mathrm{d}y$，其中 S 为由 $x=y=z=0$ 和 $x=y=z=a$ 六个平面所围的立方体表面，并取外侧为正向；

(2) $\iint\limits_S (x+y)\mathrm{d}y\mathrm{d}z+(y+z)\mathrm{d}z\mathrm{d}x+(z+x)\mathrm{d}x\mathrm{d}y$，其中 S 是以原点为中心、边长为 2 的立体表面，并取外侧为正向.

总 习 题 十

1. 填空题：

(1) 设曲线 Γ: $\begin{cases} x^2+y^2+z^2=a^2(a>0) \\ x+y+z=0 \end{cases}$，则曲线积分 $\oint_\Gamma \dfrac{1}{x^2+y^2+z^2}\mathrm{d}s=$ __________.

(2) 设曲线 L 是包含原点在内的任意光滑正向闭曲线，则 $\oint_L \dfrac{x\mathrm{d}y-y\mathrm{d}x}{x^2+y^2}=$ __________.

(3) 设 L 为有向曲线 $\dfrac{x^2}{4}+y^2=1$ 的正向，则 $\oint_L (2x-y)\mathrm{d}x+(x+3y)\mathrm{d}y=$ __________.

2. 选择题：

(1) 在下列积分中，积分值与路径无关的是(　　).

A. $\int_L \sin y\mathrm{d}x+\sin x\mathrm{d}y$　　B. $\int_L \sin y\mathrm{d}x+y\sin x\mathrm{d}y$

C. $\int_L \cos y\mathrm{d}x+\sin x\mathrm{d}y$　　D. $\int_L y\cos x\mathrm{d}x+\sin x\mathrm{d}y$

(2) 设曲线积分 $\int_L [f(x)-\mathrm{e}^x]\sin y\mathrm{d}x-f(x)\cos y\mathrm{d}y$ 与路径无关，其中 $f(x)$ 具有一阶连续导数，且 $f(0)=0$，则 $f(x)=$(　　).

A. $\dfrac{\mathrm{e}^{-x}-\mathrm{e}^x}{2}$　　B. $\dfrac{\mathrm{e}^x-\mathrm{e}^{-x}}{2}$　　C. $\dfrac{\mathrm{e}^{-x}+\mathrm{e}^x}{2}-1$　　D. $1-\dfrac{\mathrm{e}^{-x}+\mathrm{e}^x}{2}$

3. 求曲线积分 $\int_L (2xy^3-y^2\cos x)\mathrm{d}x+(1-2y\sin x+3x^2y^2)\mathrm{d}y$，其中 L 为抛物线 $2x=\pi y^2$ 上由点 $(0,0)$ 到 $\left(\dfrac{\pi}{2},1\right)$ 的一段弧.

4. 求曲线积分 $\int_L (12xy+\mathrm{e}^y)\mathrm{d}x-(\cos y-x\mathrm{e}^y)\mathrm{d}y$，其中 L 是沿曲线 $y=x^2$ 从点 $A(-1,1)$ 到点 $O(0,0)$，再沿 x 轴到点 $B(2,0)$ 的有向弧段.

5. 求曲面积分 $I=\iint\limits_{\Sigma} z^2\mathrm{d}x\mathrm{d}y$，其中 Σ 为 $x^2+y^2+z^2=R^2(R>0)$ 的下半球面的外侧.

6. 求曲面积分 $I=\oiint\limits_{\Sigma} xy^2\mathrm{d}y\mathrm{d}z+x^2y\mathrm{d}z\mathrm{d}x$，其中 Σ 为由 $x^2+y^2=2z$、$z=2$ 所围立体整个表面的外侧.

7. 曲线形物件的参数方程为 $\begin{cases} x=\mathrm{e}^t\cos t \\ y=\mathrm{e}^t\sin t \\ z=\mathrm{e}^t \end{cases}$ $(0\leqslant t\leqslant 2)$，其线密度为 $\rho(x,y,z)=\dfrac{1}{x^2+y^2+z^2}$，求此物件的质量.

8. 求半球面 $z=\sqrt{R^2-x^2-y^2}$ 夹在两个圆柱面 $x^2+y^2=a^2$、$x^2+y^2=b^2(0<a<b<R)$ 之间的部分的面积.

9. 在力 $\boldsymbol{F}=\dfrac{y^2}{\sqrt{R^2+x^2}}\boldsymbol{i}+[4x-2y\ln(x+\sqrt{R^2+x^2}]\boldsymbol{j}$ 作用下，单位质点沿 $x^2+y^2=R^2$ 逆时针方向从点 $A(R,0)$ 运动到点 $B(-R,0)$，求此力所做的功.

第十一章　无 穷 级 数

我们在中学里已经遇到过级数——等差数列与等比数列，它们都属于项数为有限的特殊情形．本章介绍项数为无限的级数，即无穷级数．无穷级数(简称级数)是微积分的一个重要组成部分，它是表示函数、研究函数的性质以及用简单函数逼近复杂函数进行数值计算的有力工具，在自然科学和数学计算等许多分支中有着广泛的应用．本章先介绍级数的概念及性质，然后讨论正项级数的收敛准则以及一般常数项级数的收敛准则，最后介绍函数项级数、幂级数和函数的幂级数展开式．

第一节　级数的概念及性质

一、无穷级数的概念

定义 11.1.1　设数列 a_1，a_2，…，a_n，…，把数列中各项依次用加号连接起来的式子

$$a_1+a_2+\cdots+a_n+\cdots$$

称为**无穷级数**，简称**级数**，记作 $\sum\limits_{n=1}^{\infty}a_n$ 或 $\sum a_n$，即 $\sum\limits_{n=1}^{\infty}a_n=a_1+a_2+\cdots+a_n+\cdots$．数列的各项 a_1，a_2，…称为级数的项，a_n 称为级数的**通项**．

取级数最前的一项，两项，…，n 项，…相加，得一数列 $s_1=a_1$，$s_2=a_1+a_2$，…，$s_n=a_1+a_2+\cdots+a_n$，…．这个数列的通项 $s_n=a_1+a_2+\cdots+a_n$ 称为级数 $\sum\limits_{n=1}^{\infty}a_n$ 的前 n 项的**部分和**，该数列 $\{s_n\}$ 称为级数的**部分和数列**．

如果级数的部分和数列收敛，即 $\lim\limits_{n\to\infty}s_n=s$，那么称该**级数收敛**，极限值 s 称为**级数的和**．若级数的部分和数列极限不存在，则称级数发散．

例 11.1.1　证明级数：$\sum\limits_{n=1}^{\infty}\frac{1}{n(n+1)}=\frac{1}{1\cdot 2}+\frac{1}{2\cdot 3}+\frac{1}{3\cdot 4}+\cdots+\frac{1}{n(n+1)}+\cdots$ 的和是 1．

证

$$\begin{aligned}s_n&=\frac{1}{1\cdot 2}+\frac{1}{2\cdot 3}+\frac{1}{3\cdot 4}+\cdots+\frac{1}{n(n+1)}\\&=\left(1-\frac{1}{2}\right)+\left(\frac{1}{2}-\frac{1}{3}\right)+\left(\frac{1}{3}-\frac{1}{4}\right)+\cdots+\left(\frac{1}{n}-\frac{1}{n+1}\right)\\&=1-\frac{1}{n+1},\end{aligned}$$

当 $n\to\infty$ 时，$s_n\to 1$，所以级数的和是 1．

二、级数的性质

级数具有以下性质：

性质 1(级数收敛的必要条件) 如果级数 $\sum_{n=1}^{\infty} a_n$ 收敛，则它的通项 a_n 当 $n\to\infty$ 时趋于零，即 $\lim_{n\to\infty} a_n = 0$.

注：此条件只是级数收敛的必要条件，而不是充分条件.

例如：级数 $\sum_{n=1}^{\infty} \frac{1}{n} = 1 + \frac{1}{2} + \frac{1}{3} + \cdots + \frac{1}{n} + \cdots$ 虽然在 $n\to\infty$ 时，通项 $a_n = \frac{1}{n} \to 0$，但级数是发散的. 此级数为调和级数，在此不加以证明.

性质 2 如果级数 $\sum_{n=1}^{\infty} a_n$ 收敛于和 s，那么级数的每一项同乘一个不为零的常数 c 后所得到的级数 $\sum_{n=1}^{\infty} ca_n$ 也收敛，且其和是 cs. 如果 $\sum_{n=1}^{\infty} a_n$ 发散，那么当 $c\neq 0$ 时 $\sum_{n=1}^{\infty} ca_n$ 也发散.

性质 3 两个收敛级数可以逐项相加或相减.

性质 4 在任何收敛的级数中，不改变连在一起的有限项的次序而插入括号，所得的新级数仍收敛，且其和不变.

注：无限项的和是一种极限，与有限项的和在本质上是有区别的.

性质 5 在级数中去掉、加上或改变有限项，不会改变级数的敛散性.

知识要点

(1) 级数的概念：设数列 a_1，a_2，$\cdots$，a_n，$\cdots$，把数列中各项依次用加号连接起来的式子

$$a_1 + a_2 + \cdots + a_n + \cdots$$

称为**无穷级数**，简称**级数**，记作 $\sum_{n=1}^{\infty} a_n$ 或 $\sum a_n$.

(2) 级数具有以下性质：

性质 1(级数收敛的必要条件)：如果级数 $\sum_{n=1}^{\infty} a_n$ 收敛，则它的通项 a_n 当 $n\to\infty$ 时趋于零，即 $\lim_{n\to\infty} a_n = 0$.

性质 2：如果级数 $\sum_{n=1}^{\infty} a_n$ 收敛于和 s，那么级数的每一项同乘一个不为零的常数 c 后所得到的级数 $\sum_{n=1}^{\infty} ca_n$ 也收敛，且其和是 cs. 如果 $\sum_{n=1}^{\infty} a_n$ 发散，那么当 $c\neq 0$ 时 $\sum_{n=1}^{\infty} ca_n$ 也发散.

性质 3：两个收敛级数可以逐项相加或相减.

性质 4：在任何收敛的级数中，不改变连在一起的有限项的次序而插入括号，所得的新级数仍收敛，且其和不变.

性质 5：在级数中去掉、加上或改变有限项，不会改变级数的敛散性.

■ 习题 11－1

1. 填空题：

(1) 级数 $\sum_{n=1}^{\infty} u_n$ 收敛于 s 是 $\lim_{n\to\infty} u_n = 0$ 的________条件.（填“充分”或“必要”或“充要”）

(2) $\sum_{n=1}^{\infty} \frac{1}{n^2+n} =$ ________.

(3) $\sum_{n=1}^{\infty} \frac{1}{2n(2n+2)} =$ ________.

2. 判定下列级数的敛散性，并写出收敛级数的和：

(1) $\sum_{n=1}^{\infty}(\sqrt{n+2}-\sqrt{n+1})$；

(2) $\sum_{n=1}^{\infty} \frac{1}{(3n+1)(3n+4)}$；

(3) $\sum_{n=1}^{\infty}\left(\frac{1}{3^n}+\frac{1}{5^n}\right)$；

(4) $\sum_{n=1}^{\infty} \frac{3n^n}{(1+n)^n}$；

(5) $\sum_{n=1}^{\infty} \frac{n^n}{(n+1)^n}$；

(6) $\sum_{n=1}^{\infty} \frac{2^n+7^n}{6^n}$.

第二节　正项级数的收敛问题

对于一个级数，我们一般会提出这样两个问题：它是不是收敛的？它的和是多少？显然第一个问题是更重要的，因为如果级数是发散的，那么第二个问题就不存在了. 本节讨论如何确定级数的收敛和发散问题.

我们先来考虑**正项级数**（即每一项 $a_n \geqslant 0$ 的级数）的收敛问题.

一、判定正项级数敛散性的基本定理

定理 11.2.1　正项级数 $\sum_{n=1}^{\infty} a_n$ 收敛的充分必要条件是：它的部分和数列 $\{s_n\}$ 有界.

由定理 11.2.1 可知，如果正项级数 $\sum_{n=1}^{\infty} a_n$ 发散，则它的部分和数列 $s_n \to +\infty (n\to\infty)$，即 $\sum_{n=1}^{\infty} a_n = +\infty$.

例 11.2.1　p 级数：$\sum_{n=1}^{\infty} \frac{1}{n^p} = 1+\frac{1}{2^p}+\frac{1}{3^p}+\cdots+\frac{1}{n^p}+\cdots$，当 $p>1$ 时收敛，当 $p\leqslant 1$ 时发散.

二、正项级数的收敛准则

正项级数有以下收敛准则：

准则一　设有两个正项级数 $\sum_{n=1}^{\infty} a_n$ 及 $\sum_{n=1}^{\infty} b_n$，且 $a_n \leqslant b_n (n=1, 2, \cdots)$. 如果 $\sum_{n=1}^{\infty} b_n$ 收

敛，那么 $\sum_{n=1}^{\infty} a_n$ 也收敛；如果 $\sum_{n=1}^{\infty} a_n$ 发散，那么 $\sum_{n=1}^{\infty} b_n$ 也发散.

例 11.2.2 级数 $\sum_{n=1}^{\infty} \frac{1}{n^n} = 1 + \frac{1}{2^2} + \frac{1}{3^3} + \cdots + \frac{1}{n^n} + \cdots$ 是收敛的. 因为当 $n > 1$ 时，有 $\frac{1}{n^n} \leqslant \frac{1}{2^n}$，而等比级数 $\sum_{n=1}^{\infty} \frac{1}{2^n}$ 是收敛的.

准则二 设有两个正项级数 $\sum_{n=1}^{\infty} a_n$ 及 $\sum_{n=1}^{\infty} b_n$，如果 $\lim\limits_{n\to\infty} \frac{a_n}{b_n} = \lambda \neq 0$，那么这两个级数或者同时收敛，或者同时发散.

如果 $\lim\limits_{n\to\infty} \frac{a_n}{b_n} = 0$，那么当 $\sum_{n=1}^{\infty} b_n$ 收敛时，$\sum_{n=1}^{\infty} a_n$ 也收敛；如果 $\lim\limits_{n\to\infty} \frac{a_n}{b_n} = \infty$，那么当 $\sum_{n=1}^{\infty} b_n$ 发散时，$\sum_{n=1}^{\infty} a_n$ 也发散.

例 11.2.3 $\sum_{n=1}^{\infty} \tan \frac{1}{n^2}$ 是收敛的. 因为 $\lim\limits_{n\to\infty} \left(\frac{\tan \frac{1}{n^2}}{\frac{1}{n^2}} \right) = 1$，而级数 $\sum_{n=1}^{\infty} \frac{1}{n^2}$ 是收敛的.

注：利用以上两个准则来判定一个已知级数的敛散性时，都需要另选一个收敛或发散的级数，用以比较. 下面介绍两个只依赖于已知级数本身的审敛准则.

准则三 设有正项级数 $\sum_{n=1}^{\infty} a_n$，如果极限 $\lim\limits_{n\to\infty} \frac{a_{n+1}}{a_n} = \lambda$ 存在，那么当 $\lambda < 1$ 时级数收敛，当 $\lambda > 1$ 时级数发散，当 $\lambda = 1$ 时级数可能收敛也可能发散.

注：此准则就是**达朗贝尔准则**. 这种判定方法称为**比值审敛法**.

例 11.2.4 级数 $\sum_{n=1}^{\infty} \frac{2^n}{n}$ 是发散的. 因为

$$\lim_{n\to\infty} \frac{a_{n+1}}{a_n} = \lim_{n\to\infty} \frac{\frac{2^{n+1}}{n+1}}{\frac{2^n}{n}} = \lim_{n\to\infty} \frac{2n}{n+1} = 2 > 1.$$

准则四(柯西准则) 如果极限 $\lim\limits_{n\to\infty} \sqrt[n]{a_n} = \lambda$ 存在，那么当 $\lambda < 1$ 时级数 $\sum_{n=1}^{\infty} a_n$ 收敛，当 $\lambda > 1$ 时级数 $\sum_{n=1}^{\infty} a_n$ 发散，当 $\lambda = 1$ 时级数可能收敛也可能发散.

例 11.2.5 级数 $\sum_{n=1}^{\infty} n^n \mathrm{e}^{-n}$ 是发散的. 因为当 $n \to \infty$ 时，$\sqrt[n]{a_n} = \sqrt[n]{n^n \mathrm{e}^{-n}} = n\mathrm{e}^{-1} \to +\infty$.

知识要点

(1) 正项级数 $\sum_{n=1}^{\infty} a_n$ 收敛的**充分必要条件**是：它的部分和数列 $\{s_n\}$ 有界.

(2) 正项级数有以下收敛准则：

准则一：设有两个正项级数 $\sum_{n=1}^{\infty} a_n$ 及 $\sum_{n=1}^{\infty} b_n$，且 $a_n \leqslant b_n (n = 1, 2, \cdots)$. 如果 $\sum_{n=1}^{\infty} b_n$ 收敛，那么 $\sum_{n=1}^{\infty} a_n$ 也收敛；如果 $\sum_{n=1}^{\infty} a_n$ 发散，那么 $\sum_{n=1}^{\infty} b_n$ 也发散.

准则二：设有两个正项级数 $\sum_{n=1}^{\infty} a_n$ 及 $\sum_{n=1}^{\infty} b_n$，如果 $\lim\limits_{n\to\infty} \dfrac{a_n}{b_n} = \lambda \neq 0$，那么这两个级数或者同时收敛，或者同时发散.

准则三(达朗贝尔准则)：设有正项级数 $\sum_{n=1}^{\infty} a_n$，如果极限 $\lim\limits_{n\to\infty} \dfrac{a_{n+1}}{a_n} = \lambda$ 存在，那么当 $\lambda < 1$ 时级数收敛，当 $\lambda > 1$ 时级数发散，当 $\lambda = 1$ 时级数可能收敛也可能发散.

准则四(柯西准则)：如果极限 $\lim\limits_{n\to\infty} \sqrt[n]{a_n} = \lambda$ 存在，那么当 $\lambda < 1$ 时级数 $\sum_{n=1}^{\infty} a_n$ 收敛，当 $\lambda > 1$ 时级数 $\sum_{n=1}^{\infty} a_n$ 发散，当 $\lambda = 1$ 时级数可能收敛也可能发散.

■ 习题 11－2

1. 填空题：

(1) 已知正项级数 $\sum_{n=1}^{\infty} u_n$ 的部分和为 s_n，则该正项级数收敛是 $\{s_n\}$ 有界的________条件.（填“充分”或“必要”或“充要”）

(2) 设 $\sum_{n=1}^{\infty} \dfrac{1}{1+a^n} (a > 0)$ 为正项级数，则当 a________时级数收敛，当 a________时级数发散.

2. 用正项级数的收敛准则判定下列级数的敛散性：

(1) $\sum_{n=1}^{\infty} \dfrac{1+n}{1+n^2}$；　　(2) $\sum_{n=1}^{\infty} \sin \dfrac{\pi}{3^n}$；

(3) $\sum_{n=1}^{\infty} \dfrac{(n+1)^{n^2}}{2^n n^{n^2}}$；　　(4) $\sum_{n=1}^{\infty} \dfrac{4n-1}{n+n^2}$；

(5) $\sum_{n=1}^{\infty} \dfrac{1}{n!}$；　　(6) $\sum_{n=1}^{\infty} \dfrac{n^2}{2^n}$.

3. 证明级数 $\sum_{n=1}^{\infty} (a_{n+1} - a_n)$ 收敛的充要条件是数列 $\{a_n\}$ 收敛.

第三节　一般常数项级数的收敛准则

当级数中的正数项与负数项均为无穷多时，就称级数为**一般常数项级数**.

一、绝对收敛与条件收敛

定义 11.3.1　设有一般常数项级数 $a_1 + a_2 + \cdots + a_n + \cdots$，由各项的绝对值所构成的

级数

$$|a_1|+|a_2|+\cdots+|a_n|+\cdots$$

称为对应于原级数的**绝对值级数**.

如果级数 $\sum\limits_{n=1}^{\infty}|a_n|$ 收敛，则称级数 $\sum\limits_{n=1}^{\infty}a_n$ **绝对收敛**.

如果级数 $\sum\limits_{n=1}^{\infty}|a_n|$ 发散而级数 $\sum\limits_{n=1}^{\infty}a_n$ 收敛，则称级数 $\sum\limits_{n=1}^{\infty}a_n$ **条件收敛**.

绝对收敛准则　如果级数 $\sum\limits_{n=1}^{\infty}a_n$ 绝对收敛，那么级数 $\sum\limits_{n=1}^{\infty}a_n$ 必定收敛.

二、关于绝对收敛与条件收敛的问题

定义 11.3.2　一个绝对收敛级数的正数项与负数项所组成的级数都是收敛的.

定义 11.3.3　一个条件收敛级数的正数项与负数项所组成的级数都是发散的.

例 11.3.1　证明：当 $\lambda>1$ 时，级数 $\sum\limits_{n=1}^{\infty}\frac{\sin nx}{n^{\lambda}}$ 绝对收敛.

证　因为 $\left|\frac{\sin nx}{n^{\lambda}}\right|\leqslant\frac{1}{n^{\lambda}}$，而当 $\lambda>1$ 时，$\sum\limits_{n=1}^{\infty}\frac{1}{n^{\lambda}}$ 收敛，故级数 $\sum\limits_{n=1}^{\infty}\left|\frac{\sin nx}{n^{\lambda}}\right|$ 收敛，从而级数 $\sum\limits_{n=1}^{\infty}\frac{\sin nx}{n^{\lambda}}$ 绝对收敛.

三、交错级数与它的收敛准则

定义 11.3.4　若级数的各项符号正负相间，即形如

$$a_1-a_2+a_3-a_4+\cdots+(-1)^{n-1}a_n+\cdots=\sum_{n=1}^{\infty}(-1)^{n-1}a_n$$

的级数，称为交错级数.

交错级数的收敛准则(莱布尼茨准则)　如果 $a_1>a_2>a_3>\cdots>a_n>\cdots$，且 $\lim\limits_{n\to\infty}a_n=0$，那么级数 $\sum\limits_{n=1}^{\infty}(-1)^{n-1}a_n$ 收敛.

例 11.3.2　交错级数 $1-\frac{1}{2}+\frac{1}{3}-\frac{1}{4}+\cdots$ 是收敛的. 因为它满足莱布尼茨准则的两个条件：$1>\frac{1}{2}>\frac{1}{3}>\frac{1}{4}>\cdots$ 及 $\lim\limits_{n\to\infty}\frac{1}{n}=0$.

知识要点

(1) 设有一般常数项级数 $a_1+a_2+\cdots+a_n+\cdots$，由各项的绝对值所构成的级数

$$|a_1|+|a_2|+\cdots+|a_n|+\cdots$$

称为对应于原级数的**绝对值级数**.

(2) **交错级数**就是任意相邻的两项是符号相反的数，它是一般常数项级数的一种特殊级数.

(3) **交错级数的收敛准则(莱布尼茨准则)**：如果 $a_1>a_2>a_3>\cdots>a_n>\cdots$，且 $\lim\limits_{n\to\infty}a_n=0$，那么级数 $\sum\limits_{n=1}^{\infty}(-1)^{n-1}a_n$ 收敛.

■ 习题 11－3

1. 填空题：

(1) $\sum\limits_{n=1}^{\infty}\dfrac{(-1)^{n-1}}{n(n+2)}=$ ________.

(2) 当 p ________ 时，级数 $\sum\limits_{n=1}^{\infty}\dfrac{\sin nx}{n^p}(0\leqslant x\leqslant\pi)$ 绝对收敛.

2. 判断下列级数的敛散性，若收敛，是条件收敛还是绝对收敛：

(1) $\sum\limits_{n=1}^{\infty}(-1)^{n-1}\dfrac{1}{\sqrt{n}}$；

(2) $\sum\limits_{n=1}^{\infty}(-1)^n\dfrac{n}{2^n}$；

(3) $\sum\limits_{n=1}^{\infty}\dfrac{(-1)^{n-1}}{\ln(n+1)}$；

(4) $\sum\limits_{n=1}^{\infty}\dfrac{(-1)^n}{na^n}\ (a>0)$；

(5) $\sum\limits_{n=1}^{\infty}\dfrac{(-1)^n\sqrt{n}}{n+1}$；

(6) $\dfrac{1}{2}-\dfrac{3}{10}+\dfrac{1}{2^2}-\dfrac{3}{10^2}+\dfrac{1}{2^3}-\dfrac{3}{10^3}+\cdots$.

第四节　函数项级数、幂级数

在自然科学与工程技术中运用级数这一工具时，经常用到的不是常数项级数，而是函数项级数. 而常数项级数是研究函数项级数的基础.

一、函数项级数的概念

定义 11.4.1　设有函数序列 $f_1(x)$，$f_2(x)$，$f_3(x)$，…，$f_n(x)$，…，其中每一个函数都在同一区间 I 上有定义，那么表达式 $\sum\limits_{n=1}^{\infty}f_n(x)=f_1(x)+f_2(x)+f_3(x)+\cdots+f_n(x)+\cdots$ 称为定义在 I 上的**函数项级数**.

常见且应用广泛的一种函数项级数的形式如下：

$$c_0+c_1x+c_2x^2+c_3x^3+\cdots+c_nx^n+\cdots=\sum_{n=0}^{\infty}c_nx^n,$$

它们的各项都是正整数幂的幂函数，这种级数称为**幂级数**，其中 $c_n(n=0,1,2,\cdots)$均为常数，称为幂级数的系数.

显然，当上面级数中的变量 x 取定了某一个值 x_0 时，它就变为一个常数项级数.

二、幂级数的收敛问题

与常数项级数一样，我们把 $s_n(x)=c_0+c_1x+c_2x^2+c_3x^3+\cdots+c_nx^n$ 称为**幂级数的部分和**. 如果这部分和当 $n\to\infty$时对区间 I 中的每一点都收敛，那么称级数在区间 I 收敛. 此

时 $s_n(x)$的极限是定义在区间 I 中的函数，记作 $s(x)$. 这个函数 $s(x)$称为级数的**和函数**，简称**和**，记作 $s(x)=\sum_{n=0}^{\infty}c_nx^n$.

对于幂级数，我们关心的问题是它的收敛与发散的判定问题，下面介绍幂级数的收敛准则.

三、幂级数的收敛准则

定理 11.4.1 设有幂级数 $\sum_{n=0}^{\infty}c_nx^n$. 如果极限$\lim_{n\to\infty}\left|\frac{c_n}{c_{n+1}}\right|=R$，那么，当$|x|<R$时，**幂级数收敛，而且绝对收敛**；当$|x|>R$时，**幂级数发散**，其中 R 可以是 0，也可以是 $+\infty$.

由定理 11.4.1 可知：幂级数的收敛区间是关于原点对称的区间$|x|<R$. 在这个区间内级数收敛，在这个区间外级数发散. 区间$|x|<R$称为幂级数的**收敛区间**，简称**敛区**. 正数 R 为幂级数的**收敛半径**.

讨论幂级数收敛的问题主要在于寻求收敛半径. 当$|x|=R$时，级数的敛散性不能由准则来判定，需另行讨论.

例 11.4.1 求幂级数 $1+\frac{x}{2\cdot 5}+\frac{x^2}{3\cdot 5^2}+\cdots+\frac{x^n}{(n+1)\cdot 5^n}+\cdots$的收敛区间.

解 该幂级数的收敛半径为

$$R=\lim_{n\to\infty}\left|\frac{c_n}{c_{n+1}}\right|=\lim_{n\to\infty}\left|\frac{\frac{1}{(n+1)\cdot 5^n}}{\frac{1}{(n+2)\cdot 5^{n+1}}}\right|=\lim_{n\to\infty}\left|\frac{(n+2)\cdot 5}{n+1}\right|=5,$$

在 $x=5$ 与 $x=-5$ 处，级数分别为 $1+\frac{1}{2}+\frac{1}{3}+\cdots$与 $1-\frac{1}{2}+\frac{1}{3}-\frac{1}{4}+\cdots$，前者发散，后者收敛，故幂级数的收敛区间是$[-5, 5)$.

四、幂级数的性质

幂级数具有以下性质：

性质 1 设有两个幂级数 $\sum_{n=0}^{\infty}a_nx^n$ 与$\sum_{n=0}^{\infty}b_nx^n$，如果

$$\sum_{n=0}^{\infty}a_nx^n=f_1(x),\quad -R_1<x<R_1,$$

$$\sum_{n=0}^{\infty}b_nx^n=f_2(x),\quad -R_2<x<R_2,$$

则 $\sum_{n=0}^{\infty}(a_n\pm b_n)x^n=f_1(x)\pm f_2(x)$，$-R<x<R$，其中 $R=\min(R_1, R_2)$.

性质 2 幂级数 $\sum_{n=0}^{\infty}c_nx^n$ 的和 $s(x)$ 在敛区内是连续的.

性质 3 幂级数 $\sum_{n=0}^{\infty}c_nx^n$ 的和 $s(x)$ 在敛区内的任意一点均可导，且有逐项求导公式：

$$s'(x) = c_1 + 2c_2 x + 3c_3 x^2 + \cdots + nc_n x^{n-1} = \sum_{n=0}^{\infty} nc_n x^{n-1},$$

求导后的幂级数与原级数有相同的收敛半径.

性质 4 幂级数 $\sum\limits_{n=0}^{\infty} c_n x^n$ 的和 $s(x)$ 在敛区内可以积分，并且有逐项积分公式：

$$\int_0^x s(x)\mathrm{d}x = \int_0^x c_0 \mathrm{d}x + \int_0^x c_1 x \mathrm{d}x + \cdots + \int_0^x c_n x^n \mathrm{d}x + \cdots = \sum_{n=0}^{\infty} \frac{c_n}{n+1} x^{n+1},$$

积分后所得的幂级数与原级数有相同的收敛半径.

由以上这些性质可知：**幂级数在其敛区内就像普通的多项式一样，可以相加、相减，可以逐项求导、逐项积分.**

例 11.4.2 求幂级数 $\sum\limits_{n=1}^{\infty} \dfrac{n^2 x^n}{n^3+1}$ 的收敛半径和收敛域.

解 此幂级数的收敛半径按公式计算：

$$R = \lim_{n\to\infty} \left| \frac{a_n}{a_{n+1}} \right| = \lim_{n\to\infty} \frac{n^2}{n^3+1} \cdot \frac{(n+1)^3+1}{(n+1)^2} = 1.$$

在 $x=-1$ 处，原幂级数成为 $\sum\limits_{n=1}^{\infty} \dfrac{n^2(-1)^n}{n^3+1}$，这是交错级数，满足莱布尼茨定理的条件，故收敛；在 $x=1$ 处，原幂级数成为 $\sum\limits_{n=1}^{\infty} \dfrac{n^2}{n^3+1}$，由于 $\lim\limits_{n\to\infty} \dfrac{n^2}{n^3+1} \times \dfrac{n}{1} = 1$，而级数 $\sum\limits_{n=1}^{\infty} \dfrac{1}{n}$ 发散，故级数 $\sum\limits_{n=1}^{\infty} \dfrac{n^2}{n^3+1}$ 发散. 因此原幂级数的收敛域为 $[-1, 1)$.

知识要点

(1) 设有函数序列 $f_1(x)$，$f_2(x)$，$f_3(x)$，…，$f_n(x)$，…，其中每一个函数都在同一区间 I 上有定义，那么表达式 $\sum\limits_{n=1}^{\infty} f_n(x) = f_1(x) + f_2(x) + f_3(x) + \cdots + f_n(x) + \cdots$ 称为定义在 I 上的**函数项级数**.

(2) 具有如下形式的函数项级数：

$$c_0 + c_1 x + c_2 x^2 + c_3 x^3 + \cdots + c_n x^n + \cdots = \sum_{n=0}^{\infty} c_n x^n,$$

它们的各项都是正整数幂的幂函数，这种级数称为**幂级数**.

(3) 幂级数的收敛准则：设有幂级数 $\sum\limits_{n=0}^{\infty} c_n x^n$. 如果极限 $\lim\limits_{n\to\infty} \left| \dfrac{c_n}{c_{n+1}} \right| = R$，那么，当 $|x| < R$ 时，**幂级数收敛，而且绝对收敛**；当 $|x| > R$ 时，**幂级数发散**，其中 R 可以是 0，也可以是 $+\infty$.

(4) 幂级数具有以下性质：

性质 1：设有两个幂级数 $\sum\limits_{n=0}^{\infty} a_n x^n$ 与 $\sum\limits_{n=0}^{\infty} b_n x^n$，如果

$$\sum_{n=0}^{\infty} a_n x^n = f_1(x), \quad -R_1 < x < R_1,$$

$$\sum_{n=0}^{\infty} b_n x^n = f_2(x), \quad -R_2 < x < R_2,$$

则 $\sum_{n=0}^{\infty}(a_n \pm b_n)x^n = f_1(x) \pm f_2(x)$，$-R < x < R$，其中 $R = \min(R_1, R_2)$.

性质 2：幂级数 $\sum_{n=0}^{\infty} c_n x^n$ 的和 $s(x)$ 在敛区内是连续的.

性质 3：幂级数 $\sum_{n=0}^{\infty} c_n x^n$ 的和 $s(x)$ 在敛区内的任意一点均可导，且有逐项求导公式：

$$s'(x) = c_1 + 2c_2 x + 3c_3 x^2 + \cdots + nc_n x^{n-1} = \sum_{n=0}^{\infty} nc_n x^{n-1},$$

求导后的幂级数与原级数有相同的收敛半径.

性质 4：幂级数 $\sum_{n=0}^{\infty} c_n x^n$ 的和 $s(x)$ 在敛区内可以积分，并且有逐项积分公式：

$$\int_0^x s(x)\mathrm{d}x = \int_0^x c_0 \mathrm{d}x + \int_0^x c_1 x \mathrm{d}x + \cdots + \int_0^x c_n x^n \mathrm{d}x + \cdots = \sum_{n=0}^{\infty} \frac{c_n}{n+1} x^{n+1},$$

积分后所得的幂级数与原级数有相同的收敛半径.

■ 习题 11－4

1. 填空题：

(1) 若幂级数 $\sum_{n=0}^{\infty} a_n x^n$ 的收敛半径是 R，则其和函数在开区间________上是连续的.

(2) 设 $\lim\limits_{n\to\infty}\left|\dfrac{a_n}{a_{n+1}}\right| = 3$，则幂级数 $\sum_{n=0}^{\infty} a_n x^{2n}$ 的收敛半径是________.

(3) 幂级数 $\sum_{n=1}^{\infty} \dfrac{x^n}{n}$ 的收敛半径是________.

2. 求下列级数的收敛半径和收敛区间：

(1) $\sum_{n=1}^{\infty} \dfrac{x^n}{n+1}$；　　(2) $\sum_{n=1}^{\infty} \dfrac{(x-5)^n}{\sqrt{n}}$；

(3) $\sum_{n=1}^{\infty} \dfrac{x^{2n}}{2^n n^2}$；　　(4) $\sum_{n=1}^{\infty} \dfrac{(x-1)^n}{n \cdot 9^n}$.

3. 求下列幂级数的和函数：

(1) $\sum_{n=1}^{\infty} \dfrac{x^n}{n}$；　　(2) $\sum_{n=1}^{\infty} nx^{n-1}$；

(3) $\sum_{n=1}^{\infty} \dfrac{x^{n-1}}{n2^n}$；　　(4) $\sum_{n=1}^{\infty} (-1)^n n^2 x^n$.

第五节　函数的幂级数展开式

通过前面的学习我们看到，幂级数不仅形式简单，而且有一些与多项式类似的性质. 此外，我们还发现一些函数可以表示成幂级数的形式. 为此，提出以下两个问题：

问题 1 函数 $f(x)$在什么条件下可以表示成幂级数

$$f(x)=c_0+c_1(x-a)+c_2(x-a)^2+\cdots+c_n(x-a)^n+\cdots?$$

问题 2 如果 $f(x)$能表示成如上形式的幂级数，那么系数 $c_n(n=0,1,2,\cdots)$怎样确定？

下面讨论这两个问题.

一、泰勒级数

我们先来讨论第二个问题. 假定 $f(x)$在点 a 的某邻域内能表示成

$$f(x)=c_0+c_1(x-a)+c_2(x-a)^2+\cdots+c_n(x-a)^n+\cdots$$

这种形式的幂级数，其中 a 是事先给定的某一常数，我们来看看系数 c_n 与 $f(x)$有怎样的关系.

由于 $f(x)$可以表示成幂级数，因此根据幂级数的性质知，$f(x)$在 $x=a$ 的某邻域内任意阶可导. 对其幂级数两端逐次求导，得

$$f'(x)=c_1+2c_2(x-a)+\cdots,$$

$$f''(x)=2c_2+3!c_3(x-a)+\cdots,$$

$$\vdots$$

$$f^{(n)}(x)=n!c_n+(n+1)!c_{n+1}(x-a)+\cdots,$$

$$\vdots$$

在 $f(x)$幂级数表达式及其各阶导数中，令 $x=a$，分别得

$$c_0=f(a),\ c_1=f'(a),\ c_2=\frac{1}{2!}f''(a),\ \cdots,\ c_n=\frac{1}{n!}f^{(n)}(a),\ \cdots,$$

把这些求得的系数代入 $f(x)=c_0+c_1(x-a)+c_2(x-a)^2+\cdots+c_n(x-a)^n+\cdots$，得

$$f(x)=f(a)+f'(a)(x-a)+\frac{1}{2!}f''(a)(x-a)^2+\cdots+\frac{1}{n!}f^{(n)}(a)(x-a)^n+\cdots,$$

该式的右端幂级数称为 $f(x)$在 $x=a$ 处的**泰勒级数**.

上式是在 $f(x)$可以展成形如 $f(x)=c_0+c_1(x-a)+c_2(x-a)^2+\cdots+c_n(x-a)^n+\cdots$ 的幂级数的假定下得出的. 实际上，只要 $f(x)$在 $x=a$ 处任意阶可导，我们就可以写出函数的泰勒级数.

思考：函数写成泰勒级数后是否收敛？是否收敛于 $f(x)$？

函数写成泰勒级数后是否收敛将取决于 $f(x)$与它的泰勒级数的部分和之差

$$r_n(x)=f(x)-\left[f(a)+f'(a)(x-a)+\frac{1}{2!}f''(a)(x-a)^2+\cdots+\frac{1}{n!}f^{(n)}(a)(x-a)^n+\cdots\right]$$

是否随 $n\to+\infty$而趋向于零. 如果在某一区间 I 中有 $\lim\limits_{n\to+\infty}r_n(x)=0$，$x\in I$，那么 $f(x)$在 $x=a$处的泰勒级数将在区间 I 中收敛于 $f(x)$，此时，我们把这个泰勒级数称为函数 $f(x)$在区间 I 中的泰勒展开式.

二、泰勒定理

设函数 $f(x)$在 $x=a$ 的某邻域内 $n+1$ 阶可导，则对于位于此邻域内的任意 x，至少存在一点 c，c 在 a 与 x 之间，使得

$$f(x) = f(a) + f'(a)(x-a) + \frac{1}{2!}f''(a)(x-a)^2 + \cdots + \frac{1}{n!}f^{(n)}(a)(x-a)^n + r_n(x),$$

其中，$r_n(x)=\dfrac{f^{(n+1)}(c)}{(n+1)!}(x-a)^{n+1}$. 此公式也被称为**泰勒公式**.

在泰勒公式中，取 $a=0$，则泰勒公式变成

$$f(x) = f(0) + f'(0)x + \frac{1}{2!}f''(0)x^2 + \cdots + \frac{1}{n!}f^{(n)}(0)x^n + \frac{f^{(n+1)}(c)}{(n+1)!}x^{n+1},$$

其中，c 在 0 与 x 之间. 此公式被称为**麦克劳林公式**.

函数 $f(x)$在 $x=0$ 的泰勒级数称为麦克劳林级数. 当麦克劳林公式中的余项趋于零时，我们称相应的泰勒展开式为**麦克劳林展开式**，即

$$f(x) = f(0) + f'(0)x + \frac{1}{2!}f''(0)x^2 + \cdots + \frac{1}{n!}f^{(n)}(0)x^n + \cdots.$$

例 11.5.1 将下列函数展开成$(x-x_0)$的幂级数：

(1) $f(x)=\dfrac{1}{2x^2-3x+1}$，$x_0=0$；　　(2) $f(x)=\dfrac{1}{x^2}$，$x_0=1$.

解 (1) $$f(x)=\frac{1}{2x^2-3x+1}=\frac{2}{1-2x}-\frac{1}{1-x}.$$

因为

$$\frac{2}{1-2x} = \sum_{n=0}^{\infty} 2^{n+1}x^n, \quad |x|<\frac{1}{2},$$

$$\frac{1}{1-x} = \sum_{n=0}^{\infty} x^n, \quad |x|<1,$$

所以

$$f(x) = \sum_{n=0}^{\infty} 2^{n+1}x^n - \sum_{n=0}^{\infty} x^n = \sum_{n=0}^{\infty} (2^{n+1}-1)x^n, \quad |x|<\frac{1}{2}.$$

(2) $$\frac{1}{x^2} = \frac{1}{[1+(x-1)]^2} = -\left[\frac{1}{1+(x-1)}\right]' = -\left[\sum_{n=0}^{\infty}(-1)^n(x-1)^n\right]'$$

$$= \sum_{n=1}^{\infty} n(-1)^{n+1}(x-1)^{n-1} \quad (|x-1|<1).$$

例 11.5.2 把 $f(x)=\arctan x$ 展开成 x 的幂级数.

解 因为 $f'(x) = \dfrac{1}{1+x^2} = \displaystyle\sum_{n=0}^{\infty}(-1)^n x^{2n}(|x|<1)$，所以

$$f(x) = f(0) + \int_0^x f'(x)\mathrm{d}x = \int_0^x \left[\sum_{n=0}^{\infty}(-1)^n x^{2n}\right]\mathrm{d}x = \sum_{n=0}^{\infty}(-1)^n \frac{x^{2n+1}}{2n+1} \quad (|x|<1).$$

因 $f(x)$在点 $x=\pm 1$ 处连续，而 $\displaystyle\sum_{n=0}^{\infty}(-1)^n \frac{x^{2n+1}}{2n+1}$ 在点 $x=\pm 1$ 处收敛，故

$$f(x) = \sum_{n=0}^{\infty}(-1)^n \frac{x^{2n+1}}{2n+1} \quad (|x|\leqslant 1).$$

三、几种初等函数的麦克劳林展开式

几种初等函数的麦克劳林展开式如下：

(1) **指数函数 e^x 的展开式：**

$$\mathrm{e}^x = 1 + x + \frac{1}{2!}x^2 + \cdots + \frac{1}{n!}x^n + \cdots \quad (-\infty < x < +\infty).$$

(2) **正弦函数 $\sin x$ 的展开式：**

$$\sin x = x - \frac{x^3}{3!} + \frac{x^5}{5!} - \frac{x^7}{7!} + \cdots + (-1)^n \frac{x^{2n+1}}{(2n+1)!} + \cdots \quad (-\infty < x < +\infty).$$

(3) **余弦函数 $\cos x$ 的展开式：**

$$\cos x = 1 - \frac{x^2}{2!} + \frac{x^4}{4!} - \frac{x^6}{6!} + \cdots + (-1)^n \frac{x^{2n}}{(2n)!} + \cdots \quad (-\infty < x < +\infty).$$

(4) **函数 $(1+x)^m$ 的展开式：**

$$(1+x)^m = 1 + mx + \frac{m(m-1)}{2!}x^2 + \cdots + \frac{m(m-1)\cdots(m-n+1)}{n!}x^n + \cdots \quad (|x| < 1).$$

(5) **函数 $\ln(1+x)$ 的展开式：**

$$\ln(1+x) = x - \frac{x^2}{2} + \frac{x^3}{3} - \frac{x^4}{4} + \cdots + (-1)^n \frac{x^{n+1}}{n+1} + \cdots \quad (|x| < 1).$$

下面只对上述指数函数 e^x 的展开式进行证明，其他函数的展开式请读者自己证明.

证 设 $f(x)=\mathrm{e}^x$，则 $f^{(n)}(x)=\mathrm{e}^x$，$f^{(n)}(0)=\mathrm{e}^0=1(n=0,1,2,\cdots)$，于是 $f(x)=\mathrm{e}^x$ 的麦克劳林级数为

$$\sum_{n=0}^{\infty} \frac{f^{(n)}(0)}{n!}x^n = \sum_{n=0}^{\infty} \frac{x^n}{n!}.$$

$\sum\limits_{n=0}^{\infty} \frac{x^n}{n!}$ 的收敛区间为$(-\infty,+\infty)$. 任给 $x\in(-\infty,+\infty)$，$R_n(x)=\frac{\mathrm{e}^{\xi}}{(n+1)!}x^{n+1}$，其中 ξ 介于 0 与 x 之间，而

$$0 \leqslant |R_n(x)| \leqslant \mathrm{e}^{|x|} \cdot \frac{|x|^{n+1}}{(n+1)!} \quad (|\xi| < |x|).$$

由于

$$\lim_{n\to\infty} \mathrm{e}^{|x|} \cdot \frac{|x|^{n+1}}{(n+1)!} = \lim_{n\to\infty} \mathrm{e}^{|x|} \cdot \lim_{n\to\infty} \frac{|x|^{n+1}}{(n+1)!} = \mathrm{e}^{|x|} \cdot 0 = 0,$$

因此，由夹逼定理知 $\lim\limits_{n\to\infty} R_n(x)=0$，于是得

$$\mathrm{e}^x = \sum_{n=0}^{\infty} \frac{x^n}{n!} = 1 + x + \frac{1}{2!}x^2 + \cdots + \frac{1}{n!}x^n + \cdots \quad (-\infty < x < +\infty).$$

知识要点

(1) 称 $f(x)=f(a)+f'(a)(x-a)+\frac{1}{2!}f''(a)(x-a)^2+\cdots+\frac{1}{n!}f^{(n)}(a)(x-a)^n+\cdots$ 右端幂级数为 $f(x)$ 在 $x=a$ 处的**泰勒级数**.

(2) 设函数 $f(x)$ 在 $x=a$ 的某邻域内 $n+1$ 阶可导，则对于位于此邻域内的任意 x，至少存在一点 c，c 在 a 与 x 之间，使得

$$f(x) = f(a) + f'(a)(x-a) + \frac{1}{2!}f''(a)(x-a)^2 + \cdots + \frac{1}{n!}f^{(n)}(a)(x-a)^n + r_n(x),$$

其中，$r_n(x)=\frac{f^{(n+1)}(c)}{(n+1)!}(x-a)^{n+1}$. 此公式也被称为**泰勒公式**. 在泰勒公式中，取 $a=0$，则

泰勒公式变成

$$f(x)=f(0)+f'(0)x+\frac{1}{2!}f''(0)x^2+\cdots+\frac{1}{n!}f^{(n)}(0)x^n+\frac{f^{(n+1)}(c)}{(n+1)!}x^{n+1},$$

其中，c 在 0 与 x 之间. 此公式被称为**麦克劳林公式**.

■ 习题 11－5

1. 填空题：

(1) 函数 $f(x)=\frac{1}{x}$ 在 $x=3$ 处的幂级数展开式为________________.

(2) 函数 $f(x)=\ln x$ 在 $x=1$ 处的幂级数展开式为________________.

(3) 将函数 $f(x)=e^{\frac{x}{3}}$ 展开成 x 的幂级数：________________.

2. 将函数 $f(x)=\frac{1}{x}$ 展开成 $(x-3)$ 的幂级数，并给出其收敛域.

3. 将函数 $f(x)=\frac{1}{2+x}$ 展开成 $(x-1)$ 的幂级数，并给出其收敛域.

4. 求函数 $f(x)=\frac{x}{1+x-2x^2}$ 的麦克劳林展开式.

5. 将函数 $f(x)=a^x$ 展开成 x 的幂级数，并给出其收敛域.

总习题十一

1. 选择题：

(1) 如果级数 $\sum_{n=1}^{\infty}u_n$ 收敛，则极限 $\lim_{n\to\infty}u_n$（　　）.

A. 存在　　B. 不存在　　C. 等于零　　D. 无法判断

(2) 级数 $\sum_{n=1}^{\infty}u_n$ 的部分和数列 $\{s_n\}$ 有界是该级数收敛的（　　）.

A. 充分非必要条件　　B. 必要非充分条件

C. 充分必要条件　　D. 既非充分也非必要条件

(3) 如果级数 $\sum_{n=1}^{\infty}u_n$ 条件收敛，则 $\sum_{n=1}^{\infty}|u_n|$（　　）.

A. 必收敛　　B. 必发散　　C. 不一定收敛　　D. 无法判断

(4) 下列级数中条件收敛的是（　　）.

A. $\sum_{n=1}^{\infty}(-1)^{n+1}\frac{1}{\sqrt{n}}$　　B. $\sum_{n=1}^{\infty}(-1)^n\frac{1}{n^2}$

C. $\sum_{n=1}^{\infty}(-1)^n\frac{n}{n+1}$　　D. $\sum_{n=1}^{\infty}(-1)^n\frac{1}{n(n+1)}$

(5) 幂级数 $\sum_{n=1}^{\infty}(-1)^n\frac{x^n}{n}$ 的收敛域为（　　）.

A. $[-1,1]$　　B. $(-1,1]$　　C. $[-1,1)$　　D. $(-1,1)$

2. 填空题：

(1) 若级数 $\sum_{n=1}^{\infty}(1-u_n)$ 收敛，则 $\lim_{n\to\infty}u_n=$________.

(2) 幂级数 $\sum_{n=1}^{\infty}\frac{x^n}{n}$ 的收敛半径为________.

3. 判断级数 $\sum_{n=1}^{\infty}n^{\lambda}\sin\frac{\pi}{2\sqrt{n}}$ 的敛散性.

4. 判断级数 $\sum_{n=1}^{\infty}\left(\frac{n}{2n+1}\right)^n$ 的敛散性.

5. 下列级数是绝对收敛、条件收敛还是发散，并写出理由.

(1) $\sum_{n=1}^{\infty}(-1)^n\frac{n}{2n+1}$；　(2) $\sum_{n=1}^{\infty}\frac{(-1)^n}{\sqrt{n}+(-1)^n}$.

6. 求幂级数 $\sum_{n=0}^{\infty}\frac{x^{2n}}{(2n)!}$ 的收敛域，并求和函数.

7. 把 $f(x)=\frac{1}{1+x}$ 展开成 $(x-3)$ 的幂级数.

8. 判别级数 $\sum_{n=1}^{\infty}\left(\frac{b}{a_n}\right)^n$ 的收敛性，其中 $a_n\to\alpha(n\to\infty)$，且 a_n、b、α 均为正数.

9. 设 $u_n>0$，$v_n>0(n=1,2,\cdots)$，且 $\frac{u_{n+1}}{u_n}\leqslant\frac{v_{n+1}}{v_n}$，证明：若 $\sum_{n=1}^{\infty}v_n$ 收敛，则 $\sum_{n=1}^{\infty}u_n$ 也收敛.

附录1　常用初等数学公式

1. 乘法与因式分解公式

平方差公式：$a^2-b^2=(a+b)(a-b)$.

立方差公式：$a^3-b^3=(a-b)(a^2+ab+b^2)$.

特别地：$a^m-1=(a-1)(a^{m-1}+a^{m-2}+\cdots+a+1)$，$m\in\mathbf{N}^+$.

2. 三角不等式

三角不等式：$|a|-|b|\leqslant|a\pm b|\leqslant|a|+|b|$.

3. 一元二次方程的解

方程 $ax^2+bx+c=0(a\neq0)$的解为 $x=\dfrac{-b\pm\sqrt{b^2-4ac}}{2a}$.

4. 某些数列的前 *n* 项和公式

(1) 等差数列的前 n 项和公式：$s_n=\dfrac{n(a_1+a_n)}{2}$或 $s_n=na_1+\dfrac{n(n-1)d}{2}$，$n\in\mathbf{N}^+$.

(2) 等比数列的前 n 项和公式：$s_n=\dfrac{a_1(1-q^n)}{1-q}(q\neq1)$；特别地，当 $q=1$ 时，$s_n=na_1$.

5. 三角函数公式

(1) 两角和与差的三角函数公式：

$$\sin(\alpha\pm\beta)=\sin\alpha\cos\beta\pm\cos\alpha\sin\beta,\quad \cos(\alpha\pm\beta)=\cos\alpha\cos\beta\mp\sin\alpha\sin\beta.$$

特别地：$\sin2\alpha=2\sin\alpha\cos\alpha$，$\cos2\alpha=\cos^2\alpha-\sin^2\alpha=2\cos^2\alpha-1=1-2\sin^2\alpha$.

平方关系：$\sin^2\alpha+\cos^2\alpha=1$，$1+\tan^2\alpha=\sec^2\alpha$，$1+\cot^2\alpha=\csc^2\alpha$.

(2) 正割函数与余割函数：$\dfrac{1}{\cos x}=\sec x$，$\dfrac{1}{\sin x}=\csc x$.

(3) 三角函数的和差化积与积化和差公式：

$$\sin\alpha+\sin\beta=2\sin\frac{\alpha+\beta}{2}\cdot\cos\frac{\alpha-\beta}{2},\quad \sin\alpha-\sin\beta=2\cos\frac{\alpha+\beta}{2}\cdot\sin\frac{\alpha-\beta}{2},$$

$$\cos\alpha+\cos\beta=2\cos\frac{\alpha+\beta}{2}\cdot\cos\frac{\alpha-\beta}{2},\quad \cos\alpha-\cos\beta=-2\sin\frac{\alpha+\beta}{2}\cdot\sin\frac{\alpha-\beta}{2},$$

$$\sin\alpha\cos\beta=\frac{1}{2}[\sin(\alpha+\beta)+\sin(\alpha-\beta)],\quad \cos\alpha\sin\beta=\frac{1}{2}[\sin(\alpha+\beta)-\sin(\alpha-\beta)],$$

$$\sin\alpha\sin\beta=\frac{1}{2}[\cos(\alpha-\beta)-\cos(\alpha+\beta)],\quad \cos\alpha\cos\beta=\frac{1}{2}[\cos(\alpha+\beta)+\sin(\alpha-\beta)].$$

附录 2　基本初等函数及图像

函数名称	函数表达式	函数图像	函数的主要性质
幂函数	$y=x^{\alpha}$	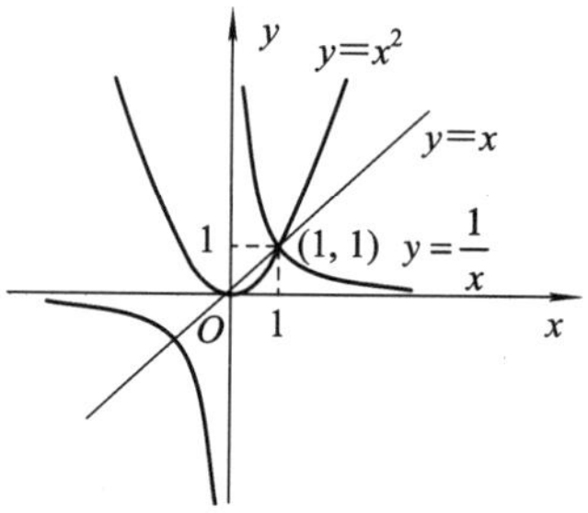	当 $\alpha\neq0$ 时，为无界函数，图像经过(1，1)点，当 $\alpha<0$ 时，图像在原点间断
指数函数	$y=a^{x}$ $(a>0，a\neq1)$	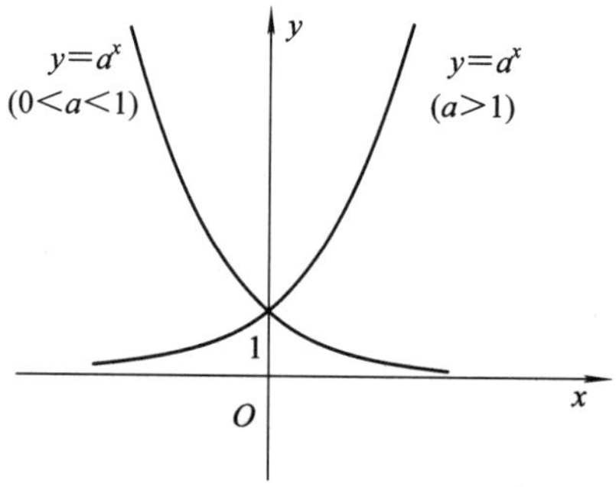	图像经过(0，1)点，当 $a>1$ 时，单调增加，当 $0<a<1$ 时，单调减少
对数函数	$y=\log_{a}x$ $(a>0，a\neq1)$	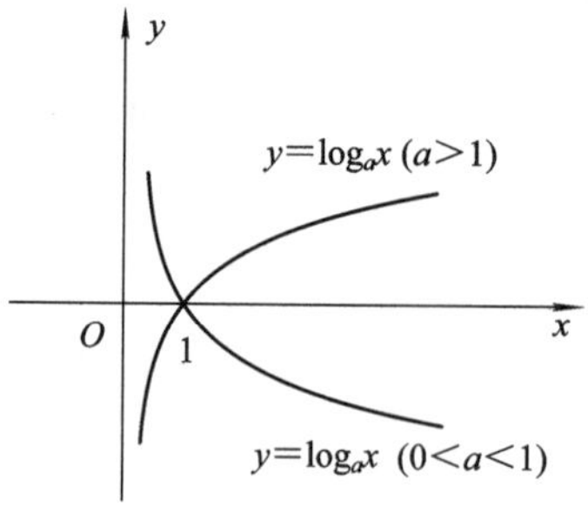	对数函数是指数函数的反函数，图像在 y 轴右方且经过点(1，0)，当 $a>1$ 时，单调增加，当 $0<a<1$ 时，单调减少

续表一

函数名称	函数表达式	函数图像	函数的主要性质
三角函数	正弦函数 $y=\sin x$	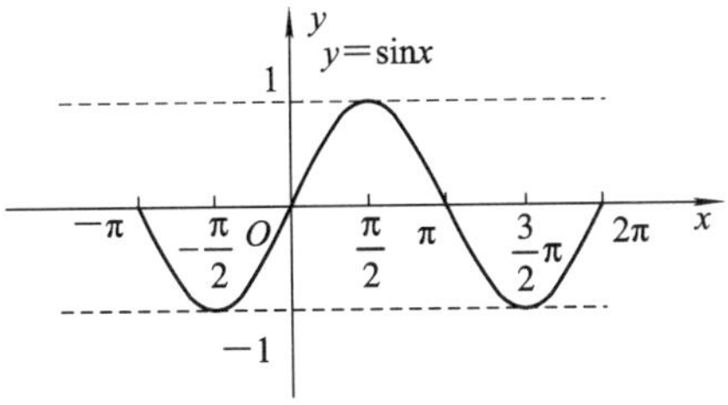	正弦函数是有界函数，图像介于 $y=\pm1$ 两条平行线间，是以 2π 为周期的奇函数
	余弦函数 $y=\cos x$	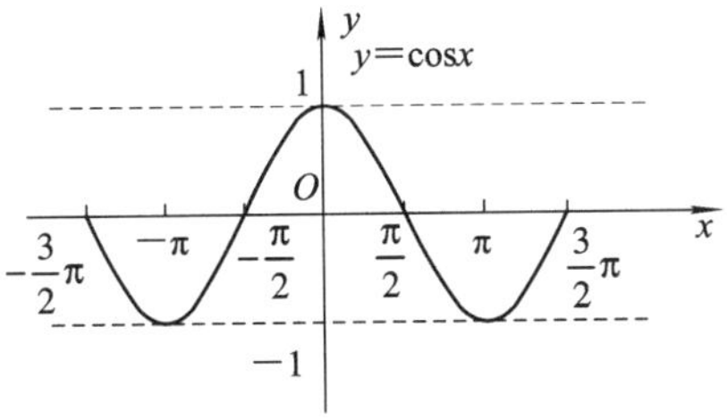	余弦函数是有界函数，图像介于 $y=\pm1$ 两条平行线间，是以 2π 为周期的偶函数
	正切函数 $y=\tan x$	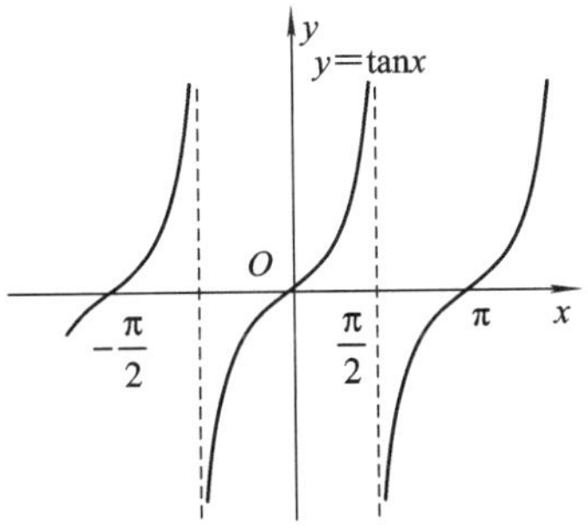	正切函数是无界函数，图像在 $x=k\pi+\frac{\pi}{2}$ $(k\in\mathbf{Z})$ 处间断，是以 π 为周期的奇函数
	余切函数 $y=\cot x$	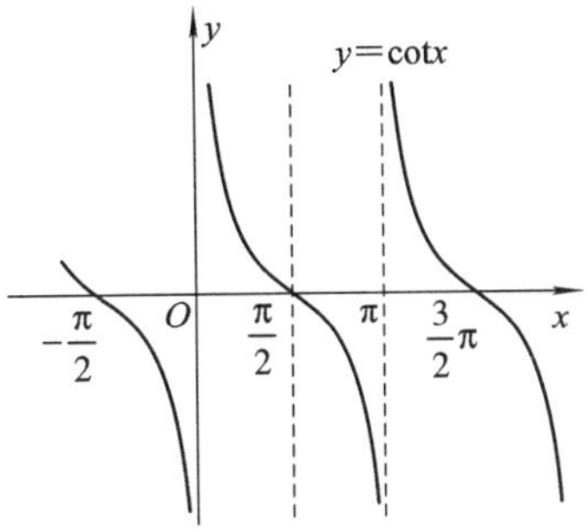	余切函数是无界函数，图像在 $x=k\pi$ $(k\in\mathbf{Z})$ 处间断，是以 π 为周期的奇函数

续表二

函数名称	函数表达式	函数图像	函数的主要性质
反三角函数	反正弦函数 $y=\arcsin x$	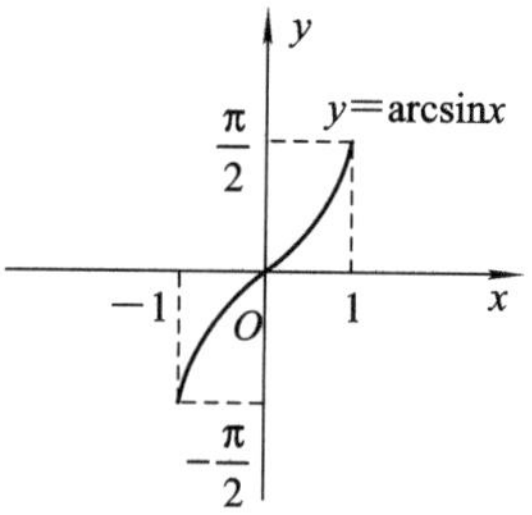	反正弦函数是正弦函数在区间 $\left[-\frac{\pi}{2}, \frac{\pi}{2}\right]$ 上的反函数，是单调增加的奇函数，值域为 $\left[-\frac{\pi}{2}, \frac{\pi}{2}\right]$
	反余弦函数 $y=\arccos x$	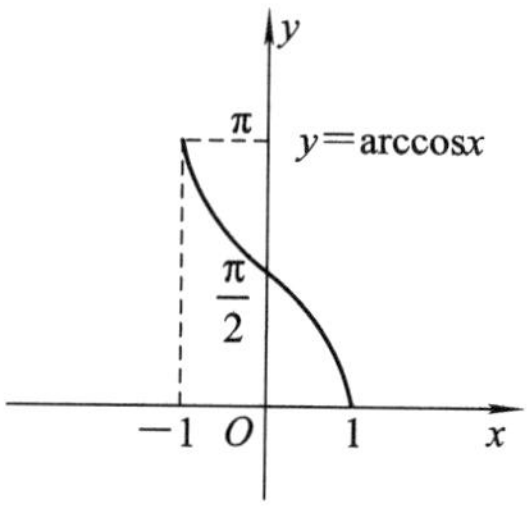	反余弦函数是余弦函数在区间 $[0, \pi]$ 上的反函数，是单调减少的函数，值域为 $(0, \pi]$
	反正切函数 $y=\arctan x$	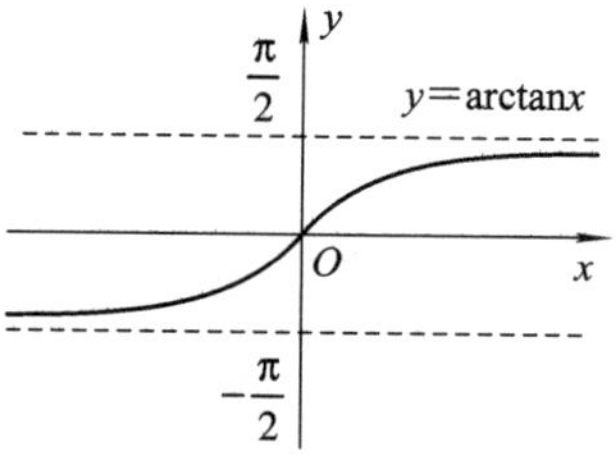	反正切函数是正切函数在区间 $\left(-\frac{\pi}{2}, \frac{\pi}{2}\right)$ 上的反函数，是单调增加的有界奇函数，值域为 $\left(-\frac{\pi}{2}, \frac{\pi}{2}\right)$
	反余切函数 $y=\operatorname{arccot} x$	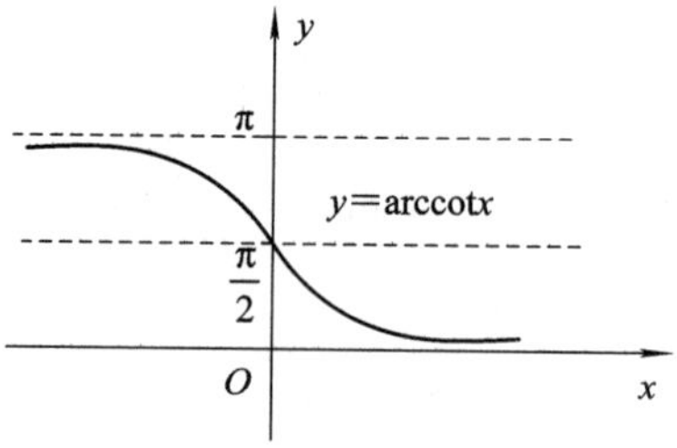	反余切函数是余切函数在区间 $(0, \pi)$ 上的反函数，是单调减少的有界函数，值域为 $(0, \pi)$

附录 3　基本初等函数的导数与微分公式表

导数公式	微分公式
$(x^\mu)'=\mu x^{\mu-1}$	$d(x^\mu)=\mu x^{\mu-1}dx$
$(\sin x)'=\cos x$	$d(\sin x)=\cos x\,dx$
$(\cos x)'=-\sin x$	$d(\cos x)=-\sin x\,dx$
$(\tan x)'=\sec^2 x$	$d(\tan x)=\sec^2 x\,dx$
$(\cot x)'=-\csc^2 x$	$d(\cot x)=-\csc^2 x\,dx$
$(\sec)'=\tan x\sec x$	$d(\sec)=\tan x\sec x\,dx$
$(\csc x)'=-\cot x\csc x$	$d(\csc x)=-\cot x\csc x\,dx$
$(a^x)'=a^x\ln a$	$d(a^x)=a^x\ln a\,dx$
$(e^x)'=e^x$	$d(e^x)=e^x\,dx$
$(\log_a x)'=\frac{1}{x\ln a}$	$d(\log_a x)=\frac{1}{x\ln a}dx$
$(\ln x)'=\frac{1}{x}$	$d(\ln x)=\frac{1}{x}dx$
$(\arcsin x)'=\frac{1}{\sqrt{1-x^2}}$	$d(\arcsin x)=\frac{1}{\sqrt{1-x^2}}dx$
$(\arccos x)'=-\frac{1}{\sqrt{1-x^2}}$	$d(\arccos x)=-\frac{1}{\sqrt{1-x^2}}dx$
$(\arctan x)'=\frac{1}{1+x^2}$	$d(\arctan x)=\frac{1}{1+x^2}dx$
$(\text{arccot}\, x)'=-\frac{1}{1+x^2}$	$d(\text{arccot}\, x)=-\frac{1}{1+x^2}dx$

附录 4 基本积分公式表

(1) $\int k\,\mathrm{d}x = kx + C$($k$ 为常数);

(2) $\int x^{\mu}\,\mathrm{d}x = \dfrac{1}{1+\mu}x^{1+\mu} + C(\mu \neq -1)$;

(3) $\int \dfrac{1}{x}\mathrm{d}x = \ln|x| + C$;

(4) $\int \dfrac{1}{1+x^2}\mathrm{d}x = \arctan x + C$;

(5) $\int \dfrac{1}{\sqrt{1-x^2}}\mathrm{d}x = \arcsin x + C$;

(6) $\int \cos x\,\mathrm{d}x = \sin x + C$;

(7) $\int \sin x\,\mathrm{d}x = -\cos x + C$;

(8) $\int \sec^2 x\,\mathrm{d}x = \tan x + C$;

(9) $\int \csc^2 x\,\mathrm{d}x = -\cot x + C$;

(10) $\int \sec x \tan x\,\mathrm{d}x = \sec x + C$;

(11) $\int \csc x\,\mathrm{d}x = -\cot x + C$;

(12) $\int \mathrm{e}^x\,\mathrm{d}x = \mathrm{e}^x + C$;

(13) $\int a^x\,\mathrm{d}x = \dfrac{1}{\ln a}a^x + C$;

(14) $\int \tan x\,\mathrm{d}x = -\ln|\cos x| + C$;

(15) $\int \cot x\,\mathrm{d}x = \ln|\sin x| + C$;

(16) $\int \sec x\,\mathrm{d}x = \ln|\sec x + \tan x| + C$;

(17) $\int \csc x\,\mathrm{d}x = \ln|\csc x - \cot x| + C$;

(18) $\int \dfrac{1}{\sqrt{a^2-x^2}}\mathrm{d}x = \arcsin \dfrac{x}{a} + C$;

(19) $\int \dfrac{1}{a^2+x^2}\mathrm{d}x = \dfrac{1}{a}\arcsin \dfrac{x}{a} + C$;

(20) $\int \dfrac{1}{x^2-a^2}\mathrm{d}x = \dfrac{1}{2a}\ln\left|\dfrac{x-a}{x+a}\right| + C$;

(21) $\int \dfrac{1}{\sqrt{x^2+a^2}}\mathrm{d}x = \ln(x + \sqrt{x^2+a^2}) + C$;

(22) $\int \dfrac{1}{\sqrt{x^2-a^2}}\mathrm{d}x = \ln\left|x + \sqrt{x^2-a^2}\right| + C.$